应用技能型院校"十四五"规划教材
立体化校企合作财经教材

U0780375

财务管理学

（第二版）

江少波　兰素英　范利民◎主　编
郑志远　徐谈春雯　李彦庆　印　剑　冯志耕◎副主编

立信会计出版社
LIXIN ACCOUNTING PUBLISHING HOUSE

图书在版编目(CIP)数据

财务管理学/江少波,兰素英,范利民主编.
2 版. -- 上海:立信会计出版社,2025.6. -- ISBN
978-7-5429-7761-8

Ⅰ. F275

中国国家版本馆 CIP 数据核字第 2025851DE9 号

策划编辑　　王斯龙
责任编辑　　王斯龙
美术编辑　　吴博闻

财务管理学(第二版)

CAIWU GUANLIXUE

出版发行	立信会计出版社		
地　　址	上海市中山西路 2230 号	邮政编码	200235
电　　话	(021)64411389	传　　真	(021)64411325
网　　址	www.lixinaph.com	电子邮箱	lixinaph2019@126.com
网上书店	http://lixin.jd.com		http://lxkjcbs.tmall.com
经　　销	各地新华书店		

印　　刷	常熟市人民印刷有限公司
开　　本	787 毫米×1092 毫米　　1/16
印　　张	17.5
字　　数	405 千字
版　　次	2025 年 6 月第 2 版
印　　次	2025 年 6 月第 1 次
书　　号	ISBN 978-7-5429-7761-8/F
定　　价	49.00 元

如有印订差错,请与本社联系调换

第二版前言

2022年,中国共产党第二十次全国代表大会成功召开,弘扬伟大建党精神,自信自强、守正创新,坚定四个"自信"等大会主题精神蕴含着丰富的思政教育元素,对实现"为党育人、为国育才"的重大使命具有重要意义。同时,人们对大数据时代下财务环境、财务关系、供应链金融等问题的认识不断深化,国内外财务管理发展出现了许多新的变化,这些变化应该及时纳入教材,以提高财务理论与实践的结合度;同时我们在线上线下的教学过程中也发现了一些问题需要进一步完善,这也是"小批量、多版次"的教材建设原则的初衷。为此,我们对第一版教材进行修订,力图使内容质量再提高。

本书以公司为主体,以工商业为依托行业,以财务管理目标为价值导向,以现金流量为理财基点,以财务报表分析为现实依据,以财务战略为资金筹资预测指引,以财经法规为基本规范,以筹资、投资、营运、分配等理财活动为横线,以案例公司财务管理任务提出、任务准备与任务解析为纵线,合纵连横构成矩阵式系统化的体系结构,有利于广大师生在教学中把握财务管理的逻辑体系和结构。本书框架结构与第一版基本保持一致,同时考虑应用型本科及职业本科学生人才培养目标与特点,删除了第一版教材中理论性较强的内容,如企业价值评估和企业重组、破产与清算等内容,对财务分析与评价、预算管理理论、本量利分析等进行删减。此外,本书采用新形态融合教材形式,丰富了数字化方面的内容,每个项目都增加了延伸阅读、微课、思政小课堂、思政案例及实战模拟等"码上资源"。为方便教师使用,本书增加了包括在线测试、课件资源、教学大纲与教案、课程标准等资源。

本书的主要特色如下。

1. 素养提升导向

新时期人才培养不仅要重视专业教育,还要重视素质教育。"财务管理"课程的学习必须实现专业教育与素养提升的有机结合。本书将财务管理学习贯穿于思政素养、理论素养、能力素养与职业素养的培育全过程,引导学生进行深层次分析、思考和理解财务管理问题,践行党中央、国务院"三全育人"要求。本书所有项目及任务均涵盖了素养提升的内容,并采用任务驱动的体例形式,体现理论结合实践和改革创新的原则。

2. 思政与课程有机融合

本书宣传和贯彻党的二十大精神,充分实施"立德树人"根本任务,将思政教育融入教学环节。本书注重培养德才兼备人才,构建新时代中国特色社会主义财务管理知识体系。本书对每个项目设定"素养提升目标"和"思政案例",对每个任务设定"思政小课堂",还增加

"延伸阅读""思政资源"等内容,使课程学习与思政理论有机融合,形成人才培养的协同效应。

3. 突出时代性

本书充分反映党的二十大以来我国财务管理政策的与时俱进,行业和企业财务管理实务工作发展的新成就、新动向,充分反映了高质量发展、数字经济与科研创新等时代特征。本书在任务中设置"新时期·新实践"栏目,帮助读者把握财务管理实践工作的时代脉搏。

4. 采用"项目导向、任务驱动"的体例模式

本书在"双师"型教师和具有丰富财务管理实践经验的专家参与教材设计与调研的基础上,深入分析财务管理工作岗位能力要求,基于财务管理工作过程和典型工作任务,将课程教学内容设计为 9 个项目、33 个工作任务,每个任务均配以"任务引入""任务分析""任务处理""任务解析""技能训练"等内容。

5. 新形态融合,教学资源丰富立体

本书采用新形态融合教材形式,配备了丰富的多样化的教学资源,包括课程标准、图片、教案、微课、视频、思政小课堂、在线训练、思政案例、实战模拟等,并最终以二维码和学习平台的形式呈现,以解决知识应用的各类场景,实现知识的迁移和转换。

本书的校企合作编写团队组成如下:主编为江少波教授、兰素英副教授、范利民教授。副主编为郑志远、徐谈春雯、李彦庆、印剑、冯志耕老师,以及企业专家。

本书各项目具体分工如下:项目一、项目二、项目三、项目八由江少波、李彦庆编写,项目七由江少波、郑志远、印剑编写,项目四、项目五及项目九由兰素英、范利民编写,项目六由兰素英、郑志远编写,案例素材和实战模拟由冯志耕编写,微课视频资源由徐谈春雯制作,最后由江少波对全书进行修改和总纂。

在本书编写过程中,我们借鉴了许多国内外专家和学者大量的研究成果,在此由衷地表示感谢。

我们在修订过程中,对全书内容、结构及任务体例安排反复推敲,但由于水平和时间有限,本书可能存在疏漏和不妥之处,敬请广大读者批评指正,以便今后修订。

江少波

2025 年 5 月

目　　录

项目一
财务管理认知

情景设计

  小明是一名财务管理专业的在校大三学生,暑期到智维媒体科技股份有限公司(以下简称智维公司)参加专业实践,为大四毕业实习、就业做准备。这家公司是他叔叔和几个朋友于2015年成立的,属于科技类企业,公司经营范围包括展馆展览策划与设计、软件开发、数字媒体、科普类漫画展品的研发等业务。智维公司很重视财务管理工作,制定了各组织结构、岗位工作标准,明确了财务管理目标,及时处理、协调与各利益相关者的财务关系,取得了良好的业绩。

  近年来,受大数据技术应用以及全球经济贸易摩擦等因素的影响,市场对高性能软件技术,多场景、多功能数字化产品提出了更高的要求。智维公司面临着严峻的挑战:公司原有软件设计技术与产品生产线陈旧,对于个性化、多附加功能产品订单无法提供。此外,他叔叔还告诉他公司存在的其他问题:①公司应收账款规模较大,客户虽签订了购货合同,但迟迟未付款。②产品积压,资金周转速度慢。③公司规模较小,资产质量水平低,银行信贷额度较小。④近两年,公司股东提议进行现金分红。⑤公司对新科技、信息技术的应用程度不够,产品创新不足,缺乏核心竞争力。

  小明认真听取叔叔的介绍后,陷入了沉思。他很想运用所学的专业知识为叔叔的公司尽一份力。如果你是小明,你认为叔叔提出的这些问题,哪些属于财务管理问题?大数据时代对财务管理的挑战是什么?大数据时代,企业价值创造要素和核心竞争力与传统模式的区别有哪些?

  情景分析:财务管理除了要处理好营运资金活动,还要处理好筹资、投资和利润分配等重大决策活动,同时要协调处理好包括公司与投资者之间以及与供应商、销售商、债权人、职工等之间的财务关系。公司管理层要深刻领悟环境变化及对企业财务目标的影响,并积极采取措施加快大数据财务管理转型。

素养提升目标

※思政素养

（1）通过学习企业财务关系，培养学生爱岗敬业、坚守契约、集体观念等品质。

（2）通过学习财务管理环境，尤其是中国传统文化和经济制度、政策等财务管理环境，提升学生的文化自信和制度自信。

（3）通过学习财务管理目标，使学生深刻领会企业目标与财务目标都应与时俱进，正确处理股东、经理人、债权人等各利益相关者的关系，实现高质量发展。

※理论素养

（1）了解企业的组织形式及特点。

（2）掌握财务管理活动、企业财务关系的内容。

（3）理解财务管理目标的选择及评价。

（4）理解各环境因素对财务管理工作的影响。

（5）掌握所有者、经营者与债权人之间利益冲突与协调机制。

※能力素养

（1）能够辨识各类企业组织形式的优缺点并作出选择。

（2）能够结合经济行为过程掌握业务活动、财务管理活动及业财融合。

（3）能够敏锐地判断各类环境因素对财务管理活动、财务关系产生的影响。

（4）能够对常见的企业财务行为与目标进行客观评价。

（5）能够通过网络资源等多手段获取企业财务管理所需要信息。

（6）能够掌握与企业内外利益相关者、部门沟通技能。

※职业素养

（1）通过学习资金运动、劳动创造价值等内容，培养学生正确、健康的财富观。

（2）通过财务管理目标的学习，培养学生的韧性、社会责任感和主人翁意识，坚持绿色、可持续发展道路。

（3）通过学习财务管理目标与财务管理环境，培养学生辩证思维能力，能适应财务管理工作环境并审时度势，积极发挥工作的主观能动性。

（4）通过学习大数据对财务管理的影响，培养学生财务管理信息与技术素养。

任务一　财务管理内容认知

教学设计

图片：世界一流企业财务管理体系建设目标

任务引入

中小企业是我国经济的重要组成部分，也是创新活力的重要源泉。在中小企业中，科技型企业更是扮演着重要的角色。科技型企业是指以技术为核心，通过技术创新来实现高质量发展，并且在产品和服务上拥有更高附加值的企业。我国非常重视培育科技型中小企业，譬如当前积极推进培育专精特新"小巨人"企业。然而，在我国的科技型企业中，大部分企业创新能力较弱,低层次、低水平的"山寨"现象层出不穷,知识产权、科技服务及品牌价值等核心竞争力不足。

我国供给侧结构性改革、新时期高质量发展、专精特新中小企业及专精特新"小巨人"企业企业建设支持政策实施,对科技型企业财务管理内容、财务关系重构、商业模式等产生了重大影响。智维公司要明确财务管理的重心在于资金,当务之急就是要确定:第一,如何实现大数据环境下科技公司业务活动与财务活动的融合;第二,如何开展财务活动和协调财务关系以实现财务管理目标。

▼ 任务分析

财务管理目标是企业目标的体现,是企业业务活动、财务活动、财务关系等工作内容评价的标准。企业经济活动与环境息息相关,不同的财务环境影响甚至决定财务管理目标的实现。智维公司应重点关注其科技环境、金融环境等,还要重构公司财务管理价值驱动因素和可持续性创新驱动商业模式,引导公司业务、财务核心竞争力的培育和生成。

▼ 任务处理

一、财务管理活动

一般而言,企业财务管理活动按照资金运动方向进行划分,即企业从资本市场或货币市场筹集资金,投资于生产性资产并进行投资后的日常经营管理,获取利润后对权益资本补充或分配的过程。

(一)筹资管理

筹资管理是企业财务管理的重要环节,是企业投资活动的基础。但事实上,在企业发展过程中,筹资及筹资管理贯穿始终,无论在企业创立之时,还是在企业成长过程中,甚至日常经营周转过程中,都需要筹措资金。在筹资过程中,企业一方面要确定筹资的总规模,以保证投资所需要的资金;另一方面要选择筹资方式,降低筹资代价和筹资风险。

图片:财务管理活动循环

企业资金来源按产权关系可以分为权益资金和负债资金。一般来说,企业完全通过权益资金筹资是不明智的,不能获得负债杠杆好处,但负债的比例过大,则财务风险较高,企业可能陷入财务困境。因此,筹资决策的重要内容是确定最佳的资本结构。

微课:财务管理活动

企业资金来源按使用期限可分为长期资金和短期资金。长期资金是指企业可以长期占有使用的资金,包括长期负债资金和权益资金。短期资金由于使用时间短,企业无法长期使用,因而将其列为日常经营活动管理,是营运资金管理的重要组成部分。

PPT:财务管理内容与活动

(二)投资管理

投资是指企业资金的运用,是为了获得收益、规避风险等多种动机进行的资金投放活动。投资分为广义投资和狭义投资两种。广义投资包括内部使用资金(如购置固定资产、无形资产等)和对外投资(包括购买其他公司股票、债券、基金等金融性资产或与其他企业联营,或投资于外部项目)。狭义的投资仅指对外投资。

在投资过程中,企业必须考虑投资规模,同时还必须通过投资行业和投资方式的选择,确定合理的投资结构,以提高投资效益、降低投资风险。投资管理是企业财务管理的重要活动。

(三)营运资金管理

广义的营运资金是企业流动资产总和。狭义的营运资金是流动资产和流动负债的差额,表示企业在短期内可支配使用的资金。营运资金管理分为营运资金投资和营运资金筹资两部分。前者主要决定分配多少资金用于应收账款和存货、决定保留多少现金以备支付,以及对这些资本进行日常管理;后者主要是制定营运资金筹资政策,决定向谁借入短期资本,借入多少短期资本,是否需要采用赊购融资等。

营运资金管理的目标有以下三个:①有效地运用流动资产,力求边际收益大于边际成本。②选择最合理的筹资方式,最大限度地降低营运资金的资本成本。③加速流动资本周转,以尽可能少的流动资金支持同样的营业收入并保持公司支付能力。

(四)利润分配管理

企业通过投资、资金营运活动取得相应的收入,并实现资金的增值。企业取得的各种收入或利润应当依据法规及规章予以分配。广义的分配是指对企业各种收入进行分割与分派的过程,包括税收缴纳、利息支付、租金支付、薪酬分配和利润分配等;而狭义的分配仅指对利润尤其是净利润的分配。

(五)流程资源整合

以大数据为代表的新技术在企业财务管理中的深度应用驱动了以价值网络边界模糊化、关键业务流程整合化、关键业务资源无形化和客户价值主张精确化为主要表现的商业模式创新,进而引发了财务管理全面变革。在财务管理活动方面,传统的以资金管理为核心、偏向于内部管理的模式已无法满足大数据时代商业模式变化对资金管理提出的新挑战。财务管理活动需考虑企业组织架构、业财部门、产业上下游企业间各维度的融合工作,实现对产业链资源高效率整合,并以大数据为线索审视作业合理性,最终实现对关键流程再造,进一步提升企业组织和生产要素结合的灵活性,促进企业价值实现。

应该指出的是,上述财务管理活动,不是相互割裂、互不相关的,其实质是企业资金流与业务活动、财务管理环境及公司决策等相关管理活动。

新时期·新实践

将"大数据"应用活动纳入企业价值创造流程取代传统的业务流程,其核心是将业务流程和财务资源以数据形式整合,提升传统产品和服务供给质量,提高经济效益。供应商管理库存供货模式(VMI)和轻资产运营是近年中国企业比较典型的财务管理活动实践探索。海尔集团在大量集中采购的基础上引进战略级供应商优化供应链,在信息共享的基础上广泛采用 VMI 供货模式,供应商根据海尔的采购需求配送、管理相关的库存,实现了生产由订单驱动,库存环节向供应商前移,装卸、仓储环节的成本被压缩,呆滞物资降低73.8%,周转天数降低 60%,库存资金降低 67%,为企业创造了更高的效益。

小米公司在 2018 年年底制定了"AI+IoT"的战略规划,持续推进轻资产运营模式。在经营活动领域,小米公司将有限的企业资源投入经济附加值较高的研发创新和市场营销环节,而把经济附加值较低的生产环节外包给专业加工企业,以此来实现有限资源的最大价值,占领高利润点,持续不断增加研发投入。在投资方面,小米公司坚持"投资+孵化"方式投资上下游企业,构建生态链,实现低成本、高效率地扩大了自身的产品种类和盈利范围。在融资方面,小米公司凭借自身较强的议价能力合理占用供应链上游供应商和下游经销商的资金,降低了资本成本。由于采用轻资产运营模式,对企业资源和流程进行整合,小米公司的核心业务收入提高,盈利能力和市场竞争力进一步提升。

二、企业财务关系

企业组织资金运动,进行广泛的财务管理活动,与利益相关者发生各种经济关系,即财务关系,其实质是经济利益关系。

图片:企业的本质(契约模型)

微课:财务关系

(一) 企业与投资者之间的财务关系

企业与投资者之间的财务关系表现为投资者(国家、其他单位、个人、外商)按约定向企业投入资金,形成投资与受资关系。投资者因向企业投入资金而成为企业的所有者,拥有对企业的最终所有权,享受企业收益的分配权和剩余财产的支配权;企业从投资者那里吸收资金形成企业的自有资金,拥有法人财产权,企业以其全部法人财产权,依法自主经营、自负盈亏、依章纳税,对投资者承担资产保值增值责任,向投资者支付投资报酬,这种关系是最基本的财务关系。

(二) 企业与受资者之间的财务关系

企业与受资者之间的财务关系主要是指企业以购买股票或直接投资的形式向其他企业投资所形成的经济关系。企业与受资者的财务关系体现为所有权性质的投资与受资的关系。企业向其他单位投资,依其出资额,可形成独资、控股和参股情况,并根据其出资份额参与受资方的重大决策和利润分配。

(三) 企业与债权人之间的财务关系

企业与债权人之间的财务关系表现为债权人(银行、非银行金融机构等或者个人)按借款合同向企业贷出资金,企业向债权人支付利息,归还本金所形成的经济利益关系。企业吸收债权人的资金形成借入资金,必须按期归还,并依合同的约定支付利息,实质上是一种债权债务关系。

(四) 投资者与管理者之间的财务关系

投资者与管理者之间因"委托—代理"形成的财务关系,也是现代财务管理最重要的财务关系之一。由于代理人要向委托人报告其受托责任,相应产生了成本制度、费用与收益的确定方法以及资产负债表、利润表分析等一系列财务理论与方法。

(五) 企业与政府之间的财务关系

企业与政府之间的财务关系主要体现在政府为行使维护社会、经济秩序以及文化、教育、公共事业等职能而向企业征收各种税金而形成的利益关系。企业则依照税法规定定期向政府纳税等,政府保护企业的合法利益不受侵害,由此形成的财务关系实质上是一种强制、无偿的分配关系。

(六) 企业与供应商、销售商之间的财务关系

企业与供应商、销售商之间的财务关系表现在三个方面:一是企业因购买材料、销售产品或劳务而与供应商、销售商之间发生的货币收支关系;二是企业之间相互赊购、赊销形成的短期债权债务关系;三是企业之间相互投资或因持股、控股而形成的所有权关系。

(七) 企业内部各单位之间的财务关系

企业内部各单位之间的财务关系表现为企业内部各单位之间因相互提供产品、劳务、资金等形成的经济利益关系。在实行内部经济核算制和经营责任制的条件下,企业内部的各单位之间相互提供产品、劳务必须进行合理的计价结算,严格分清各单位的经济利益与经济

责任,充分发挥激励机制和约束机制的作用,从而形成了内部货币收支结算关系。

(八)企业与其员工之间的财务关系

企业与其员工之间的财务关系表现为职工向企业提供劳动,企业向职工支付劳动报酬而形成的经济利益关系。企业按照按劳分配的原则,以职工提供劳动的数量和质量为依据,向职工支付工资、奖金、津贴等劳动报酬,由此形成的财务关系实质上是一种劳动分配关系。

三、财务管理环节

图片:以业务为核心的公司内部财务关系

财务管理环节是企业财务管理的工作步骤与一般工作程序。一般而言,企业财务管理包括以下几个环节。

(一)计划与预算

1. 财务预测

微课:财务管理环节

财务预测是根据企业财务管理活动的历史资料,考虑现实的要求和条件,对企业未来的财务管理活动作出较为具体的预计和测算的过程。财务预测的方法主要有定性预测和定量预测两类。前者主要是利用直观材料,依靠个人的主观判断和综合分析能力,对事物未来的状况和趋势作出预测的一种方法;后者主要是根据变量之间存在的数量关系建立数学模型来进行预测的方法。

2. 财务计划

PPT:财务管理环节

财务计划是根据企业整体战略目标和规划,结合财务预测的结果,对财务活动进行规划,并以指标形式落实到每一计划期间的过程。财务计划主要以货币形式反映在一定的计划期内企业生产经营活动所需要的资金及其来源、财务收入和支出,财务成果及其分配的情况。

3. 财务预算

财务预算是根据财务战略、财务计划和各种预测信息,确定预算期内各种预算指标的过程,既是财务战略的具体化,也是财务计划的分解和落实。

(二)决策与控制

1. 财务决策

财务决策是指按照财务战略目标的总体要求,利用专门的方法对各种备选方案进行比较和分析,从中选出最佳方案的过程。财务决策是财务管理的核心,其成功与否直接关系到企业的兴衰成败。

2. 财务控制

财务控制是指利用有关信息和特定手段,对企业的财务活动施加影响或调节,以便实现计划所规定的财务目标的过程。财务控制的方法通常有前馈控制、过程控制、反馈控制等。

(三)分析与考核

知识拓展:企业内部控制规范体系

1. 财务分析

财务分析是指根据企业财务报表等信息资料,采用专门方法,系统分析和评价企业财务状况、经营成果以及未来趋势的过程。财务分析包括以下步骤:①收集资料,掌握信息。②指标对比,揭示问题。③分析原因,明确责任。④提出措施,改进工作。

思政小课堂

2. 财务考核

财务考核是指将报告期实际完成数与规定的考核指标进行对比,确定有关责任单位和个人完成任务的过程。财务考核与奖惩紧密联系,是贯彻责任制原则的要求,也是构建激励与约束机制的关键环节。财务考核的形式多种多样,可以采用绝对指标、相对指标、完成百分比指标,也可以采用多种财务指标进行综合评价考核。

▼ 任务解析

通过以上学习,可以解析"任务引入"中的问题:

(1)财务管理作为企业管理的重要组成部分,而资金管理贯穿财务管理工作全过程,持续、稳定的资金流量和健康的财务关系是资金管理的核心要务。企业在发展过程中,不仅要考虑投资者的利益,还要兼顾员工、债权人、供应商、销售商等其他利益相关者的利益。

(2)大数据时代,数字资产的流动性、时效性等特点使得企业必须重视业务与财务的融合,这对企业预算工作提出新挑战。借助大数据技术,实现业务、财务等信息充分融合,建立财务共享机制是企业管理的当务之急。

(3)智维公司是一家科技型公司,其商业模式、业务特征与传统的行业存在较大区别,其资金运动特征,如投资规模大、周期长、财务风险高等,必然要求公司重视长期融资渠道、方式,同时要维持与战略投资者、债权人等利益相关者的良好关系。业财融合、财务共享能减少公司决策信息的不对称性,从而降低企业经营风险。

技能训练

任务二　企业组织形式及财务管理目标认知

▼ 任务引入

智维公司由小明的叔叔一手创立。小明的叔叔大学主修电子信息工程专业,2015 年在本市电子数码广场租了一个店面,主营业务是数码、软件及广告制作业务。他每日起早贪黑地工作,赚取了人生第一桶金。但随着业务发展和市场扩大,他发现凭借个人力量很难实现规模效应,日常承接的多为个体企业的小订单,几乎接不到公司级业务,即使偶尔接到稍微大的项目,仅靠自己也难以完成。于是他与大学同学刘飞和李婕商量后,决定成立一家合伙企业,三人签订合伙协议,共同出资,合伙经营,共享收益,共担风险。

在三人的共同努力下,企业业绩越做越好,规模越做越大,从最初的一家店变成三家连锁店,经常承接其他公司的业务,同时业务员、管理人员也增加了不少。经商议,三人决定将合伙企业转换成公司模式。随着大数据发展和国家对专精特新"小巨人"企业的鼓励政策出台,小明叔叔意识到不能业务上啃老本、走老路,一定要创新,持续全面创新,才能赢得市场,实现长远稳定发展。但这需要增加研发支出,利润分配就会减少,这引起刘飞、李婕的不满。

智维公司为什么从起初个人独资企业最终转换成一家公司?不同企业的组织形式与经营规模、法律责任等的区别是什么?如何确定智维公司的财务管理目标?利润、公司价值等目标选择与冲突协调机制有哪些?

※**任务分析:**企业组织形式需要考虑业务规模、出资人法律责任、融资方式、财务管理目

标与战略等因素。财务管理目标取决于企业目标,企业生产经营活动在特定环境下进行,财务指标确定必须与时俱进,把握好大数据时代财务目标的新选择。

 **任务处理**

一、企业组织形式

企业组织形式主要有三种:个人独资企业、合伙企业和公司制企业(以下简称公司)。就企业的数量而言,个人独资企业数量最大;就销售额而言,公司的销售额占全国销售额的绝大部分。由于绝大多数业务由公司经营,本书主要以公司为企业组织背景,但财务管理中的概念、原则和方法同样适用于个人独资及合伙企业。

(一)个人独资企业

法律法规:《中华人民共和国个人独资企业法》

个人独资企业是由一个自然人投资,财产为投资人个人所有,投资人以其个人财产对企业债务承担无限责任的经营性组织。

个人独资企业的优点:①创立个人独资企业比较容易,创立者无需与他人协商并取得一致,只需投入很少的注册资本等。②维持个人独资企业的固定成本较低,受到的政府监管较少,也没有特别的规模限制,企业内部协调比较容易。③无需缴纳企业所得税。

个人独资企业的缺点:①业主对企业债务承担无限责任,有时企业的损失会超过业主最初对企业的投资,需要用个人其他财产偿债。②企业的存续年限受制于业主的寿命。③难以从外部获得大量资本用于经营。

(二)合伙企业

法律法规:《中华人民共和国合伙企业法》

合伙企业是由合伙人订立合伙协议,共同出资,合伙经营,共享收益,共担风险,并对合伙企业债务承担无限连带责任的营利性组织。通常,合伙人是2个或2个以上的自然人,有时也包括法人或其他组织。

此外,合伙企业分为普通合伙企业和有限合伙企业。其中,普通合伙企业又包含特殊的普通合伙企业。普通合伙企业由2人以上的普通合伙人(没有上限规定)组成,合伙人对合伙企业债务承担无限连带责任。特殊的普通合伙企业中,一个合伙人或数个合伙人在执业活动中因故意或者重大过失造成合伙企业债务的,应当承担无限责任或者无限连带责任,其他合伙人则仅以其在合伙企业中的财产份额为限承担责任。有限合伙企业由2人以上50人以下的普通合伙人和有限合伙人组成。其中,普通合伙人和有限合伙人都至少有1人,普通合伙人对合伙企业债务承担无限连带责任,有限合伙人以其认缴的出资额为限对合伙企业债务承担责任。

> **小提示:**
>
> 国有独资公司、国有企业、上市公司以及公益性事业单位、社会团体不得成为普通合伙人。

(三)公司制企业

依据《中华人民共和国公司法》(以下简称《公司法》)登记的机构都被称为公司。

公司是独立法人,具有以下优点:①无限存续。②容易转让所有权。③有限债务责任。公司债务是法人的债务,不是所有者的债务,所有者对公司债务的责任以其出资额为限。正是由于公司具有以上三个优点,使之更容易在资本市场上筹集到资本。

公司具有以下缺点:①组建公司的成本高。设立公司的要求比设立个人独资或合伙企业复杂,并且需要提交一系列法律文件,时间周期较长。公司成立后,政府对其监管比较严格,需要定期提交各种报告。②存在代理问题。所有者和经营者分开以后,所有者成为委托人,经营者成为代理人,代理人可能为了自身利益而伤害委托人利益。③双重课税。公司作为独立的法人,其利润需缴纳企业所得税;公司利润分配给股东后,股东还需缴纳个人所得税。

二、财务管理目标

微课:财务
管理目标

财务管理目标是指企业组织财务管理活动,处理财务关系所要达到的根本目的。目前,人们对财务管理目标的认识尚未统一,主要观点有利润最大化、股东财富最大化、企业价值最大化和相关者利益最大化。

PPT:财务
管理目标

(一)利润最大化

利润最大化目标的主要优点是,企业追求利润最大化,就必须讲求经济核算,加强管理,改进技术,提高劳动生产率,降低产品成本。实现企业资源的合理配置,提高企业整体经济效益。

但是,以利润最大化作为财务管理目标存在以下缺陷:

(1)没有考虑利润获取时间,忽略货币时间价值。

(2)没有考虑风险因素。不同行业具有不同的风险,同等利润值在不同行业中的意义也不相同。

(3)没有反映创造的利润与投入资本之间的关系,无法对不同投资额的企业比较利润。

(4)可能会导致公司的短期行为。利润指标通常按年计算,因此,企业决策也往往会服务于年度指标的完成或实现,忽视企业长远发展决策,如忽视人才培养、研发投入等长期决策。

(二)股东财富最大化

微课:股东
财富最大化

股东财富最大化目标要求通过财务上的合理运营,为股东创造最多的财富。在股份公司中,股东财富由其所拥有的股票数量和股票价格两方面来决定,尤其是上市公司。在股票数量一定时,当股票价格达到最高时,股东财富也达到最大,所以,股东财富最大化又演变为股票价格最大化。股东财富的表现形式是在未来获得更多的净现金流量,股票价格也是股东未来所获现金股利和出售股票所获销售收入的现值。因此,与利润最大化目标相比,股东财富最大化目标体现出以下优点:

延伸阅读:
特斯拉财富
之道

(1)考虑了现金流量的时间价值和风险因素,因为现金流量的获得时间、风险不同,会对股票价格产生重要影响。

(2)在一定程度上能够克服企业在追求利润上的短期行为,因为股票的价格很大程度上取决于企业未来长期获取现金流量的能力。

(3)反映了资本与收益之间的关系。因为股票价格是对每股股份的一个标价,比较容易量化,也便于考核和奖惩。

当然,股东财富最大化目标的缺点也很明显:

（1）通常只适用于上市公司，非上市公司很难有比较客观的股票市场价格。

（2）股票价格受多种因素影响，不仅包括公司的业绩，还包括外部经济、社会甚至非理性因素的影响，很多外部因素并非公司能控制的，把不可控因素引入理财目标是不合理的。

（3）它过于强调股东的利益，而对企业其他利益相关者的重视不够。

（三）企业价值最大化

图片：企业价值创造驱动因素

企业价值是企业全部资产的市场价值，是企业所能创造的预计未来自由现金流量的现值。它包含货币时间价值和风险与报酬因素，反映企业潜在或预期的获利能力和成长能力。在量化时，企业价值往往以企业所有者权益和债权人权益的市场价值总和来表示。

以企业价值最大化作为财务管理的目标，其优点主要表现为：

（1）考虑了资金的时间价值和投资的风险价值，有利于统筹安排长短期规划、合理选择投资方案、有效筹资、合理制定股利政策等。

（2）反映了对企业资产保值增值的要求，追求企业价值最大化，能促进企业资产的保值和增值，有利于避免高风险财务决策。

（3）企业价值是市场价值，有利于克服管理上的片面和短期行为。

（4）有利于社会资源合理配置，通过市场机制调节资源分配，促进价值提升。

企业价值最大化的最大缺陷是企业价值的计量问题，主要表现为：

（1）股票价格的变动在一定程度上测度了企业价值，但股价受多种因素的影响，股票价格很难准确反映企业所有者权益的价值。

（2）对于非股票上市企业，只有对企业进行专门评估才能确定其价值。在评估企业的资产时，受评估标准和评估方法的影响，这种估价不易做到客观和准确，也会导致企业价值确定的困难。

（四）相关者利益最大化

现代企业是多边契约关系的总和，因此要确立科学的财务管理目标，就要考虑哪些利益关系会对企业发展产生影响。市场经济中，企业的理财主体更加精细化和多元化。股东作为企业所有者，在企业中享有最大的权利、报酬，并承担义务、风险，企业的债权人、员工、经营者、客户、供应商和政府也为企业承担着风险。

延伸阅读：利益相关者诉求

以大数据为代表的新技术在企业管理中的深度应用推动了财务管理目标适时调整。大数据技术驱动的商业模式变革必须通过客户价值实现才能为企业带来效益。技术中蕴含的价值通过企业内部一系列流程作业，最终转化为客户价值。这无疑对企业精准定位和满足消费者个性化需求的能力提出了更高的要求。

相关者利益最大化目标的具体内容包括以下几个方面：

（1）强调风险与报酬的均衡，将风险限制在企业可以承受的范围内。

（2）强调股东的首要地位，并强调企业与股东之间的协调关系。

（3）强调对代理人即企业经营者的监督和控制，建立有效的激励机制以便企业战略目标的顺利实施。

（4）关心本企业普通职工的利益，创造优美和谐的工作环境和提供合理恰当的福利待遇，提高职工工作积极性。

（5）不断加强与债权人的关系,培养可靠的资金供应者。

（6）关心客户需求价值变化,持续提升客户价值。在大数据时代,灵活的组织形式带来的柔性生产能力使大规模定制成为主流,处于长尾末端的个性化需求得以满足,价值由厂商和顾客在协同互动中创造出来。根据业务与财务相互影响的基本逻辑,企业财务管理目标也不能只关注企业价值最大化,企业只有先为客户创造价值,提高客户粘性,才能扩大收入规模,最终提高企业价值。

新时期·新实践

　　一家总部位于河南省许昌市的商业零售企业——胖东来,其人气到底有多火爆? 根据许昌当地发布的数据,2024 年春节期间,胖东来天使城、时代广场、生活广场 3 家商超的客流量达 116 万人次,远超河南省最热景区接待量,被网友称为没有淡季的"6A 级景区"。为什么一座本地化商超能得到这么多人的喜爱?

　　在胖东来,有许多温馨提示:"只选对的,不买贵的""不向顾客推荐高毛利产品""帮您选择适合自己的""适合自己的才是最好的""不好吃就告诉我们,不满意可以随时退货",胖东来影城的公告上写着,如果观众对所观看的影片感到不满意,请在影片结束后 20 分钟内凭票至售票处,可办理退半价服务(因另 50% 要上交院线,所以不能全额退款)。此外,胖东来担心顾客看不清楚商品信息,在货架旁特意摆放了放大镜;担心顾客搓不开购物袋,在旁边配备了湿手器;提供 7 种类型的购物车满足不同人群需求;在商品价格标签上注明了产品的进货价、毛利率等信息……,这座商超对顾客的"宠爱"无处不在。胖东来"出圈"的不只是"花式"宠客,还有其员工福利:每周二闭店休息、给员工发"委屈奖"等。

　　胖东来把服务做到了极致,这也是商业的本质,靠货真价实、以人为本、与人为善,路越走越宽。中国旅游研究院戴斌院长认为:"只要能满足广大游客的美好生活需要,不论输出的是商业价值,还是情绪价值,都是值得肯定和支持的旅游好场景和休闲好产品。"

（7）加强与供应商的协作,共同面对市场竞争,并注重企业形象的宣传,遵守承诺,讲究信誉。

（8）保持与政府部门的良好关系。

以相关者利益最大化作为财务管理目标,具有以下优点:

（1）有利于企业长期稳定发展。这一目标注重企业在发展过程中考虑并满足各利益相关者的利益关系。在追求长期稳定发展的过程中,站在多方角度进行投资研究,避免单一角度产生的一系列问题。

（2）体现了合作共赢的价值理念,有利于实现企业经济效益和社会效益的统一。由于兼顾了股东、债权人、政府、客户等的利益,企业不仅是一个单纯的营利组织,还承担了一定的社会责任。

（3）这一目标本身是一个多元化、多层次的目标体系,较好地兼顾了各相关者的利益。这一目标可使企业各相关者相互作用、相互协调,并在使企业利益、股东利益达到最大化的同时,也使相关者利益达到最大化。也就是将企业财富这块"蛋糕"做到最大化的同时,保证每个相关者所得的"蛋糕"更多。

（4）体现了前瞻性和现实性的统一。例如，企业的评价指标可以使用未来企业报酬折现值，股东的评价指标可以使用股票市价，债权人可以寻求风险最小、利息最大，员工可以确保工资福利，政府可考虑社会效益等。不同的相关者有各自的评价指标，只要合理合法、互利互惠、相互协调，就可以实现所有相关者利益最大化。

新时期·新实践

在竞争激烈的互联网时代，许多大型头部企业都经历过长期亏损，甚至有时候股东自掏腰包补贴市场和消费者，俗称"烧钱"行为。例如，滴滴推出依靠补贴杀入低价打车市场的花小猪，拼多多的百亿元补贴持续升温，当年的滴滴、美团、饿了么也都靠"烧钱"快速获客，再用庞大的用户量去打造估值、实现品牌增值。从行为本质来看，这些"烧钱"行为通过先拿到资金，再考虑盈利模式去实现财务管理目标。自 2020 年下半年全面进入新业务投入期后，美团已经连续 5 个季度处于亏损状态，新业务"烧钱"的目的是换取规模，在巨额投入下，新业务成为营业收入增长最强劲的板块。2021 年美团公司财报显示，营业收入 1 791.3 亿元，同比增长 56%；2022 年财报显示，其营业收入为 2 200 亿元，同比增长 23%，经调整利润为 28 亿元，同比扭亏为盈。这意味着，公司财务目标有时需要让位于一些非财务指标。例如，在大数据时代，公司财务目标并不一定以营利为目标，而是选择粉丝量、顾客获取数量、顾客满意度、产品或服务质量等非财务指标，从而为公司长期获利、实现长期价值等财务目标奠定基础。

图片：财务管理目标比较

综上所述，以上财务管理目标的观点各有优劣，但通常认为追求企业价值最大化在现阶段作为企业财务管理的目标更为合理。此外，财务管理目标设定要根据企业实际情况。在大数据环境下，企业要顺势而为，树立信息与数据思维，适时调整企业财务管理目标。

三、利益相关者冲突与协调

微课：利益相关者冲突与协调

为实现企业财务管理目标，各利益相关者之间可能会存在利益矛盾，企业需要协调他们之间的利益关系，化解彼此的矛盾和冲突，尽可能使利益相关者的利益分配在数量和价值达到协调平衡。

（一）所有者与经营者利益的冲突与协调

在现代企业中，经营者一般不拥有占支配地位的股权，他们只是所有者的代理人。所有者期望经营者代表他们的利益工作，实现所有者财富最大化，而经营者则有其自身的利益考虑，两者的目标会经常不一致。例如，经营者会要求增加报酬，包括物质类和非物质类，如工资、奖金、社会地位等，增加闲暇时间以及规避风险。而所有者则希望以较小的代价（支付较少的报酬）实现更多的财富，所有者与经营者之间利益诉求存在差异，导致经济管理行为上"道德风险""逆向选择"时有发生，不利于实现企业价值最大化的财务管理目标。为了协调这两者的利益冲突，通常可采取以下方式解决。

图片：所有者与经营者利益冲突与协调

1. 解聘

这是一种通过所有者约束经营者的办法。所有者对经营者予以监督，如果经营者任期内未能尽责，导致企业绩效未达到预期，所有者依据合同解聘经营者；经营者为了不被解聘，就需要努力工作，为实现财务管理目标服务。

2. 接收

这是一种通过市场约束经营者的办法。如果经营者决策失误,经营不力,不能采取有效措施提升企业业绩或价值、不断增强市场竞争力,企业就可能被其他企业强行接收,相应经营者也会被解聘。

3. 激励

激励主要是利用经济手段将经营者的报酬与企业业绩直接挂钩,以使经营者自觉采取能提高所有者财富的措施。激励通常有两种方式:

延伸阅读:国美电器控制权之争

(1)股票期权。它是允许经营者以约定的价格购买一定数量的本企业股票,股票的市场价格高于约定价格的部分就是经营者所得的报酬。经营者为了获得更大的股票增值益处,就会主动采取能够提高股价的管理决策,从而增加所有者财富。

(2)绩效股。它是企业运用每股收益、资产收益率等指标来评价经营者绩效,并视其绩效大小给予经营者数量不等的股票作为报酬。如果经营者绩效未能达到规定目标,经营者将丧失原先持有的部分绩效股。这种方式使经营者不仅为了多得绩效股而不断采取措施提高经营绩效,而且为了使每股市价最大化,也会采取各种措施使股票市价稳定上升,从而增加所有者财富。

(二)所有者与债权人的冲突协调

所有者的目标可能与债权人期望实现的目标发生冲突。首先,所有者可能要经营者改变举债资金的原定用途,将其用于风险更高的项目,这会增加偿债风险,债权人的债权价值也必然会降低,造成债权人风险与收益的不对称。因为高风险的项目一旦成功,额外的利润就会被所有者独享;但若失败,债权人却要与所有者共同负担由此而造成的损失。其次,所有者可能在未征得现有债权人同意的情况下,要求经营者举借新债。偿债风险因此相应增大,致使原有债权的价值降低。

所有者与债权人的上述利益冲突,可以通过以下方式解决。

1. 限制性借债

债权人通过事先规定借债用途限制、借债担保条款和借债信用条件,使所有者不能通过以上三种方式削弱债权人的债权价值。

2. 收回借款或停止借款

当债权人发现企业有侵蚀其债权价值的意图时,采取收回债权或不再给予新的借款的措施,从而保护自身权益。

(三)企业财务管理目标与社会责任的冲突与协调

企业财务管理目标是指通过企业财务上的合理经营,采用最优的财务政策,充分考虑资金的时间价值和风险与报酬的关系,在保证企业长期稳定发展的基础上,使企业总价值达到最大。

企业社会责任是指企业在创造利润、对投资者利益负责的同时,还要承担对员工、社会和环境的责任,包括遵守商业道德、生产安全、职业健康、保护劳动者合法权益及保护环境、支持慈善事业、捐助社会公益、保护弱势群体等,必须考虑包括员工、顾客、供应商、公司所在的社区、环境等在内的相关者利益。

但事实上,企业由于财务管理目标在实现过程中会出现与社会责任相冲突的情况,如生产不符合国家标准的劣质食品、不顾生产工人健康与利益、造成的环境污染等。为协调、制止这种冲突的发生,国家颁布了一系列保护公众利益的法律,设置了诸多维护社会责任的公益机制,如对污染环境提出的公益诉讼机制。除此以外,企业还要接受商业道德约束、接受政府有关部门的行政监管、社会公众的舆论监督,进一步协调企业与社会的矛盾,促进和谐社会建设。

新时期·新实践

全球竞争日趋激烈,环境、社会和公司治理(ESG)所倡导的可持续发展价值观,与我国绿色发展、"双碳"目标、现代化治理等一系列发展要求高度契合,正成为推动我国经济社会高质量发展的有力抓手,也在参与全球竞争中展现出独特优势。联想集团连续多年发布可持续发展相关议题报告,并在2019年升级为ESG报告。2022年,联想集团首次发布《联想集团2022社会价值报告》,与《联想集团ESG报告》互为补充,全面展示联想的社会价值理念与实践。联想集团执行副总裁兼中国区总裁刘军认为,总结过去几年成绩,联想不仅抓住了增长机遇,坚定不移地推进转型,更重要的是,面对疫情侵袭,联想积极响应国家政策,发挥科技领军企业作用:主动承担供应链"链主"责任,勇为"行业先锋",引领产业智能变革;持续以科技创新赋能,增进民生福祉;坚持"生态优先",持续推动绿色低碳发展。

联想集团的实践再次证明,ESG与社会价值工作的开展是企业实现高质量发展的重要抓手,更是中国式现代化建设的助推器。

▼ 任务解析

通过以上学习,可以解析"任务引入"中的问题:

(1)财务管理目标的制定非常重要,直接影响企业的业绩甚至决定着企业命运。财务管理目标取决并服务于企业的目标,同时还肩负着社会责任。企业的财务管理目标制定必须考虑企业所处的生命周期、资金运动、筹资风险等多要素。

(2)企业的组织形式与企业生命周期、规模、商业模式、经济环境、交易对象等密切相关。当企业规模扩大,其交易对象大多数情况为公司制企业,则个人独资企业及合伙企业的组织形式已不能满足企业发展,其企业组织形式就需要及时变更。

(3)财务管理目标的制定与实现需要考虑诸多利益相关者的关切,要综合运用监督、激励等机制,维护好财务关系,实现企业可持续、高质量的发展。

(4)智维公司期初规模较小,处于生命周期的初段,适用"一元制"结构的企业组织形式,即集所有权和经营权于一体的个人独资企业。随着业务规模和投资规模的扩大,其企业组织形式进一步转换为合伙制企业和公司,并最终实现所有权与经营权分离,财务制度进一步优化。

任务三　财务管理环境认知

▼ 任务引入

我国高新技术产业萌芽于20世纪50年代,经历了技术变革并造就新兴产业群,培养出

一批创新高新技术企业,实现新型经济形式的过渡转化。"十四五"规划提出了促进发展现代产业体系的计划,优化并升级国家经济体系。推进大数据、人工智能、互联网等各个新兴产业高度匹配,多行业共同交互进步,提高企业与地区的创新力量,优化我国的经济结构,不断提升我国现代化经济体系的完善程度。当然,国家也出台了促进高新技术产业发展扶持政策,不断推进、优化企业财务环境。

科技类企业研发周期较长,基础研发经费较多,需要在资本使用周期、银行信贷政策、利率、税收等方面获得政策照顾。智维公司应如何充分利用数码软件行业发展趋势和国家政策红利,调动各类环境因素的积极性,促进财务管理目标实现。

▼ 任务分析

经济环境、法律环境、金融环境、技术环境等外部宏观政策环境,存在于企业外部,对企业财务管理活动和财务关系处理产生重大影响。企业难以控制和改变外部宏观政策环境,更多情况下只能适应、因势利导。不同的经济周期阶段,市场化、法治环境的进程,金融环境和国家宏观经济政策情形等,都会影响企业财务管理工作的环境因素范围、程度、特征,因此必须充分把握这些内容,才能使得财务管理与财务管理环境协调发展。

▼ 任务处理

财务管理环境是对企业财务管理活动、财务关系处理产生重要影响的企业各种条件的统称。通过环境分析,提高企业财务行为对环境的适应能力、应变能力和利用能力,以便更好地实现企业财务管理目标。企业内部财务管理环境的主要内容包括企业资本实力、生产技术条件、经营管理水平和决策者的素质四个方面,这些因素使企业可以从总体上采取措施加以控制和优化。但外部财务管理环境(如市场、物价、金融、汇率等)对企业财务行为的影响重大且在一定时期内难以控制和改善,更多的是适应和因势利导,使企业财务管理目标能与外部环境适配,向着有利于实现财务管理目标的方向发展。因此本项目主要介绍外部财务项目环境,其中最主要的有经济环境、法律环境、金融环境和技术环境等。

一、经济环境

在影响财务管理的外部环境中,经济环境是基础性的,对财务管理影响比较广泛。经济环境分析包括经济体制、经济周期、经济发展水平、宏观经济政策及通货膨胀水平等。

(一)经济体制

社会主义市场经济体制是中国特色社会主义的重大理论和实践创新。改革开放以来,特别是党的十八大后,我国坚持全面深化改革,充分发挥经济体制改革的牵引作用,不断完善社会主义市场经济体制,毫不动摇地巩固和发展公有制经济,毫不动摇地鼓励、支持、引导非公有制经济发展,探索公有制多种实现形式,支持民营企业改革发展,培育更多充满活力的市场主体,同时建设高标准市场体系,全面完善产权、市场准入、公平竞争等制度,筑牢社会主义市场经济有效运行的体制基础。此外,我国构建有效协调的宏观调控新机制,加快建立现代财税制度,强化货币政策、宏观审慎政策和金融监管协调,全面完善科技创新制度和组织体系,完善产业政策和区域政策体系,以一流营商环境建设为牵引,持续优化政府服务,构建适应高质量发展要求的社会信用体系和新型监管机制等一系列经济体制改革,有力促进经济发展和市场活力的释放。这些经济制度为各类型市场主体的财务管理提供良好的制度环境,有助于实现财务管理目标。

(二)经济周期

图片:经济周期财务策略

经济发展与运行具有一定的周期性,大体上会出现经济扩张与收缩交替更迭的现象,通常会经历复苏、繁荣、衰退和萧条四个阶段的循环。每个阶段环境特点对财务管理目标和财务管理工作影响不同,企业应采用不同的财务管理政策。西方财务学者探讨了经济周期中的财务管理战略,如表1-1所示。

表1-1　经济周期中的财务管理策略

阶段	复苏	繁荣	衰退	萧条
策略	增加厂房设备	扩充厂房设备	停止扩张	建立投资标准
	实行长期租赁	增加存货	出售多余设备	保持市场份额
	建立库存	提高价格	停产不利产品	缩减管理费用
	引入新产品	开展营销策划	停止长期采购	放弃次要利益
	增加劳动力	增加劳动力	削减存货	削减存货
	—	—	停止增加劳动力	减少劳动力

(三)经济发展水平

经济发展水平主要是指投入水平、产出水平、人均收入水平等。财务管理与经济发展水平密切相关,财务管理提高,将推动企业降成本、提效益,从而促进经济高质量发展;而经济发展水平提高,将改变企业的财务战略、财务理念、财务管理模式和财务管理的方法手段,有利于促进企业财务管理水平的提高。

(四)宏观经济政策

我国经济体制改革的目标是建立具有中国特色的社会主义市场经济体制,在这个目标的指导下,我国正在进行财税体制、金融体制、外汇体制、外贸体制、计划体制、价格体制、投资体制、社会保障制度等各项改革。所有这些改革措施既影响着我国宏观经济运行,也影响着我国企业的发展和财务管理活动。例如,货币发行量、信贷规模会影响企业投资的资金来源和投资的预期收益;财税政策会影响企业的资金结构和投资项目的选择;会计制度的改革会影响会计要素的确认和计量,进而对企业财务管理活动的事前预测、决策及事后的评价产生影响等。

新时期·新实践

2023年以来,国际政治经济环境复杂多变,国内经济恢复面临不少困难和挑战。面对复杂局面,在以习近平同志为核心的党中央坚强领导下,我国经济持续恢复向好,高质量发展扎实推进,社会大局保持稳定。特别是三季度以来,随着宏观调控组合政策发力显效,主要经济指标企稳回升态势明显,经济运行中的积极因素在积累、亮点在增多、预期在好转,进一步彰显了我国经济发展的韧性、潜力和活力,也为实现全年发展目标打下了坚实基础。2023年以来,世界经济复苏乏力,高通胀、高利率、高债务冲击下外需明显收缩,不同经济体之间发展分化加剧,贸易保护主义泛滥,全球经济碎片化、内顾化趋势日益明显,经济环境日益复杂,困难重重。但我国依托强大的产业链、供应链生产优势和超大规模市场优势,坚定不移扩大高水平对外开放,加力促进外贸稳规模、优结构,外贸运行总体向好,贸易大国地位依然稳固。着眼长远,我国经济发展具有良好支撑和许多有利条件,长期向好的基本面没有变。从发展优势看,我国拥有中国特色社会主义所特有的制度优势,拥有全球最完整的产业体系、强大的配套能力和日益完备的基础设施网络的供给优势,拥有来自14亿多人口和庞大中等收入群体的市场优势。同时,也要清醒认识到,经历3年新冠病毒感染的影响后,我国经济运行仍受到内外部多种因素影响,经济恢复必然是一个波浪式发展、曲折式前进的过程。下一阶段,要坚持以习近平新时代中国特色社会主义思想为指导,坚持稳中求进工作总基调,坚持高质量发展方向不动摇,把握好经济恢复和转型升级关键期,统筹做好工作的有效衔接,抓好已出台政策落实显效,加强逆周期调节和政策储备,有力有效实施宏观调控,推动经济在固本培元中持续回升向好。

(五) 通货膨胀水平

通货膨胀一般是指流通中货币供给量大于货币实际需求量,货币现实购买力大于产出供给量,导致货币贬值,引起的一段时间内物价持续而普遍地上涨。通货膨胀对企业财务管理活动的影响是多方面的。其主要表现如下:

(1) 资金占用的大量增加,从而增加企业的资金需求。

(2) 企业利润虚增,造成企业资金由于利润分配而流失。

(3) 利润上升,加大企业的权益资金成本。

(4) 有价证券价格下降,增加企业的筹资难度。

(5) 资金供应紧张,增加企业的筹资难度。

在通货膨胀初期,货币面临着贬值的风险,这时企业进行投资可以避免风险,实现资本保值;与客户签订长期购货合同,以减少物价上涨造成的损失;取得长期负债,保持资本成本的稳定。在通货膨胀持续期,企业可以采用比较严格的信用条件,减少企业债权;调整财务管理政策,防止和减少企业资本流失等。

二、法律环境

(一) 市场经济是法治经济

企业的一切经济活动总是在法律规范内进行的。法律既约束企业的非法经济行为,也为企业从事各种合法经济活动提供保护。

国家相关法律法规按照对财务管理内容的影响情况可以分如下几类:

(1) 影响企业筹资的各种法规主要有《公司法》《中华人民共和国证券法》《中华人民共和国民法典》等。

(2) 影响企业投资的各种法规主要有《公司法》《企业财务通则》等。

(3) 影响企业收益分配的各种法规主要有各种税法、《公司法》《企业财务通则》等。

(4) 影响企业日常财务核算、财务信息披露等的法规主要有企业会计准则等。

（二）法律环境对企业财务管理的影响

法律环境对企业财务管理的影响是多方面的，包括企业组织形式、企业治理结构、投融资活动、日常经营、收益分配等。《公司法》规定，企业可以采用独资、合伙、公司制等不同的企业组织形式。组织形式不同，业主（股东）权利以及承担的责任不同。企业投融资、收益分配、纳税、信息披露等不同，企业治理结构也不同。税收法律、法规以及规章制度对保证国家税收经济利益具有重要作用，企业财务管理活动必须遵守相关税法。

三、金融环境

企业从事生产经营，除了要获取自有资金，还需要从金融市场等外部获取融资，包括货币市场和资本市场，金融政策、货币工具、利率等环境要素对企业融资、投资等活动产生了直接、重要的影响。

党的十八大以来，在以习近平同志为核心的党中央坚强领导下，我国坚定不移走好中国特色金融发展之路，持续推动金融事业高质量发展。中国人民银行稳健实施"以我为主"的货币政策，综合研判复杂多变的国内外经济金融形势，发挥好货币政策总量调节和结构调节的双重功能，推动我国金融改革开放有序推进，取得新的重大突破。

（一）金融机构

金融机构主要包括银行和非银行金融机构。银行是指经营存款、放款、汇兑、储蓄等金融业务，承担信用中介和支付中介的金融机构，包括各种商业银行和政策性银行，如中国工商银行、中国农业银行、中国银行、中国建设银行等商业银行，以及国家开发银行、中国农业发展银行等政策性银行。非银行金融机构主要包括保险公司、信托投资公司、证券公司、财务公司、金融资产管理公司、金融租赁公司等机构。

（二）金融市场的分类

金融市场是资金供应者与资金需求者通过金融工具融通资金的场所，可以按照不同的标准进行分类。

1. 货币市场和资本市场

以交易期限为标准，金融市场可分为货币市场和资本市场。货币市场又称短期金融市场，是指以期限在 1 年以内的金融工具为媒介，进行短期资金融通的市场，包括同业拆借市场、票据市场、大额定期存单市场和短期债券市场。货币市场的主要特点如下：①期限短。一般为 3～6 个月，最长不超过 1 年。②其交易目的是解决短期资金周转。它的资金来源主要是资金所有者暂时闲置的资金，融通资金的用途一般是弥补短期资金的不足。③其金融工具有较强的"货币性"，具有流动性较强、价格较平稳、风险较小等特性。

资本市场又称长期金融市场，是指以期限在 1 年以上的金融工具为媒介，进行长期资金交易活动的市场，主要包括股票市场和债券市场等。资本市场的主要特点如下：①融资期限长。至少 1 年以上，最长可达 10 年甚至 10 年以上。②融资目的是解决长期投资性资本的需要，用于补充长期资本，扩大生产能力。③资本借贷量大。④收益较高但风险也较大。

2. 发行市场和流通市场

以功能为标准，金融市场可分为发行市场和流通市场。发行市场又称为一级市场，它主要处理金融工具的发行与最初购买者之间的交易,如上市公司首次公开发行股票(IPO)。流通市场又称为二级市场,它主要处理现有金融工具转让和变现的交易。

3. 资本市场、外汇市场和黄金市场

以融资对象为标准,金融市场可分为资本市场、外汇市场和黄金市场。资本市场以货币和资本为交易对象;外汇市场以各种外汇金融工具为交易对象;黄金市场则是集中进行黄金买卖和金币兑换的交易市场。

4. 基础性金融市场和金融衍生品市场

按所交易金融工具的属性,金融市场可分为基础性金融市场与金融衍生品市场。基础性金融市场是指以基础性金融产品为交易对象的金融市场,如商业票据、企业债券、企业股票的交易市场;金融衍生品市场是指以金融衍生品为交易对象的金融市场,如远期、期货、掉期(交换)、期权,以及具有远期、期货、掉期(交换)、期权中一种或多种特征的结构化金融工具的交易市场。

(三)金融市场的构成要素

金融市场包括交易主体、金融工具、交易场所、交易价格、信息披露等构成要素。

图片:我国金融机构体系

1. 金融市场主体

金融市场主体又称金融市场的交易主体,即参加金融活动的机构或个人,或者是资金的供给者,或者是资金的需求者,或者是以双重身份出现。金融市场的主体包括政府部门、工商企业、居民个人与家庭、金融机构等。

2. 金融工具

金融工具是指融通资金双方在金融市场上进行资金交易、转让的工具,借助金融工具,资金从供给方转移到需求方。金融工具分为基本金融工具和衍生金融工具两大类。常见的基本金融工具有货币、票据、债券、股票等。衍生金融工具又称派生金融工具,是在基本金融工具的基础上通过特定技术设计形成的新的金融工具,如各种远期合约、互换、资产支持证券等,种类非常复杂、繁多,具有高风险、高杠杆效应的特点。

3. 交易场所

金融交易场所是进行金融工具交易的场所,既可以是有形的,也可以是无形的。有形的金融交易场所通常有固定的地方和设施,如证券交易所、银行、证券公司营业部等;无形的金融交易场所通常没有固定的场所,形式灵活,如借助于互联网技术、电传、电话等设施通过经纪人进行的资金融通活动,这种形式可以跨越不同的城市和国家。

4. 交易价格

交易价格反映一定时期内转让货币资金使用权的报酬,即利率。金融市场是企业财务筹资和投资的场所,也是企业实现长短期资金互相转化必不可少的条件,还是企业获得有益于理财的信息重要渠道。

5. 信息披露

信息披露也称信息公开,是指证券发行人及法律、行政法规和国务院证券监督管理机构规定的其他信息披露义务人(以下简称信息披露义务人),在证券发行、上市、交易过程中,按照法定或约定要求将应当向社会公开的财务经营及其他有关影响证券投资者投资判断的信息向证券监督管理机构和证券交易所报告,并向社会公众公告的活动。

法律法规:上市公司信息披露管理办法

（四）利息率

利息率简称利率,是利息占本金的百分比指标。从资金的借贷关系看,利率是一定时期运用资金资源的交易价格。在金融市场上,资金类似一种特殊的商品。以利率为价格标准的融资,实际上是资源通过利率实行再分配。因此,利率在资金分配及企业财务决策中起着重要作用。

1. 利率的分类

图片:利率的分类

利率有多种表现形式,通常可以按照以下标准进行分类。

（1）按照利率之间的变动关系,利率可分为基准利率和套算利率。基准利率又称基本利率,是指在多种利率并存的条件下起决定作用的利率。套算利率是指在基准利率确定之后,各金融机构根据基准利率和借贷款项的特点而换算出的利率。一般来说,风险较大的贷款项目套算利率确定得要高一些;反之,风险较小的贷款项目,套算利率确定得低一些。

（2）按照利率与市场资金供求情况的关系,利率可分为固定利率和浮动利率。固定利率是指在借贷期内固定不变的利率。它在整个借贷期内都是不需要调整的。在通货膨胀比较严重的情况下,实行固定利率对债权人,尤其是对于贷放长期款项的债权人,会带来较大的损失。

（3）按利率形成机制不同,分为市场利率和法定利率。市场利率是指根据资金市场上的供求关系,随市场而自由变动的利率。在市场经济发达的西方国家,利率一般以市场利率为主,根据金融市场上资金的供需变化,利率随之变动。法定利率又称官方利率,是指由政府金融管理部门或者中央银行确定的利率。官方利率是国家进行宏观调控的一种手段。

（4）按照债权人取得的报酬情况,利率可分为名义利率和实际利率。名义利率是指票面利率。实际利率是指投资者得到利息回报的真实利率,譬如在通货膨胀期间,实际利率是指剔除通货膨胀率后储户或投资者得到利息回报的真实利率。

2. 金融市场上利率的影响因素

在金融市场上,利率是资金这种特殊商品的交易价格,利率是不断变动的。影响利率变动的因素有很多,归纳起来大致有平均资金利润率、借贷资金市场供求状况、经济周期和国家经济政策等。

（1）平均资金利润率。利息来自利润的一部分,一般情况下,利率要随平均利润率的提高而提高,随平均利润率的降低而降低。此外,利息是提供贷款的债权人的收益,所以利率不能等于零或小于零,否则债权人不会拿出资金。至于利率究竟占平均利润率的多大比重,则取决于金融机构与工商企业之间的博弈结果。

（2）借贷资金市场供求状况。借贷资金作为一种特殊商品出现,在市场经济条件下,同样要受到市场供求法则的制约,即作为借贷资金价格的利率要由资金的市场供求状况来决定。

（3）经济周期。社会经济形势的变化也会对金融市场的利率水平产生影响。在经济过热时,尤其是出现通货膨胀时,资金需求增加,会使利率水平上升;反之,在经济衰退时,尤其是出现通货紧缩时,利率水平会随之下降。

（4）国家经济政策。国家的经济政策,尤其是货币政策和财政政策对金融市场上的利率有较大的影响。政府为防止经济过热,通过中央银行减少货币供应量,则资金供应减少,利率会上升;政府为刺激经济发展,增加货币发行,则情况相反。

3. 利率的构成

一般来说,资金的利率由纯利率、通货膨胀补偿率和风险收益率组成,其计算公式如下:

$$利率 = 纯利率 + 通货膨胀补偿率 + 风险收益率$$

（1）纯利率。纯利率是指无风险和无通货膨胀情况下的社会平均资金利润率。

（2）通货膨胀补偿率。持续的通货膨胀会不断降低货币购买力,投资者的真实报酬率也会下降,货币发生贬值。投资者在把资金交给借款人时,会在纯利率的水平上再加上通货膨胀补偿率,以弥补通货膨胀造成的购买力损失。

（3）风险收益率。投资者实际报酬除了受通货膨胀影响,还受投资风险的影响。投资风险越大,所要求的收益率也越高。一般而言,投资风险包括违约风险、流动性风险和期限风险。

违约风险收益率是指为了弥补因债务人无法按时还本付息而带来的风险,由投资者因承担这种风险而要求提高的利率。违约风险越大,投资者要求的利率报酬越高。

流动性风险收益率是指为了弥补因债务人资产流动性不好而带来的风险,由投资者要求提高的利率。资产的流动性是指该资产的变现能力。政府债券和规模较大的公司债券容易被人接受,投资者可以随时出售以收回投资,变现能力很强,流动性好,其流动性风险附加率也低。

期限风险收益率是指为了弥补因偿债期长而带来的风险,由债权人要求提高的利率。到期时间越长,在此期间由于市场利率上升,而长期债券按固定利率计息,使投资者遭受损失的风险越大。期限风险收益率,是对投资者承担利率变动风险的一种补偿。

四、技术环境

技术环境是指财务管理得以实现的技术手段和技术条件。它决定着财务管理的效率和效果。目前,我国进行财务管理所依据的会计信息是通过会计系统所提供的,占企业经济信息总量的$60\%\sim70\%$。技术环境的提升有利于财务管理信息及决策质量的提升。

大数据、人工智能等新一代的现代信息技术,推动着财务共享模式下财务管理体系的不断变化。新技术为企业财务管理创建高效而智能的业务流程,使企业的各项管理活动和经济业务更加灵活、有效,风险管控加强,会计服务效率提高,这为经营决策提供了重要支撑。技术环境还包括以智能数据分析技术为基础的数据分析,以及基于云技术的财务自动化系统。智能化数据分析可以更好地分析企业历史数据,实现动态企业管理;云技术财务系统可以实现国际化、跨部门、跨客户、跨企业和全球化管理,使财务管理的效率更高,可操作性更强。

　　财务共享服务是一种依托信息技术,以财务业务处理流程为基础,以优化组织结构、规范系统流程、提升流程效率、降低运营成本、强化决策支持、创造企业价值为目的,以市场视角为内外部客户提供专业化、标准化服务的管理模式。简言之,就是将集团公司财务工作中处理流程稳定、会计标准规范、在各分子公司共性强的一些非核心流程集中到财务共享服务中心处理,进而产生一系列良性的效果。海尔集团设立财务共享中心,实现了对10大类流程以及120个子流程的管理,涵盖了会计核算、资金管理等流程。该中心依赖流程产生高质量的数据信息,通过流程标准化管理加强集团管控,提高信息的透明度,并不断提升流程操作效率。中国石油积极创新应用智能化信息技术,先后上线5款16个虚拟"小铁人"机器人,处理效率达到人工的10倍以上。同时,结合业务流程优化、专业化、精益化管理,使财务共享业务实际效率提升43%,集约效率和规模效益切实显现。

思政小课堂

▼ 任务解析

　　通过上述学习,可以解析"任务引入"中的问题:

　　(1)对企业财务管理活动和财务关系产生影响作用的企业内外各种条件统称为财务管理环境。宽松、稳定、政策支持型等优质财务管理环境有利于企业实施融资、投资等重大活动决策。企业财务人员应实时关注行业、政策环境的变化,顺势改变财务政策,趋利避害,为实现企业财务管理目标服务。

技能训练

　　(2)智维公司应及时了解国家产业政策,如对于专精特新"小巨人"企业的扶持政策和入选标准,对于当地高新技术企业政策优惠政策和评选标准等,从而获得财政资金的资助、税收上的豁免融资利率的优惠等。此外,智维公司应密切关注技术环境的变化,适时加大研发投资金额,满足客户多样化、高质量消费需求。

任务四　大数据与财务管理认知

▼ 任务引入

教学设计

　　随着大数据、云计算、互联网等信息技术的兴起与发展,社交媒体、虚拟服务等在经济、生活、社会等各个方面的渗透不断加深。数据正在以前所未有的速度递增,全球快速迈入大数据时代。舍恩伯格在《大数据时代》一书中指出:数据已经成为一种商业资本,一项重要的经济投入,可以创造新的经济利益。事实上,一旦思维转变过来,数据就能够被巧妙地用来激发新产品和新型服务。由此可见,数据已成为商业模式设计的重要要素,如点击率、评论量等数据指标已成为业务增长率、价值潜力的重要参考。

　　智维公司的核心业务是提供软件、数码等产品和服务。在大数据环境下,公司应深度挖掘、分析数据,及时发现数据资产的内在价值和传递途径,寻求业务与财务融合新模式,构建新商业模式和价值增值路径,提高经营决策的准确性,为公司创造长期、可持续的价值增长模式。

任务分析

　　传统的财务管理工作和盈利模式,难以高精度地分析财务业务数据,不能及时、准确地获得市场终端消费偏好的变化,如"网红"产品的时效性及转变情况。而大数据技术的引入可帮助公司深度分析各项数据,缩小数据分析偏差,将收集的数据最大程度地转化为高价值信息。智维公司应在顶层设计中明确组织结构变革的具体规划,制定组织变革方案,加强对业财流程的梳理再造,以"数据资产→业财融合→全面预算管理"为改革思路。

知识处理

一、大数据及大数据产业的含义和特点

　　大数据是指需要通过快速获取、处理、分析以从中提取价值的海量、多样化的交易数据、交互数据与传感数据集合。高德纳咨询公司认为大数据是一种需要新处理模式才能具有更强决策力、洞察发现力和流程优化能力,以适应海量、高增长率和多样化的信息资产。麦肯锡咨询公司对大数据的定义:大数据是一种规模大到在获取、存储、管理、分析方面大大超出了传统数据库软件工具能力范围的数据集合,具有海量的数据规模、快速的数据流转、多样的数据类型和低价值密度四大特征。移动信息化研究中心对大数据的定义:大数据是帮助企业利用海量数据资产,实时、精确地洞察未知逻辑领域的动态变化,并快速重塑业务流程、组织和行业的新兴数据管理技术,为实现精确预测和决策提供依据,有利于实现企业资源优化配置和商业模式的实施,提升企业价值。因此,数据是企业的核心要素和资产,具有巨大的价值潜能和经济效益。

延伸阅读:财务机器人

　　"大数据"一词在2014年首次被写进我国政府工作报告。当前,我国大数据产业已经发展成熟,大数据技术已经渗透各个行业,形成了包括数据生成、采集、存储、加工、分析、服务为主的战略性新兴产业。工业和信息化部出台《"十四五"大数据产业发展规划》指出了要立足大数据的本质特征,聚力数据要素价值释放,在治理、技术和融合应用等方面系统布局,为大数据产业高质量发展提供了重要指引。

PPT:大数据与财务管理

二、大数据对企业财务管理的影响

　　大数据时代,企业强调挖掘数据本身的价值,把数据作为一项资产进行管理。互联网企业作为大数据时代的先驱,通过对用户、产品的大数据挖掘来反哺本业务线甚至是其他业务线。这足以说明,数据资产不仅可以为企业创造价值,甚至能带来惊人的收益。大数据对企业财务管理产生的影响主要包括对价值创造内涵和驱动因素、财务信息、投资决策、全面预算管理以及企业风险管理的影响。

微课:大数据与财务管理

(一)大数据对价值创造内涵和驱动因素的影响

　　在大数据时代,投资者对公司价值的认知与判断,已经不再局限于企业现在或未来的利润、现金流、财务分红、营业收入等财务信息,更多的是基于企业的商业模式、核心竞争能力和企业持续创新能力,这些能力的强弱并非由股东财务投入或企业拥有的财务资源规模所决定。大数据资源可以是点击率、用户群、信息平台等,也可以是数据本身。根据预测,大数

图片:大数据在财务管理中应用(部分)

图片:大数据环境下财务管理处理流程

据挖掘和应用可以创造出超万亿元的价值。数据将成为企业的利润源泉,拥有数据的规模、活性,以及收集、运用数据的能力,将决定企业的核心竞争力。

同时,在评价企业成功与否时,也不再仅仅依靠财务指标,而主要是根据企业在市场中获取客户的能力。这与传统财务理论很少关注企业盈利模式有很大差异。在大数据时代,企业价值最大化从根本上看要通过在商品市场进行商业经营的过程中赢得有利可图的客户并形成独到的商业模式来实现。

(二)大数据对财务信息的影响

大数据时代,企业财务管理的制度设计已经把财务管理、成本控制、预算体系、业务经营、项目管理等融为一体,并且将所有管理内容数据化、模块化。财务决策与分析所使用的信息,除了财务会计信息,还有行业发展信息、资本市场与货币市场信息、客户与供应商的信息、企业内部的战略规划、业务经营、成本质量控制、技术研发、人力资本和业务单位的各种信息。

在大数据、互联网时代,企业获得决策信息的成本更低、速度更快、针对性更强,企业内部尤其是大型集团企业内部的各级子公司和分公司、各个部门和业务单元的因长期独立运作而形成的"信息孤岛"被打破,实现了财务与业务信息的一体化。这与传统的财务信息获取方式、应用场景存在较大差异,急需变革。

(三)大数据对投资决策的影响

在大数据时代,企业可以得到海量、多样、准确的信息,如客户、供应商的身份信息,相关交易数据,外界环境变化,行业前景等。这些信息是企业进行投资判断的重要依据。对相关数据进行关联性分析可以为投资决策提供依据,而对看似不相关的数据进行关联性分析,则可能发现新的投资机会。与之相反,传统投资决策选择的标准比较偏向于财务指标的分析,优先考虑财务资本回报率或股东财富收益等指标。在财务学上较为成熟的投资项目评估方法和指标,如净现值(NPV)法、内部收益率(IRR)等,在大数据时代的局限性日益突出。例如,这些方法和指标不适宜对现金流较少或者未来现金流不明显、不明确的投资项目进行评价。

(四)大数据对全面预算管理的影响

企业可以基于大数据,将财务数据体系、业务数据体系以及外部数据体系构建成全面预算数据系统,模块化处理企业的预算化管控、考核以及调整。为保障企业的各项战略计划得以顺利实施,可通过相应的分析与处理手段,并借助于这一系统完成相应数据信息的分析、汇总以及处理工作。企业在进行预算管理工作时,要在每一个项目开展之前,都对该项目的预算以及风险进行确定,确保企业经营管理质量得到改善,使企业能够根据既定的年度目标推进工作。规范落实企业预算管理的工作内容,加强经营管理预算与资本支出预算,能够发挥经济资源在各区域及各业务间的联动效应,从而提高经济资源的使用成效和管理质量,实现预算管理作用价值的充分发挥。

(五)大数据对企业风险管理的影响

传统的金融学和财务管理把风险定义为数理分析中的风险性和不确定性事件,但在大数据时代,企业风险是一个多视角、多元化、多层次的综合性概念。企业财务风险研究理论应该是在对风险要素、风险成因、风险现象等不同财务风险层次的理解和研究的基础上形成的,而不是单一地通过数理计算波动性来定义风险。

在风险防控对策方面,要特别关注各类风险的组合和匹配。企业需要根据对经济环境的判断,平衡投资财务风险和投资竞争风险。

三、大数据时代企业财务管理的机遇和对策

大数据时代的深入发展为企业带来了良好的发展机遇,企业财务管理工作要与大数据技术达到充分的融合。财务管理工作属于企业经营当中的重要组成部分,对资金流向和资金使用情况具有直接影响。企业运行需要充足的资金资源保障,实现财务管理工作模式的不断迭代创新,可以帮助企业找到下一阶段的发展重点,实现企业的可持续发展目标。财务管理理论和实践,需要在充分考虑大数据时代背景的基础上,作出应有的思考、修正和完善。

(一)打破企业内部"信息孤岛",实现企业财务与业务一体化

打破传统财务信息边界是传统财务管理变革的必然方向。大数据技术的全面普及和灵活应用,为企业带来了新的转型机遇。企业可以充分借助大数据技术应用优势,通过对市场发展情况的全过程监控和深入分析,实现市场发展相关数据信息的收集,并通过对相关数据内容的提炼与分析,找出应对风险问题的有效方法,加快企业财务管理信息化建设的整体进程,确保企业决策与市场环境的多变性、动态化相适应,否则将会引发财务风险问题。此外,企业还要加强商业数据信息的保护机制和信息安全机制。

(二)重视商业模式、核心竞争力和持续创新能力

在大数据时代,企业价值的内涵已经不再局限于其现在或未来的利润、现金流等财务信息,更多的是基于其商业模式、核心竞争能力和持续创新能力。其中,大数据环境对企业商业模式的基本要求是创新和"触网(互联网)"。企业应加强企业创新、产品竞争、企业文化形成的治理,重视信任与激励的作用,包括给予员工足够的利益保障、授权与尊重以及形成基于数据决策的学习型企业文化与制度等。

(三)明确财务转型主要目标,树立良好风险管理意识

企业风险的有效控制属于财务管理工作的核心内容,需要充分利用大数据技术手段,加快财务信息系统的建设进程,充分满足企业财务管理工作当中的信息披露要求,保障信息数据的真实性、准确性、完整性和及时性,为企业的经营活动创造良好的价值和效益。另外,企业应严格按照财务改革要求实现对企业财务管理工作模式的转型升级,在打造业财融合财务管理工作模式的基础上,大数据能够帮助企业实现向管理措施精细化转变,使财务管理工作模式的转型升级能够为企业创造良好的经济效益和社会效益,并支撑企业的决策活动。企业还应积极关注各类风险的组合和匹配,深入探讨如何建立更加有效的企业风险预警系统与预测模型。

新时期·新实践

身着破旧棉袄的男孩,与奶奶一起徒步2小时下山,背着60斤(1斤等于500克)的石榴售卖;大叔向路边车辆推销石榴,司机一把将石榴打落在地,大叔满眼无奈……当你在短视频平台上看到这样的画面时,会因为同情而选择下单帮助他们吗?此前,四川凉山州公安机关成功侦办了四川首例"系列网红直播带货案",涉案金额超千万元。上述场景均是涉案机构精心设计的剧本,利用观众的同情心,打造了一条摆拍卖惨、虚假助农、制假售假的黑色产业链。

直播助农已经成为推动乡村振兴的新动力。近年来,助农产品成为许多短视频创作者竞相角逐的流量热土。但随之而来的是销售假冒特产和卖惨带货等行为屡见不鲜,虚假

思政小课堂

助农问题引起各界关注,甚至触碰了法律底线。通过摆拍卖惨引流进而带货,这种销售行为以低价购入的商品冒充当地特产,再以高价卖给消费者,极有可能构成犯罪。涉案机构通过夸大甚至捏造事实的方式博眼球、赚流量,营造了"视觉贫困"的假象,抹黑了当地声誉。同时,其售卖的产品也并非宣传中所说的当地品牌,一旦产品质量出现问题,势必影响当地品牌口碑,破坏电商助农的市场环境,扰乱市场秩序。相关部门和各平台应加强监管和内容审核,引入公众监督、畅通维权渠道,在全社会形成共治机制,打击网红虚假宣传、售假等行为。同时,应尽快建立和完善相应的法律制度,不断丰富治理生态。

(四) 及时利用大数据,做好融资方式转型

在大数据时代,由于企业经营透明度的不断提高,传统财务理论强调适当提高财务杠杆以增加股东价值的财务思维越来越不合时宜。随着互联网经营的深入,企业的财务资源配置都倾向于"轻资产模式"。轻资产模式的主要特征有:大幅度减少固定资产和存货方面的财务投资,以内源融资或用别人即供应商的钱(OPM)经营获利为主,很少依赖银行贷款等间接融资,奉行无股利或低股利政策,时常保持较充裕的现金储备。企业的融资应充分与业务经营全面整合,在轻资产模式下逐步实现企业的财务融资去杠杆化生存、摆脱传统信贷审核方法,同时以互联网金融作为新的融资渠道。

▼ 任务解析

技能训练

通过上述学习,可以解析"任务引入"中的问题:

(1)大数据时代来临,数据成为宝贵的经济资源,企业要重新塑造盈利模式和企业价值模式。

传统管理模式难以满足大数据环境数据资源整合和价值增值模式重塑,智维公司应以数据资产挖掘为重点,从碎片化的海量数据中发掘出与消费者偏好有关的数据特征,形成新的价值攀升点。

(2)智维公司应以数据资源共享为基础,推动财务共享、业务深度融合发展,合理编制预算,减少企业内部资源、环境处理等因素产生的风险。

▼ 项目小结

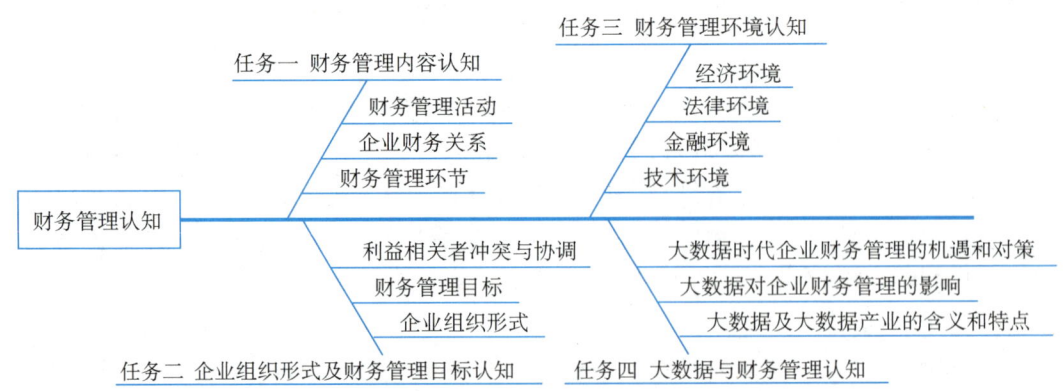

实战模拟

华宏公司财务管理目标与利益冲突案例

华宏公司是一家从事 IT 产品开发的企业,由三位志同道合的朋友共同出资 300 万元,三人平分股权比例共同创立。企业发展初期,创始股东都以企业的长远发展为目标,关注企业的持续增长能力,所以他们注重加大研发投入,不断开发新产品,这些措施有力地提高了企业的竞争力,使企业实现了营业收入的高速增长。在开始的几年间,销售业绩以年均 60% 的速度提升。然而,随着利润不断快速增长,三位创始股东在收益分配上产生了分歧。股东李宏、张华倾向于分红,股东赵亮则认为应将企业取得的利润用于扩大再生产,以提高企业的持续发展能力,实现长远利益的最大化。这一矛盾不断升级,最终导致坚持企业长期发展的赵亮被迫出让其持有的 1/3 股份而离开企业。

但是,此结果引起了与企业有密切联系的广大供应商和分销商的不满,因为他们中许多人的业务发展壮大都与华宏公司密切相关,深信华宏公司的持续增长将给他们带来更多的机会。于是他们声称,如果赵亮离开企业,将断绝与企业的业务往来。面对这一情况,其他两位股东提出自己可以离开,条件是赵亮必须收购他们的股份。赵亮的长期发展战略需要较多的投资,这样做将导致企业陷入没有资金维持生产的困境。这时,众多供应商和分销商伸出了援助之手,他们或者主动延长应收账款的期限,或者预付货款,最终使赵亮重新回到企业,成为公司的掌门人。

经历了股权变更的风波后,华宏公司在赵亮的领导下不断加大投入,实现了企业规模化发展,在同行业中处于领先地位,企业竞争力和价值不断提升。

案例思考题:

1. 赵亮坚持企业长远发展,而其他股东要求更多分红。你认为赵亮的目标是否与股东财富最大化的目标相矛盾?

2. 拥有控制权的大股东与供应商和客户等利益相关者之间的利益是否矛盾,应如何协调?

3. 像华宏公司这样的企业,其所有权与经营权是合二为一的,这对企业的发展有什么利弊? 重要利益相关者能否对企业的控制权产生影响?

本项目专业术语

实战模拟答案

思政案例

项目二
财务管理基础

刘女士是智维公司的一名财务人员，每天加班加点，忙忙碌碌。她的好朋友张莉是智维公司派驻某市的销售经理。一个月底的周末，张莉好不容易与刘女士相聚。一到咖啡厅，张莉就埋怨刘女士："每次约你都得提前好几周啊！你们财务不就是做个账、出个报表、报个税，天天在忙什么啊，姐妹情谊都生分啦！"刘女士笑着看了她一眼，说："财务哪像你说的那么轻巧啊！我们不仅要做好自己分内工作，还得学习业财融合。还有咱们公司最近要开展新一轮高新技术企业评估、鉴定工作，明天还得去一趟银行，商议科技类公司借款利率优惠问题……""行吧行吧，财务工作这么多啊。"张莉不耐烦地打断了刘女士的话。

接下来，刘女士便向张莉介绍新时期财务管理工作的情况。首先，财务管理工作的一般领域包括四个方面：①金融市场和机构。②投资。③金融服务。④现金流量管理问题。其次，除了掌握基础财务知识与技能，财务人员还得广泛涉猎其他商科的知识与实践经验。例如，掌握管理学知识有助于了解制定工资标准，为预算管理与协调奠定基础；市场营销知识有助于财务人员提前预知存货水平、销售水平及应收账款管理等。最后，做好财务管理工作还必须掌握会计、信息系统、经济学及法律等层面的知识。

※情景分析

财务管理是关于货币的决策，或者更确切地说是关于现金流量的决策。刘女士向好朋友的解释既具有一般企业财务管理的普遍现象，又突出科技类公司财务管理的特点。财务人员必须了解三个普通但非常重要的概念：①基于价值提升的偏好。②现金回收得越快，它就越具有价值。③权衡低风险、稳定收益与企业主动承受风险、高收益。良好的财务管理基础工作，有助于帮助企业以较低的价格向客户销售更好的产品，同时还能为那些向企业投资组建和经营所需资金的投资人提供更高的回报。张莉虽是销售经理，属于业务部分，但她必须意识到，随着大数据时代对商业模式更迭的加速影响，业务与财务融合的进程会加速，业务人员也必须掌握一些财务知识。

　　资金的时间和风险因素是财务管理的基本要素,也是企业价值管理的基础,对连接当前价值与未来价值以及整体上理解财务的价值观念、培养正确的理财思维具有重要的作用。

 素养提升目标

※思政素养

(1)通过学习货币时间价值原理,把握劳动创造价值等内容,培养正确、健康的财富观。

(2)通过货币时间价值计算,揭秘高利贷,远离"校园贷",培养学生正确、理性的消费观。

※理论素养

(1)理解货币时间价值观念及内容。

(2)掌握货币时间价值的计算。

(3)掌握投资风险与价值的含义及计算。

(4)理解变动成本法观念、成本性态及本量利分析概念及内容。

※能力素养

(1)能够运用复利终值与现值进行财务决策。

(2)能够运用年金终值与现值进行财务决策。

(3)能够对风险投资价值进行识别、权衡和决策。

(4)能够对成本性态分类、分析,利用本量利进行财务决策。

※职业素养

(1)通过学习风险与收益原理,培养学生树立风险意识和风险识别、风险应对能力,量力而行,切勿好高骛远。

(2)通过学习变动成本法和本量利分析,培养学生在大数据时代财务信息收集、预测和决策能力。

任务一　货币时间价值

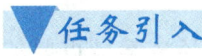 **任务引入**

　　智维公司下属某子公司 2022 年账户余额有 40 万元人民币,每月该子公司账户增加额大概有 15 000 元,扣除必要的日常开支,每月还可以储蓄 10 000 元。该子公司决定购置一套房产,总价为 80 万元,董事会打算先交一部分款,剩下的房款申请银行贷款。目前银行贷款的月利率为 0.5%,贷款日期从 2023 年 1 月开始。董事会在商量购房事宜遇到一些问题不知道该怎么解决,请你帮帮他们。

教学设计:货币时间价值计算

　　问题一:董事会认为他们账户余额中的 40 万元,需要留下 10 万元用来装修房子,购房时首付 30 万元,剩余的 50 万元房款打算在 10 年内偿还。那么每月的偿还额是多少?

　　问题二:董事会认为 10 年太短,这样每个月公司还款压力较大,于是考虑把贷款的年限延长至 15 年。如果贷款年限为 15 年。那么每月的偿还额会比 10 年期还款额少多少?

问题三:在 15 年的还款期情况下,由于利率下降,银行规定从 2024 年 1 月起,还款的月利率由原来的 0.5% 调整为 0.45%。那么每月的偿还额会比原来少多少?

问题四:董事会考虑由于公司市场规模扩大,收入在增加,2023 年和 2024 年收入可能会超过预期水平,他们打算到 2025 年 1 月将剩余的 13 年贷款一次付清。那么按照下调后的利率,在 2025 年 1 月一次性支付多少款才能还清贷款?

 任务分析

这项任务主要是解决贷款偿还方式的选择问题。从表面看,这些不同的还款方式的还款金额都是本金加上以相同年利率计算的利息,区别只是在还款时间上。但由于资金时间价值的存在,它们并不真的相等。

在经济生活中一定量的资金在周转使用中由于时间因素会形成价值差额,等量的资金在不同时间具有不同价值,即在不同时点的资金不能直接比较。所以在不同时点收支的货币资金不宜简单进行比较,需要把它们换算到相同的时间点上,这就涉及资金的时间价值观念。通过计算,就会发现这些方案金额存在较大差异。

任务处理

> 小提示:
>
> 当 1 年内复利计息多次时,计算终值和现值的基本公式基本不变,只需将对应的年数、年利率转换为期利率、期数。例如,年利率为 12%,计息周期为 3 年,那么 1 年计息 4 次,相应的期数、期利率要转换为 3×4＝12,12%÷4＝3%。

一、货币时间价值的含义

微课:什么是货币时间价值

我们把今天的 1 元存入银行,假如银行存款年利率为 10%,1 年以后我们将会得到 1.1 元。由此可见,经过一年时间,1 元发生了 0.1 元的增值,今天的 1 元和 1 年后的 1.1 元等值。这种现象就是货币时间价值的具体体现。那么,货币时间价值的含义是什么? 时间为什么会产生价值?

马克思在揭示资本主义剥削制度的过程中,形成了政治经济学。政治经济学最重要的部分就是劳动创造价值理论,即劳动价值论。马克思认为剩余价值是资本家剥削工人的本质目的,也是价值增值的源泉,同时也指明了剩余价值只有在劳动过程中产生。由此,可以看出不是所有的货币都具有时间价值,货币增值额的产生必须具备一定的条件,那就是必须将货币直接或间接作为资本投入到社会生产运动过程中。

PPT:货币时间价值的含义

延伸阅读:这样存钱方法不可取

当然,并不是说将货币作为资本投入社会生产过程中所获得的价值增加额全部构成了时间价值。这是因为,社会生产过程都存在风险,而投资者由于承担不同程度的风险,必须获得与之相匹配的报酬,即投资风险收益(在本项目任务二中讲述);通货膨胀会造成货币的实际购买能力下降,这也会对投资报酬产生影响。因此,资金所有者在通货膨胀情况下人为

增加投资收益率,从而弥补由于通货膨胀所产生的损失。我们可以发现,货币作为资金进入社会进行投资,所得的收益不仅包括时间价值,还包括资金提供者所要求的风险收益报酬和通货膨胀补贴报酬。我们认为货币时间价值仅指扣除投资者风险收益报酬和通货膨胀报酬之外的增值额。

二、货币时间价值的表现形式

货币时间价值的表示方法有两种形式:绝对数和相对数。绝对数即时间价值额,用金额来表示;相对数即时间价值率,是指扣除风险和通货膨胀率后的平均报酬率。

使用货币时间价值率可以比较方便地对不同时期、不同企业进行评价,具有较强的可比性和方便性,因此,本书中货币时间价值一般是用相对数来表示。

三、货币时间价值分析的工具——时间线

如何科学、正确地分析与计算货币时间价值?

我们必须清楚货币作为资金,其运动发生的时点、时间和方向,即必须搞清楚每笔资金在哪个时点上发生,资金流向是流入还是流出,资金在哪一时点上结束。

我们可以把资金流向、发生时点与时间发生的顺序结合在一起进行研究。按照时间从现在到未来的时间线,直观、便捷地反映资金运动发生的时间和方向。典型的现金流量时间线如图 2-1 所示。

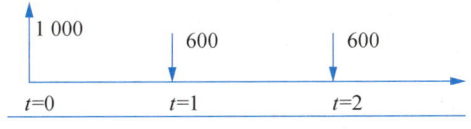

图 2-1　现金流量时间线

图中横轴为时间轴,箭头所指的方向表示时间的增加。横轴上的坐标代表各个时点,$t=0$ 表示现在,$t=1,2\cdots$,分别表示从现在开始的第 1 期期末、从现在开始的第 2 期期末,以此类推。如果每期的时间间隔为 1 年,则 $t=1$ 表示从现在起第 1 年年末,$t=2$ 表示从现在起第 2 年年末。换句话说,$t=1$ 也表示第 2 年年初。

四、货币时间价值的计算

货币时间价值计算解决的是不同时间点发生的现金量之间的转换问题。常见的转换形式有贴现与计息两种,与这两种转换形式有关的货币时间价值分别称为现值(present value)和终值(future value)。现值是指以后年份收到或付出资金的现在价值,现值的计算即已知本利和倒求本金;而终值是指资金经过一段时间后的价值,包括本金和时间价值,又称本利和。

图片:终值和现值的关系

(一)单利终值和现值的计算

单利是指仅对本金计算利息,不论时间长短,其产生的利息均不加到本金中计算利息的一种计算方法,即利息不再生息。日常生活中常见的银行存款利息的计算、购买的债券利息收益等,都是用单利计算。

1. 单利终值

单利终值的计算仅以本金为基数计算利息,即不论年限有多长,每期均按原始本金计息,而已取得的利息不再计息。单利的终值计算公式为:

$$F = P(1 + i \times n)$$

公式中:F——终值;

$\quad\quad\quad P$——本金(现值);

$\quad\quad\quad i$——利率;

$\quad\quad\quad n$——期限。

[例 2-1] 小刚妈妈将 1 000 元存入银行,存款期为 3 年,计息期为 1 年,年利率为 5%。要求:按照单利计算 1 000 元的到期本利和。

$$F = P \times (1 + i \times n) = 1\,000 \times (1 + 3 \times 5\%) = 1\,150(元)$$

1 150 元就是以 1 000 元为本金,按照 5% 利率计算的 3 年期的单利终值。

2. 单利现值

单利现值是指未来一定量的资金按照单利计算的现在价值,或者说未来一定量的资金按单利计算相当于现在是多少价值。单利现值的计算是单利终值的逆运算。

单利现值的计算公式为:

$$P = \frac{F}{1 + i \times n}$$

公式中:F——终值;

$\quad\quad\quad P$——本金(现值);

$\quad\quad\quad i$——利率;

$\quad\quad\quad n$——期限。

[例 2-2] 小刚爸爸向银行存入一笔款项,希望 3 年后一次性从银行取出 1 000 元,年利率为 5%,则他现在需要一次性向银行存入多少现金?

由单利现值的计算公式可得:

$$P = \frac{1\,000}{(1 + 5\% \times 3)} = 869.57(元)$$

以 1 000 元为终值,按照年利率 5%,3 年期单利计算的现值为 869.57 元。

(二)复利终值和现值的计算

复利是指资金每经过一个计息期,都要将所生利息加入本金后再计利息,逐期滚动,俗称"利滚利"。计息期是指相邻两次计息的时间间隔,如年、月、日等。除非特别指明,计息期为 1 年。

在财务管理实务工作中,货币的增值额一般都是作为追加资本,继续留在企业使用。所以,货币时间价值的计算一般采用复利。

1. 复利终值

复利终值是现在一定量的资金按照复利计算方法在若干期后所具有的本利和。假如现

在有本金 P 元(现值),i 是年利率,n 是期限,则复利终值计算公式为:

$$F = P \times (1+i)^n$$

公式中:F——终值;

$\qquad$ P——本金(现值);

$\qquad$ i——年利率;

$\qquad$ n——期限。

公式中,我们一般称 $(1+i)^n$ 为复利终值系数或一元的复利终值系数,用符号 $(F/P, i, n)$ 表示。该系数可以通过查阅复利终值系数表获得,详细见附表1。

[例2-3]　小刚委托爸爸将1 000元存入银行,年利率为10%,每年计息一次,则两年后的本利和为:

$$F = P(1+i)^n = 1\ 000(1+10\%)^2 = 1\ 210(元)$$

或者可以直接查阅附表1复利终值系数表,可得 $(F/P, 10\%, 2) = 1.210\ 0, 1\ 000 \times (F/P, 10\%, 2) = 1\ 000 \times 1.210\ 0 = 1\ 210(元)$。

2. 复利现值

复利现值是指未来年份一定量的资金按照复利计算的当前的价值。由终值求现值,称为贴现,贴现时使用的利息率称为贴现率,现值的计算公式可由终值的计算公式直接推导出。

即由公式 $F = P \times (1+i)^n$ 可以发现,当前的价值为:

$$P = \frac{F}{(1+i)^n} \text{ 或者 } P = F \times \frac{1}{(1+i)^n}$$

公式中, $\frac{1}{(1+i)^n}$ 被称为复利现值系数或贴现系数,用 $(P/F, i, n)$ 来表示,该系数可以通过查阅复利现值系数表获得,详细见附表2。

通过对比复利终值系数与复利现值系数的计算公式,可以发现两者互为倒数关系,即:

$$(F/P, i, n) \times (P/F, i, n) = 1$$

[例2-4]　小刚父母投资项目4年后可得到40 000元,按年利率6%计算,则现在应该投入多少资金?

$$
\begin{aligned}
P &= 40\ 000 \times (1+6\%)^{-4} \\
&= 40\ 000 \times (P/F, 6\%, 4) \\
&= 40\ 000 \times 0.792\ 1 \\
&= 31\ 684(元)
\end{aligned}
$$

现在应投入31 684元。

(三)年金终值与现值的计算

1. 年金的概念及分类

年金是时间间隔相等、发生金额相等的现金流入或流出量,或者是一定时期内每次等

教学设计:
普通年金与
先付年金的
计算

PPT：年金
的概念

微课：年金
概念及分类

额、定期收付款项。年金在我们的经济生活中非常普遍，如支付房屋的租金、分期付款赊购，分期偿还贷款、发放养老金、提取折旧，以及投资款项的利息支付等，都属于年金收付形式。

年金根据收付款项的时点不同，可以分为普通年金、先付年金、递延年金、永续年金四种。

2. 普通年金终值和现值的计算

普通年金是指从第一期起，在一定时期内每期期末等额收付的系列款项，又称后付年金。

1）普通年金终值

普通年金终值是指在一定时期内，每期期末等额收付的系列款项等于最后一期期末的价值，其实质是每一期收付款的复利终值之和，如图 2-2 所示。

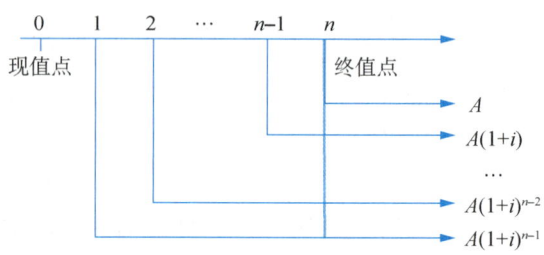

图 2-2　普通年金终值计算示意

由图 2-2 可知，若每年的支付金额为 A，利率为 i，期数为 n，则按复利计算的普通年金终值 F 为：

$$F = A + A(1+i) + A(1+i)^2 + \cdots + A(1+i)^{n-2} + A(1+i)^{n-1}$$

我们可以发现该式是一个等比数列，因此可以根据等比数列求出其前 n 项和，通过化简整理可得：

$$F = A \times \frac{(1+i)^n - 1}{i}$$

公式中，$\dfrac{(1+i)^n - 1}{i}$ 被称为普通年金终值系数，通常用符号 $(F/A, i, n)$ 来表示，该系数可以通过查阅年金终值系数表获得，详细见附表 3。

[例 2-5]　小刚 5 年中每年年底存入银行 100 元，年存款利率为 8%，则他在第 5 年年末可一次取出的本利和为多少？

$$F = A \times \frac{(1+i)^n - 1}{i} = 100 \times \frac{(1+8\%)^5 - 1}{8\%} = 100 \times 5.8666 \approx 586.7（元）$$

或者　　　　　　$$F = A \times (F/A, i, n) = 100 \times 5.867 = 586.7（元）$$

以 100 元为年金，按年利率 8%，5 年期复利计算的终值为 586.7 元。

2）普通年金现值

普通年金现值是指一定期间每期期末等额的系列收付款项的现值之和，其实质是每一期收付款的复利现值之和,普通年金现值的计算过程可用图 2-3 加以说明。

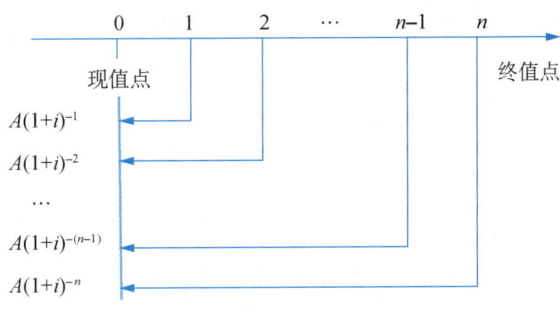

PPT:普通年金现值计算

微课:普通年金现值的计算

图 2-3　普通年金现值计算过程

由图 2-3 可知,若每年的支付金额为 A,利率为 i,期数为 n,则普通年金现值为:

$$P = A \times (1+i)^{-1} + A \times (1+i)^{-2} + \cdots + A(1+i)^{-n}$$

我们可以发现该式是一个等比数列,因此可以根据等比数列求出其前 n 项和,通过化简整理可得:

$$P = A \times \frac{1-(1+i)^{-n}}{i}$$

公式中,$\dfrac{1-(1+i)^{-n}}{i}$ 被称为普通年金现值系数,通常用符号 $(P/A,i,n)$ 来表示,该系数可以通过查阅年金现值系数表获得,详细见附表 4。

[例 2-6]　小刚的舅舅想为自己刚考上大学的儿子存一笔钱,以便今后 4 年内可以在每年年末取出 5 000 元为儿子缴纳学费。假设银行的年利率为 10%,按复利计息,那么小刚的舅舅现在需要一次存入多少钱?

$$P = 5\,000 \times \frac{1-(1+10\%)^{-4}}{10\%} = 5\,000 \times 3.169\,9 = 15\,849(元)$$

或者　　　　　　　　$= 5\,000 \times (P/A,10\%,4) = 5\,000 \times 3.169\,9 = 15\,849(元)$

[例 2-7]　小刚的爸爸从现在起,每年存入银行 10 000 元,连续存 10 年。假设银行存款利率为 10%,按复利计息,则 10 年后的存款总额相当于现在的多少金额?

$$P = 10\,000 \times \frac{1-(1+10\%)^{-10}}{10\%} = 10\,000 \times 6.144\,6 = 61\,446(元)$$

或者　　　　　　　　$= 10\,000 \times (P/A,10\%,10) = 10\,000 \times 6.144\,6 = 61\,446(元)$

PPT:先付年金终值计算

3. 先付年金终值和现值的计算

先付年金是指发生在每期期初的等额、定期系列收付款项,又称即付年金或预付年金。

1) 先付年金终值计算

先付年金的终值是指每期期初定额定期的系列收付款项的复利终值之和。先付年金终值的计算过程可用图 2-4 加以说明。

图片:先付年金与普通年金异同

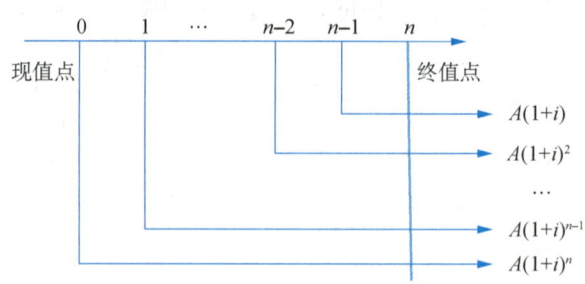

图 2-4　先付年金现值计算过程

由图 2-4 可知,若每年的支付金额为 A,利率为 i,期数为 n,则按复利计算的先付年金终值 F 为:

$$F = A(1+i) + A(1+i)^2 + \cdots + A(1+i)^{n-1} + A(1+i)^n$$
$$= (1+i)A \times [1 + (1+i)^1 + \cdots + (1+i)^{n-1}]$$
$$= (1+i) \times A \times (F/A, i, n)$$
$$= A \times (F/A, i, n) \times (1+i)$$

由以上计算可以发现,先付年金的终值是相同期限、相同利率下普通年金终值的 $(1+i)$ 倍。当然,我们还可以发现该式是一个等比数列,因此可以根据等比数列求出其前 n 项和,通过化简整理可得:

$$F = A \times \left[\frac{(1+i)^{n+1} - 1}{i} - 1 \right]$$
$$= A \times [(F/A, i, n+1) - 1]$$

公式中,$\left[\dfrac{(1+i)^{n+1} - 1}{i} - 1 \right]$ 或 $[(F/A, i, n+1) - 1]$ 称为先付年金终值系数。比较普通年金终值系数公式和先付年金终值系数公式,可以发现,先付年金终值系数是在普通年金终值系数基础上,期数加 1,系数减 1 调整获得的;也可以利用相同期限、相同利率下普通年金终值系数再乘以 $(1+i)$ 求得。

[例 2-8]　小刚父母每年年初为自己年幼的儿子存入银行 500 元,作为 10 年后儿子读大学的教育基金。假设银行存款利率为 8%,问第 10 年年末小刚父母可以得到的本利和应为多少?

$$F = 500 \times (F/A, 8\%, 10) \times (1 + 8\%)$$
$$= 500 \times 14.487 \times 1.08 = 7\,822.98(元)$$

或者　　　$F = 500 \times [(F/A, 8\%, 11) - 1] = 500 \times (16.645 - 1) = 7\,822.5(元)$

2) 先付年金现值计算

先付年金现值是指为在每一期期初取得相等收支金额而应现在投入的金额,其实质是把先付年金每个等额值都换算成第 0 期的数值,再求和,即求现值,如图 2-5 所示。

由图 2-5 可知,若每期期初的支付金额为 A,利率为 i,期数为 n,则先付年金现值为:

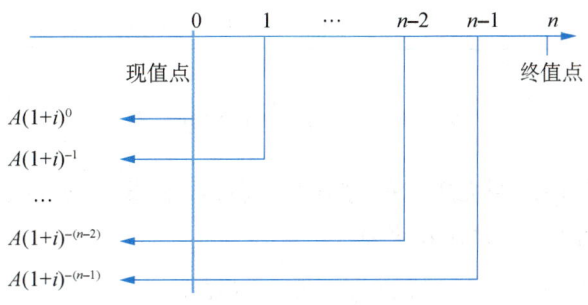

图 2-5 先付年金现值计算示意

$$P = A \times (1+i)^0 + A \times (1+i)^{-1} + \cdots + A \times (1+i)^{-(n-1)}$$
$$= A \times (1+i)\left[(1+i)^{-1} + (1+i)^{-2} + \cdots + (1+i)^{-n}\right]$$
$$= (1+i) \times A \times (P/A, i, n)$$

由以上计算可以发现,先付年金的现值是相同期限、相同利率下普通年金现值的$(1+i)$倍。

我们还可以发现该式是一个等比数列,根据等比数列求出其前 n 项和,通过化简整理可得:

$$P = A \times \left[\frac{1-(1+i)^{-(n-1)}}{i} + 1\right]$$
$$= A \times \left[(P/A, i, n-1) + 1\right]$$

公式中,$\left[\frac{1-(1+i)^{-(n-1)}}{i} + 1\right]$ 或 $\left[(P/A, i, n-1) + 1\right]$ 称为先付年金现值系数。比较普通年金现值系数公式和先付年金现值系数公式,可以发现,先付年金现值系数是在普通年金现值系数基础上,期数减 1,系数加 1 调整获得的;也可以利用相同期限、相同利率下普通年金现值系数再乘以$(1+i)$求得。

[例 2-9] 小刚的妈妈按 6 年期分期付款购物,每年年初付款 200 元,假设银行利率为 10%,则该项分期付款相当于现在一次性付款额多少?

$$P = 200 \times \left[\frac{1-(1+10\%)^{-(6-1)}}{10\%} + 1\right]$$
$$= 200 \times \left[(P/A, 10\%, 5) + 1\right]$$
$$= 958.2(\text{元})$$

或

$$P = 200 \times (P/A, 10\%, 6) \times (1+10\%) = 958.2(\text{元})$$

4. 递延年金终值和现值的计算

1) 递延年金终值

递延年金是指在最初若干期没有收付款项的情况下,后面若干期有等额的系列收付款项的年金。递延年金的收付款形式如图 2-6 所示。

微课:递延年金终值与现值的计算

PPT:递延年金现值的计算

图 2-6　递延年金的收付款形式

递延年金的终值与递延期无关(递延期就是前面没有发生资金收付的期间),终值可以参照普通年金终值来计算,其计算公式为:

$$F_{m+n} = A \times FVIFA_{i,n}$$

2) 递延年金现值

递延年金的现值受递延期的影响,计算方法有两种:

第一种方法:由于其与普通年金的现值相比,没有前 m 期的年金支付,可将 $(m+n)$ 期年金现值减去前 m 期的年金现值,即:

$$P = A(P/A, i, m+n) - A(P/A, i, m)$$

第二种方法:先把递延年金视为 n 期普通年金,求出递延年金在 n 期期初(第 m 期期末)的现值,然后将其按照复利现值调整为第一期期初的现值。计算公式为:

$$P = A \times (P/A, i, n) \times (P/F, i, m)$$

[例 2-10]　小刚父母为购买住房向银行借入一笔款项,银行贷款的年利率为 8%,银行规定前 10 年不需要还本付息,但从第 11 年至第 20 年每年年末偿还本息 1 000 元,则这笔款项的现值应是多少?

$$P = 1\,000 \times (P/A, 8\%, 10) \times (P/F, 8\%, 10) = 1\,000 \times 6.710 \times 0.463 = 3\,107(元)$$

或

$$P = 1\,000 \times [(P/A, 8\%, 20) - (P/A, 8\%, 10)] = 1\,000 \times (9.818 - 6.710) = 3\,108(元)$$

[例 2-11]　有一项年金,前 3 年无流入,后 5 年每年年初流入 500 元,假设年利率为 10%,其现值是多少?

$$P = 500 \times [(P/A, 10\%, 4) + 1] \times (P/F, 10\%, 3)$$
$$= 500 \times 4.170 \times 0.751$$
$$= 1\,565.86(元)$$

或

$$P = 500 \times (P/A, 10\%, 5) \times (P/F, 10\%, 2)$$
$$= 500 \times 3.791 \times 0.826$$
$$= 1\,565.68(元)$$

5. 永续年金现值的计算

永续年金是指等额定期,且收付期限趋于无穷大的系列收付款项。永续年金的收付无止境,所以终值无穷大,无需计算。永续年金现值可以用普通年金计算,即:

$$P = A \times \frac{1-(1+i)^{-n}}{i}$$

当 n 趋于无穷大时，其计算公式近似表示为：$P = \frac{A}{i}$。

[例 2-12]　某大学设立一项永久性奖学金，每年计划颁发 24 000 元奖学金。若银行存款利率为 6%，则学校现在应该存入多少金额？

$$P = \frac{A}{i}$$
$$= \frac{24\,000}{6\%}$$
$$= 400\,000（元）$$

(四) 不等额现金流量货币时间价值的计算

PPT：不等额货币现值的计算

年金是在一定期间内，每期收付等额的系列款项，但是在实际经济生活中，往往发生的资金流是不等额的，这就需要在计算货币时间价值时进行分类考虑。在企业财务管理中，不等额现金流量的现值计算往往成为投资者最常用的决策方法。

不等额现金流量现值无法使用年金计算，必须严格按照复利现值进行折现，其计算公式为：

$$P = \frac{A_1}{(1+i)} + \frac{A_2}{(1+i)^2} + \cdots + \frac{A_{n-1}}{(1+i)^{n-1}} + \frac{A_n}{(1+i)^n}$$
$$= \sum_{i=1}^{n} \frac{A_t}{(1+i)^t}$$

公式中：A_1——第 1 年年末的收付款项；

A_n——第 n 年年末的收付款项。

思考：不等额现金流量终值如何计算？

[例 2-13]　有一笔现金流量如表 2-1 所示，贴现率为 5%，求这笔不等额现金流量的现值。

表 2-1　4 年期现金流量　　　　　　　　　　　　　单位：元

年	0	1	2	3	4
现金流量	1 000	2 000	100	3 000	4 000

这笔不等额现金流量的现值可按下列公式求得：

$$P = \frac{A_1}{(1+i)} + \frac{A_2}{(1+i)^2} + \cdots + \frac{A_{n-1}}{(1+i)^{n-1}} + \frac{A_n}{(1+i)^n}$$
$$= 1\,000 \times (P/F, 5\%, 0) + 2\,000 \times (P/F, 5\%, 1) + 100 \times (P/F, 5\%, 2) +$$
$$3\,000 \times (P/F, 5\%, 3) + 4\,000 \times (P/F, 5\%, 4)$$
$$= 1\,000 \times 1.000 + 2\,000 \times 0.952 + 100 \times 0.907 + 3\,000 \times 0.864 + 4\,000 \times 0.823$$
$$= 8\,878.7（元）$$

五、名义利率与实际利率

微课:"利滚利"的利率有多高

名义利率是指票面利率,实际利率是指投资者得到利息回报的真实利率。

(一) 一年多次计息时的名义利率与实际利率

如果以"年"作为基本计息期,每年计算一次复利,这种情况下的实际利率等于名义利率。如果按照短于一年的计息期计算复利,这种情况下的实际利率高于名义利率。名义利率与实际利率的换算关系如下:

$$i = \left(1 + \frac{r}{m}\right)^m - 1$$

公式中:i——实际利率;

r——名义年利率;

m——每年计息次数。

[例2-14]　小刘存入银行1 000元,年利率是8%,每季度复利一次,试计算实际利率。

该题目是每季度复利一次,因此,给出的年利率8%就是名义利率,而把相当于一年复利一次的利率称为实际利率,所以,每季度的利率是8%÷4＝2%,一年复利四次,则一年后的本利和为:

$$F = 1\,000 \times (1 + 2\%)^4 = 1\,000 \times 1.082\,4 = 1\,082.4(元)$$

所以,实际利率为:

$$(1\,082.4 - 1\,000) \div 1\,000 \times 100\% = 8.24\%$$

或者根据公式 $i = \left(1 + \frac{r}{m}\right)^m - 1$ 也可以直接求出,即:

$$i = \left(1 + \frac{8\%}{4}\right)^4 - 1 = 1.082\,4 - 1 = 0.082\,4 = 8.24\%$$

新时期·新实践

近日,中国人民银行发布2021年第3号公告,针对从事贷款业务的机构范围、贷款产品在营销中利率的表述方式等作出了具体规范。要求应当以明显的方式向借款人展示年化利率,并在签订贷款合同时载明,也可以根据需要同时展示日利率、月利率等信息,但不应比年化利率更明显。调查发现,许多App在宣传借钱功能时,会用"日利息"的概念替代银行通常使用的年利率。有的App就使用"1 000元借1天的利息"这样的表述方式,来模糊用户实际借款的利率水平。然而仔细计算就会发现:银行年利率1年按照360天计算,则这家宣称"1 000元用1天,最低仅需0.2元"的网络借贷平台的利率,经过换算,就是0.000 2×360＝0.072。这样的年利率已经高达7.2%左右。而目前正规银行的消费贷、信用贷等的年利率普遍是5.22%～5.88%,在优惠期间利率还有机会打折。专家建议,如果用户确实需要使用这些App的借钱功能,也要事先算清楚实际的年利率水平,衡量自身的还款能力。

(二)通货膨胀情况下的名义利率与实际利率

名义利率是央行或其他提供资金借贷的机构所公布的未调整通货膨胀因素的利率,即利息(报酬)的货币额与本金的货币额的比率。也就是说名义利率是包括补偿通货膨胀(包括通货紧缩)风险的利率。实际利率是指剔除通货膨胀率后储户或投资者得到利息回报的真实利率。

名义利率与实际利率之间的关系为:

$$1+名义利率=(1+实际利率)\times(1+通货膨胀率)$$

所以,实际利率的计算公式为:

$$实际利率=\frac{1+名义利率}{1+通货膨胀率}-1$$

六、利率与期数计算

货币时间价值的计算不仅包括终值和现值的计算,还包括计息或贴现利率和期数的计算。

(一)利率的计算

一般来说,求贴现率可以分为两步:第一步求出换算系数,第二步根据换算系数和有关系数表求贴现率。根据前述有关公式,复利终值、复利现值、年金终值和年金现值的换算系数可分别用下列公式计算:

$$FVIF_{i,n}=\frac{F}{P}$$

$$PVIF_{i,n}=\frac{P}{F}$$

$$FVIFA_{i,n}=\frac{FVA}{A}$$

$$PVIFA_{i,n}=\frac{PVA}{A}$$

延伸阅读:100万元被通胀悄悄"偷走"85万元

延伸阅读:什么是年化收益率

PPT:利率的计算

以普通年金为例,说明推算贴现率的步骤:

(1)计算出 $FVA_n\div A$ 的值,假设 $FVA_n\div A=a$。

(2)查普通年金终值系数表。沿着 n 所在的那一行横向查找,若恰好找到表中某一系数等于 a,则该系数所在的利率,便是所要求的 i 值。

(3)如果无法找到恰好等于 a 的系数值,就要在表中 n 行上找出与 a 最接近的两个上下临界系数值,取其中与 a 值更接近的一个系数作为要选用的 i。

(4)如果要求贴现率计算得更加准确,则可以用插值法来进行计算。假设在表中 n 行上找出与 a 最接近的两个临界系数值为 β_1 和 $\beta_2(\beta_1>a>\beta_2$ 或 $\beta_1<a<\beta_2)$,查出与 β_1 和 β_2 对应的临界利率 i_1 和 i_2,则可以用插值法计算 i,其计算公式为:

$$i=i_1+\frac{\beta_1-a}{\beta_1-\beta_2}\times(i_2-i_1)$$

[例2-15]　小刚爸爸在思考一个问题:现在向银行存入5 000元,问年利率 i 为多少时,才能保证在以后10年每年得到750元?

$$(P/A,i,10)=5\ 000\div750=6.667$$

从年金现值系数表中可以看到,在 $n=10$ 年的各系数中,i 为 8% 时,系数是 6.710;$i=$ 9% 时,系数是 6.148。可见,利率应该是在 8% 和 9% 之间。由上述公式可知:

$$i = i_1 + \frac{\beta_1 - a}{\beta_1 - \beta_2} \times (i_2 - i_1)$$
$$= 8\% + \frac{6.710 - 6.667}{6.710 - 6.148} \times (9\% - 8\%)$$
$$= 8.147\%$$

(二)期限的计算

期数 n 的推算原理和步骤与贴现率 i 的推导相同;期间的推算原理和步骤与折现率的推算相同。假定系数值为 B,当期数为 n_1 时,系数 $B_1 > B$,则说明 n_1 太小,应该进一步调大期数到 n_2,再利用 n_2 测试,得系数 $B_2 < B$,则可求得 n 为:

$$n = n_1 + \frac{B - B_1}{B_2 - B_1} \times (n_2 - n_1)$$

[例 2-16] 小刚爸爸考虑购买一台柴油机,用以更换目前的汽油机。柴油机价格较汽油机价格高出 2 000 元,但每年可节约燃料费 500 元。若利率为 10%,计算柴油机应至少使用的年限。

根据柴油机高出汽油机所花成本等于每年节约燃料费用总现值,由年金现值计算公式可得 $2\,000 = 500 \times (P/A, 10\%, n)$,$(P/A, 10\%, n) = 2\,000 \div 500 = 4$。

根据插值法计算,必须找到两个相邻的系数,分别是 $B_1 = 3.790\,8$,此时 $n_1 = 5$;$B_2 = 4.355\,3$ 时,$n_2 = 6$,所以:

$$n = n_1 + \frac{B - B_1}{B_2 - B_1} \times (n_2 - n_1)$$
$$= 5 + \frac{4 - 3.790\,8}{4.355\,3 - 3.790\,8} \times (6 - 5)$$
$$= 5.37(\text{年})$$

七、偿债基金

偿债基金是指为了在约定的未来某一时点清偿某笔债务或积聚一定数额的资金而必须分次等额形成的存款准备金,其实质是为使年金终值达到既定金额的年金数额。

由 $F = A \times \frac{(1+i)^n - 1}{i}$ 可知:

$$A(\text{偿债基金}) = F \times \frac{i}{(1+i)^n - 1}$$

公式中,$\frac{i}{(1+i)^n - 1}$ 被称为偿债基金系数,是年金终值系数的倒数,记为符号 $(A/F, i, n)$。

偿债系数与年金终值系数互为倒数。

[例 2-17] 小刚爸爸拟在 5 年后还清 10 000 元债务,从现在起每年年末等额存入银行一笔款项,假设银行存款利率为 10%,则小刚爸爸每年需要存入多少元?

$$A = 10\,000 \times 10\% \div [(1+10\%)^5 - 1]$$
$$= 10\,000 \times 1 \div (F/A, 10\%, 5)$$
$$= 10\,000 \times 1 \div 6.105\,1$$
$$= 1\,638(元)$$

延伸阅读：
贷款利息
怎么算

八、资本回收额

资本回收额是指在约定年限内等额回收初始投入资本的金额。资本回收额的计算实质是已知普通年金现值 P，求年金 A。

由 $P = A \times \dfrac{1-(1+i)^{-n}}{i}$ 可知：

$$A(资本回收额) = P \times \frac{i}{1-(1+i)^{-n}}$$

公式中，$\dfrac{i}{1-(1+i)^{-n}}$ 被称为资本回收系数，记作 $(A/P, i, n)$。

由上述计算发现：资本回收额与普通年金现值互为逆运算；资本回收系数与普通年金现值系数互为倒数。

[例2-18]　小刚的舅舅贷款 100\,000 元购房，银行贷款利率为 10\%，偿还期限为 10 年。则小刚的舅舅应每年偿还多少元？

$$A = 100\,000 \times 10\% \div [1-(1+10\%)^{-10}]$$
$$= 100\,000 \div (P/A, 10\%, 10)$$
$$= 16\,270(元)$$

▼ 任务解析

通过上述学习，可以解析"任务引入"中的问题：

问题一：按照 10 年进行还款，每月应该按照等额年金法进行计算。已知贷款总额是 50 万元，属于现值，按月进行还款，总周期为 120 个月，则每月还款额为 $500\,000 \div (P/A, 0.5\%, 120) = 5\,550.62(元)$。

问题二：改变年限即可。每月还款额为 $500\,000 \div (P/A, 0.5\%, 180) = 4\,237.29(元)$。

问题三：利率下调后，设每月付款额为 X，则 $X(P/A, 0.45\%, 156) = 4\,237.29(P/A, 0.5\%, 156)$，求出 $X = 4\,118.69(元)$，$4\,237.29 - 4\,118.69 = 118.60(元)$。

问题四：一次性在 2025 年 1 月支付的价款为 $4\,118.69 \times (P/A, 0.45\%, 156) = 460\,927.17(元)$。

思政小课堂

技能训练

任务二　风险与收益权衡

▼ 任务引入

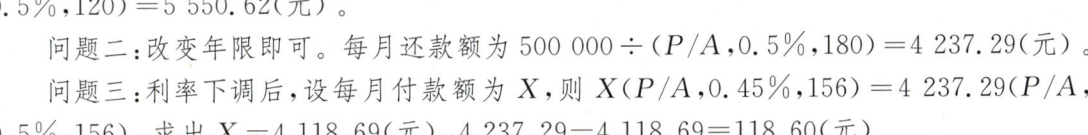
教学设计

近几年，受益于国家对新能源产业发展的政策支持，包括风能、太阳能光伏、储能及转换等多产业蓬勃发展。从资本市场来看，光伏设备、电源设备、工程建设、电池等许多板块累计涨幅已翻番。智维公司有几位董事成员对当前新能源资本市场发展前景充满信心。一次公司董事会会议上，有3位董事书面提出了能否利用公司闲置的现金购买一部分涉新能源板块的股票作为投资的意见。他们认为投资股票既可以作为长期股权投资长期持有，获取公司未来价值增值的利益，也可以作为短期投资持有，获取一定收益，这样比持有现金明智。为了支持这个投资建议，他们还在会议上展示了财经频道关于新能源资本市场行情的视频。

接下来，智维公司召集了公司全部投资与风险委员会委员，就之前3位董事提出投资新能源股权的建议进行充分论证。其中一位委员向董事会提出了一个财务问题，来评价大家的风险喜好情况："假设公司有100万元存款，现在进行一项投资计划，可以选择购买利率为10%的国债债券，第一年年末可得到110万元的本利和（本金100万元和10万元的利息），但同时还有另外一个投资打算：购买一个新能源A公司的股票。如果A公司经营成功，那么投资的股票将上涨到220万元；相反，如果A公司经营失败，股票价值将下跌至零元。假设A公司经营成功与失败的几率各为50%。各位董事会作何选择呢？"

要求：①计算这两种投资的收益率分别是多少？②你会在这两种投资方案中怎样选择？③你是风险偏好者还是风险厌恶者？

▼ 任务分析

企业在项目投资实施后，受多种条件影响，投资结果是不确定的。如果投资项目未来实施情况较好，收益就会高些；如果投资项目未来实施情况一般，收益就会低些；如果未来实施情况较差，就可能出现亏损的情况。这种结果是不确定的，但每一种结果发生的概率可以确定，就是我们通常所说的风险投资。在进行风险投资决策时，不能简单地下结论，应该建立在一系列科学预测的基础上，保证决策的科学性。智维公司的3位董事可以通过对国家新能源发展政策、动态结构挑战、公司发展前景、市场规模等多因素进行预测和分析，科学地推算出投资项目的预期收益率，并与必要报酬率进行比较，进而判断项目的可行性，权衡风险带来的利弊，才能作出正确的投资决策。

▼ 任务处理

微课：风险一定是损失吗

PPT：风险的概念

一、风险的概念与分类

（一）风险的概念

风险一般是指事件未来结果的不确定性，不确定性越大，风险越大。在实际中，更加强调不确定性在未来发生损失的可能，因此风险有时也被简单定义为"发生财务损失的可能性"，发生损失的可能性越大，风险越大。

资金时间价值的衡量标准是无风险和不考虑通货膨胀下的社会资金报酬率。但是，作为一种自然、社会和经济现象，风险普遍存在于现实生活中，无论是个人还是企业，都面临着各种各样的风险。具体到企业经营和财务活动中，风险更是无时无处不在的，而且会对企业经营成果和财务状况产生深远影响。因此,风险价值观念也是财务管理的一项重要的价值观念,在财务管理中具有普遍意义。

(二)风险的分类

风险可以按照不同的口径和标准进行分类,在财务管理中,常见分类有如下两种。

1. 经营风险和财务风险

经营风险是由于企业生产经营方面的不确定性而使企业收益产生变化的可能性,包括供应风险、生产风险、销售风险等,从而给企业经营及其业绩带来的风险。

财务风险是指在企业的各项财务活动中,由于内外部环境及各种无法预测或控制的因素影响,在一定时期内企业的实际财务业绩与预期财务业绩发生偏离,从而蒙受损失的可能性。在市场经济条件下,财务风险贯穿于企业各个环节,是各种风险因素在企业财务上的集中体现,一般包括筹资风险、投资风险、现金流量风险、利率风险和汇率风险等。

2. 系统风险与非系统风险

按照风险能否分散,可将其划分为系统风险和非系统风险,这种分类方式对于证券投资具有重要意义。

系统风险又称市场风险、不可分散风险,是指由于政治、经济及社会环境等企业外部因素的不确定性而产生的风险,它存在于所有企业中,无法由个别企业控制,同时无法通过多样化投资予以分散。系统风险的特点是由共同因素导致的,如通货膨胀、利率和汇率波动、国家宏观经济政策变化、战争冲突、政权更迭等,会对市场上所有企业产生影响,只是对不同企业的影响程度可能不同。

非系统风险又称公司特有风险、可分散风险,是指由于经营失误、消费者偏好改变、劳资纠纷、员工罢工、新产品试制失败等企业因素而产生的个别企业风险。其特点是只发生在个别企业中,由单个特殊因素引起,由于这些因素的发生是随机的,发生于某一企业的不利因素可以被其他企业的有利因素所抵消,因此可以通过多样化投资来分散。

二、风险报酬

(一)风险报酬的含义

理性经济人假定认为理性人具有风险厌恶的特征,在其他条件一定的情形下,任何理性投资者总是希望有一个确定的报酬率,而不希望有风险,因为风险可能带来损失。但是,风险总是客观存在的,那么在有风险的情况下,投资者要求的报酬会高于无风险报酬。由于承担风险而要求获得额外的报酬作为风险补偿的那部分称为风险溢价,可以用风险报酬额表示,也可以用风险报酬率表示。在财务管理中,通常用风险报酬率来衡量风险价值。

微课:风险与报酬的关系

如果不考虑通货膨胀因素,在有风险条件下进行投资,投资收益率应是无风险投资收益率(资金时间价值)与风险投资收益率之和。用计算公式表示如下:

$$投资收益率 = 无风险投资收益率 + 风险投资收益率$$

投资者进行无风险投资,只能得到相当于资金时间价值的收益率。而进行有风险的投资,不仅可以得到无风险收益率,还可能获得超出资金时间价值的额外收益,风险程度越大,

PPT：风险
衡量-概率
分布

这部分风险补偿也即风险溢价越高。

（二）风险的衡量

风险是客观存在的，在财务管理工作中，客观地衡量风险程度的大小是非常重要的工作。在财务管理实践中，风险的大小可以采用概率分布法、系数法等进行衡量。概率分布法是利用统计学中的概率分布、期望值、标准差等来计算与衡量风险大小的一种方法。

1. 确定概率分布

在经济活动中，某一事件在相同的条件下可能发生也可能不发生，这类事件称为随机事件。概率就是用来表示随机事件发生可能性大小的数值。概率越大，就表示该事件发生的可能性就越大。

概率分布指所有可能的状况及其概率。如果把某一事件所有可能的结果都列示出来，对每一结果给予一定概率，便可构成概率的分布。概率分布越集中，实际可能的结果就会越接近预期收益，实际收益率低于预期收益率的可能性就越小，风险程度也就越小；反之，概率分布越分散，风险程度也就越大。

[例 2-19]　联华公司有 A 和 B 两个投资机会，A 投资机会是一个高科技项目，该项目若能取得较大的市场占有率，利润就会很大；否则，利润会很低甚至亏损。B 项目是一个传统产品，销售前景可以准确地预测出来。假设未来的经济情况存在繁荣、正常、衰退 3 种可能，相关的概率分布和预期报酬率如表 2-2 所示。

表 2-2　相关的概率分布和预期报酬率

经济情况	发生概率	A 项目预期报酬率	B 项目预期报酬率
繁荣	0.3	90％	20％
正常	0.4	15％	15％
衰退	0.3	−60％	10％
合计	1.0		

在这里，概率表示每一种经济情况出现的可能性，也即各种不同预期的报酬率出现的可能性。例如，未来经济情况出现繁荣的可能性有 0.3，假如这种情况出现，A 项目可获得高达 90％的报酬率。

2. 期望值

随机变量的各个取值，以相应的概率为权数的加权平均数，称为随机变量的预期值（数学期望或均值），它反映随机变量取值的平均化，又称期望报酬率。其计算公式为：

$$期望值\overline{K} = \sum_{i=1}^{n} P_i K_i$$

公式中：P_i——第 i 种结果出现的概率；

$\quad\quad\quad K_i$——第 i 种结果的预期报酬率；

$\quad\quad\quad n$——所有可能结果的数目。

根据表 2-2 中 A、B 两个项目概率分布的有关信息,可分别计算出两个方案的收益率:

$$预期报酬率(A) = 0.3 \times 90\% + 0.4 \times 15\% + 0.3 \times (-60\%) = 15\%$$
$$预期报酬率(B) = 0.3 \times 20\% + 0.4 \times 15\% + 0.3 \times 10\% = 15\%$$

两者的预期报酬率相同,但其概率分布不同:A 项目的报酬率分散程度大,变动范围在 -60% 至 90% 之间,如图 2-7 所示;B 项目的报酬率分散程度小,变动范围在 10% 至 20% 之间,如图 2-8 所示,这说明两个项目报酬率相同,但风险不同。一般认为,概率分布越集中,实际可能的结果就会越接近期望报酬率,则实际报酬率低于期望报酬率的可能性越小,风险就越小;反之实际报酬率低于期望报酬率的可能性越大,风险就越大。为了定量地衡量风险大小,还要使用统计学中衡量概率分布离散程度的指标。

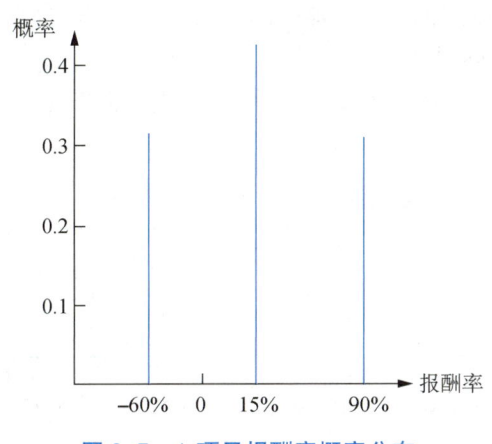

图 2-7　A 项目报酬率概率分布

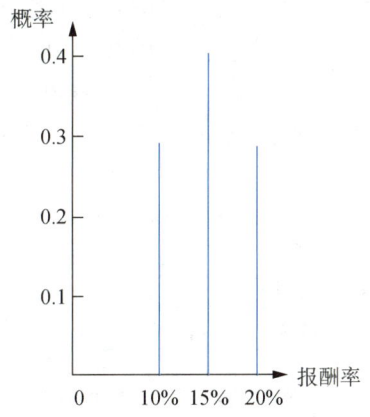

图 2-8　B 项目报酬率概率分布

3. 离散程度

离散程度是用以衡量风险大小的统计指标。一般来说,离散程度越大,风险越大;离散程度越小,风险越小。表示随机变量离散程度的量数,最常用的是方差和标准差。方差是用来表示随机变量与期望值之间离散程度的一个量。方差的计算公式为:

$$方差\ \sigma^2 = \sum_{i=1}^{n}(K_i - K)^2 P_i$$

标准差也称均方差,是方差的平方根。

$$标准差\ \sigma = \sqrt{\sum_{i=1}^{n}(K_i - K)^2 P_i}$$

[例 2-20]　承[例 2-19],可以进一步分别计算 A、B 两个项目的方差和标准差。

A 方案的方差 $\sigma_A^2 = (90\% - 15\%)^2 \times 0.3 + (15\% - 15\%)^2 \times 0.4 + (-60\% - 15\%)^2 \times 0.3 = 0.337\ 5$

B 方案的方差 $\sigma_B^2 = (20\% - 15\%)^2 \times 0.3 + (15\% - 15\%)^2 \times 0.4 + (10\% - 15\%)^2 \times 0.3 = 0.001\ 5$

A 方案的标准差 $\sigma_A = \sqrt{\sigma_A^2} = \sqrt{0.337\ 5} = 58.09\%$

B 方案的标准差 $\sigma_B = \sqrt{\sigma_B^2} = \sqrt{0.001\ 5} = 3.87\%$

由于 A、B 项目的报酬率的预期值都是 15％，而 A 项目的标准差是 58.09％，B 项目的标准差是 3.87％，从而定量地说明 A 项目的风险比 B 项目大。

标准差是以期望值计算出来的，所以利用标准差的大小来比较不同投资风险的前提条件是不同投资项目的期望报酬率相同。

4. 标准离差率

标准离差率是标准差与期望报酬率的比值，也叫变异系数。其计算公式为：

$$标准离差率(CV) = \frac{\sigma}{\overline{K}}$$

式中：σ——标准差；

$\overline{K}$——报酬率的预期值。

标准离差率反映了不同投资方案或项目间的相对风险大小，或每单位收益面临的风险大小。标准离差率越小，风险越小；反之，风险越大。

[例 2-21]　现在有 A 和 B 两个投资机会，其预期收益的相关资料如表 2-3 所示。试确定两个方案的风险大小。

表 2-3　A、B 项目预期收益的相关资料

项目	A 方案	B 方案
期望收益率	8％	24％
标准差	6％	8％

因为两个方案的期望收益率不等，不能以标准差作为衡量风险的标准，而应根据标准离差率（标准离差率）来确定风险程度。

$$CV_A = \frac{6\%}{8\%} \times 100\% = 75\%$$

$$CV_B = \frac{8\%}{24\%} \times 100\% = 33\%$$

因为 A 方案的标准离差率大于 B 方案的标准离差率，所以，A 方案的风险比 B 方案的风险大。

 小提示：

　　期望报酬率反映投资方案报酬的平均化，但不能直接用来衡量风险。标准差和标准离差率可以用来衡量风险。两者区别在于：期望报酬率相同时，标准差越大，风险越大；期望报酬率不同时，标准离差率越大，风险则越大；标准差衡量项目总体风险，标准离差率衡量单位收益风险。

(三) 风险报酬的确定

变异系数只能表示各项目风险程度的大小，而不能反映项目在此种风险程度下要求获得的报酬率水平。为了便于财务决策，还应将变异系数按照一定的风险价值系数转化为风险报酬，然后再确定要求投资报酬率。

风险价值系数反映承担单位风险(即单位变异系数)应获得的报酬。风险价值系数可以由投资者根据主观经验加以确定,其大小在很大程度上取决于投资者对待风险的偏好。将风险转化为要求得到补偿的风险报酬率,并基于无风险报酬率,确定要求报酬率,将在后续资本资产定价模型部分进行详述。

三、投资组合风险度量

两个或两个以上资产所构成的集合,称为资产组合。如果资产组合中的资产均为有价证券,则该资产组合也称为证券资产组合或证券组合。证券资产组合的风险与收益具有与单个资产不同的特征。

PPT:投资组合报酬率

(一)系统风险衡量

系统风险是影响所有资产的、不能通过资产组合而消除的风险。尽管绝大部分企业和资产都不可避免地受到系统风险的影响,但并不意味着系统风险对所有资产或所有企业有相同的影响。有些资产受系统风险的影响较大,而有些资产受到的影响较小。单项资产或证券资产组合受系统风险影响的程度,可以通过系统风险系数(β系数)来衡量。

延伸阅读:人生理财小贴士

1. 单项资产的系统风险系数

单项资产的系统风险系数是指可以反映单项资产收益率与市场平均收益率之间变动关系的一个量化指标,它表示单项资产收益率的变动受市场平均收益率变动的影响程度。

系统风险系数(β系数)的定义式如下:

$$\beta_i = \frac{COV(R_i, R_m)}{\sigma_m^2} = \frac{\sigma_i}{\sigma_m} \times \rho_{i,m}$$

式中,$\rho_{i,m}$表示第i项资产的收益率与市场组合收益率的相关系数;σ_i是该项资产收益率的标准差,反映该资产的风险大小;σ_m是市场组合收益率的标准差,反映市场组合的风险;三个指标的乘积表示该资产收益率与市场组合收益率的协方差。

在实务中,并不需要企业财务人员或投资者去计算证券的β系数,一些证券咨询机构会定期公布大量交易过的证券的β系数。美国部分公司的β系数如表2-4所示。

表2-4 美国部分公司的β系数

公司	β系数
可口可乐	0.58
苹果	1.25
微软	1.00
谷歌	1.08

我国也有一些证券咨询机构定期计算和编制各上市公司的β系数,可以通过中国证券市场数据库等查询。

新时期·新实践

我国部分上市公司 2022 年的 β 系数如表 2-5 所示。

表 2-5　我国部分上市公司 2022 年的 β 系数

证券代码	证券简称	所属行业	β 系数
000001	平安银行	金融业	1.47
601398	工商银行	金融业	0.21
600519	贵州茅台	制造业	1.14
000002	万科 A	房地产业	0.55
002594	比亚迪	制造业	0.91

2. 证券资产组合的系统风险系数

对于证券资产组合来说,其所含的系统风险的大小可以用组合 β 系数来衡量。证券资产组合的 β 系数是所有单项资产 β 系数的加权平均数,权数为各种资产在证券资产组合中所占的价值比例。其计算公式为:

$$\beta_P = \sum W_i \times \beta_i$$

式中,β_P 是证券资产组合的风险系数;W_i 为第 i 项资产在组合中所占的价值比重;β_i 表示第 i 项资产的 β 系数。

 小提示:

　　资产组合不能抵消系统风险,所以,资产组合的 β 系数是单向资产 β 系数的加权平均数;由于单向资产的 β 系数不同,有些高、有些低,因此,可以通过改变或替换资产组合的资产配置,或改变资产组合中的价值比重,实现改变资产组合系统风险大小的目的。

[例 2-22]　小刚爸爸同时持有三只股票,相关信息如表 2-6 所示,要求计算证券资产组合的 β 系数。

表 2-6　相关信息

股票	β 系数	股票每股市价(元)	股票的数量(股)
A	0.7	4	200
B	1.1	2	100
C	1.7	10	100

先计算 A、B、C 三种股票所占的价值比例:

A 股票的价值比例 $= 4 \times 200 \div (4 \times 200 + 2 \times 100 + 10 \times 100) \times 100\% = 40\%$

B 股票的价值比例 $= 2 \times 100 \div (4 \times 200 + 2 \times 100 + 10 \times 100) \times 100\% = 10\%$

C 股票的价值比例 $= 10 \times 100 \div (4 \times 200 + 2 \times 100 + 10 \times 100) \times 100\% = 50\%$

微课:投资组合的风险

然后计算加权平均 β 系数, 即证券资产组合的 β 系数:

$$\beta_p = 40\% \times 0.7 + 10\% \times 1.1 + 50\% \times 1.7 = 1.24$$

(二) 两项证券组合的风险及衡量

1. 证券资产组合的风险分散功能

两项证券资产组合的收益率的方差满足以下关系式:

$$\sigma_P^2 = w_1^2\sigma_1^2 + w_2^2\sigma_2^2 + 2w_1w_2\rho_{1,2}\sigma_1\sigma_2$$

$$其标准差 \quad \sigma_P = \sqrt{\sigma_P^2}$$

式中: σ_P 表示证券资产组合的标准差, 它衡量组合的风险; σ_1 和 σ_2 分别表示组合中两项资产的标准差; w_1 和 w_2 分别表示组合中两项资产分别所占的价值比例; $\rho_{1,2}$ 反映两项资产收益率的相关程度, 即两项资产收益率之间的相对运动状态, 称为相关系数。理论上, 相关系数介于区间 $[-1,1]$ 内。

当 $\rho_{1,2}$ 等于 1 时, 表明两项资产的收益率具有完全正相关的关系。这时, $\sigma_P^2 = (w_1\sigma_1 + w_2\sigma_2)^2$, 即 σ_P^2 达到最大。由此表明, 组合的风险等于组合中各项资产风险的加权平均值。两项资产的风险完全不能相互抵消, 所以这样的组合不能降低任何风险。

当 $\rho_{1,2}$ 等于 -1 时, 表明两项资产的收益率具有完全负相关的关系, 即它们的收益率变化方向和变化幅度完全相反。这时 $\sigma_P^2 = (w_1\sigma_1 - w_2\sigma_2)^2$, 即 σ_P^2 达到最小, 甚至可能是零。两项资产的风险可以充分地相互抵消, 甚至完全消除。这样的组合能够最大程度地降低风险。

在实务中, 绝大多数资产两两之间都具有不完全的相关关系, 即相关系数小于 1、大于 -1 (大多数情况下大于零)。因此, 会有 $0 < \sigma_P < (w_1\sigma_1 + w_2\sigma_2)$, 即证券资产组合收益率的标准差小于组合中各资产收益率标准差的加权平均值, 大多数情况下证券资产组合能够分散风险, 但不能完全消除风险。

一般来说, 随着证券资产组合中资产个数的增加, 证券资产组合的风险会逐渐降低。当资产的个数增加到一定程度时, 证券资产组合的风险程度将趋于平稳, 这时组合风险的降低将非常缓慢直到不再降低。

(三) 必要收益率

必要收益率也称最低必要报酬率或最低要求的收益率, 表示投资者对某资产合理要求的最低收益率。

必要收益率与认识到的风险有关, 由两部分构成。

1. 无风险收益率

无风险收益率也称无风险利率, 是指无风险资产的收益率, 它的大小由纯利率(资金的时间价值)和通货膨胀补贴率两部分组成。一般用国债的利率表示无风险利率, 该国债应该与所分析的资产的现金流量有相同的期限。

新时期·新实践

2023 年中债国债收益率情况如表 2-7 所示。

表 2-7 2023 年中债国债收益率情况

时间	1 天	1 年	3 年	5 年	7 年	10 年	30 年
2023 年 1 月	1.282 3%	2.153 5%	2.529 0%	2.703 9%	2.851 1%	2.897 7%	3.279 3%
2023 年 2 月	1.850 0%	2.329 1%	2.573 4%	2.737 4%	2.867 3%	2.901 7%	3.302 9%
2023 年 3 月	1.594 5%	2.232 8%	2.508 9%	2.683 7%	2.830 4%	2.852 8%	3.233 2%
2023 年 4 月	1.455 1%	2.146 4%	2.450 1%	2.613 0%	2.745 2%	2.778 8%	3.135 5%
2023 年 5 月	1.537 7%	1.982 9%	2.251 0%	2.455 8%	2.664 1%	2.685 0%	3.073 3%
2023 年 6 月	1.621 6%	1.872 3%	2.225 3%	2.424 7%	2.627 6%	2.635 1%	3.007 2%
2023 年 7 月	1.400 0%	1.810 2%	2.256 6%	2.454 4%	2.637 3%	2.659 7%	3.010 3%
2023 年 8 月	1.650 0%	1.905 1%	2.221 5%	2.399 6%	2.557 5%	2.557 5%	2.902 7%
2023 年 9 月	2.191 1%	2.167 7%	2.371 3%	2.525 6%	2.677 5%	2.675 1%	3.002 2%
2023 年 10 月	2.400 0%	2.205 1%	2.430 1%	2.532 5%	2.687 8%	2.693 8%	2.995 6%
2023 年 11 月	1.600 0%	2.336 7%	2.472 1%	2.569 1%	2.666 4%	2.668 0%	2.940 5%
2023 年 12 月	1.450 8%	2.079 6%	2.289 4%	2.400 1%	2.532 8%	2.555 3%	2.826 9%

注:本表数据为当月最后一个交易日数据。
数据来源:中央国债登记结算有限责任公司。

2. 风险收益率

风险收益率是指某资产持有者因承担该资产的风险而要求的超过无风险利率的额外收益。风险的大小取决于以下两个因素:一是风险的大小;二是投资者对风险的偏好。风险收益率可以用公式表示为:

$$R_R = b \times CV$$

公式中:R_R 表示风险报酬率;b 表示风险报酬系数;CV 表示标准离差率。

必要报酬率可表示为:

$$R = R_F + R_R = R_F + b \times CV$$

公式中:R 表示投资必要报酬率;R_F 表示无风险报酬率。

新时期·新实践

我国 2018—2022 年股票市场平均收益率如表 2-8 所示。

表 2-8 我国 2018—2022 年股票市场平均收益率

年度	2018 年	2019 年	2020 年	2021 年	2022 年
股票市场平均收益率	−26.40%	25.98%	24.32%	8.5%	−18.67%

年末,又到了盘点的时候,今年你在 A 股收成如何? A 股 2021 年 12 月 31 日交易收官,全年成交额创新高,上证指数时隔 28 年后再次收获年线三连阳。上证指数、深证成指、

创业板指全年分别上涨 4.8%、2.67%、12%，均连涨 3 年。个股方面，最幸福的莫过于湖北宜化的股东，其从年初至今涨幅达 566%。中公教育成为跌幅最大的股票，年初至今跌幅达 77%，华夏幸福位居其后，跌幅达 72%。Wind 统计显示：2021 年年底全部 A 股的市值为 91.2 万亿元，比 2020 年年底的 79.7 万亿元，增加了 11.5 万亿元。以 2021 年年底 A股股民数 1.9 亿人计算，2021 年全年中国股民人均赚了近 5 万元。不过，如果只算自由流通股本（总股本中剔除大股东等无法立即变现的股本），股民人均盈利将下降至 1.76 万元。2021 年以来，"科技＋成长""顺周期"成市场主旋律，资金关注中小盘、次新、重组、涨价、元宇宙等概念炒作。从全年来看，Wind 概念板块中，盐湖提锂指数 2021 年涨幅为 236.40%，锂矿指数涨幅为 206.90%，稀土指数涨幅为 142.74%，表现极其突出。锂电池指数 2021 年涨幅为 84.57%，光伏指数涨幅为 62.46%，白酒指数涨幅为 13%。与 2021 年形成鲜明对比的是，2022 年全球经济遭遇多重冲击，"黑天鹅""灰犀牛"轮番上演，资本市场剧烈波动，"3000 点保卫战"频频上演。而随着疫情防控措施变化，自 10 月底，A股指数上扬、逐渐走出"反转行情"。

截至 2022 年 12 月 30 日收盘，上证指数收报 3 089.26 点、年内跌幅为 15.13%，深证成指跌幅为 25.85%、收于 11 015.99 点，创业板指跌幅为 29.37%、收于 2 346.77 点。股票市场跌宕起伏，大部分行业表现低迷，沪深股市全年蒸发 13.08 万亿元，A 股投资者人均亏损 6.23 万元。

视频："董事长"的指令

四、风险偏好与风险对策

（一）风险偏好

风险偏好是指为了实现目标，企业或个体投资者在承担风险的种类、大小等方面的基本态度。风险就是一种不确定性，投资者面对这种不确定性所表现出的态度、倾向便是其风险偏好的具体体现。根据效用函数的不同，可以按照投资者对风险的偏好将其分为风险回避者、风险追求者和风险中立者。

1. 风险回避者

当预期收益率相同时，风险回避者都会偏好于具有低风险的资产；而对于同样风险的资产，他们则都会钟情于具有高预期收益的资产。但当面临以下两种资产时，他们的选择就要取决于其对待风险的不同态度：一项资产具有较高的预期收益率同时也具有较高的风险，而另一项资产虽然预期收益率低，但风险水平也低。一般的投资者和企业管理者都是风险回避者，因此财务管理的理论框架和实务方法都是针对风险回避者的，并不涉及风险追求者和风险中立者的行为。

2. 风险追求者

与风险回避者相反，风险追求者主动追求风险，喜欢收益的波动胜于喜欢收益的稳定。他们选择资产的原则是：当预期收益相同时，选择风险大的，因为这会给他们带来更大的效用。

3. 风险中立者

风险中立者既不回避风险，也不主动追求风险。他们选择资产的唯一标准是预期收益

的大小，而不管风险状况如何，这是因为所有预期收益相同的资产将给他们带来同样的效用。

（二）风险对策

投资者在进行风险决策时，有如下几种对策。

1. 规避风险

当风险所造成的损失不能由该项目可能获得的利润予以抵消时，避免风险是可行的简单方法。避免风险的例子包括：拒绝与不守信用的厂商开展业务；放弃可能明显导致亏损的投资项目；新产品在试制阶段发现诸多问题而果断停止试制。

> **小提示：**
>
> 通常情况，投资者和企业管理者都对风险比较反感，尤其是在企业初创期，在期望报酬率相同的情况下，选择风险小的项目。

2. 减少风险

减少风险主要有两个含义：一是控制风险因素，减少风险的发生；二是控制风险发生的频率和降低风险损害程度。减少风险的常用方法有：进行准确的预测，如预测汇率、预测利率、评估债务人信用等；对决策进行多方案优选和替代；及时与政府部门沟通获取政策信息；在开发新产品前充分进行市场调研；实行设备预防检修制度以减少设备事故；选择有弹性的、抗风险能力强的技术方案，进行预先的技术模拟试验，采用可靠的保护和安全措施；采用多领域、多地域、多项目、多品种的投资以分散风险。

3. 转移风险

企业以一定代价（如保险费、担保费、利息等），采取某种方式（如参加保险、信用担保、租赁经营、套期交易、票据贴现等），将风险损失转嫁给他人承担，以避免可能给企业带来灾难性损失。例如，向专业性保险公司投保；采取合资、联营、增发新股、发行债券、联合开发等措施实现风险共担；通过技术转让、特许经营、战略联盟、租赁经营和业务外包等实现风险转移。

4. 接受风险

接受风险包括风险自担和风险自保两种。风险自担是指风险损失发生时，直接将损失摊入成本或费用，或冲减利润。风险自保是指企业预留一笔风险金或随着生产经营的进行，有计划地计提资产减值准备等。

五、资本资产定价模型

1. 资本资产定价模型的基本原理

资本资产定价模型由经济学家 Harry Markowite 和 William F. Sharpe 于 1964 年提出，资本资产主要指股票，该模型试图解释资本市场如何决定股票收益率。根据风险与收益的一般关系，某资产的必要收益率是由无风险收益率和资产的风险收益率决定的。即：

$$必要收益率 ＝ 无风险收益率 ＋ 风险收益率$$

资本资产定价模型的一个主要贡献就是解释了风险收益率的决定因素和度量方法,并且给出了下面的一个简单易用的表达形式:

$$R = R_f + \beta \times (R_m - R_f)$$

这是资本资产定价模型的核心关系式。式中,R 表示某资产的必要收益率;β 表示该资产的系统风险系数;R_f 表示无风险收益率,通常以短期国债的利率来近似表示;R_m 表示市场组合收益率,通常用股票价格指数收益率的平均值或所有股票的平均收益率来代替。公式中 $R_m - R_f$ 称为市场风险溢酬,它是附加在无风险收益率之上的。不难看出:某项资产的风险收益率是该资产系统风险系数与市场风险溢价的乘积,即:

$$风险收益率 = \beta \times (R_m - R_f)$$

2. 证券市场线

如果把资本资产定价模型公式中的 β 看作自变量(横坐标),必要收益率 R 作为因变量(纵坐标),无风险利率 R_f 和市场风险溢酬 $(R_m - R_f)$ 作为已知系数,那么这个关系式在数学上就是一个直线方程,称为证券市场线(SML),即以下关系式所代表的直线:

$$R = R_f + \beta \times (R_m - R_f)$$

在证券市场线关系式的右侧,唯一与单项资产相关的就是 β 系数,而 β 系数正是对该资产所有的系统风险的度量,因此,证券市场线一个重要的暗示就是"只有系统风险才有资格要求补偿"。该公式中并没有引入非系统风险即公司风险,也就是说,投资者要求的补偿只是因为他们"忍受"了市场风险的缘故,而不包括公司风险,因为公司风险可以通过证券资产组合被消除掉。

[例2-23]　通用公司的 β 系数是 1.170,短期国库券利率为 4%,标准普尔股票价格指数的收益率是 10%,那么,通用公司该年股票的必要收益率应为:

$$R = R_f + \beta \times (R_m - R_f) = 4\% + 1.17 \times (10\% - 4\%) = 11.02\%$$

3. 证券资产组合的必要收益率

证券资产组合的必要收益率也可以通过证券市场线来描述:

$$证券资产组合的必要收益率 = R_f + \beta_P \times (R_m - R_f)$$

此公式与前面的资产资本定价模型公式非常相似,它们的右侧唯一不同的是 β 系数的主体,前面的 β 系数是单项资产或个别公司的 β 系数;而这里的 β_P 则是证券资产组合的 β 系数。

 **小提示:**

资本资产定价模型认为,只有系统风险才需要补偿,非系统风险可以通过企业内部资产充分组合加以分散。

任务解析

通过上述学习,可以解析"任务引入"中的问题:50% × 0 + 50% × 2 200 000 =

1 100 000（美元），减去股票成本 1 000 000 美元，得到 100 000 元的预期利润或 10％的预期
报酬率（含风险）。

思政小课堂

技能训练

$$预期报酬率 = \frac{预期期末价值 - 期初价值}{期初价值} = \frac{1\,100\,000 - 1\,000\,000}{100\,000} = 10\%$$

此时有两种选择：一是购买国库券，获得确定的 100 000 元的利润（即 10％的报酬
率）；二是购买 A 公司的股票，预期获得有风险的 100 000 元利润（同样 10％的报酬率），
如果你选择低风险的投资，那么你就是风险回避者。事实上，大多数投资者都是规避风
险的。

任务三　成本性态与本量利分析

教学设计

▼ 任务引入

智维公司有一家附属内部商店，专门为本公司员工提供必要的生活用品。但商店最近
几年经营成本居高不下，现金流量、利润等状况并不乐观。为此，公司管理层决定派具有多
年财务工作经验的刘女士到该商店进行实地调研工作，希望尽快找出制约商店经营发展的
瓶颈。刘女士认真调研后，发现超市常年销售额最多的只有三种产品，分别是甲、乙和丙。
2025 年店面预计发生租金等固定成本 300 000 元，各种产品的预计销售量、单价、单位变动
成本等资料如表 2-9 所示。

表 2-9　产品资料

品种	预计销售量（件）	单价（元）	单位变动成本（元）
甲	100 000	10	8.5
乙	25 000	20	16.0
丙	10 000	50	20.0

商店负责人周某趁周末时间，请刘女士对商店今年的发展提出管理意见和建议。周某
说："我们今年的目标利润是 15 万元，为实现这个目标，今年的营业收入应该至少达到多少
呢？"刘女士认真听了他的诉求后，意味深长地说："你应该把保本作为第一要务，然后再力图
目标盈利。"如果你是刘女士，请你帮周某厘清保本、保利的关系，并计算这个商店今年的保
本点销售额和保利点销售额。

▼ 任务分析

成本按性态分析是管理会计对成本分类的基本要求，也是财务管理工作的必要基础，为
企业预测、决策分析，以及规划和控制企业发展奠定坚实的基础。

一、成本性态分析

（一）成本性态的含义

成本性态又称成本习性，是指成本总额与业务量（产量或销量）之间的依存关系，从成本性态的角度分析成本，目的是揭示成本与产量、销量等业务量之间的内在联系，把握产品成本与生产能力之间的规律性联系。

PPT：成本按性态分类

（二）成本性态下的成本分类

成本按性态不同可分为变动成本、固定成本和混合成本。

1. 变动成本

变动成本是指在一定条件下，其总额的增减变动与业务量的增减变动成正比例关系的成本，变动成本的概念是就总额而言的。但是，从产品的单位成本来看，单位成本变动不受业务量增减变动的影响，是相对不变的。具体如图 2-9 所示。

图片：成本性态分类

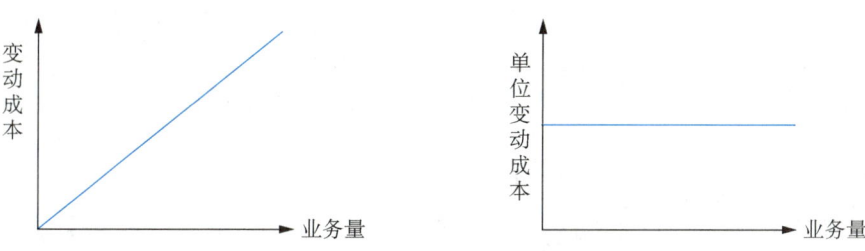

图 2-9　变动成本及单位变动成本示意

2. 固定成本

固定成本是指在一定时期和一定业务量范围内，总额不随业务量的增减变动而变动的成本，如管理人员的工资、按直线法计提的固定资产折旧等。虽然固定成本总额不随业务量的增减变动而变动，保持相对固定，但单位业务量的固定成本却随业务量的增减变动而成反比例变动。

固定成本按是否受管理者短期决策行为的影响，又可进一步分为约束性固定成本与酌量性固定成本两类。

1）约束性固定成本

约束性固定成本是指企业在日常经营活动中很难控制并改变其数额的固定成本，如厂房和机器设备的折旧费、保险费、财产税和管理人员的工资等。这类成本的特点是与企业生产能力的形成和正常维护有关。固定成本是企业维持一定生产能力所必须负担的最低成本，在一定的产量范围内不变。只有当企业的资产数额增多或减少时，即经营能力改变了，相应的约束性固定成本才会发生变化。

2）酌量性固定成本

酌量性固定成本是指企业在日常经营活动中可以控制并改变其数额的固定成本，如研究开发费、职工培训费、广告宣传费等。这些成本的特点是数额可以因高层管理人员的决定而适当调整，发生额同企业的产量并无直接联系。企业对酌量性固定成本的控制方法是从实际出发，精打细算，厉行节约，不断降低其绝对额。

PPT：混合成本产生原因及分类

3. 混合成本

当业务量发生变化时，有的业务成本总额会随业务量的变动而变动，但其变动的幅度并不同业务量的变动幅度保持严格的比例。这类成本由于同时包含固定成本和变动成本两种因素,故称为混合成本。

1)半变动成本

半变动成本通常有一个基数,与业务量的变动无关,这部分成本相当于固定成本。在此基数之上,随着业务量的增加,成本也会成正比例增加,这部分成本相当于变动成本。例如,电话费、水电费等一般由供应单位规定每月的收费基数,不管企业使用量是多少,都必须支付这个基数。半变动成本与业务量的关系如图 2-10 所示。

2)半固定成本

半固定成本在一定业务量范围内是固定的,但当业务量的增长超过一定限度时,其发生额就会突然跳跃上升到一个新的水平,然后在业务量增长到一定范围内,成本总额又会保持不变,直到跳跃上升到另一个新的水平为止。例如,企业检测人员的基本工资、机器设备维修费用等都属于半固定成本。半固定成本与业务量的关系如图 2-11 所示。

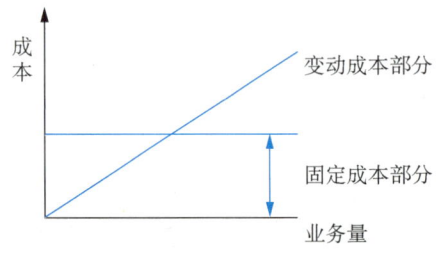

图 2-10　半变动成本与业务量的关系

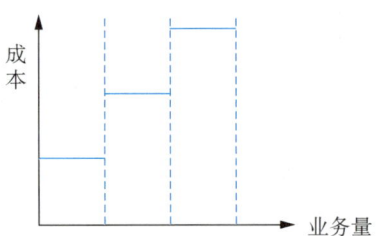

图 2-11　半固定成本与业务量的关系

3)延伸变动成本

延伸变动成本的特征是在业务量的某一临界点以下表现为固定成本,超过这一临界点则表现为变动成本,即随着业务量的"延伸",原本固定不变的成本成为变动成本。比较典型的例子是:企业支付给职工的正常工作时间内的工资总额是固定不变的,但职工的工作时间一旦超过了正常水平,企业需按规定支付加班工资,并且加班工资的高低与加班时间的长短存在正比例关系。延伸变动成本与业务量的关系如图 2-12 所示。

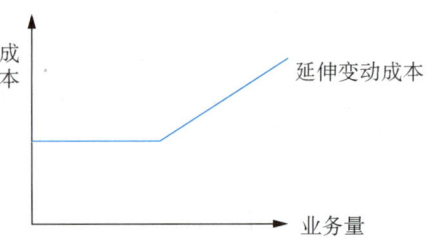

图 2-12　延伸变动成本与业务量的关系

4)曲线变动成本

这类成本通常有一个初始量,一般不变,相当于固定成本;但在这个初始量的基础上,随着业务的增加成本也逐步增加,不过两者不呈正比例的直线关系,而呈非线性的曲线关系。具体来看,可以分为递减曲线成本和递增曲线成本。

(1)递减曲线成本。如热处理的电炉设备,每班需要预热,其预热成本(初始量)属固定成本性质,但预热后进行热处理的耗电成本,随着业务量的增加而逐渐上升,但两者不呈正比例,而呈非线性关系,并且成本上升越来越慢,即其上升率是递减的,如图 2-13 所示。

(2)递增曲线成本。如累进计件工资、各种违约罚金等,当刚达到约定产量(或约定交货时间)时,成本是固定不变的,属于固定成本性质。但在这个基础上,随着产量或延迟时间的增加,计件工资或违约罚金就逐步上升,而其上升率是递增的,如图 2-14 所示。

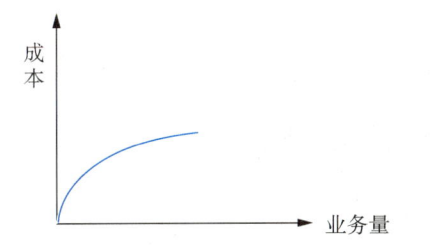

图 2-13　递减曲线成本与业务量的关系　　图 2-14　递增曲线成本与业务量的关系

(三)成本性态模型

根据成本习性,习惯将企业的全部成本划分为固定成本和变动成本两大类。因此,总成本的组成可以写成如下表达式:

总成本 = 固定成本总额 + 变动成本总额 = 固定成本总额 + 单位变动成本 × 业务量

用 y 代表总成本,a 代表固定成本总额,b 代表单位变动成本,x 代表业务量,则上述总成本公式可以表示为:

$$y = a + bx$$

(四)成本性态分析方法

成本性态分析是在成本按性态分类的基础上,按照一定的程序,采用一定的方法,最终将全部成本进一步分为变动成本和固定成本两部分。

成本性态分析方法有以下几种。

1. 直接观察法

直接观察法是根据会计账簿中各半变动成本项目的性质,分析其比较接近变动成本还是固定成本,从而直接认定其归属的方法。例如,燃料和动力费虽然不与业务量成正比例关系,但其变动与业务量的关系比较密切,因而可以直接将其作为变动成本处理;水电费、劳动保护费、低值易耗品摊销等与业务量变动的关系不显著,基本上是固定的,因而可以直接将其作为固定成本处理。

2. 合同确认法

合同确认法是根据交易双方签订的合同中所规定的计价方法与合同提供的业务量之间的关系分析成本性态的一种定量分析方法。在该方法下,分析人员将需支付的部分(基数部分)划入固定成本,将按业务量计价的部分划入变动成本。

3. 资料分析法

1)高低点法

高低点法是先通过对若干期历史资料的分析,找出某一时期的最高产量和另一时期的最低产量,再用两期相应的混合成本总额之差除以最高产量与最低产量之差,求得变动率(单位变动成本),最后分解出混合成本中的变动成本和固定成本的一种方法。

设 y 为一定时期某项混合成本的总额,x 代表业务量,a 代表混合成本中的固定成本总额，b 代表单位变动成本，则混合成本的计算公式可以表示为：

$$y = a + bx$$

根据高低点法的基本原理，a、b 可按下列公式计算得出：

$$b = \frac{最高点业务量成本 - 最低点业务量成本}{最高点业务量 - 最低点业务量}$$

$$a = 最高点业务量成本 - 单位变动成本 \times 最高点业务量$$

或

$$a = 最低点业务量成本 - 单位变动成本 \times 最低点业务量$$

[例 2-24] 假定华联企业 2025 年 12 个月的产量和电费的基础数据如表 2-10 所示。

表 2-10　基础数据

月份	产量（件）	电费（元）
1	800	2 000
2	600	1 700
3	900	2 250
4	1 000	2 550
5	800	2 150
6	1 100	2 750
7	1 000	2 460
8	1 000	2 520
9	900	2 320
10	700	1 950
11	1 100	2 650
12	1 200	2 900

该年产量最高的月份是 12 月，为 1 200 件，相应电费为 2 900 元；产量最低的月份是 2 月，为 600 件，相应电费为 1 700 元。按前面的运算过程计算如下：

$$b = \frac{2\,900 - 1\,700}{1\,200 - 600} = 2（元/件）$$

$$a = 2\,900 - 2 \times 1\,200 = 500（元）$$

或

$$a = 1\,700 - 2 \times 600 = 500（元）$$

以上计算表明，该企业电费这项混合成本属固定成本的为 500 元；单位变动成本为每件 2 元。用数学模型来描述这项混合成本，即：

$$y = 500 + 2x$$

2）回归直线法

回归直线法是根据过去若干历史时期的业务量和成本总额的资料，运用最小二乘法的原理，建立反映成本和业务量之间关系的回归直线方程，并据此确定混合成本中的固定成本和变动成本的一种定量分析方法。

假设共有 n 期业务量和成本的资料，用 x 代表业务量，用 y 代表某项混合成本，用 a 代表混合成本中的固定成本部分，用 b 代表单位变动成本。它们之间的关系可以用直线方程 $y=a+bx$ 来表示。只要 x 与 y 之间保持线性关系，就可以运用最小二乘法的原理求出 a 和 b 的值，最终确立该项业务的成本与业务量之间的变动趋势的直线方程。a、b 的值可以按照以下公式计算得出：

$$b = \frac{n\sum xy - \sum x \sum y}{n\sum x^2 - \left(\sum x\right)^2}$$

$$a = \frac{\sum x^2 \sum y - \sum x \sum xy}{n\sum x^2 - \left(\sum x\right)^2}$$

或

$$a = \frac{\sum y - b\sum x}{n}$$

[例 2-25]　承[例 2-23]，具体说明如何用回归直线法对混合成本进行分解。

为了便于说明和计算，我们将计算所得到的基础数据，如表 2-11 所示。

表 2-11　基础数据

月份	产量 x_i（件）	电费 y_i（元）	$x_i y_i$	x_i^2
1	800	2 000	1 600 000	640 000
2	600	1 700	1 020 000	360 000
3	900	2 250	2 025 000	810 000
4	1 000	2 550	2 550 000	1 000 000
5	800	2 150	1 720 000	640 000
6	1 100	2 750	3 025 000	1 210 000
7	1 000	2 460	2 460 000	1 000 000
8	1 000	2 520	2 520 000	1 000 000
9	900	2 320	2 088 000	810 000
10	700	1 950	1 365 000	490 000
11	1 100	2 650	2 915 000	1 210 000
12	1 200	2 900	3 480 000	1 440 000
Σ	11 100	28 200	26 768 000	10 610 000

将表中的数据代入公式则有：

$$b = \frac{n\sum xy - \sum x \sum y}{n\sum x^2 - \left(\sum x\right)^2}$$

$$= \frac{12 \times 26\,768\,000 - 11\,100 \times 28\,200}{12 \times 10\,610\,000 - (11\,100)^2}$$

$$= 1.99(元/件)$$

$$a = \frac{\sum x^2 \sum y - \sum x \sum xy}{n\sum x^2 - \left(\sum x\right)^2}$$

$$= \frac{10\,610\,000 \times 28\,200 - 11\,100 \times 26\,768\,000}{12 \times 10\,610\,000 - (11\,100)^2}$$

$$= 505.40(元)$$

因此，可以推算出产量和电费之间的关系为 $y = 505.40 + 1.99x$，据此可以对未来产量和电费进行预测。

二、本量利分析

企业经营决策的重要问题是如何建立（优化）盈利模型，为此，财务管理上提供了一种量化分析方法以揭示企业成本、业务量与利润之间的关系，为构建盈利模型和分析盈利的关键影响因素提供决策支持，这种方法称为本量利分析。

新时期·新实践

本量利分析是财务管理的重要工具，也是一种定量分析方法，企业降本增效应遵循"由内而外、先变动后固定、先易后难"的管理思路。对于任何企业，首要的是要保证"单价－单位变动成本＝单位贡献＞0"。单价对于利润的敏感性是以上四个因素中最高的，即单价的微小变化均会引起利润的较大变化，所以提高销售单价是首要的。但是，企业提高单价能力受限于宏观政策、市场竞争、品牌形象、产品质量等多种外部不可控因素和内部长期经营积淀因素。

降低单位变动成本，扩大单位贡献，不仅是企业可以管控的内在源头，对于增加市场销量进而形成利润增长的良性循环也都有着决定性的影响力，这也正是"供给侧改革"的出发初衷和落脚点。

（一）本量利分析基本模型

在财务会计中，利润是收入与成本、费用相抵后的余额，即：

$$利润 = 收入 - 成本 - 费用$$

在将企业的成本、费用按照成本性态分解为变动成本和固定成本后，可按下列公式计算利润：

$$利润 = 收入 - (变动成本 + 固定成本)$$

从数量关系的角度看，利润是收入与变动成本、固定成本抵减的结果。在本量利分析的基本假设下，销售价格、固定成本和单位变动成本都是常数，影响利润的关键因素就是业务量（可以是产量、销售量，也可以是工作量）。在此，用 x 表示业务量，p 表示销售价格，b 表示单位变动成本，a 表示固定成本，P 代表利润，则企业的盈利模型为：

教学设计

图片：本量利分析常见公式

$$P = px - bx - a$$

企业的收入仅抵减变动成本得到的毛利部分被定义为边际贡献(T_{cm}),其中,销售价格与变动成本抵减的结果被定义为单位边际贡献(cm)。

$$T_{cm} = px - bx$$
$$cm = p - b$$

首先,只有在产品销售价格高于单位变动成本时(即单位边际贡献为正),产品才有可能盈利,可见产品能否盈利取决于销售价格和单位变动成本的控制;其次,只有当企业的收入涵盖变动成本时(即边际贡献为正),企业整体才可能盈利,可见企业是否盈利取决于销售数量的控制;最后,当企业的边际贡献大于固定成本时就能实现盈利,可见企业从获得边际贡献到最终盈利取决于固定成本的控制。当无法满足以上条件时,企业就可能出现利润为零甚至为负。利润为零的状态,称为盈亏临界或者保本。

边际贡献率(cmR)是指边际贡献占销售收入的比例或者单位变动成本在单价中的占比,可以理解为取得每1元销售收入时边际贡献所占的比重,它反映产品为企业作出贡献的能力。

$$cmR = \frac{px - bx}{px} \text{ 或 } = \frac{p - b}{p}$$

变动成本率(bR)是指变动成本总额占销售收入的比例或单位变动成本在单价中的占比,可以理解为取得每1元销售收入时变动成本所占的比重,它反映产品变动成本占销售额的比重。该指标越高,表明变动成本越高,对边际贡献创造越不利。该指标与边际贡献率(cmR)之和等于1。即:

$$bR = \frac{bx}{px} \text{ 或 } = \frac{b}{p}$$
$$cmR + bR = 1$$

(二)盈亏临界点与安全边际

盈亏临界是指利润为零的状态(也称保本状态)。盈亏临界点分析旨在探究何种业务量水平能够使得收入与成本相抵,帮助企业实现盈亏平衡或保本。能够达到盈亏临界的业务量,称为保本点。

1. 保本点

假定企业只有单一产品,利润用如下公式计算:

利润 = 销售收入 - 变动成本 - 固定成本

保本点就是使利润等于零的销售量或销售收入,即:

销售收入 = 变动成本 + 固定成本

或:

销售量 × 销售价格 = 销售量 × 单位变动成本 + 固定成本

由此得到:

PPT:保本与保利分析

图片:保本与保利分析

微课:保本与保利分析

$$保本点销售量(x_0) = \frac{固定成本}{销售价格-单位变动成本} = \frac{a}{p-b}$$

$$保本点销售收入(x_0 p) = \frac{固定成本}{销售价格-单位变动成本} \times 销售价格$$

$$= \frac{a}{p-b} \times p$$

$$= \frac{a}{cmR}$$

[例 2-26] 小刚叔叔新成立一家企业,生产和销售单一产品,该产品的销售价格为 50 元,单位变动成本为 30 元,固定成本为 50 000 元。

(1) 按销售量计算保本点。

$$x_0 = \frac{50\,000}{50-30} = 25\,000(件)$$

(2) 按金额计算保本点。

$$cmR = \frac{50-30}{50} \times 100\% = 40\%$$

保本点的销售收入为:

$$x_0 p = \frac{50\,000}{40\%} = 125\,000(元)$$

2. 安全边际

与保本点相对应的一个概念是安全边际。安全边际是指正常销售量或者现有销售量超过保本点销售量的差额。这一差额表明企业的销售量在超越了保本点的销售量之后,到底有多大的盈利空间。安全边际的计算为:

$$安全边际(\Delta x) = 正常销售量 - 保本点销售量 = x_1 - x_0$$
$$安全边际销售收入(\Delta x p) = 正常销售收入 - 保本点销售收入 = (x_1 - x_0)p$$

保本点下的销售量只能让企业保本,安全边际的意义在于反映企业当前销售量是否可以让企业保本,以及企业整体盈利能力如何。所以,只有安全边际才能形成企业的盈利或亏损,即:

$$利润(p) = 安全边际 \times 单位边际贡献 = (x_1 - x_0)(p-b)$$

这说明单位边际贡献($p-b$)与安全边际是企业从保本到盈利的主要原因。产品的单位边际贡献越大,销售量超过盈亏临界点的部分越多,企业的盈利则越多,经营也就越安全。以此类推,有:

$$利润(p) = 安全边际销售收入 \times 边际贡献率 = (x_1 - x_0) \cdot p \cdot cmR$$

给定销售价格与单位变动成本,边际贡献率是确定的,决定利润的主要因素是企业有足够多的销售收入超过盈亏临界点销售收入,即越多的安全边际,可以为企业贡献更多的盈利。

为了反映安全边际占正常销售量的比重,可以用相对数来表示(即安全边际率 csR):

64

$$安全边际率(csR) = \frac{安全边际}{正常销售量} \times 100\% = \frac{x_1 - x_0}{x_1} \times 100\%$$

如前所述,安全边际×单位边际贡献＝利润,将等式两边均除以产品销售收入,则有:

$$销售利润率 = 安全边际率 \times 边际贡献率$$

总之,只有安全边际才能为企业提供利润,保本点销售量只能让企业收回成本,所以,企业利润的计算可以借助安全边际这一概念,上述计算公式在企业的预测和决策分析中有着广泛的应用。

[例2-27] 小刚叔叔的企业保本点的销售量为 2 500 件,预计正常销售量为 4 000 件,销售价格为 50 元,则:

$$安全边际 = 4\,000 - 2\,500 = 1\,500(件)$$

或

$$= 4\,000 \times 50 - 2\,500 \times 50 = 75\,000(元)$$

$$安全边际率 = \frac{1\,500}{4\,000} \times 100\% = 37.5\%$$

或

$$= \frac{75\,000}{4\,000 \times 50} \times 100\% = 37.5\%$$

(三)实现目标利润分析

本量利分析需要结合企业的利润规划,分析企业实现目标利润需要达到的业务量水平,包括销售量、销售收入等。

1. 实现目标利润的模型

基于本量利分析的基本假设,用 P 表示目标利润,x 表示实现目标利润的销售量,则有:

$$P = (p - b) \cdot x - a$$
$$x = \frac{P + a}{p - b}$$

即:

$$实现目标利润销售收入 = \frac{目标利润 + 固定成本}{单位边际贡献}$$

图片:保本、保利与保净利公式变动关系

上述模型表明,企业在达到保本点后,需要多大销售量才能实现目标利润。计算实现目标利润的销售收入,只需将上式等号左右两边都乘以产品销售价格,即:

$$x \cdot p = \frac{p + a}{p - b} \cdot p = \frac{p + a}{cmR}$$

$$实现目标利润的销售收入 = \frac{目标利润 + 固定成本}{边际贡献率}$$

[例2-28] 某企业生产和销售单一产品,产品销售价格为 50 元,单位变动成本为 25 元,固定成本为 50 000 元。如果目标利润定为 40 000 元,则有:

$$实现目标利润的销售量 = \frac{40\,000 + 50\,000}{50 - 25} = 3\,600(件)$$

$$实现目标利润的销售收入 = \frac{40\,000 + 50\,000}{50\%} = 180\,000(元)$$

2. 实现税后目标利润的模型

所得税费用对企业来说是一项必然的支出,目标利润的分析和预测也应该考虑税后利润。税后目标利润与税前利润的关系可以用下列公式表示,其中 t 表示所得税税率。

$$税后目标利润(P_t) = 税前利润 \times 1 - (所得税税率)$$

$$实现税后目标利润的销售量(x') = \frac{\dfrac{税后目标利润}{1-所得税税率} + 固定成本}{单位边际贡献} = \frac{\dfrac{P_t}{1-t} + a}{p-a}$$

$$实现税后目标利润的销售收入(x'p) = \frac{\dfrac{税后目标利润}{1-所得税税率} + 固定成本}{边际贡献率} \times p = \frac{\dfrac{P_t}{1-t} + a}{cmR} \cdot p$$

[例 2-29] 小刚叔叔的企业生产和销售单一产品,产品销售价格为 50 元,单位变动成本为 25 元,固定成本为 50 000 元。如果目标利润定为 50 000 元,所得税税率为 25%,则有:

$$实现税后目标利润的销售量 = \frac{\dfrac{37\,500}{1-25\%} + 50\,000}{25} = 4\,000(件)$$

$$实现税后目标利润的销售收入 = \frac{\dfrac{37\,500}{1-25\%} + 50\,000}{50\%} = 200\,000(元)$$

(四) 利润的敏感性分析

在保本分析和保利分析中,隐含着一个假定,即除待求变量外的其他参数都是确定不变的。实际上,由于市场的变化(如供求数量、原材料价格、产品价格等的变动)和企业生产技术条件的变化(如原材料消耗、工时消耗水平等的变动),会引起模型中的参数发生变化,势必对原已计算的盈亏临界点、目标利润或目标销售量产生影响。经营者希望预先掌握有关参数可能变化的影响程度,以便在变化发生时及时采取对策,调整企业计划,使生产经营活动始终控制在最有利的状态。敏感性是解决类似问题的一种可取的方法。

[例 2-30] 小刚叔叔另一家店只销售一种产品,销售单价为 2 元,单位变动成本为 1.2 元,预计明年固定成本为 40 000 元,产销量计划达 100 000 件。假设没有利息支出和所得税,则明年预计利润为:

$$P = 100\,000 \times (2-1.2) - 40\,000 = 40\,000(元)$$

有关的敏感分析如下:

销售单价、单位变动成本、产销量和固定成本的变化,会影响利润的高低。这种变化达到一定程度,会使企业利润消失,进入盈亏临界状态,使企业的经营状况发生质变。敏感分析的目的之一,就是提供能引起目标发生质变的各参数变化的界限,其方法称为最大最小法。

(1) 销售单价的最小值。单价下降会使利润下降,下降到一定程度,利润将变为 0,它是企业能忍受的销售单价最小值。

设销售单价为 p:

$$100\,000 \times (p-1.20) - 40\,000 = 0, \quad p = 1.60(元)$$

销售单价由 2 元降至 1.6 元,即降低 20%(0.4÷2)时企业由盈利转入亏损。

(2)单位变动成本的最大值。单位变动成本上升会使利润下降,并逐渐趋近于 0,此时的单位变动成本是企业能忍受的最大值。

设单位变动成本为 b:

$$100\ 000 \times (2-b) - 40\ 000 = 0, b = 1.60(元)$$

单位变动成本由 1.2 元上升至 1.6 元时,企业利润由 40 000 元降至 0。此时,单位变动成本上升了 33%(0.4÷1.2×100%)。

(3)固定成本最大值。固定成本上升也会使利润下降,并趋近于 0。设固定成本为 a:

$$100\ 000 \times (2-1.2) - a = 0, a = 80\ 000(元)$$

固定成本增至 80 000 元时,企业由盈利转为亏损,此时固定成本增加了 100%(40 000÷40 000×100%)。

(4)销售量最小值。销售量最小值,是指使企业利润为 0 的销售量,它就是盈亏临界点销售量,其计算方法在前面已介绍过。

$$销售量最小值 = 40\ 000 \div (2-1.2) = 50\ 000(件)$$

销售计划如果只完成 50%(50 000÷100 000),则企业利润为 0。

综合以上四种情况,可以发现,单价对企业利润波动性影响最为敏感,仅需变化 20%,就能使利润处于盈亏临界状态,而其他三个变量变化值都比单价大,单价的敏感性最强。

(五)多品种本量利分析

在现实经济生活中,企业往往生产多种产品,这些不同类别的产品功能、样式、大小不一致,因此在进行保本保利分析中,就不能像单一产品那样直接分析,这时候需要综合分析各种产品的边际贡献、销售收入占总收入的比重等多个因素。例如,一个水果店销售 5 种水果,应如何去计算该店的保本销售额、保本销售量呢?

下面介绍一种常见的解决多品种产品本量利计算方法——加权平均边际贡献率。由于多品种生产,共同分配使用企业固定成本,可以根据固定成本与企业全部品种边际贡献率来进行本量利分析。

$$加权平均边际贡献率 = \frac{\Sigma(某种产品销售额 - 某种产品变动成本)}{\Sigma 各种产品销售额}$$

$$综合保本点销售额 = \frac{固定成本总额}{加权平均边际贡献率}$$

$$综合保利目标销售额 = \frac{固定成本总额 + 目标利润}{加权平均边际贡献率}$$

$$某产品保本点销售额 = 综合保本点销售额 \times 该产品销售比重$$

$$某产品保利点销售额 = 综合保利点销售额 \times 该产品销售比重$$

[例 2-31] 小强爸爸的公司产销甲、乙、丙三种产品,销售量分别为 5 000 件、3 000 件、2 000 件,单位变动成本分别为 8 元、15 元和 24 元,单位售价分别为 16 元、20 元和 30 元,单位边际贡献分别为 8 元、5 元和 6 元,边际贡献率分别为 0.5、0.25、0.2,年固定成本总额为 18 000 元,目标利润为 20 000 元,则各产品的保本点销售额计算如下:

$$甲产品的销售比重 = \frac{5\,000 \times 16}{5\,000 \times 16 + 3\,000 \times 20 + 2\,000 \times 30} = 40\%$$

$$乙产品的销售比重 = \frac{3\,000 \times 20}{5\,000 \times 16 + 3\,000 \times 20 + 2\,000 \times 30} = 30\%$$

$$丙产品的销售比重 = \frac{2\,000 \times 30}{5\,000 \times 16 + 3\,000 \times 20 + 2\,000 \times 30} = 30\%$$

$$加权平均边际贡献率 = 0.5 \times 40\% + 0.25 \times 30\% + 0.2 \times 30\% = 33.5\%$$

$$综合保本点销售额 = 18\,000 \div 33.5\% = 53\,731(元)$$

$$甲产品的保本点销售额 = 53\,731 \times 50\% = 28\,865.50(元)$$

$$乙产品的保本点销售额 = 53\,731 \times 25\% = 14\,432.75(元)$$

$$丙产品的保本点销售额 = 53\,731 \times 25\% = 14\,432.75(元)$$

$$综合保利点销售额 = (18\,000 + 20\,000) \div 33.5\% = 113\,432.84(元)$$

$$甲产品的保利点销售额 = 113\,432.84 \times 50\% = 56\,716.42(元)$$

$$乙产品的保利点销售额 = 113\,432.84 \times 5\% = 28\,358.21(元)$$

$$丙产品的保利点销售额 = 113\,432.84 \times 25\% = 28\,358.21(元)$$

思政小课堂

▼ 任务解析

通过以上学习,可以解析"任务引入"中的问题。

（1）计算本量利分析所需的计算指标如表 2-12 所示。

表 2-12　计算指标

金额单位:元

品种	预计销售量(件) ①	单价 ②	单位变动成本 ③	销售收入 ④=①×②	边际贡献 ⑤=①×(②−③)	边际贡献率 ⑥=⑤/④
甲	100 000	10	8.5	1 000 000	150 000	15%
乙	25 000	20	16.0	500 000	100 000	20%
丙	10 000	50	20.0	500 000	250 000	50%

技能训练

（2）使用加权平均法计算综合边际贡献率。从表 2-12 中"⑥"可以发现三种产品的边际贡献率分别为 15%、20% 和 50%,甲产品的销售比重 $= \frac{1\,000\,000}{2\,000\,000} = 50\%$,乙产品的销售比重 $= \frac{500\,000}{2\,000\,000} = 25\%$,丙产品的销售比重 $= \frac{500\,000}{2\,000\,000} = 25\%$,综合边际贡献 $= 15\% \times 50\% + 20\% \times 25\% + 50\% \times 25\% = 25\%$。

（3）综合保本点销售额 $= \frac{300\,000}{25\%} = 1\,200\,000(元)$,综合保利点销售额 $= 300\,000 + 150\,000/25\% = 1\,800\,000(元)$。

（4）甲产品的保本点销售额 $1\,200\,000 \times 50\% = 600\,000(元)$;乙产品的保本点销售额 $1\,200\,000 \times 25\% = 300\,000(元)$,甲产品的保本点销售额 $1\,200\,000 \times 25\% = 300\,000(元)$;甲

产品的保本量$\frac{600\,000}{10}=60\,000$（件），乙产品的保本量$\frac{300\,000}{20}=15\,000$（台），丙产品的保本量$\frac{300\,000}{50}=6\,000$（套）。

（5）刘女士认为保本分析是基础，企业首先要实现保本，确保全部成本回收，其次才考虑保利分析。保本是保利的基础。企业负责人不能一上来就紧盯利润目标。

项目小结

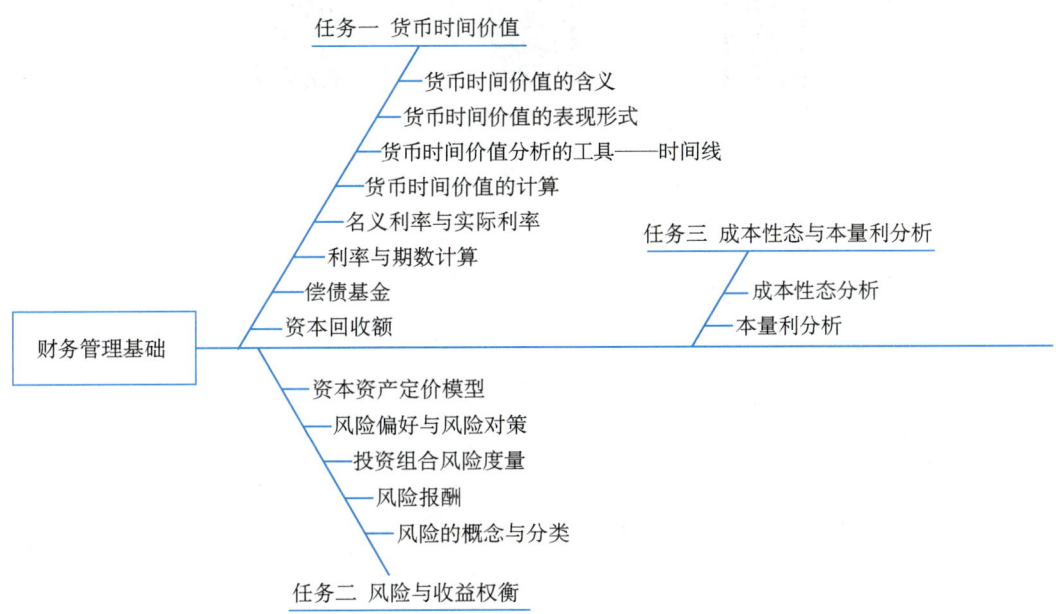

实战模拟

兴欣广告公司的证券选择

华宏与朋友合伙开办的兴欣广告公司从2010年营业至今，发展十分迅速，现有一部分闲散资金准备用来进行为期一年的短期投资。通过对证券市场一段时间的考察，华宏拟定了四个投资备选方案。未来一年里，总体的经济情况大概分为衰退、一般和繁荣。华宏参考经济专家的分析，预测这三种情况发生的概率分别为20％、60％、20％。四种投资方案在三种经济情况下的估计报酬率如表2-13所示。

表2-13　四种投资方案的估计报酬率

经济情况	概率	备选方案			
		A	B	C	D
衰退	0.20	10％	6％	22％	5％
一般	0.60	10％	11％	14％	15％
繁荣	0.20	10％	31％	−4％	25％

案例思考题：

1. 请帮助华宏计算各方案的期望报酬率、标准离差、标准离差率。

2. 华宏将四种方案的情况介绍给合伙人，合伙人希望他能提出具体的筛选方案以帮助大家判断。华宏想通过比较四种方案各自的标准离差或期望报酬率来确定是否可以淘汰其中某一方案，他应如何回复合伙人？

3. 你觉得这种方法可行吗？其中存在哪些问题？

本项目专业术语

实战模拟答案

思政案例

项目三
财务报表分析

小明暑期到智维公司参加财会专业实践学习。实习期间,智维公司获得一个与A新能源上市公司(以下简称A公司)的合作机会。公司财务投资部经理把A公司的财务报表复印了一份,对小明说:"你需要从国家政策、行业发展进程、市场饱和度、企业主营业务收入占比及竞争力等方面,结合财务报表数据与附注说明,对A公司财务状况、现金流量等进行综合分析,帮助我们掌握基本的资料,尽量避免不必要的风险。"小明带着A公司2024年度财务报表回家,他能否运用学习的专业知识,结合这家新能源公司的财务报表,发现合作伙伴存在的问题呢?

截至2024年12月31日,A公司的主要财务报表如表3-1至表3-3所示。

表3-1 资产负债表

编制单位:A公司　　　　　　　　　2024年12月31日　　　　　　　　　单位:百万元

资产	本年金额	上年金额	负债及股东权益	本年金额	上年金额
流动资产:			流动负债:		
货币资金	50	25	短期借款	60	45
交易性金融资产	6	12	应付票据	5	4
应收票据	8	11	应付账欸	100	109
应收账款	398	199	预收账款	10	4
预付账款	22	4	应付职工薪酬	2	0
其他应收款	12	22	应交税费	5	4
存货	119	326	应付利息	12	16

（续表）

资产	本年金额	上年金额	负债及股东权益	本年金额	上年金额
待摊费用	6	7	应付股利	28	10
一年内到期的非流动资产	45	4	其他应付款	14	13
其他流动资产	8	0	预提费用	9	5
流动资产合计	700	610	预计负债	2	4
非流动资产：			一年内到期的非流动负债	50	0
持有待售资产	0	45	其他流动负债	3	5
长期股权投资	30	0	流动负债合计	300	220
固定资产	1 238	955	非流动负债：		
在建工程	18	35	长期借款	450	245
固定资产清理		12	应付债券	240	260
无形资产	32	8	长期应付款	50	60
长期待摊费用	5	15	其他非流动负债	0	15
其他非流动资产	3	0	非流动负债合计	750	580
非流动资产合计	1 300	1 070	负债合计	1 040	800
			股东权益：		
			股本	100	100
			资本公积	10	10
			盈余公积	100	40
			未分配利润	750	730
			股东权益合计	960	880
资产总计	2 000	1 680	负债及股东权益总计	2 000	1 680

表 3-2　利润表

编制单位：A 公司　　　　　　　　　　2024 年度　　　　　　　　　　单位：百万元

项　　目	本年金额	上年金额
一、营业收入	3 000	2 850
减：营业成本	2 644	2 503
税金及附加	28	28
销售费用	22	20
管理费用	46	40
财务费用	110	96

（续表）

项　目	本年金额	上年金额
其中:利息费用	110	96
投资收益	6	0
二、营业利润	156	163
加:营业外收入	45	72
减:营业外支出	1	0
三、利润总额	200	235
减:所得税费用	64	75
四、净利润	136	100
持续经营净利润(净亏损以"－")填列	136	100

表 3-3　现金流量表

编制单位:A 公司　　　　　　　　　　　2024 年度　　　　　　　　　　　单位:百万元

项　目	金　额
一、经营活动产生的现金流量:	
销售商品、提供劳务收到的现金	2 810
收到其他与经营活动有关的现金	10
经营活动现金流入小计	2 820
购买商品、接受劳务支付的现金	2 363
支付给职工以及为职工支付的现金	29
支付的各项税费	91
支付其他与经营活动有关的现金支出	14
经营活动现金流出小计	2 497
经营活动产生的现金流量净额	323
二、投资活动产生的现金流量:	
收回投资收到的现金	4
取得投资收益收到的现金	6
处置固定资产、无形资产和其他长期资产收回的现金净额	12
投资活动现金流入小计	22
购置固定资产、无形资产和其他长期资产支付的现金	369
投资支付的现金	30
投资活动现金流出小计	399
投资活动产生的现金流量净额	－377

（续表）

项 目	金 额
三、筹资活动产生的现金流量：	
取得借款收到的现金	270
筹资活动现金流入小计	270
偿还债务支付的现金	20
分配股利、利润或偿付利息支付的现金	152
支付其他与筹资活动有关的现金	25
筹资活动现金流出小计	197
筹资活动产生的现金流量净额	73
四、现金及现金等价物净增加额	19
加：期初现金及现金等价物余额	37
五、期末现金及现金等价物余额	56
1. 将净利润调节为经营活动现金流量：	
净利润	136
加：资产减值准备	
固定资产折旧、油气资产折耗、生产性生物资产折旧	100
无形资产摊销	2
长期待摊费用摊销	—11
财务费用（收益以"—"号填列）	110
投资损失（收益以"—"号填列）	—6
存货的减少（增加以"—"号填列）	207
经营性应收项目的减少（增加以"—"号填列）	—212
经营性应付项目的增加（减少以"—"号填列）	—3
经营活动产生的现金流量净额	323
2. 现金及现金等价物净增加情况：	
现金的期末余额	56
减：现金的期初余额	37
减：现金等价物的期初余额	
现金及现金等价物净增加额	19

※情景分析

　　财务报表是用来总括反映企业财务状况、经营成果和现金流量等财务信息的书面报告文件，从不同方面提供与信息使用者经济决策相关的信息。财务分析以企业财务报告及其他相关资料为主要依据，对企业的财务状况、经营成果、现金流量等情况进行评价和分析，以反映企业运营过程中的利弊得失和发展趋势,从而为改进企业财务管理工作和优化经济决策提供重要财务信息。

 素养提升目标 ....

※思政素养

(1) 通过财务报表分析、盈利和偿债能力指标计算与国家相关行业政策讲解融合,引导学生理解国家相关政策,增强其制度自信。

(2) 通过对案例公司选择的积极引导,帮助学生选择与国计民生密切相关的行业,引导学生在搜集资料时密切关注国家相关政策,在分析过程中思考政策的初衷,体会中国特色社会主义制度的优越性。

※理论素养

(1) 能灵活运用不同的财务分析方法实施财务分析。

(2) 能理解财务分析的作用与局限。

(3) 能理解财务报表分析的内容。

(4) 能进行财务指标的计算与分析。

(5) 能理解财务综合分析方法。

※能力素养

(1) 能与不同的财务信息使用者进行沟通与协调。

(2) 能与企业管理层进行有效沟通,及时提供相关财务信息与数据。

(3) 能根据实际需要,对企业的偿债能力、营运能力、盈利能力、发展能力等作出分析与评价。

(4) 能对企业进行综合财务分析与评价。

(5) 具备一定的文字、财务数据表达及分析报告撰写能力。

※职业素养

(1) 分析近年来知名公司的财务造假动机,引导学生遵纪守法、廉洁自律意识和诚实守信的职业道德。

(2) 通过学习大数据对财务分析的影响,培养学生的数据素养、数据思维和职业敏感性。

任务一　财务报表分析认知

教学设计

 **任务引入**

小明在接到公司财务投资主管递交的 A 公司财务报表后(见本项目情景设计),就积极开展分析工作。根据在学校财务分析课程中学到的知识,他列了一个问题清单:①分别站在投资者和债权人的角度,从财务报表中可以获取哪些信息? ②在财务分析过程中,如何采用

PPT:财务报表分析方法

有效、恰当的分析方法？③根据分析结果,对 A 公司应作出怎样的基本评价？

▼ 任务分析

财务报表反映企业财务状况、资产质量、财务成果等多种财务信息的重要载体,对财务报表的使用者具有重要的意义。但企业财务报表是根据不同的功能,分类进行信息披露,报表之间、数据之间、指标等缺乏综合性,无法深入揭示企业各方面的财务能力,也无法反映企业在一定时期内的发展变化趋势。因此,必须全面、综合地对财务报表中各类数据、指标等信息做进一步的加工和处理。

▼ 知识准备

一、财务报表分析的含义

财务报表承载着企业的财务信息,以数字方式集中反映企业的经营成果、财务状况和现金流量状况,是财务报表分析的基础。财务报表分析是以企业财务报表及其他相关资料为依据,对企业的财务状况、经营成果等进行评价和剖析,反映企业经营过程、财务决策效果以及发展趋势等情况,从而为改善企业财务管理工作和优化经济决策提供重要的财务信息。财务报表分析既是已完成的财务活动的总结,又是财务预测、决策工作的前提,在财务管理的循环中起着承上启下的作用。

二、财务报表分析的目的

财务报表分析信息的需求者主要包括企业所有者、企业债权人、企业经营决策者和政府等。不同主体出于不同的利益考虑,对财务报表分析信息有着各自不同的目的。

(1) 企业所有者作为投资人,关心其资本的保值和增值状况,因此较为重视企业盈利能力指标,主要进行企业盈利能力分析。

(2) 企业债权人因不能参与企业剩余收益分享,所以重点关注的是其投资的安全性,因此更重视企业偿债能力指标,主要进行企业偿债能力分析,同时也关注企业盈利能力分析。

(3) 企业经营决策者必须对企业经营理财的各个方面,包括营运能力、偿债能力、盈利能力及发展能力的全部信息予以详尽地了解和掌握,进行各方面综合分析,并关注企业财务风险和经营风险。

(4) 政府兼具多重身份,既是宏观经济管理者,又是国有企业的所有者和重要的市场参与者,因此政府对企业财务分析的关注点因所具身份不同而异。

为了满足不同需求者的需求,财务报表分析一般应包括偿债能力分析、营运能力分析、盈利能力分析、发展能力分析和现金流量分析等方面。

▼ 任务处理

要进行财务报表分析,小明可以采用以下步骤和方法。

一、财务报表分析的步骤

1. 明确财务报表分析的目的

财务报表分析信息的需求者主要包括企业所有者、企业债权人、企业经营者，他们对财务报表分析信息有着不同的需求。所以在进行财务报表分析时，要有针对性地收集相关资料，确定分析方法，建立相关分析指标。

PPT：财务
报表分析步
骤

2. 收集财务报表分析资料

在明确财务报表分析的目的之后，应有针对性地收集相关资料。系统、完整和准确的财务资料是保证财务报表分析质量的重要条件。由于分析的主体不同，获得信息的数量和难度也不同，但分析者应尽可能地收集可能获得的各种信息，防止片面性。

3. 整理分析资料

财务报表信息的质量决定着报表分析结论的有用性，直接关系着公平与效率（财务分配与资源配置）。因此，读懂财务报表数字及背后的含义，是财务报表分析者的基本职业素质。

4. 确定财务报表分析方法

财务报表分析主要运用财务数据评价公司当前及过去的业绩，包括比率分析和现金流量分析等。财务报表分析的方法很多，计算出的财务指标也很多，分析人员要根据财务报表分析的目的和所收集的财务资料，选择适当的财务报表分析方法。

5. 正确计算相关财务比率

在进行财务报表分析时，有反映企业财务状况和经营成果等方面的各种财务比率。财务比率的选择和计算要符合可比性的要求，并与评价目的相结合；同时，指标的内涵和外延要与构成同一财务比率的其他指标具有内在关联性。财务比率的正确计算是信息使用者对企业进行客观评价的基础。

6. 比较分析和因素分析

单独考察某一企业在某一期间的财务比率，只能了解该企业在此期间的财务情况，这并不能满足不同利益主体对财务报表分析信息的需求，因此需要对各种财务比率进行比较分析和因素分析。

7. 撰写财务报表分析报告

财务报表分析报告是财务报表分析工作的总结，是财务报表分析的最后步骤。它将财务报表分析的对象、目的、分析程序、分析方法、计算数据和改进措施以书面形式表示出来。

新时期·新实践

"三大报表"有哪些财务指标需要重点关注？以创业板为例，投资者可予以重点关注的财务指标主要包括流动比率、速动比率、资产负债率、应收账款周转率、存货周转率、息税折旧摊销前利润、归属于发行人股东的净利润、归属于发行人股东扣除非经常性损益后的净利润、研发投入占营业收入的比例、每股经营活动产生的现金流量、每股净现金流量、基本每股收益、稀释每股收益、归属于发行人股东的每股净资产以及净资产收益率等。

二、财务报表分析的方法

（一）比较分析法

比较分析法是按照特定的指标将客观事物加以比较，从而认识事物的本质和规律并做出正确的评价的方法。财务报表的比较分析法，是指对两个或两个以上的可比数据进行对比，找出企业财务状况、经营成果中的差异与问题。

在财务分析中，最常用的比较分析法是趋势分析法。

趋势分析法，是通过对比两期或连续数期财务报告中的相同指标，确定其增减变动的方向、数额和幅度，来说明企业财务状况或经营成果变动趋势的一种方法。采用这种方法，可以分析引起变化的主要原因、变动的性质，并预测企业未来的发展趋势。

比较分析法的具体运用主要有重要财务指标的比较、会计报表的比较和会计报表项目构成的比较三种方式。下面以趋势分析法为例进行进一步阐述。

1. 重要财务指标的比较

这种方法是指将不同时期财务报告中的相同指标或比率进行纵向比较，直接观察其增减变动情况及变动幅度，考察其发展趋势，预测其发展前景。用于不同时期财务指标比较的比率主要有以下两种。

（1）定基动态比率是以某一时期的数额为固定的基期数额而计算出来的动态比率。其计算公式为：

$$定基动态比率 = \frac{分析期数额}{固定基期数} \times 100\%$$

（2）环比动态比率是以每一分析期的数据与上期数据相比较计算出来的动态比率。其计算公式为：

$$环比动态比率 = \frac{分析期数额}{前期数额} \times 100\%$$

2. 财务报表的比较

财务报表的比较是指将连续数期的财务报表的金额并列起来，比较各指标不同期间的增减变动金额和幅度，据以判断企业财务状况和经营成果发展变化的一种方法。具体包括资产负债表比较、利润表比较和现金流量表比较等。

3. 财务报表项目构成的比较

这种方法是在财务报表比较的基础上发展而来的，是以财务报表中的某个总体指标作为 100%，再计算出各组成项目占该总体指标的百分比，从而比较各个项目百分比的增减变动，以此来判断有关财务活动的变化趋势。

采用比较分析法时，应当注意以下问题：①用于对比的各个时期的指标，其计算口径必须保持一致。②应剔除偶发性项目的影响，使分析所利用的数据能反映正常的生产经营状况。③应运用例外原则对某项有显著变动的指标作重点分析，研究其产生的原因，以便采取对策，趋利避害。

（二）比率分析法

比率分析法是通过计算各种比率指标来确定财务活动变动程度的方法。比率指标的类型主要有构成比率、效率比率和相关比率三类。

1. 构成比率

构成比率又称结构比率,是某项财务指标的各组成部分数值占总体数值的百分比,反映部分与总体的关系。其计算公式为:

$$构成比率 = \frac{某个组成部分数值}{总体数值} \times 100\%$$

例如,企业资产中流动资产、固定资产和无形资产占资产总额的百分比(资产构成比率),企业负债中流动负债和长期负债占负债总额的百分比(负债构成比率)等。利用构成比率,可以考察总体中某个部分的形成和安排是否合理,以便协调各项财务活动。

2. 效率比率

效率比率是某项财务活动中所费与所得的比率,反映投入与产出的关系。利用效率比率指标,可以进行得失比较,考察经营成果,评价经济效益。

例如,将利润项目与营业成本、营业收入、资本金等项目加以对比,可以计算出成本利润率、营业利润率和资本金利润率等指标,从不同角度观察比较企业盈利能力的高低及其增减变化情况。

3. 相关比率

相关比率是以某个项目和与其有关但又不同的项目加以对比所得的比率,反映有关经济活动的相互关系。利用相关比率指标,可以考察企业相互关联的业务安排得是否合理,以保障经营活动顺畅进行。

譬如将流动资产与流动负债进行对比,计算出流动比率,可以判断企业的短期偿债能力;将负债总额与资产总额进行对比,可以判断企业长期偿债能力。

采用比率分析法时,应当注意以下几点:①对比项目的相关性。②对比口径的一致性。③衡量标准的科学性。

（三）因素分析法

因素分析法是依据分析指标与其影响因素的关系,从数量上确定各因素对分析指标影响方向和影响程度的一种方法。

因素分析法具体有两种:连环替代法和差额分析法。

微课:因素分析法

1. 连环替代法

连环替代法是将分析指标分解为各个可以计量的因素,并根据各个因素之间的依存关系,依次用各因素的比较值(通常为实际值)替代基准值(通常为标准值或计划值),据以测定各因素对分析指标的影响。

PPT:因素分析法

[例3-1]　小明爸爸所在的公司2024年10月某种原材料费用的实际数是5 280元,而其计划数是4 500元,实际比计划增加780元。原材料费用是由产品产量、单位产品材料消耗量和材料单价三个因素的乘积组成,因此就可以把材料费用这一总指标分解为三个因素,然后逐个分析它们对材料费用总额的影响程度。现假设这三个因素的数值如表3-4所示。

表 3-4 三个因素的数值

项目	单位	计划数	实际数
产品产量	件	100	110
单位产品材料消耗量	千克	9	8
材料单价	元	5	6
材料费用总额	元	4 500	5 280

根据表 3-4 中资料,材料费用总额实际数较计划数增加 780 元。运用连环替代法可以计算各因素变动对材料费用总额的影响。

计划指标:$100 \times 9 \times 5 = 4\ 500$(元) ①

第一次替代:$110 \times 9 \times 5 = 4\ 950$(元) ②

第二次替代:$110 \times 8 \times 5 = 4\ 400$(元) ③

第三次替代:$110 \times 8 \times 6 = 5\ 280$(元) ④

实际指标:

②－①＝$4\ 950 - 4\ 500 = 450$(元)　　　　产量增加的影响

③－②＝$4\ 400 - 4\ 950 = -550$(元)　　　材料节约的影响

④－③＝$5\ 280 - 4\ 400 = 880$(元)　　　　价格提高的影响

$450 - 550 + 880 = 780$(元)　　　　　　全部因素的影响

2. 差额分析法

差额分析法是连环替代法的一种简化形式,是利用各个因素的比较值与基准值之间差额分析法的差额,来计算各因素对分析指标的影响。

[例 3-2] 承[例 3-1],可采用差额分析法计算确定各因素变动对材料费用的影响。

(1) 产量增加对材料费用的影响为:$(110 - 100) \times 9 \times 5 = 450$(元)。

(2) 材料消耗节约对材料费用的影响为:$(8 - 9) \times 110 \times 5 = -550$(元)。

(3) 价格提高对材料费用的影响为:$(6 - 5) \times 110 \times 8 = 880$(元)。

思政小课堂

▼ 任务解析

通过以上学习,可以解析"任务引入"中的问题:

根据 A 公司 2024 年度财务报表,分别使用比较分析法和财务比率分析法,经过计算、整理可得到如表 3-5 所示的信息数据。

技能训练

表 3-5 A公司的主要财务数据与财务指标　　　　　　　　　　　　　　　　金额单位:元

项目	2023 年	2024 年	本年比上年增减
营业收入	2 850	3 000	5.26%
净利润	100	136	36.00%
每股收益	0.100	0.136	36.00%
净资产收益率	11.36%	14.17%	24.74%

（续表）

项目	2023 年	2024 年	本年比上年增减
流动比率	277%	233%	−15.89%
利息保障倍数	3.45	2.82	−18.26%
资产负债率	48%	52%	8.34%

由表 3-5 可知，从投资者角度来看，A 公司的净利润、每股收益、净资产收益率在 2024 年均实现较大幅度的增加，分别为 36%、36% 和 24.74%。从财务角度来看，A 公司股权资本收益额和收益率符合投资者预期，保持持续增长趋势。但从债权人的角度看，A 公司短期偿债能力与长期偿债能力均出现下降情况，流动比率下降了 15.89%，长期偿债能力却下降了 18.26% 和 8.34%，仔细研读 A 公司报表附注，可以发现这与公司 2023 年剥离原有资产，重点发展以风能、太阳能等新能源项目有关。A 公司新增研发投资导致负债总额增加，但 A 公司负债比例适中，主营业务转变后，下降为 48%，长期还款能力和意愿下降 8.34%，公司财务结构稳健。偿债能力分析还得结合新能源未来长期盈利、发展趋势来分析，不能单一看财务指标数据下结论。从投资者角度、债权人的角度来看，A 公司均呈良好态势。

任务二　财务比率分析

任务引入

教学设计

A 公司在 2025 年 3 月公开披露了其 2024 年度财务报表。智维公司作为重要的合作伙伴，其董事会对 A 公司在过去一年的盈利能力、偿债能力、营运能力和发展能力等方面情况十分感兴趣，以及与行业其他公司相比，存在的优势与差距。财务投资主管于是把正在实习的小明叫到办公室，给他布置了一个任务：在上市公司信息披露制定网站下载 A 公司 2024 年度财务报告，利用比较分析法计算 2024 年度公司的偿债能力、营运能力、盈利能力和发展能力等财务指标，并搜集行业平均值，分析 A 公司与行业平均值的差异及存在的问题。

任务分析

比较是认识事物的最基本方法，没有比较就没有鉴别。财务报表分析的比较分析法，是对两个或两个以上有关的可比数据进行对比，从而揭示趋势或差异。财务比率是各财务指标之间的数量关系，反映它们的内在联系。财务比率是相对数，排除了规模的影响，具有较好的可比性，常用于比较分析。在企业管理工作中，企业需要向不同的利益相关者主体提供不同的财务信息内容，才能起到协调各方利益关系，促进企业健康发展。运用偿债能力、营运能力、盈利能力和发展能力等财务比率分析将不同财务数据进行对比，并与行业财务比率进行比较，能揭示公司发展变化趋势、在行业的优势与劣势，为企业的高质量发展提供有益的参考信息。

财务报表分析的目的是将财务报表数据转化成有用的信息，帮助报表使用人改善决策。最早的财务报表分析，主要是为银行服务的信用分析。由于借贷资本在公司资本中的比重不断增加，银行家需要对贷款人进行信用调查和分析，逐步形成了偿债能力分析等有关内容。

资本市场出现以后，财务报表分析从为贷款银行服务扩展到为各种投资人服务。社会筹资范围扩大，非银行债权人和股权投资人增加，公众进入资本市场。投资人要求的信息更为广泛，逐步形成了盈利能力分析、筹资结构分析和利润分配分析等新的内容，发展出比较完善的外部分析体系。

公司组织发展起来以后，经理人员为获得股东的好评和债权人的信任，需要改善公司的盈利能力和偿债能力，逐步形成了内部分析的有关内容，并使财务报表分析由外部分析扩大到内部分析。内部分析不仅可以使用公开报表的数据，而且可以利用内部的数据（预算、成本数据等）。内部分析的目的是找出管理行为和报表数据的关系，通过管理来改善未来的财务报表。

财务比率也称为财务指标，是通过财务报表数据的相对关系来揭示企业经营管理的各方面问题，是最主要的财务报表分析方法。基本的财务报表分析内容包括偿债能力比率分析（分为短期和长期）、营运能力比率分析、盈利能力比率分析、发展能力比率分析和上市公司财务比率分析五个方面，以下分别加以介绍。

任务处理

为了便于说明财务比率的计算和分析方法，本任务将以小明爸爸所在的 A 公司年度财务报表为例。该公司的资产负债表、利润表、现金流量表如本项目"情景设计"所示。

一、短期偿债能力比率

PPT：短期偿债能力分析

微课：短期偿债能力分析

偿债能力的衡量方法有两种：一种是比较债务与可供偿债资产的存量，资产存量超过债务存量较多，则认为偿债能力强；另一种是比较偿债所需现金和经营活动产生的现金流量，如果产生的现金超过需要的现金较多，则认为偿债能力强。

可偿债资产的存量，是指资产负债表中列示的流动资产年末余额。短期债务的存量是指资产负债表中列示的流动负债年末余额。流动资产将在 1 年或 1 个营业周期内消耗或转变为现金，流动负债将在 1 年或 1 个营业周期内偿还，因此两者的比较可以反映短期偿债能力。

（一）短期债务的存量比率

短期债务的存量比率包括流动比率、速动比率和现金比率。

1. 流动比率

流动比率是全部流动资产与流动负债的比值。其计算公式如下：

$$流动比率 = \frac{流动资产}{流动负债}$$

[例 3-3]　根据 A 公司的财务报表数据：

$$本年流动比率 = \frac{700}{300} \approx 2.33$$

$$上年流动比率 = \frac{610}{220} \approx 2.77$$

流动比率假设全部流动资产都可以用于偿还短期债务，表明每 1 元流动负债有多少流动资产作为偿债的保障。A 公司的流动比率降低了 0.44(2.77－2.33)，即为每 1 元流动负债提供的流动资产保障减少了 0.44 元。

对流动比率的分析要把握以下三点：

(1) 流动比率是相对数，排除了企业规模不同的影响，更适合同业比较以及本企业不同历史时期的比较。流动比率的计算简便，得到广泛应用。

(2) 不存在统一的、标准的流动比率数值。不同行业的流动比率，通常有明显差别。营业周期越短的行业，合理的流动比率越低。

(3) 流动比率有某些局限性，在使用时应注意：流动比率假设全部流动资产都可以变为现金并用于偿债，全部流动负债都需要还清。实际上，有些流动资产的账面金额与变现金额有较大差异，如产成品等。因此，流动比率是对短期偿债能力的粗略估计。

2. 速动比率

构成流动资产的各个项目的流动性有很大差别。其中的货币资金、交易性金融资产和各种应收、预付款项等，可以在较短时间内变现，称为速动资产。

速动资产与流动负债的比值，称为速动比率，其计算公式为：

$$速动比率 = \frac{速动资产}{流动负债}$$

[例 3-4]　根据 A 公司的财务报表数据：

$$本年速动比率 = \frac{50+6+8+398+22+12}{300} \approx 1.65$$

$$上年速动比率 = \frac{25+12+11+199+4+22}{220} \approx 1.24$$

速动比率假设速动资产是可以用于偿债的资产，表明每 1 元流动负债有多少速动资产作为偿还保障。A 公司的速动比率比上年提高了 0.41(1.65－1.24)，说明为每 1 元流动负债提供的速动资产保障增加了 0.41 元。

和流动比率一样，不同行业的速动比率有很大差别。例如，采用大量现金销售的商店，几乎没有应收账款，速动比率大大低于 1 是很正常的；相反，一些应收账款较多的企业，速动比率可能要大于 1。

3. 现金比率

现金资产包括货币资金、交易性金融资产等。它们与其他速动资产有区别，其本身就是可以直接偿债的资产。

现金资产与流动负债的比值称为现金比率，其计算公式如下：

$$现金比率 = \frac{货币资金 + 交易性金融资产}{流动负债}$$

[例3-5] 根据A公司的财务报表数据：

$$本年现金比率 = \frac{50 + 6}{300} \approx 0.19$$

$$上年现金比率 = \frac{25 + 12}{220} \approx 0.17$$

现金比率假设现金资产是可偿债资产，表明1元流动负债有多少现金资产作为偿还保障。A公司的现金比率比上年增加0.02，说明企业为每1元流动负债提供的现金资产保障增加了0.02元。

(二)短期债务与现金流量的比较

短期债务的数额是偿债需要的现金流量，经营活动产生的现金流量是可以偿债的现金流量，两者相除称为现金流量比率。其计算公式为：

$$现金流量比率 = \frac{经营现金流量}{流动负债}$$

[例3-6] 根据A公司的财务报表数据：

$$现金流量比率(平均负债) = \frac{323}{[(300 + 220) \div 2]} \approx 1.24$$

$$现金流量比率(期末负债) = \frac{323}{300} \approx 1.08$$

公式中的"现金流量"，通常使用现金流量表中的"经营活动产生的现金流量净额"。它代表了企业产生现金的能力，已经扣除了经营活动自身所需的现金流出，是可以用来偿债的现金流量。

现金流量比率表明每1元流动负债的经营现金流量保障程度。该比率越高，偿债越有保障。

二、长期偿债能力比率

衡量长期偿债能力的财务比率，也分为存量比率和流量比率两类。

(一)总债务存量比率

反映长期偿债能力的存量比率是总债务、总资产和股东权益之间的比例关系。常用比率包括：资产负债率、产权比率、权益乘数和长期资本负债率。

1. 资产负债率

资产负债率是负债总额占资产总额的百分比，其计算公式如下：

$$资产负债率 = \frac{总负债}{总资产} \times 100\%$$

[例3-7] 根据A公司的财务报表数据：

$$本年资产负债率 = \frac{1\ 040}{2\ 000} \times 100\% = 52\%$$

$$上年资产负债率 = \frac{800}{1\ 680} \times 100\% \approx 48\%$$

资产负债率反映总资产中有多大比例是通过负债取得的。资产负债率越低,企业偿债越有保证,贷款越安全。

2. 产权比率和权益乘数

产权比率和权益乘数是资产负债率的另外两种表现形式,它和资产负债率的性质一样,其计算公式如下:

$$产权比率 = \frac{负债总额}{股东权益}$$

$$权益乘数 = \frac{总资产}{股东权益} = 1 + 产权比率 = \frac{1}{1 - 资产负债率}$$

[例 3-8] 根据 A 公司的财务报表数据:

$$2024 年产权比率 = (1\ 040 \div 960) \times 100\% = 108.33\%$$

$$2023 年产权比率 = (800 \div 880) \times 100\% = 90.91\%$$

$$2024 年权益乘数 = (2\ 000 \div 960) \times 100\% = 2.08$$

$$2023 年权益乘数 = (1\ 680 \div 880) \times 100\% = 1.91$$

产权比率表明 1 元股东权益借入的债务数额。权益乘数表明 1 元股东权益拥有的总资产。

3. 长期资本负债率

长期资本负债率是指非流动负债占长期资本的百分比,其计算公式如下:

$$长期资本负债率 = \frac{非流动负债}{非流动负债 + 股东权益} \times 100\%$$

[例 3-9] 根据 A 公司的财务报表数据:

$$本年长期资本负债率 = \frac{740}{740 + 960} \times 100\% \approx 44\%$$

$$上年长期资本负债率 = \frac{580}{580 + 880} \times 100\% \approx 40\%$$

长期资本负债率反映企业长期资本的结构。由于流动负债的数额经常变化,资本结构管理大多使用长期资本结构。

(二)总债务流量比率

1. 利息保障倍数

利息保障倍数是指息税前利润为利息费用的倍数。其计算公式如下:

$$利息保障倍数 = \frac{息税前利润}{利息费用}$$

$$= \frac{净利润 + 利息费用 + 所得税费用}{利息费用}$$

公式中"利息费用"是指计入本期利润表中财务费用的利息费用;分母的"利息费用"是指本期的全部利息支出,不仅包括计入利润表中财务费用的费用化利息,还包括计入资产负债表固定资产等成本的资本化利息。

[例 3-10] 根据 A 公司的财务报表数据:

$$本年利息保障倍数 = \frac{136 + 110 + 64}{110} \approx 2.82$$

$$上年利息保障倍数 = \frac{160 + 96 + 75}{96} \approx 3.45$$

通常,可以用财务费用的数额作为利息费用,也可以根据报表附注资料确定更准确的利息费用数额。

长期债务不需要每年还本,却需要每年付息。利息保障倍数表明 1 元债务利息有多少倍的息税前收益作保障,它可以反映债务政策的风险大小。

如果利息保障倍数小于1,表明自身产生的经营收益不能支持现有的债务规模。利息保障倍数越大,公司拥有的偿还利息的缓冲资金越多。

2. 现金流量利息保障倍数

现金流量利息保障倍数是指经营活动所产生的现金流量为利息费用的倍数。其计算公式为:

$$现金流量利息保障倍数 = \frac{现金流量}{利息费用}$$

[例 3-11] 根据 A 公司的财务报表数据:

$$本年现金流量利息保障倍数 = 323 \div 110 \approx 2.94$$

现金基础的利息保障倍数表明,1 元的利息费用有多少倍的经营现金流量作保障。

3. 现金流量债务比

现金流量债务比是指经营活动所产生的现金净流量与债务总额的比率。其计算公式为:

$$现金流量债务比 = \frac{现金流量}{债务总额} \times 100\%$$

[例 3-12] 根据 A 公司的财务报表数据:

$$本年现金流量债务比 = \frac{323}{1\,040} \times 100\% \approx 31\%$$

该比率表明企业用现金流量偿付全部债务的能力。比率越高,承担债务总额的能力越强。

图片:长期偿债能力分析相关指标关系

三、营运能力比率

营运能力比率是衡量公司资产管理效率的财务比率,常用的有应收账款周转率、存货周转率、流动资产周转率、总资产周转率等。

PPT:应收账款周转率

(一)应收账款周转率

应收账款周转率是应收账款与销售收入的比率。其计算公式为:

$$应收账款周转次数 = \frac{销售收入净额}{平均应收账款余额}$$

$$= \frac{销售收入净额}{\dfrac{期初应收账款 + 期末应收账款}{2}}$$

$$应收账款周转天数 = \frac{365}{应收账款周转次数}$$

[**例 3-13**]   根据 A 公司的财务报表数据:

$$本年应收账款周转天数 = \frac{365}{3\,000 \div 398} \approx 48.4(天)$$

$$上年应收账款周转天数 = \frac{365}{2\,850 \div 199} \approx 25.5(天)$$

应收账款周转次数,表明应收账款一年中周转的次数,或者说明 1 元应收账款投资支持的销售收入。应收账款周转天数,也称为应收账款的收现期,表明从销售开始到回收现金平均需要的天数。

(二) 存货周转率

存货周转率是销售收入与存货的比值,有三种计量方式。其计算公式为:

$$存货周转次数 = \frac{收入或销售成本}{存货}$$

$$存货周转天数 = \frac{365}{存货周转次数}$$

$$存货与收入比 = \frac{存货}{销售收入}$$

微课:营运能力指标分析

[**例 3-14**]   根据 A 公司的财务报表数据:

$$本年存货周转天数 = \frac{365}{3\,000 \div 119} \approx 14.5(天)$$

$$上年存货周转天数 = \frac{365}{2\,850 \div 326} \approx 41.8(天)$$

PPT:存货周转率

(三) 流动资产周转率

流动资产周转率是销售收入与流动资产的比值,计算公式为:

$$流动资产周转次数 = \frac{销售收入}{流动资产}$$

$$流动资产周转天数 = \frac{365}{流动资产周转次数}$$

[**例 3-15**]   根据 A 公司的财务报表数据:

$$本年流动资产周转天数 = \frac{365}{3\,000 \div 700} = 85.2(天)$$

$$上年流动资产周转天数 = \frac{365}{2\,850 \div 610} = 78.1(天)$$

流动资产周转次数,表明流动资产一年中周转的次数,或者说是 1 元流动资产所支持的销售收入。流动资产与收入比,表明 1 元收入所需要的流动资产投资。

(四) 总资产周转率

总资产周转率是销售收入与总资产之间的比率。它有三种表示方式:总资产周转次数、总资产周转天数、总资产与收入比。总资产周转率表示总资产在一年中周转的次数。其计算公式为:

PPT:流动资产周转率、总资产周转率

$$总资产周转率 = \frac{销售收入}{总资产}$$

[例3-16] 根据A公司2024年资产周转率 $= \frac{3\,000}{2\,000} = 1.5$（次）。

$$2023年资产周转率 = \frac{2\,850}{1\,680} = 1.7（次）$$

在销售利润率不变的条件下，周转的次数越多，形成的利润越多，所以它可以反映企业的盈利能力。

以时间长度表示的总资产周转率，称为总资产周转天数。其计算公式为：

$$总资产周转天数 = \frac{365}{总资产周转次数}$$

总资产周转天数表示总资产周转一次所需要的时间。时间越短，总资产的使用效率越高，企业的盈利性越好。

总资产周转次数的倒数，称为总资产与收入比。其计算公式为：

$$总资产与收入比 = 总资产 \div 销售收入 = 1 \div 总资产周转次数$$

总资产与收入比表示1元收入需要的总资产投资。收入相同时，需要的投资越少，说明总资产的盈利性越好或者说总资产的使用效率越高。

四、盈利能力比率

图片：盈利能力分析

PPT：盈利能力指标

不论是投资人、债权人还是经理人员，都会非常重视和关心企业的盈利能力。盈利能力就是企业获取利润、实现资金增值的能力。因此，盈利能力指标主要通过收入与利润之间的关系、资产与利润之间的关系反映。盈利能力指标主要有销售毛利率、销售净利率、总资产净利率和净资产收益率。

新时期·新实践

证监会公布的2021年资本市场20起典型违法案例中，胜通集团信息披露违法违规案，是一起债券市场财务造假的典型案例。证监会调查发现，胜通集团连续5年财务造假，累计虚增利润119亿元。目前证监会已对其进行行政处罚。证监会稽查总队收到线索后对胜通集团展开了调查，经过走访胜通集团上下游几十家企业、数十名涉案人员，并且调取了大量的产销、纳税、财务资料之后，胜通集团的财务造假事实浮出水面。证监会调查发现，2013—2017年，胜通集团通过编制虚假财务报表、直接修改经审计的财务报表等方式，连续5年将亏损披露为盈利，累计虚增收入615亿元，虚增利润119亿元。胜通集团长期利用已经停产的业务板块连续造假，旗下有一家子公司叫做胜通化工，就对外披露的材料来看，它是胜通集团的第二大收入来源。但是经证监会调查发现，由于环保质量等原因，这家公司早在2013年就已经停产了。但是在胜通对外披露的材料中，这家公司平均每年还在贡献约30亿元的收入。

（一）销售毛利率

销售毛利率是销售毛利与销售收入之比，其计算公式为：

$$销售毛利率 = 销售毛利 \div 销售收入$$

$$其中：销售毛利 = 销售收入 - 销售成本$$

销售毛利率反映产品每销售 1 元所包含毛利润的多少，即销售收入扣除销售成本后还有多少剩余用于各期费用和形成利润。销售毛利率越高，表明产品的盈利能力越强。

[例 3-17]　根据 A 公司的财务报表数据：

A 公司销售毛利率如下：

$$2024 年销售毛利率 = (3\,000 - 2\,644) \div 3\,000 = 11.87\%$$

$$2023 年销售毛利率 = (2\,850 - 2\,503) \div 2\,850 = 12.18\%$$

（二）销售净利率

1. 销售净利率及其计算

销售净利率又称销售利润率是指净利润与销售收入的比率，通常用百分数表示，其计算公式为：

$$销售利率 = \frac{净利润}{销售收入} \times 100\%$$

[例 3-18]　根据 A 公司的财务报表数据：

$$本年销售净利率 = \frac{136}{3\,000} \times 100\% \approx 4.53\%$$

$$上年销售净利率 = \frac{160}{2\,850} \times 100\% \approx 5.61\%$$

"销售收入"是利润表的第一行数字，"净利润"是利润表的最后一行数字，两者相除可以概括企业的全部经营成果。它表明 1 元销售收入与其成本费用之间可以"挤"出来的净利润。该比率越大则企业的盈利能力越强。

2. 销售净利率的驱动因素

销售净利率的变动，是由利润表的各个项目金额变动引起的。A 公司利润表各项目的金额变动和结构变动数据如表 3-6 所示。其中，"本年结构"和"上年结构"，是各项目除以销售收入得出的百分比，"百分比变动"是指"本年结构"百分比与"上年结构"百分比的差额。该表称为利润表的同型报表。它排除了规模差异的影响，提高了数据的可比性。

表 3-6　A 公司利润表各项目的金额变动和结构变动数据

单位：万元

项　　目	本年金额	上年金额	变动金额	本年结构	上年结构	百分比变动
一、营业收入	3 000	2 850	150	100.00%	100.00%	0.00
减：营业成本	2 644	2 503	141	88.13%	87.82%	0.31%
税金及附加	28	28	0	0.93%	0.98%	−0.05%
销售费用	22	20	2	0.73%	0.70%	0.03%
管理费用	46	40	6	1.53%	1.40%	0.13%

延伸阅读：净利润和毛利润的区别

（续表）

项　　目	本年金额	上年金额	变动金额	本年结构	上年结构	百分比变动
财务费用	110	96	14	3.67%	3.37%	0.30%
资产减值损失	0	0	0	0.00	0.00	0.00
加:公允价值变动收益	0	0	0	0.00	0.00	0.00
投资收益	6	0	6	0.20%	0.00	0.20%
二、营业利润	156	163	−7	5.20%	5.72%	−0.52%
加:营业外收入	45	72	−27	1.50%	2.53%	−1.03%
减:营业外支出	1	0	1	0.03%	0.00	0.03%
三、利润总额	200	235	−35	6.67%	8.25%	−1.58%
减:所得税费用	64	75	−11	2.13%	2.63%	0.50%
四、净利润	136	160	−24	4.53%	5.61%	−1.08%

（1）金额变动分析:本年净利润减少 24 万元。影响较大的不利因素是销售成本增加 141 万元和营业外收入减少 27 万元;影响较大的有利因素是销售收入增加 150 万元。

（2）结构比率分析:销售净利率减少了 1.08%。影响较大的不利因素是销售成本率上升 0.31%,以及营业外收入比率减少 1.03%。

进一步的分析应重点关注金额变动和结构百分比变动较大的项目,如 A 公司的销售成本和营业外收入。

（三）总资产净利率

1. 总资产净利率及其计算

总资产净利率是指净利润与总资产的比率,它反映公司从 1 元受托资产(不管资金来源)中得到的净利润。其计算公式为:

$$总资产净利率 = \frac{净利润}{总资产} \times 100\%$$

[例 3-19]　根据 A 公司的财务报表数据:

$$本年总资产净利率 = \frac{136}{2\,000} \times 100\% = 6.8\%$$

$$上年总资产净利率 = \frac{160}{1\,680} \times 100\% = 9.52\%$$

总资产净利率衡量的是企业资产的盈利能力。总资产净利率越高,表明企业资产的利用效果越好。

2. 总资产净利率的驱动因素

影响总资产净利率的驱动因素是销售利润率和资产周转率。其中:

$$总资产净利率 = \frac{净利润}{总资产} = \frac{净利润}{销售收入} \times \frac{销售收入}{总资产}$$

$$= 销售利润率 \times 总资产周转率$$

　　总资产周转次数是 1 元资产创造的销售收入,销售利润率是 1 元销售收入创造的利润,两者共同决定了总资产净利率,即 1 元资产创造的利润。

　　有关总资产净利率因素分解的数据准备,如表 3-7 所示。

表 3-7　总资产净利率因素分解的数据准备　　　　　　单位:万元

项目	本　年	上　年	变　动
销售收入	3 000	2 850	150
净利润	136	160	−24
总资产	2 000	1 680	320
总资产净利率	6.800 0%	9.523 8%	−2.723 8%
销售利润率	4.533 3%	5.614 0%	−1.080 7%
总资产周转次数/次	1.500 0	1.696 4	0.196 4

　　A 公司的总资产净利率比上年降低 2.72%。其原因是销售净利率和资产周转率都降低了。哪一个原因更重要呢?可以使用连环替代法进行定量分析。

$$销售利润率变动影响 = 销售利润率变动 \times 上年资产周转次数$$
$$= -1.08\% \times 1.70$$
$$= -1.83\%$$

$$资产周转次数变动影响 = 本年销售利润率 \times 资产周转次数变动$$
$$= 4.53\% \times (-0.196\ 4)$$
$$= -0.89\%$$

$$合计 = -1.83\% - 0.89\% = -2.72\%$$

　　由于销售净利率降低,总资产净利率下降 1.83%;由于资产周转率下降,总资产净利率下降 0.89%。两者共同作用使总资产净利率下降 2.72%,其中,销售利润率下降是主要影响因素。

(四) 净资产收益率

　　净资产收益率是净利润与平均所有者权益的比率,它反映 1 元股东资本赚取的净收益,可以衡量企业的总体盈利能力。

$$净资产收益率 = \frac{净利润}{平均所有者权益} \times 100\%$$

　　[例 3-20]　根据 A 公司财务报表的数据:

$$本年净资产收益率 = \frac{136}{960} \times 100\% = 14.17\%$$

$$上年净资产收益率 = \frac{160}{880} \times 100\% = 18.18\%$$

　　净资产收益率的分母是股东的投入,分子是股东的所得。对于股权投资人来说,具有非常好的综合性,概括了企业的全部经营业绩和财务业绩。A 公司本年股东的回报率减少了,总体上看不如上一年。

五、发展能力比率

　　衡量企业发展能力的比率主要有:营业收入增长率、总资产增长率、营业利润增长率、资

微课:净资产收益率

图片:净资产收益率公式分解

图片:发展能力分析指标

本保值增值率和资本积累率等。

延伸阅读：新时代国有企业高质量发展路径

PPT：发展能力分析

新时期·新实践

2023年7月中共中央政治局会议提出"要活跃资本市场，提振投资者信心"以来，多部门协同配合，从投资端、交易端、融资端等方面出台诸多政策举措，上市公司由此获得更加强劲的高质量发展新动能，凸显出四大新特征。

首先，新旧动能转化加速，优质科创企业集聚资本市场。A股公司结构持续优化，实体经济公司数量和规模占比攀升，新旧动能加速转化，战略性新兴产业公司数量大幅增加。一大批具有核心竞争力和市场影响力的科技创新企业登陆资本市场，正在形成带动和示范效应。

其次，强研发练内功，加快向数字智能、绿色低碳转型升级。来自中国上市公司协会的数据显示，2023年前三季度上市公司研发支出1.05万亿元，同比增长10.79%。科创板、创业板、北交所上市公司前三季度研发支出分别增长20.50%、15.86%和12.14%。不断增长的创新投入，为上市公司发展积蓄动能。其中，智能化、数字化、绿色低碳化成为上市公司精细治理、推动转型升级、实现高质量发展的重要着力点。

再次，出海布局成效显著，"新三样"彰显"中国智造"新优势。2023年，以电动载人汽车、锂电池、太阳能电池为代表的"新三样"取代服装、家具、家电"老三样"成为外贸增长新动能，也见证了"中国制造"向"中国智造"的变化。

最后，积极践行ESG理念，构建可持续发展生态。ESG与上市公司高质量发展紧密相连、相得益彰，越来越多的上市公司积极践行ESG理念，推动企业实现可持续发展。

（一）营业收入增长率

该指标反映的是相对化的营业收入增长情况，是衡量企业经营状况和市场占有能力、预测企业经营业务拓展趋势的重要指标。其计算公式为：

$$营业收入增长率 = \frac{本年营业收入增长额}{上年营业收入} \times 100\%$$

其中：本年营业收入增长额＝本年营业收入－上年营业收入

该指标值越高，表明企业销售收入的增长速度越快，企业市场前景越好。

[例3-21] 根据A公司的资料2024年营业收入为3 000万元，2023年营业收入为2 850万元。则A公司营业收入增长率为：

$$2024年营业收入增长率 = \frac{3\,000 - 2\,850}{2\,850} \times 100\% = 5.26\%$$

（二）总资产增长率

总资产增长率是企业本年资产增长额同年初资产总额的比值，反映企业本期资产规模的增长情况。其计算公式为：

$$总资产增长率 = \frac{本年资产增长额}{年初资产总额} \times 100\%$$

其中：

$$本年资产增长额 = 年末资产总额 - 年初资产总额$$

总资产增长率越高，表明企业一定时期内资产经营规模扩张的速度越快。但在分析时需要关注资产规模扩张的质量以及企业的后续发展能力，避免盲目扩张。

[例 3-22]　根据 A 公司的资料 2024 年销售收入为 2 000 万元，2023 年销售收入为 1 680 万元。则 A 公司的总资产增长率为：

$$2022 年总资产增长率 = \frac{2\,000 - 1\,680}{1\,680} \times 100\% = 19.05\%$$

(三) 营业利润增长率

营业利润增长率是企业本年营业利润增长额与上年营业利润总额的比率，反映企业营业利润的增减变动情况。其计算公式为：

$$营业利润增长率 = \frac{本年营业利润增长额}{上年营业利润总额} \times 100\%$$

其中：

$$本年营业利润增长额 = 本年营业利润 - 上年营业利润$$

[例 3-23]　根据 A 公司的资料 2024 年营业利润 156 万元，2023 年营业利润 163 万元。则 A 公司营业利润增长率为：

$$2024 年营业利润增长率 = \frac{156 - 163}{163} \times 100\% = -4.29\%。$$

(四) 资本保值增值率

资本保值增值率是指扣除客观因素影响后的所有者权益的期末总额与期初总额之比。其计算公式为：

$$资本保值增值率 = \frac{扣除客观因素影响后的期末所有者权益}{期初所有者权益} \times 100\%$$

如果企业本期净利润大于 0 并且利润留存率大于 0，则必然会使期末所有者权益大于期初所有者权益，所以资本保值增值率也是衡量企业盈利能力的重要指标。

[例 3-24]　A 公司资本保值增值率计算如下：

$$2024 年资本保值增值率 = \frac{960}{880} \times 100\% = 109.09\%$$

(五) 资本积累率

资本积累率是企业本年所有者权益增长额与年初所有者权益的比率，反映企业当年资本的积累能力。其计算公式为：

$$资本积累率 = \frac{本年所有者权益增长额}{年初所有者权益} \times 100\%$$

$$本年所有者权益增长额 = 年末所有者权益 - 年初所有者权益$$

资本积累率越高，表明企业的资本积累越多，应对风险、持续发展的能力越强。

[例 3-25] A 公司 2024 年资本积累率为:

$$2024 年资本积累率 = \frac{960-880}{880} \times 100\% = 9.09\%$$

新时期·新实践

　　贯彻落实党的二十大关于加快构建新发展格局、着力推动高质量发展的决策部署,国资委将中央企业 2023 年主要经营指标由原来的"两利四率"调整为"一利五率",提出了"一增一稳四提升"的年度经营目标,推动中央企业提高核心竞争力,加快实现高质量发展,建设世界一流企业。近年来,为推动中央企业加快实现高质量发展,国资委探索建立了中央企业经营指标体系。2020 年,我国首次形成"两利三率"指标体系,包括净利润、利润总额、营业收入利润率、资产负债率和研发经费投入率。为全面深入贯彻党的二十大精神和中央经济工作会议精神,推动中央企业进一步聚焦提升核心竞争力,聚焦实现高质量发展,聚焦培育世界一流企业,国资委在总结近几年工作成效基础上,结合国资中央企业新时代新征程新使命,对中央企业经营指标体系进行了优化调整,将"两利四率"调整为"一利五率"。一是用净资产收益率替换净利润指标。二是用营业现金比率替换营业收入利润率指标。三是继续保留资产负债率、研发经费投入率、全员劳动生产率指标。

六、上市公司财务比率

(一)每股收益

PPT:上市公司财务比率指标

图片:上市公司财务比率指标

　　每股收益是综合反映企业盈利能力的重要指标,可以用来判断和评价管理层的经营业绩。每股收益概念包括基本每股收益和稀释每股收益。每股收益的计算公式为:

$$每股收益 = \frac{归属于公司普通股股东的净利润}{发行在外的普通股加权平均数}$$

　　其中:发行在外普通股的加权平均数 = 期初发行在外普通股股数 + 当期新发普通股股数 $\times \frac{已发行时间}{报告期时间}$ − 当期回购普通股股数 $\times \frac{已回购时间}{报告期时间}$

　　[例 3-26] 小明爸爸所在的 C 公司是一家上市企业,2024 年年末的股数为 400 万股。2025 年 2 月 8 日,经公司 2024 年度股东大会决议,以截至 2024 年年末公司总股数为基础,向全体股东每 10 股送 10 股,工商注册登记变更完成后公司总股数变为万股。2024 年 11 月 29 日发行新股 300 万股。

$$每股收益 = \frac{136}{400+400+300 \times \frac{1}{12}} \approx 0.16(元 / 股)$$

　　在上例计算中,公司 2024 年度每 10 股送 10 股的政策会导致股数增加 400 万股。送股是将公司以前年度的未分配利润转为普通股,转化与否都一直作为资本使用。因此新增的这 400 万股不需要按照实际增加的月份加权计算,可以直接计入分母。而公司发行新股 300 万股,这部分股份由于在 11 月底增加,对全年的利润贡献时间只有 1 个月,因此应该按照 1/12 的权数进行加权计算。

理论上,每股收益反映了投资者有望获得的最高股利收益,因而是衡量股票投资价值的重要指标。

延伸阅读:稀释每股收益

(二)每股股利

每股股利是企业股利总额与普通股股数的比值。其计算公式为:

$$每股股利 = \frac{股利总额}{期末发行在外的普通股股数}$$

[例 3-27] C 公司 2024 年度发放普通股股利 50 万元,年末发行在外的普通股股数为 600 万股。每股股利计算如下:

$$每股股利 = \frac{50}{600} = 0.08(元)$$

每股股利反映的是普通股股东每持有上市公司 1 股普通股获取的股利多少,是投资者股票投资收益的重要来源之一。净利润是股利分配的来源,因此每股股利的多少很大程度取决于每股收益的多少。

反映每股股利和每股收益之间关系的一个重要指标是股利发放率,即每股股利分配额与当期的每股收益之比。

$$股利发放率 = \frac{每股股利}{每股收益}$$

股利发放率反映每 1 元净利润有多少用于普通股股东的现金股利发放,反映普通股股东的当期收益水平。借助于该指标,投资者可以了解一家上市公司的股利发放政策。

(三)市盈率

市盈率(P/E ratio)是股票每股市价与每股收益的比率,反映普通股股东为获取 1 元净利润所愿意支付的股票价格。其计算公式如下:

$$市盈率 = \frac{每股市价}{每股收益}$$

[例 3-28] C 公司 2024 年年末每股市价 30 元,则 C 公司 2024 年年末市盈率计算如下:

$$市盈率 = \frac{30}{0.16} = 187.5(倍)$$

市盈率是股票市场上反映股票投资价值的重要指标,该比率的高低反映了市场上投资者对股票投资收益和投资风险的预期。

(四)每股净资产

每股净资产又称每股账面价值,是指企业期末普通股净资产与期末发行在外的普通股股数之间的比率。用公式表示为:

$$每股净资产 = \frac{期末普通股净资产}{期末发行在外的普通股股数}$$

$$期末普通股净资产 = 期末股东权益 - 期末优先股股东权益$$

[例 3-29] C 公司 2024 年年末股东权益为 960 万元,全部为普通股,年末发行在外的

普通股股数为 700 万股。则每股净资产计算如下：

$$每股净资产 = \frac{960}{700} = 1.37(元)$$

每股净资产显示了发行在外的每一普通股股份所能分配的企业账面净资产的价值。每股净资产指标反映了在会计期末每一股份在企业账面上到底值多少钱,是理论上股票的最低价值。

(五)市净率

市净率是每股市价与每股净资产的比率,是投资者用来衡量、分析个股是否具有投资价值的工具。市净率的计算公式如下：

$$市净率 = \frac{每股市价}{每股净资产}$$

[例 3-30] 假定 C 上市公司 2024 年年末每股市价为 30 元,则该公司 2024 年年末市净率计算如下：

$$市净率 = \frac{30}{1.37} = 21.90(倍)$$

思政小课堂

净资产代表的是全体股东共同享有的权益,是股东拥有公司财产和公司投资价值最基本的体现。一般来说,市净率较低的股票,投资价值较高;反之,则投资价值较低。

▼ 任务解析

通过以上学习,可以解析"任务引入"中的问题：

根据 A 公司 2024 年度财务报表,使用比较分析法,经过计算、整理可得到财务指标数据如表 3-8 所示。

表 3-8　A 公司 2024 年度财务报表

财务指标	2024 年	财务指标	2024 年
偿债能力：		盈利能力：	
流动比率	233%	销售毛利率	11.87%
现金比率	19%	销售净利率	4.53%
速动比率	1.65	净资产收益率	14.17%
资产负债率	52%	每股收益	0.16
产权比率	1.08	总资产净利率	6.8%
利息保障倍数	2.82	每股收益	1.36
营运能力：		每股股利	1.52
应收账款周转率	7.54	发展能力：	
应收账款周转天数	48.42	营业收入增长率	5.26%
存货周转率	24.83	营业利润增长率	−4.29%
存货周转天数	14.50	总资产增长率	19.05%
总资产周转率	1.5	资本保值增值率	109.09%
总资产周转天数	243.33	资本积累率	9.09%

技能训练

由表 3-8 可知，从投资者角度来看，A 公司 2024 年的总资产净利率、净资产收益率、资本保值增值率、资本积累率均实现较大幅度的增长，分别为 6.8%、14.17%、109.09% 和 9.09%。从财务角度来看，A 公司股权资本收益率符合投资者预期，净资产收益率和资本积累率持续增长。但从债权人的角度看，A 公司偿债能力总体上呈下降趋势（结合任务一中"任务解析"），流动比率降低了 15.8%，利息保障倍数下降了 18.26%，资产负债率上升了 8.34%，这可能与公司 2023 年剥离原有资产，重点发展以风能、太阳能等新能源有关，A 公司新增研发投资导致负债总额增加，但 A 公司资产负债率在 50% 左右，负债适中。主营业务转变后，新业务对研发投入、新设备购置的需求增加，还可能导致负债增加，长期还款能力和意愿下降。但 A 公司财务结构稳健。从投资者角度、债权人的角度来看，A 公司均呈良好态势。

任务三　财务综合分析

小明终于完成了 A 公司偿债能力、盈利能力、营运能力和发展能力等财务比率计算，并与该行业标杆公司 B 各项财务指标进行了比较，分析了 A 公司财务指标和财务能力优势及存在的问题。小明兴致勃勃地把这份财务报表分析报告交给公司财务投资主管，本以为会得到充分的赞扬，但主管仔细阅读后，只是略微表扬了他，并提出了许多问题：①偿债能力、盈利能力、营运能力及发展能力等财务比率分析，相互独立，把它们堆砌在一起，彼此之间毫无关系，不能从整体上分析公司财务问题，甚至还会得出错误的分析结论，该如何处理？②近年来，许多企业实行多元经营，没有明确的行业归属，如果选择行业一流企业作为标杆，进行对标分析，是否合适？③高质量发展成为各行各业发展的重要方向和战略机遇，小明的财务报表分析报告应如何改进或提升，才能凸显公司高质量发展的需求？

教学设计

任务分析

财务报表信息价值的需求端是多层次、多角度的。既要满足企业内部管理层制定、实施各类财务决策的需要，又要满足外部投资者、潜在投资者及社会层面的关切，还得满足政府对宏观经济政策的制定和实施调控的需要。因此，财务报表分析需要多维、多角度、综合性的财务分析指标体系，从整体上对公司的财务经营状况、财务成果及高质量发展等方面进行分析，全面揭示企业财务管理成绩及存在的问题。杜邦分析体系以净资产收益率为起点，以总资产净利率和权益乘数为核心，通过各相关指标之间的关系揭示净资产收益率变化原因及改进途径，能较好地将盈利能力、营运能力及偿债能力较好地串联起来，从而揭示出企业各财务比率的结构关系，对优化管理决策、提高经济效益具有重要的作用。高质量发展不仅要考虑盈利能力，还要考虑盈利质量、创新驱动对公司价值增加的长期效应。

知识准备

财务分析的最终目的在于全面、准确、客观地揭示与披露企业财务状况和经营情况，并借以对企业经济效益优劣作出合理的评价。显然,要达到这样一个分析目的,仅仅测算几个简单、孤立的财务比率,或者将一些孤立的财务分析指标堆砌在一起,彼此毫无联系地考察,不可能得出合理、正确的综合性结论。因此,只有将企业偿债能力、营运能力、投资收益实现能力以及发展趋势等各项分析指标有机地联系起来形成一套完整的体系,才能从总体上把握企业财务状况和经营情况的优劣。

▼ 任务处理

图片:杜邦分析体系

PPT:杜邦分析体系

企业财务综合分析的方法有很多,传统方法主要有杜邦分析法和沃尔评分法等。

一、杜邦分析法

(一)杜邦分析法的含义

杜邦分析法又称杜邦财务分析体系、杜邦分析体系,是利用各主要财务比率指标之间的内在联系,对企业财务状况及经济效益进行综合系统分析评价的方法。该体系是以净资产收益率为起点,以总资产净利率和权益乘数为基础,重点揭示企业盈利能力及权益乘数对净资产收益率的影响,以及各相关指标间的相互影响和作用关系。

权益净利率不仅有很好的可比性,而且有很强的综合性。为了提高股东权益净利率,管理者有三个可以使用的杠杆:

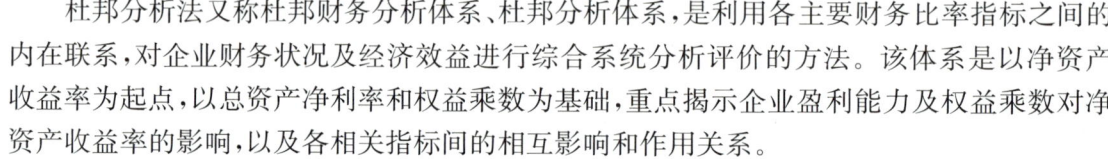

$$权益净利率 = \frac{净利润}{销售收入} \times \frac{销售收入}{总资产} \times \frac{总资产}{股东权益}$$

$$= 销售净利率 \times 总资产周转率 \times 权益乘数$$

无论提高其中的哪一个比率,权益净利率都会提升。

(二)杜邦分析法的基本框架

微课:杜邦分析法

杜邦分析法的是一个多层次的财务比率分解体系。各项财务比率,在每个层次上与本企业历史或同业的财务比率比较,比较之后向下一级分解。逐级向下分解,逐步覆盖企业经营活动的每一个环节,可以实现系统、全面评价企业经营成果和财务状况的目的,如图3-1所示。

第一层次的分解,是把权益净利率分解为销售利润率、总资产周转率和权益乘数。这三个比率在各企业之间可能存在显著差异。通过对其差异的比较,可以观察本企业与其他企业的经营战略和财务政策有什么不同。分解出来的销售利润率和总资产周转率,可以反映企业的经营战略。通常,销售净利率较高的制造业,其总资产周转率都较低;总资产周转率很高的零售商业,销售净利率很低。采取"高盈利、低周转"还是"低盈利、高周转"的方针,是企业根据外部环境和自身资源做出的战略选择。

第二层的分解,通过财务杠杆反映企业财务政策。在资产利润率不变的情况下,提高财务杠杆可以提高权益净利率,但同时也会增加财务风险。如何配置财务杠杆是企业最重要的财务政策。一般说来,资产利润率较高的企业,财务杠杆较低;反之则较高。

(三)财务比率的比较和分解

杜邦分析法要求,在每一个层次上进行财务比率的比较和分解。通过与上年比较可以识别变动的趋势,通过同业的比较可以识别存在的差距。分解的目的是识别引起变动(或产

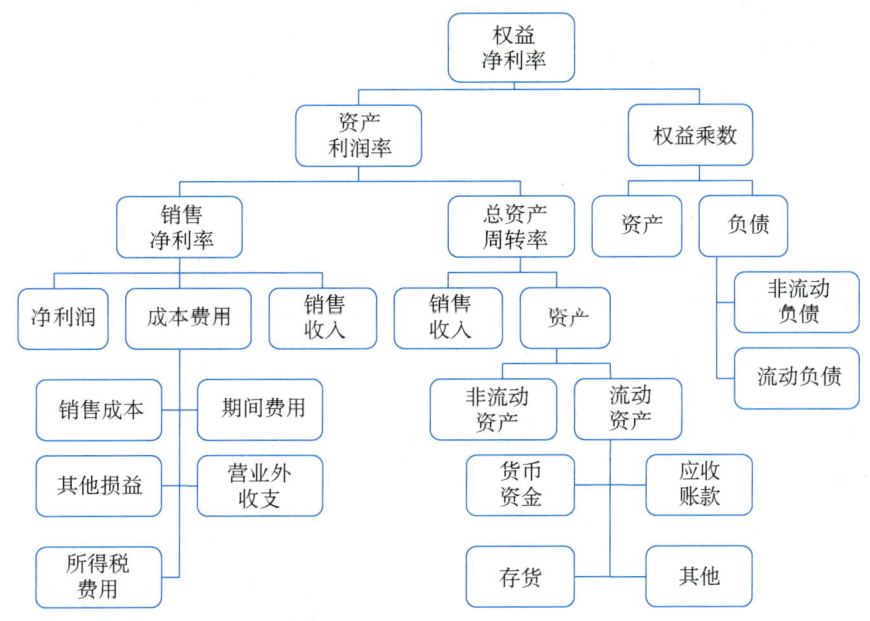

图 3-1 杜邦分析法的体系

生差距)的原因,并计量其重要性,为后续分析指明方向。

[例 3-31] 下面以 A 公司权益净利率的比较和分解为例,说明其一般方法。

权益净利率的比较对象,可以是其他企业的同期数据,也可以是本企业的历史数据,这里仅以本企业的本年与上年的比较为例。

$$权益净利率 = 销售净利率 \times 总资产周转率 \times 权益乘数$$
$$即本年权益净利率 = 4.53\% \times 1.5 \times 2.08 = 14.13\%$$
$$上年权益净利率 = 5.614\% \times 1.69 \times 1.909\ 1 = 18.22\%$$
$$权益净利率变动 = -4.09\%$$

与上年相比,股东的报酬率降低了,公司整体业绩不如上年。影响权益净利率变动的不利因素是销售净利率和资产周转率下降;有利因素是财务杠杆提高。

利用连环替代法可以定量分析它们对权益净利率变动的影响程度:

(1)销售净利率变动的影响:

$$按本年销售净利率计算的上年权益净利率 = 4.53\% \times 1.70 \times 1.91 = 14.71\%$$
$$销售净利率变动的影响 = 14.71\% - 18.22\% = -3.51\%$$

(2)资产周转率变动的影响:

$$按本年销售净利率、资产周转率计算的上年权益净利率 = 4.53\% \times 1.5 \times 1.91 = 12.98\%$$
$$资产周转率变动的影响 = 12.98\% - 14.71\% = -1.73\%$$

(3)财务杠杆变动的影响:

$$财务杠杆变动的影响 = 14.13\% - 12.98\% = 1.15\%$$

通过分析可知,最重要的不利因素是销售净利率降低使权益净利率减少3.51%;然后是资产周转率降低使权益净利率减少1.73%。有利的因素是权益乘数提高使权益净利率增加1.15%。不利因素超过有利因素,所以权益净利率减少4.09%。由此应重点关注销售净利率降低的原因。

二、沃尔评分法

企业财务综合分析的先驱者之一是亚历山大·沃尔。他在20世纪初出版的《信用晴雨表研究》和《财务报表比率分析》中提出了信用能力指数的概念,他把若干个财务比率用线性关系结合起来,以此来评价企业的信用水平,此法称为沃尔评分法。他选择了七种财务比率,分别给定了其在总评价中所占的比重,总和为100分;然后,确定标准比率,并与实际比率相比较,评出每项指标的得分,求出总评分。

[例3-32] 甲公司是一家中型电力企业,沃尔综合评分表展示的2024年财务状况评分的结果如表3-9所示。

表3-9 沃尔综合评分表

财务比率	比重	标准比率	实际比率	相对比率	综合指数
	①	②	③	④=③÷②	⑤=①×④
流动比率	25	2.00	1.66	0.83	20.75
净资产/负债	25	1.50	2.39	1.59	39.75
资产/固定资产	15	2.50	1.84	0.736	11.04
营业成本/存货	10	8	9.94	1.243	12.43
营业收入/应收账款	10	6	8.61	1.435	14.35
营业收入/固定资产	10	4	0.55	0.138	1.38
营业收入/净资产	5	3	0.40	0.133	0.67
合计	100				100.37

从表3-9可知,该企业的综合指数为100.37,总体财务状况是不错的,综合评分达到标准的要求。但由于该方法技术上的缺陷,夸大了达到标准的程度。尽管沃尔评分法在理论上还有待证明,在技术上也不完善,但它还是在实践中被广泛地加以应用。

沃尔评分法从理论上讲,有一个局限,就是未能证明为什么要选择这七个指标,而不是更多些或更少些,或者选择别的财务比率,以及未能证明每个指标所占比重的合理性。沃尔分析法从技术上讲有一个问题,就是当某一个指标严重异常时,会对综合指数产生不合逻辑的重大影响。这个缺陷是由相对比率与比重"相乘"而引起的。财务比率提高一倍,其综合指数增加100%;而财务比率缩小一半,其综合指数只减少50%。

现代社会一般认为企业财务评价的内容首先是盈利能力,其次是偿债能力,再次是成长能力,它们之间大致可按5:3:2的比重来分配。盈利能力的主要指标是总资产报酬率、营业净利率和净资产收益率,这三个指标可按2:2:1的比重来安排;偿债能力有四个常用指标;成长能力有三个常用指标(都是本年增量与上年实际量的比值)。假定仍以100分为总评分。

[例3-33]　承[例3-32],以中型电力生产企业的标准值为评价基础,则其综合评分标准如表3-10所示。

表3-10　综合评分标准

指标	分值	标准比率	行业最高比率	最高评分	最低评分	每分比率的差
盈利能力:						
总资产报酬率	20	5.5%	15.8%	30	10	1.03%
营业净利率	20	26%	56.2%	30	10	3.02%
净资产收益率	10	4.4%	22.7%	15	5	3.66%
偿债能力:						
自有资产比率	8	25.9%	55.8%	12	4	7.475%
流动比率	8	95.7%	253.6%	12	4	39.475%
应收账款周转率	8	290%	960%	12	4	167.5%
存货周转率	8	800%	3 030%	12	4	557.5%
成长能力:						
销售增长率	6	2.5%	38.9%	9	3	12.13%
净利率增长率	6	10.1%	51.2%	9	3	13.7%
总资产增长率	6	7.3%	42.8%	9	3	11.83%
合　计	100			150	50	

标准比率以本行业平均数为基础,在给每个指标评分时,应规定其上限和下限,以减少个别指标异常对总评分造成不合理的影响。上限可定为正常评分值的1.5倍,下限可定为正常评分值的0.5倍。此外,评分不是采用"乘"的关系,而采用"加"或"减"的关系来处理,以克服沃尔评分法的缺点。例如,总资产报酬率每分比率的差为1.03% = (15.8% − 5.5%)÷(30−20)。总资产报酬率每提高1.03%,多给1分,但该项得分不得超过30分。根据这种方法,对该企业的财务状况重新进行综合评价,得122.68分,如表3-11所示,表明其是一个中等略偏上水平的企业。

表3-11　财务情况评分

指标	实际比率	标准比率	差异	每分比率	调整分	标准评分值	得分
	①	②	③=①−②	④	⑤=③÷④	⑥	⑦=⑤÷⑥
盈利能力:							
总资产报酬率	10.00%	5.50%	4.50%	1.03%	4.37	20	24.37
营业净利率	33.54%	26.00%	7.54%	3.02%	2.5	20	22.5
净资产收益率	13.83%	4.40%	9.43%	3.66%	2.58	10	12.58
偿债能力:							
自有资产比率	72.71%	25.90%	46.81%	7.475%	6.26	8	12

（续表）

指标	实际比率 ①	标准比率 ②	差异 ③=①-②	每分比率 ④	调整分 ⑤=③÷④	标准评分值 ⑥	得分 ⑦=⑤÷⑥
流动比率	166.00%	95.70%	70.30%	39.475%	1.78	8	9.78
应收账款周转率	861.00%	290.00%	571.00%	167.5%	3.41	8	11.41
存货周转率	994.00%	800.00%	194.00%	557.5%	0.35	8	8.35
成长能力：							
销售增长率	17.70%					6	7.25
净利率增长率	−1.74%	10.1%	11.84%	13.7%	−0.86	6	5.14
总资产增长率	46.36%	7.30%	39.06%	11.83%	3.3	6	9.3
合　计						100	122.68

思政小课堂

任务解析

通过以上学习，可以解析"任务引入"中的问题：

（1）根据 A 公司 2024 年度财务报表，使用杜邦分析体系，经过计算、整理可得到财务指标数据如图 3-2 所示。

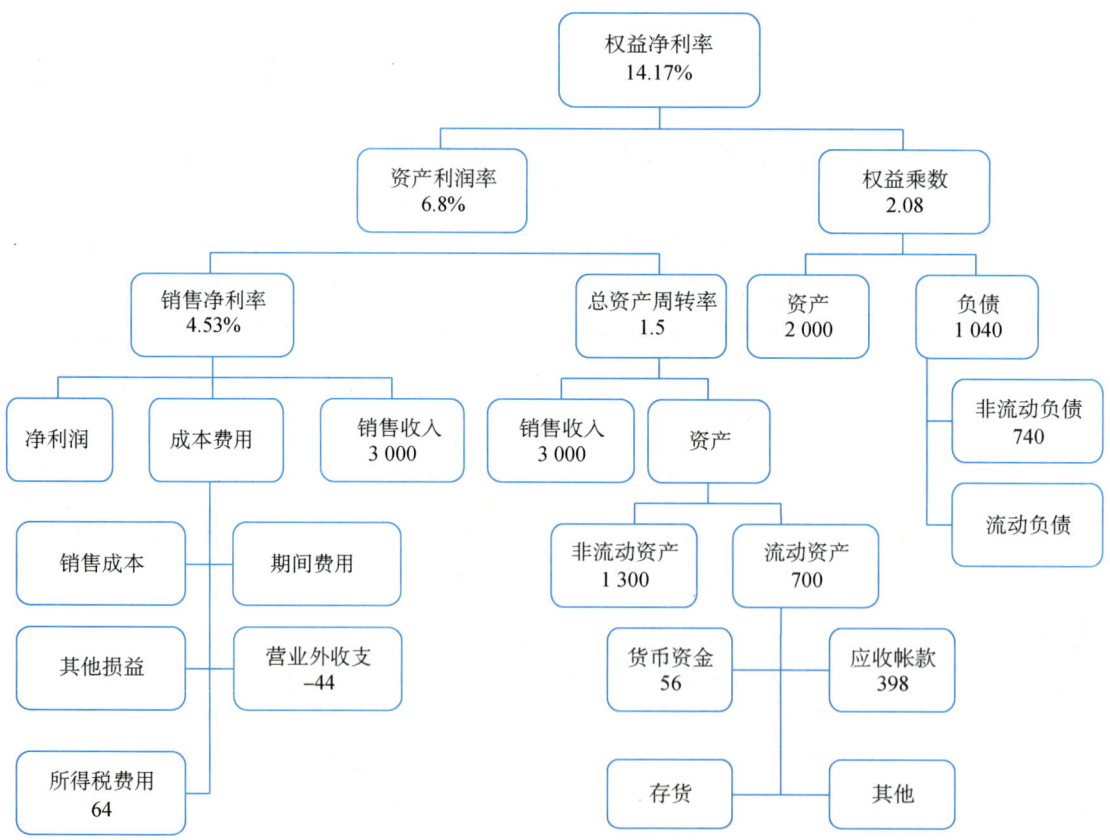

图 3-2　财务指标数据

由图 3-2 可知,杜邦分析体系以权益净利率作为总体分析,并将盈利能力(资产利润率、销售净利率)、偿债能力(权益乘数)和营运能力(资产周转率)结合进行分析。

利用连环替代法可以定量分析它们对权益净利率变动的影响程度:

$$权益净利率 = 销售净利率 \times 资产周转率 \times 权益乘数$$
$$即:本年权益净利率 = 14.13\% = 4.53\% \times 1.50 \times 2.08$$
$$上年权益净利率 = 18.11\% = 5.61\% \times 1.69 \times 1.91$$
$$权益净利率变动 = -3.98\%$$

与上年相比,股东的报酬率降低了,A 公司整体业绩不如上年。影响权益净利率变动的不利因素是销售净利率和资产周转率下降;有利因素是财务杠杆提高。

利用连环替代法可以定量分析它们对权益净利率变动的影响程度:

销售净利率变动的影响:

$$按本年销售净利率计算的上年权益净利率 = 4.53\% \times 1.69 \times 1.91 = 14.62\%$$
$$销售净利率变动的影响 = 14.62\% - 18.11\% = -3.49\%$$

资产周转率变动的影响:

$$按本年销售净利率、资产周转率计算的上年权益净利率 = 4.53\% \times 1.50 \times 1.91 = 12.98\%$$
$$资产周转率变动的影响 = 12.98\% - 14.62\% = -1.64\%$$

财务杠杆变动的影响:

$$财务杠杆变动的影响 = 14.13\% - 12.98\% = 1.15\%$$

通过分析可知,最重要的不利因素是销售净利率降低,使权益净利率减少 3.49%;其次是资产周转率降低,使权益净利率减少 1.64%。有利的因素是权益乘数提高,使权益净利率增加 1.15%。不利因素超过有利因素,所以权益净利率减少 3.98%。由此应重点关注销售净利率降低的原因。

(2) 近年来,许多企业实行多元经营,没有明确的行业归属,尤其是大型的集团公司,多元化进程加快,使得主营业务越来越不清晰。因此,分析人员要准确选择行业一流标杆企业进行分析,重点分析其主营业务占比、成长性、公司战略重点,还得结合行业环境、产业政策、经济政策等因素。

(3) 党的十九大报告提出我国经济由高速发展向高质量发展的重要论断,成为各行各业发展的重要方向和战略选择,从企业层面来看,高质量发展内涵包括:一流竞争力、质量的可靠性与持续创新、品牌的影响力,以及先进的质量管理理念与方法等。

技能训练

小明在对 A 公司进行综合分析时,应结合高质量发展的理念、内涵与实质要求,以及新能源产业的发展环境、政策。

项目小结

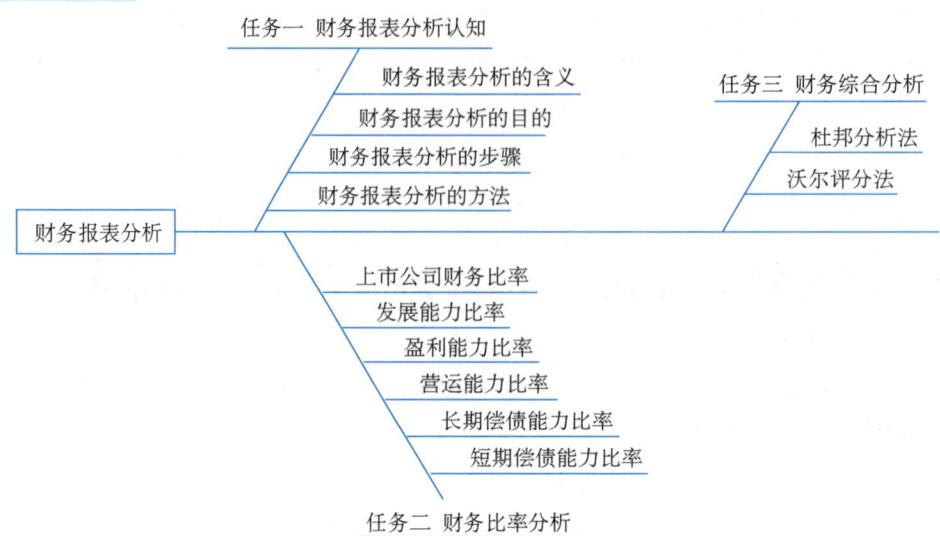

实战模拟

【目的】综合财务报表分析

【资料】华泰公司 2024 年的有关财务比率如表 3-12 所示。

表 3-12　华泰公司 2024 年的有关财务比率

指标	1月	2月	3月	4月	5月	6月	7月	8月	9月	10月	11月	12月
流动比率	2.2	2.3	2.4	2.2	2	1.9	1.8	1.9	2	2.1	2.2	2.2
速动比率	0.7	0.8	0.9	1	1.1	1.15	1.2	1.15	1.1	1	0.9	0.8
资产负债率	52%	55%	60%	55%	53%	50%	42%	45%	46%	48%	50%	52%
资产报酬率(ROE)	4%	6%	8%	13%	15%	16%	18%	16%	10%	6%	4%	2%
营业净利率	7%	8%	8%	9%	10%	11%	12%	11%	10%	8%	8%	7%

思考并回答:

(1)华泰公司生产经营的特点是什么?

(2)华泰公司流动比率和速动比率的变动趋势为何会产生差异?怎样消除这种差异?

(3)华泰公司资产负债率的变动说明什么问题?

(4)计算 6 月和 12 月的净资产收益率,并分析该指标期末与期中差异产生的原因(杜邦分析体系)。

本项目专业术语　　　实战模拟答案　　　思政案例

项目四
筹资概述与长期筹资方式

 情景设计

　　为满足持续上涨的半导体需求，以及应对全球缺芯现状，我国出台了系列政策，加大对芯片产业的扶持力度。智维公司看到了这一市场机会，决定借助于公司传统的软件业务，进军半导体研发设计，争取在细分市场中分得一杯羹。公司财务总监和战略规划部几名高管，经过缜密的调研与分析，一致认为公司近几年处于高速增长期，决定明年进一步扩大公司经营范围，增加半导体相关业务，加大研发投入，更新设备，运用新技术进行业务创新，不断提高公司的核心竞争力。

　　当然，公司不断发展壮大，其资金需求量也不断激增。目前公司面临资金短缺问题，公司内部的留存收益和自发性负债只能满足一部分资金需求，其他资金需要从外部去筹集。公司财务部需要预测明年的资金需要量，并拟订筹资方案提交给董事会讨论，财务总监、负责筹资的财务经理均参与此次讨论会。

　　如果你是智维公司负责筹资的财务经理，该如何运用财务管理知识帮公司测算下一年的资金需要额。面对资金短缺问题，公司可以考虑哪些筹资渠道和筹资方式？这些筹资方式分别有什么优缺点？

　　情景分析：企业为了保证生产经营的正常运行，必须持有一定数量的资金。筹资是企业顺利开展生产经营活动的重要前提。同时，筹资也为投资提供了基础和前提，没有资金的筹集，就无法进行资金的投放。资金是企业的"血液"，为企业及时筹集足够的资金是财务人员工作中应解决的首要问题。在筹集资金之前，需要预测企业的资金需要量。企业所需资金是通过多种方式筹集的。每种筹资方式都有其特点，企业在筹资中应慎重选择。

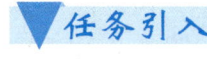

※思政素养

（1）通过学习供应链筹资，培养学生创新、协调、绿色、开放、共享的新发展理念。

（2）通过学习股票发行注册制，领会真实、准确、完整地披露相关信息的重要性，培养学生的社会责任感。

（3）通过学习债务性筹资方式，讨论债券违约案例，引导学生诚实守信，按照筹资相关协议要求履行相应的责任和义务，践行社会主义核心价值观。

（4）通过学习我国的金融政策，提升学生的制度自信。

※理论素养

（1）掌握销售百分比法的原理。

（2）理解长期筹资的动机、渠道和方式。

（3）掌握吸收直接投资的优缺点、普通股的发行及普通股筹资的优缺点、留存收益的优缺点。

（4）理解长期借款的信用条件、债券发行价格的计算方法及融资租赁租金的测算方法，掌握长期借款、债券、融资租赁筹资的优缺点。

※能力素养

（1）能够应用销售百分比法预测外部资金需要量。

（2）能够识别常见的筹资方式。

（3）能够对股权筹资方式进行客观评价。

（4）能够计算债券发行价格和等额年金法下融资租赁的租金，能够对长期借款、债券、融资租赁筹资方式进行客观评价。

（5）能与投资者、债权人、政府部门等利益相关者进行顺畅沟通。

※职业素养

（1）通过学习资金需要量的预测方法，培养学生"凡事预则立，不预则废"的观念。

（2）通过学习大数据对筹资的影响及我国的金融政策，了解企业筹资方式和筹资渠道的变化，培养学生创新精神和信息素养，树立与时俱进、持续学习的意识。

（3）通过学习普通股的发行，培养学生遵纪守法的意识。

任务一　资金需要量的预测

任务引入

教学设计

　　智维公司 2024 年有关资产、负债和所有者权益数据如表 4-1 所示（为了简化计算，表中未列出所有的资产负债表项目）。该公司 2024 年销售收入为 300 000 万元，2025 年预计销售净利率为 5%，预计销售收入增长 40%，预计股利支付率为 40% 的水平。该公司还有剩余生产经营能力,无需增加固定资产。2025 年预计无形资产增加 4 400 万元。

表 4-1　2024 年智维公司资产负债表(简表)　　　　　　　单位:万元

资产	金额	负债和所有者权益	金额
货币资金	5 000	短期借款	6 000
交易性金融资产	600	应付账款	10 000
应收账款	39 800	应付职工薪酬	200
存货	11 900	应交税费	500
固定资产	123 800	应付利息	1 200
无形资产	3200	其他应付款	1400
其他非流动资产	300	其他流动负债	300
		长期借款	45 000
		应付债券	24 000
		股本	10 000
		资本公积	1 000
		盈余公积	10 000
		未分配利润	75 000
合计	184 600	合计	184 600

如果你是负责筹资的财务经理,请你估算智维公司 2025 年需要从外部筹集多少资金?

▼ 任务分析

资金的需要量是筹资的数量依据,应当科学合理地进行预测。筹资数量预测的基本目的是保证筹集的资金既能满足生产经营的需要,又不会产生闲置资金。企业资金需要量应根据具体翔实的数据资料,运用适当的方法进行科学合理的预测。

▼ 任务处理

企业的经营活动和投资活动都影响着资金的流量和资金的流向,因此,企业往往以实现财务管理目标为出发点,以市场需求的研究和预测为基础,以销售预算为主导,对企业未来的资金进行筹划和安排,确定合理的筹资规模,尽可能避免所筹资金过多或过少给企业造成损失。

企业常用的资金需要量预测方法主要有销售百分比法和资金习性预测法。

一、销售百分比法

(一)基本原理

销售百分比法是指假设某些资产和负债与销售额存在稳定的百分比关系,并根据这个假设预计外部资金需要量的方法。企业的销售规模扩大时,要相应增加流动资产;如果销售规模扩大很多,还需要增加长期资产。为取得扩大销售所需增加的资产,企业需要筹措资金。这些资金,有一部分来自随销售收入同比例增加的流动负债,也有一部分来自预测期的收益留存,还有一部分通过外部筹资取得。

销售百分比法将反映生产经营规模的销售因素与反映资金占用的资产因素连接起来,根据销售额与资产之间的数量比例关系,来预计企业的外部资金需要量。销售百分比法先假设某些资产与销售额存在稳定的百分比关系,根据销售额与资产的比例关系预计资产额,然后根据资产额预计相应的负债和所有者权益,进而确定资金需要量。

(二)销售百分比法的基本步骤

1. 确定敏感项目

(1)资产类项目。货币资金、应收账款和存货等经营性资产项目,一般会随销售收入的增减而相应增减。固定资产项目是否增加,则视预测期的生产经营规模是否在企业原有生产经营能力之内而定。

(2)负债类项目。应付账款、应付票据、应付职工薪酬、应交税费等经营性负债项目,通常会随销售收入的增长而增加。短期借款、长期负债等筹资性负债项目一般与销售收入的增减无关。

货币资金、应收账款、存货、应付账款等经营性资产和经营性负债项目,和销售额存在固定比例关系,会因销售额的增长而相应增加,通常称为敏感项目;无形资产、短期借款、长期负债等项目,一般不会随销售额的增长而增加,通常称为非敏感项目。固定资产是否属于敏感项目,要具体情况具体分析。企业固定资产生产能力若有剩余,当扩大产销规模时不需要增加相应的固定资产,则固定资产属于非敏感项目;企业的生产能力若已饱和,当扩大产销规模时固定资产与销售收入同比例增加,则固定资产属于敏感项目。

2. 确定敏感资产与敏感负债有关项目与销售额的稳定比例关系

如果企业资金周转的营运效率不变,敏感资产与敏感负债将会随销售额的变动而呈正比例变动,保持稳定的百分比关系。

3. 确定需要增加的筹资数量

预计由于销售增长而需要的资金需求增长额,扣除利润留存后,即需要的外部资金需要量。外部资金需要量 EFN 的计算公式如下:

延伸阅读:
销售百分比
法公式二的
推导

$$EFN = 增加的资产 - 增加的敏感负债 - 增加的留存收益$$

其中,

$$增加的资产 = 增量收入 \times 敏感资产比例$$
$$增加的敏感负债 = 增量收入 \times 敏感负债比例$$
$$增加的留存收益 = 预计的销售收入 \times 销售净利率 \times 利润留存率$$

根据这个公式,还可以推出公式二:

$$EFN = (基期敏感资产 - 基期敏感负债) \times 销售增长率 - 增加的留存收益$$

若非敏感项目有变动,还应该加上非敏感项目变动额。

通常采用公式二可以简化计算过程。

(三)销售百分比法的具体应用

[例 4-1]　华联公司 2024 年销售收入 10 000 万元,销售净利率为 10%,利润留存比率为 40%,2025 年销售收入增长 20%,公司有足够的生产能力,无需追加固定资产。该公司 2024 年的资产负债表(简表)如表 4-2 所示。该公司 2025 年外部筹资需求量为多少?

表 4-2　华联公司 2024 年资产负债表(简表)　　　　单位:万元

项目	金额	项目	金额
货币资金	500	短期借款	2 500
应收账款	1 500	应付账款	1 000
存货	3 000	应付票据	500
固定资产	3 000	应付债券	1 000
		实收资本	2 000
		留存收益	1 000
合计	8 000	合计	8 000

解析:敏感资产为货币资金、应收账款、存货,敏感负债为应付账款和应付票据。敏感项目占销售收入的比例如表 4-3 所示。

表 4-3　敏感项目占销售收入的比例　　　　金额单位:万元

项目	金额	占销售收入的比例	项目	金额	占销售收入的比例
货币资金	500	5%	短期借款	2 500	—
应收账款	1 500	15%	应付账款	1 000	10%
存货	3 000	30%	应付票据	500	5%
固定资产	3 000	—	应付债券	1 000	—
			实收资本	2 000	—
			留存收益	1 000	—
合计	8 000	50%	合计	8 000	15%

$$EFN = 增加的资产 - 增加的自发性负债 - 增加的留存收益$$
$$= 10\,000 \times 20\% \times 50\% - 10\,000 \times 20\% \times 15\% - 10\,000 \times (1+20\%) \times 10\% \times 40\%$$
$$= 220(万元)$$

$$或\ EFN = (基期敏感资产 - 基期敏感负债) \times 销售增长率 - 增加的留存收益$$
$$= (5\,000 - 1\,500) \times 20\% - 10\,000 \times (1+20\%) \times 10\% \times 40\%$$
$$= 220(万元)$$

销售百分比法的优点,是能为筹资管理提供短期预计的财务报表,以适应外部筹资的需要,且易于使用。但在有关因素发生变动的情况下,必须相应调整原有的销售百分比。

延伸阅读:销售百分比法的局限性及改进分析

二、资金习性预测法

资金习性预测法，是指依据资金习性预测未来资金需要量的一种方法。其中，资金量变动与产销量之间的依存关系称为资金习性。企业资金根据资金习性可分为不变资金、可变资金和半变动资金三部分。

不变资金是指在一定的产销量范围内，不受产销量变动的影响而保持固定不变的那部分资金。例如，为维持经营业务而占用的最低数额的现金、原材料的保险储备专用的资金、厂房机器等固定资产占用的资金等。

可变资金是指随产销量呈同比例变动的那部分资金。其特点是总额随产销量变动呈正比例变动，但单位可变资金在产销量一定范围内保持不变，如直接构成产品实体的原材料、外购件等占用的资金。

半变动资金虽受产销量影响，但不呈同比例变动，如一些辅助材料所占用的资金。

资金习性预测法包括回归分析法和逐项分析法等。

（一）回归分析法

回归分析法假定资金需要量与产销量之间存在线性关系，通过建立数学模型，来预测资金需求。公式如下：

$$Y = a + bx$$

其中，Y 为资金需要量，a 为不变资金；b 为单位产销量所需的变动资金。企业应先根据产销量与资金需要量的历史数据资料采用回归直线方程组方法求出 a 和 b 值；再代入 $Y = a + bx$ 模型中，确定资本需要量。

[例 4-2] 丙公司 2019—2024 年实际产销量和资金使用量情况如表 4-4 所示。2025 年预计销售量 1 100 万件。要求：预计 2025 年的资金需要量。

表 4-4 2019—2024 年产销量与资金使用量情况表

年度	产销量（万件）X	资金使用量（万元）Y
2019	120	1 000
2020	110	950
2021	100	900
2022	120	1 000
2023	130	1 050
2024	140	1 100

首先，根据历史资料列表计算 $\sum X$、$\sum Y$、$\sum XY$、$\sum X^2$，如表 4-5 所示。

表 4-5 　 $\sum X$、$\sum Y$、$\sum XY$、$\sum X^2$ 值计算表

年度	X（万件）	Y（万元）	XY	X^2
2019	120	1 000	120 000	14 400
2020	110	950	104 500	12 100
2021	100	900	90 000	10 000
2022	120	1 000	120 000	14 400
2023	130	1 050	136 500	16 900
2024	140	1 100	154 000	19 600
求和 $n=6$	720	6 000	725 000	87 400

其次，计算 a 和 b 的值。根据公式可知：

$$a = \frac{\sum X^2 \sum Y - \sum X \sum XY}{n \sum X^2 - (\sum X)^2} = 400$$

$$b = \frac{n \sum XY - \sum X \sum Y}{n \sum X^2 - (\sum X)^2} = 0.5$$

最后，根据预测期 2025 年销售量 1 100 万件，代入方程 $Y = 400 + 0.5X$，可知 2025 年现金需要量预测为 $400 + 0.5 \times 1\,100 = 1\,150$（万元）。

（二）逐项分析法

逐项分析法是根据各资金占用项目和资金来源项目同产销量之间的关系，把各项目资金都分为变动和不变两部分，再汇总在一起，求出企业变动资金总额和不变资金总额，进而预测资金需要量的方法。常见的方法有技术分析法、个别确认法、高低点法、散布图法。本章主要介绍高低点法。

高低点法又称两点法，是根据过去一定时期产销量与对应项目资金的资料，通过最高点产销量及其相对应的资金需要量和最低点产销量及其相对应的资金需要量，通过计算确定项目中固定资金 a 和单位变动资金 b，进而确定资金需要量和产销量之间的函数关系的资金习性分析法。

[例 4-3] 某公司近 6 年应收账款与销售额情况如表 4-6 所示，要求计算现金占用项目中不变资金和变动资金数额。

表 4-6 　某公司近 6 年应收账款和销售额情况　　　　　　　　　单位：元

年度	销售收入 X	应收账款 Y
2019	8 000	240
2020	24 000	340
2021	16 000	280

（续表）

年度	销售收入 X	应收账款 Y
2022	32 000	340
2023	48 000	460
2024	40 000	3 000

采用高低点法计算如下：

$$b = \frac{最高收入期的应收账款 - 最低收入期的应收账款}{最高销售收入 - 最低销售收入} = 0.005\,5$$

将 $b = 0.005\,5$ 代入 $Y = a + bX$，得 $a = 460 - 0.005\,5 \times 48\,000 = 196$（万元）。

或者，$a = 240 - 0.005\,5 \times 8\,000 = 196$（万元）。

实务中，财务人员根据企业的实际情况采用不同的方法来预测资金需要量。数智赋能资金需要量预测，可以显著提高其预测的可靠性。将外部宏观经济数据、行业数据、用户数据、内部财务数据等关联，应用大数据和人工智能技术进行分析使得资金需要量预测变得更加理性且有据可依。另外，大数据和人工智能技术的发展加速了业财融合，也有利于提高资金需要量预测的可靠性。业财融合延长财务工作链条至企业业务工作前端，将业务部门和财务部门之间的壁垒打破。这就要求财务人员具备良好的组织协调能力、分析判断能力、参与决策的能力、沟通与交流能力，及时准确捕捉经营业务信息和市场信息，实现信息深度共享，保证信息输入质量在业务工作源头得到改善，从而提高资金需要量预测的可靠性。

新时期·新实践

招银云创业财融合分析（Multiple Analysis Platform，MAP）帮助企业和机构整合内外部数据资源，协助客户解决业务、财务联系不紧密、数据利用效率低、管理效率低等问题，构建科学决策、智慧分析、动态监管的数字生态管理模式，是基于企业资金流＋业务流的分析和模型应用平台。目前 MAP 主要在企业风控分析、业财分析、资金预测、数字化监管等场景为企业和机构提供全方位的数智化服务。

MAP 结合各种资金预测方法，构建了多种适用于不同场景下的资金管理与预测模型。近年来，MAP 已赋能众多不同行业、不同规模的客户，持续助力企业数字化转型，驱动财务价值创造，实现业务管理突破升级。

任务解析

通过学习以上内容，可以解析"任务引入"中的问题：

智维公司敏感资产为货币资金、应收款项、存货，敏感负债为应付款项、应付职工薪酬和应交税费。无形资产虽然是非敏感性负债，但是有变动额 4 400 万元，所以还要考虑这部分

思政小课堂

技能训练

的变动额。

$EFN = （基期敏感资产-基期敏感负债）\times 销售增长率-增加的留存收益+非敏感资产调整额$

$= [（5\ 000+39\ 800+11\ 900）-（10\ 000+200+500）] \times 40\% - 300\ 000$

$\times（1+40\%）\times 5\% \times（1-40\%）+4\ 400$

$= 10\ 200（万元）$

任务二　企业筹资的动机、渠道与方式

教学设计

PPT：企业
筹资的动
机、渠道与
方式

任务引入

智维公司在初创期就遇到了严重的资金困境。当时智维公司的产品技术先进，在市场上受到欢迎，收获了不少订单，出现供不应求的状况，但智维公司极度缺乏流动资金，无奈之下只能采取预收客户货款的方式来维持企业的生产及研发服务工作，这种依靠商业信用筹资的方式成为公司初创期的主要筹资途径。同时，公司创始人卖掉了自己的房子、汽车等资产，将资金全部投入公司的运营中，这笔资金成为公司初创期的又一重要资金来源。但随着该公司逐渐由初创期发展到快速成长期，同时也是公司高质量发展的关键时期，所需的资金急剧增加，该公司向银行扩大了商业贷款额度。但是创始人自有资金、银行信贷资金毕竟有限，难以满足公司大量的研发投入及日常运行的需要，目前又即将开拓半导体市场业务，更需要一笔巨额投资。如果你是该公司的财务总监，除了商业信用、创始人自有资金、银行借款外，智维公司还可以考虑哪些筹资方式？公司筹资的动机包括哪些？

任务分析

为了实现财务管理目标，企业不断进行着"资金—资产—生产—销售收入—净利润—资金"的循环，从中可以看出资金的重要性。企业的生存和发展离不开资金，这就需要了解企业资金的来源和取得的具体方式。企业筹资的动机往往具有多样性。

任务处理

筹资是指企业根据自身的生产经营状况、资金持有情况以及未来经营发展的需要，经过科学预测和决策，运用一定的筹资方式，通过筹资渠道和金融市场向企业的投资者和债权人筹集资金以保证企业正常生产需要的财务活动。企业筹资活动的结果是形成企业的资金来源。

一、企业筹资的动机

企业筹资的动机是指引发企业筹集资金的原因。企业筹资的具体动机是多种多样的，有时为了购置固定资产、引进无形资产、研发新产品而筹资；有时为对外投资而筹资；有时为偿付债务、调整资本结构而筹资；有时为维持资金周转而筹资。各种原因归纳起来有四种类型:维持性筹资动机、扩张性筹资动机、调整性筹资动机和混合性筹资动机。

(一)维持性筹资动机

维持性筹资动机是指企业通过筹集资金以便维持正常的生产经营而产生的筹资动机。在实际经营中,每一次循环收回的资金与下一次循环所需要的资金在时间和实物形态上往往存在不一致的现象。例如,企业在采用赊销方式时,一部分未收回的货款表现为应收账款,而下一期生产经营活动仍需要现金开支,基于这样的情况,企业就需要从外部筹集资金来调节生产经营资金出现的暂时短缺。

(二)扩张性筹资动机

扩张性筹资动机是指企业为了满足扩大经营规模或对外投资需要而产生的筹资动机。随着企业生产经营规模的不断扩大,企业对新建厂房、增加设备、引进人才这种外延式扩大再生产产生了需要,或者对引进技术改进设备,提高固定资产生产效率等内涵式扩大再生产产生了动机。尤其是一些具有良好发展前景的成长期企业,往往都会产生扩张性筹资。扩张性筹资的直接结果是企业资产规模和资本总额的增加。

(三)调整性筹资动机

调整性筹资动机是指企业为了调整资本结构的需要而产生的筹资动机。随着环境和企业发展阶段的变化,已有的资本结构可能不再合理,需要相应地予以调整,使得企业价值最大化。比如,企业有些债务到期必须偿付,企业也具备足够的偿债能力来偿付,但为了调整资本结构,仍然举债;或者已有的资本结构中债务融资过高,财务风险大,则企业采取债转股等形式来调整资本结构,使得资本结构趋于合理。调整性筹资动机不会改变资本总额和资产总额。

(四)混合性筹资动机

混合性筹资动机是指企业筹资的原因可能不是唯一的,由多种原因所产生的筹资动机称为混合性筹资动机。企业混合性筹资动机一般是基于扩大生产规模的同时又调整资本结构而产生的。这种方式会使得企业资产和资本规模同时扩大,同时改变资本结构。

二、企业的筹资渠道

(一)国家财政资金

出于控制和掌握关系国家安全和国民经济命脉的重要行业和关键领域、鼓励扶持特定行业、支持和引导非国有经济的发展等需要,国家财政以各种形式投入资金。由于国家财政资金具有广阔的来源和稳固的基础,在国有经济始终占主导和支配地位的军工、航天航空、石油石化、通信、电力、交通运输等行业,财政资金更是其重要的资金来源。除投入资本、无偿拨付等形式外,企业取得的财政贴息、先征后退或即征即退等方式返还的税款、减免税款、行政划拨的非货币资产(如城镇土地使用权等),都可视同国家对企业的投资。

(二)银行信贷资金

银行信贷资金是我国企业的主要资金来源之一,特别是对于具备良好信誉但又缺乏资金的企业。我国银行一般分为商业性银行和政策性银行,前者为各类企业提供商业性贷款,后者为特定企业提供政策性贷款。银行信贷资金实力雄厚,贷款方式灵活,是企业筹资的重要渠道。

（三）非银行金融机构资金

非银行金融机构包括保险公司、信托投资公司、租赁公司、证券公司、企业集团所属的财务公司等。虽然它们的资金规模比银行小，但它们的资金供应比较灵活，而且可以提供多种特定服务，因而具有广阔的发展前景。

（四）其他法人单位资金

其他法人单位资金是指其他法人单位以其可以支配的资金在企业之间相互融通而形成的资金。企业在生产经营过程中，往往形成部分暂时闲置的资金，可以在企业之间相互调剂余缺。另外，企业间的购销业务可以通过商业信用方式完成，从而形成债务人对债权人的短期信用资金占用。企业间的相互投资和商业信用的存在，使其他企业资金成为企业资金的重要来源。

（五）民间资金

民间资金是指企业职工和城乡居民暂时不用的结余货币，作为"游离"于银行及非银行金融机构等之外的个人资金，可以通过购买股票、债券等方式对企业进行投资，形成民间资金来源渠道，从而为企业所用。

（六）企业内部形成的资金

企业内部形成的资金是指留存收益，即企业提取的公积金和未分配利润。可以用于弥补亏损、转增资本或者用于企业的生产经营，是企业稳定的、无须支付成本的资金来源，也不需要企业采用任何方式去专门筹措。

三、企业的筹资方式

筹资方式是指从各种资金渠道取得所需资金所采用的具体形式。它旨在说明企业财务管理人员运用什么样的具体形式从各种渠道筹措所需的资金。

目前，我国企业的筹资方式主要有以下几种。

（一）吸收直接投资

吸收直接投资是指企业根据协议吸收国家财政、其他企业、居民个人和外商的货币、实物、无形资产等形式出资或者增资形成企业资本金的一种融资方式，这是非股份制企业取得股权资本的基本方式。

（二）发行股票

发行股票是股份有限公司以股票形式向社会公开募集或者向特定对象募集股本的一种融资方式。募集的股本因所有权性质不同分为国家股、国有法人股、其他法人股、个人股和外资股等不同类型。

（三）银行借款

银行借款是企业从银行等金融机构借入的款项。

（四）供应链筹资

实务中，中小企业较难获得银行信贷资金。供应链中的核心企业为了提高产品的市场竞争力，会利用自身的良好信用帮助中小企业取得金融机构的贷款，供应链筹资方式应运而生。供应链筹资的具体筹资模式包括应收账款筹资、存货筹资、预付款筹资。

视频：链企业、链生态、链世界

1. 应收账款筹资

在供应链金融下，应收账款筹资模式主要指上游企业为获得资金，以其与下游企业签订的真实合同产生的应收账款为基础,向供应链企业申请以应收账款为还款来源的筹资。

应收账款筹资的一般流程:在上下游企业签订买卖合同形成应收账款后,供应商将应收账款单据转让给供应链企业,同时下游企业对供应链企业作出付款承诺,随后供应链企业给供应商提供信用贷款以缓解阶段性资金压力,当应收款收回时,筹资方(即上游企业)偿还借款给供应链企业。

2. 存货筹资

存货筹资主要是指以贸易过程中的货物进行抵质押筹资,一般发生在企业存货量较大或库存周转较慢,导致资金周转压力较大的情况下,企业利用现有货物进行资金提前套现。随着期货交易市场的发展,存货筹资还衍生出仓单质押等新型的供应链筹资方式。

3. 预付款筹资

买方在缴纳一定保证金的前提下,供应链企业代为向卖方预付全额货款,卖方根据购销合同发货,货物到达指定仓库后设定质押为代垫款的保证。

(五)商业信用

商业信用是指企业在商品或服务交易中与其他企业由于延期付款或者预收货款而形成的借贷关系。一方面表现为购买方因为赊购或者销售方因为预收货款形成的短期负债资金流入;另一方面则相应形成赊销方或购买方的短期应收债权。

(六)发行债券

发行债券是指符合法定条件的企业通过债券的发行来筹集资金的一种方式。企业发行企业债券必须按规定进行审批,实际发行过程中,通常安排具有较好资信的机构予以担保,以增强债券信用水平并提高履约保障。

(七)融资租赁

融资租赁是由出租人按照承租人的要求筹资购买设备,在合同规定的较长期限内提供给承租人使用,并以分期收取租金的形式收回资产价值的一种信用行为。融资租赁的目的是融通资金,取得长期资产的使用权,它是集筹资和融物为一体的一种特殊筹资方式。

(八)留存收益

留存收益是指企业从税后净利润中提取的盈余公积以及从企业可供分配利润中留存的未分配利润。它是企业将利润转化为股东对企业追加投资的过程,是一种股权筹资方式。

此外,随着大数据、云计算、移动互联网等信息技术的迅速发展,我国互联网金融蓬勃兴起,筹资方式不断创新。目前,市场上存在的互联网金融模式主要有众筹借贷和电子商务平台小额贷款筹资。众筹借贷模式是一种借助互联网平台向不特定人群发起筹资邀请,进行股权或者项目筹资的行为。电子商务平台小额贷款筹资模式是指电子商务平台公司(如阿里巴巴)基于大数据等金融科技手段对平台卖家提供的信用贷款模式。

延伸阅读:众筹——新兴的筹资方式将更加规范

延伸阅读:常见中小企业筹资方式

新时期·新实践

自 2023 年 7 月《中共中央-国务院关于促进民营经济发展壮大的意见》发布以来,各地各部门出台了一系列金融举措着力破解民企筹资难题。特别是 2023 年 10 月底中央金融工作会议召开以来,各地各部门积极落实会议精神,推动金融为经济社会发展提供高质量服务。2023 年 11 月底,中国人民银行等八部门联合印发通知,推出支持民营经济的 25 条具体举措,持续加强民营企业金融服务。

缺乏抵押所需的固定资产、没有可供参考的信用信息……这些因素常常令民营企业被金融机构拒之门外,而通过担保等手段增加信用,又往往推高企业的筹资成本。

推进银企信息共享或是破题之道。例如,湘鼎机械以三一集团供应商的身份,基于与三一集团的订单通过"三一金票"供应链平台,以不到4%的利率从银行获得了600多万元筹资支持。金融机构应大力发展供应链金融,通过数字技术应用,对应收账款确权等业务流程进行变革,可增强金融机构风险管理水平,提升服务民营小微企业的"敢贷、愿贷、能贷、会贷"能力。

中国人民银行等八部门联合印发的通知提出,引导银行业金融机构积极探索供应链脱核模式,支持供应链上民营中小微企业开展订单贷款、仓单质押贷款等业务。这背后,需要相关部门、地方政府、金融机构优化筹资配套政策,着力从信息共享、创新担保抵押手段等方面,加速破解堵点痛点,为民营企业筹资营造良好环境。

同年,中央金融工作会议提出"金融要为经济社会发展提供高质量服务""优化筹资结构,更好发挥资本市场枢纽功能"。中国人民银行等八部门联合发布的通知也明确提出,畅通民营企业债券筹资渠道,扩大优质民营企业股权筹资规模。

可以预见的是,民营企业直接筹资渠道将不断拓宽。截至2023年11月14日,北交所共有上市公司229家,总市值超2 800亿元,其中民营企业占比88%。

同时,为进一步支持民营企业上市和再筹资,各地也在积极发挥地方政府专项引导基金作用,完善投资退出机制。

▼ 任务解析

通过学习以上内容,可以解析"任务引入"中的问题:

除了创始人自有资金、商业信用和银行借款,智维公司还可以考虑发行股票、发行债券、融资租赁等筹资方式。筹资动机包括维持性筹资动机、扩张性筹资动机、调整性筹资动机和混合性筹资动机。

思政小课堂

技能训练

任务三　股权性筹资

▼ 任务引入

根据预测,2025年智维公司需要向企业外部筹集资金10 200万元,结合自身发展规划和资本构成状况,计划利用债务筹资2 200万元,再筹集股权资金8 000万元。智维公司计划发行普通股500万股,每股面值1元,发行价格16元,预计第一年每股发放现金股利1.4元,以后每年增长6%。

智维公司需要对外筹集的10 200万元资金为什么没有全部以负债的方式筹集?发行普通股有哪些优缺点?智维公司还可以利用什么方式筹集股权资金?

教学设计

▼ 任务分析

股权资金是企业的自有资本,其数量反映了公司的实力,是其他筹资方式的基础,尤其可为债权人提供信用保障,增加公司的举债能力。一家公司股权资本比例过低,会降低自身信用,增加财务风险。因此公司在筹资活动中,需结合各种筹资方式的特点及其对资本结构的影响作出筹资方式的选择。

▼ 任务处理

一、吸收直接投资

吸收直接投资是指企业按照"共同投资、共同经营、共担风险、共享收益"的原则,直接吸收国家、法人、个人和外商投入资金的一种筹资方式。吸收直接投资是非股份制企业筹集权益资本的基本方式,采用吸收直接投资的企业,无需公开发行股票。吸收直接投资的实际出资额中,注册资本部分形成实收资本;超过注册资本的部分,属于资本溢价,形成资本公积。

(一)吸收直接投资的形式

吸收直接投资的出资方式有货币资产出资和非货币资产出资两类。

1. 货币资产出资

货币资产出资是指投资者投入企业的资本金为现金,直接形成企业的生产能力。筹资企业取得货币资金,可以购买各种生产资料,支付各项费用,具有很大的灵活性。筹资企业要尽量争取投资者以货币资金形式出资。

2. 非货币资产出资

非货币资产出资主要包括三类,即实物类资产出资、无形资产出资、特定债权出资。

(二)吸收直接投资的程序

吸收直接投资一般遵循如下程序。

1. 确定吸收直接投资的数量

企业新建或扩大生产规模时,需要根据实际情况来合理确定筹资数量。

2. 甄选投资方与合作沟通

企业要明确筹资方向,广泛了解有关投资者的资信、财力和投资意向,按照市场需要和经济效益高低的原则对企业进行选择。双方要做好沟通工作,使双方在互信互利的基础上进行合作。

3. 签署合同、协议

企业采用吸收直接投资方式时,双方经过协商,在出资方式和收益分配等多方面达成一致的基础上,签署投资的合同或协议等书面文件,明确双方的权利和义务。

4. 取得所筹资本

在签署投资合同或协议后,企业应按规定或计划取得资本。在取得资本金环节需要注意的是,如果出资方式是吸收国家的货币投资,通常还要编制拨款计划,确定拨款期限、每期数额及划拨方式。如果吸收的是非货币资产,应核实实物资产数量,进行合理的价值估价,办理产权转移等手续。

(三)吸收直接投资的评价

吸收直接投资是我国企业最早采用的一种筹资方式,也曾是我国企业普遍采用的筹资方式。

1. 吸收直接投资的优点

(1)能够尽快形成生产能力。吸收直接投资不但可以吸收货币资产,还可以吸收非货币资产,直接获得投资者的现金、实物类资产、非专利技术等无形资产,快速形成生产能力,满足生产经营的需要。

(2)有利于增强企业信誉,提高企业借款能力。吸收直接投资所筹集的资金属于自有资金,能够增强企业的信誉和借款能力,对企业扩大举债规模和增强企业实力有重要作用。

(3)规避财务风险。企业可以根据自身的经营状况来决定向投资者分配利润,经营状况良好时可以向投资者多支付报酬,反之则少支付报酬。这样可使得企业对自身资金的掌握具有很强的灵活性,规避财务风险。

2. 吸收直接投资的缺点

(1)资金成本较高。吸收直接投资的投资者不能要求本金偿还和固定利息的收益。因此往往对企业的投资报酬率有较高的要求,融资企业应尽量增加收益来达到投资者期望的报酬率。若企业经营较好、盈利较多时,通常要将大部分盈余作为红利分配,资金成本高。

(2)不利于产权交易。吸收直接投资没有股票为媒介,注册资本不划分为等额股份,投资者需要转让产权时,必须经企业股东会同意,并且不具备在公开资本市场进行产权交易的条件,这就加大了投资者的风险和企业筹资的难度。

(3)分散筹资企业控制权。吸收直接投资,投资者一般要求获得与投资数额相适应的经营管理权,如果某投资者投资数额比例较大,则投资者会获得相当大的管理权,直接影响筹资企业的控制权,不利于筹资企业公司治理。

二、普通股筹资

发行普通股筹资是指企业以发售股票获取所需资金的筹资方式。发行股票筹资方式只用于股份有限公司,而且必须以股票为载体,是股份有限公司筹集股权资本的基本方式。

(一)股票的分类

1. 记名股票和无记名股票

股票按票面是否记名分为记名股票和无记名股票。记名股票是指在股票票面上记载股东姓名或名称的股票,股东姓名或名称要记入公司的股东名册,记名股票的转让、继承需办理过户手续。无记名股票是指在股票票面不记载股东姓名或名称的股票,股东姓名或名称也不记入公司的股东名册,公司只记载股票数量、编号及发行日期,无记名股票的转让、继承无需办理过户手续。我国《公司法》规定,公司向发起人、国家授权投资机构、法人发行的股票,应为记名股票;向社会公众发行的股票,可以为记名股票,也可以为无记名股票。

2. 普通股和优先股

按股东的权利和义务,股票可分为普通股和优先股。普通股是公司发行的具有管理权而股利不固定的股票,是公司最基本的、数量最多的股票形式,也是公司首先和必须发行的股票。普通股股东拥有的权利包括经营管理权;收益分享权;股份转让和优先认股权;剩余财产分配权。优先股票简称优先股,是公司发行的相对于普通股具有一定优先权的股票。优先股股东的优先权利包括股利分配优先权、分配剩余财产优先权,优先股股东在股东大会上无表决权,在参与公司经营管理上受到一定限制,仅对涉及优先股权利的问题有表决权。

3. 有面额股票和无面额股票

股票按股票票面金额有无可分为有面额股票和无面额股票。有面额股票是指在股票票面标有一定金额的股票。有面额股票的股东对公司享有的权利和承担的义务大小,是依据所持有股票票面金额占公司发行在外股票总票面金额的比例而定的。无面额股票是指在股票票面没有标明金额、只载明所占公司股本总额的比例或股份数的股票。无面额股票的股东对公司享有的权利和承担的义务大小依据股票标明的比例而定。无面额股票的价值随公司财产的增减而变动。我国《公司法》规定股票应记载股票面额,并且股票的发行价格不得低于票面金额。

4. 国家股、法人股、个人股

股票按投资主体不同可分为国家股、法人股、个人股和外资股。国家股是指有权代表国家投资的部门或机构以国有资产向公司投资而形成的股份。法人股是指企业法人依法以其可支配的财产向公司投资而形成的股份,或具有法人资格的事业单位和社会团体以国家允许用于经营的资产向公司投资而形成的股份。个人股是指社会个人或公司内部职工以个人合法财产投入公司而形成的股份。

5. A股、B股、H股、N股、S股

法律法规:《中华人民共和国公司法》

股票按购买时支付的货币不同可分为A股、B股、H股、N股、S股。A股是我国境内公司发行、供我国大陆地区个人或法人买卖、以人民币标明票面金额并以人民币认购和交易的股票。B股又称人民币特种股票,是指由我国境内公司发行、境内上市交易、以人民币标明面值但以外币认购和交易的股票。H股、N股、S股都是供中国港、澳、台地区和外国投资者买卖、以人民币标明票面金额但以外币认购和交易的股票。其中,H股在中国香港上市,N股在美国纽约上市,S股在新加坡上市。

6. 有表决权股和无表决权股

微课:注册制与核准制的区别

股票按有无表决权可分为有表决权股和无表决权股。表决权股是享有完全表决权的股票,普通股大多享有表决权。但有的公司为防止拥有大量股份的股东享有过多表决权,会对持有股份达到一定比例的普通股在公司章程中规定限制其表决权,防止其对公司的控制和操控。

(二)普通股的发行

1. 股票发行注册制

PPT:注册制与核准制的区别

1)注册制与核准制的区别

自2013年《中共中央关于全面深化改革若干重大问题的决定》提出推进股票发行注册制改革后,我国先后在科创板、创业板和北交所开展注册制试点。2023年2月,全面注册制正式实施,意味着我国新股市场长期的核准制阶段结束。从核准制向注册制的转变,契合我

国经济转轨、全面深化改革以及资本市场日趋成熟的现实。在核准制下,证券监管机构负责审核企业的资质,包括盈利能力、主体资格、股权关系、治理、合规性等诸多方面,只有符合一定条件的资优企业才能获批在股票市场上发行上市。在注册制下,中国证监会仅对企业的申报文件进行形式审查,对证券的价值则不做实质性判断;证券交易所负责对企业的关键问题进行问询;在企业真实、准确、完整地披露相关信息的前提下,由市场投资者最终决定股票能否成功发行以及股票的发行价格。

相较于核准制,注册制以信息披露为核心,监管机构在 IPO 中仅作形式审查,由市场对股票价值进行判断。核准制和注册制的监管方式对比如表 4-7 所示。

表 4-7　核准制与注册制监管方式对比

项目	核准制	注册制	注册制与核准制的差异
上市门槛	需符合特定的上市条件,包括一系列盈利指标;达到条件后择优发行	以市值+财务指标为标准,在若干标准中择一;强调信息披露质量,由市场进行价值判断	亏损企业、红筹企业和存在表决权差异的企业均具有上市机会;对拟发行企业由监管机构把关转为由市场判断
监管特点	监管干预体现在发行审核前后	监管重心放在后端监管,以后端促前端	行政干预的程度降低
上市前监管	通过明确的上市要求、上市流程进行严格的事前控制	宽松的事前监管	上市标准更多元化
上市中监管	中国证监会进行实质审查,遴选优质公司予以上市资格	只做形式审查	以信息披露为核心,监管部门不对企业的投资价值进行判断
上市后监管	持续监管的力度小,缺少上市公司退市制度	对欺诈发行和财务造假从重处罚;明确退市规则	持续监管力度加大,强化退市规则
中介机构角色	利益与拟发行人高度捆绑,质量把关责任履行较差	通过强化对中介机构违规行为的处罚,促使其履行信息披露质量的把关责任	进一步压实中介机构的"看门人"责任

资料来源:杜兴强,赖少娟,翁健英,肖亮.股票发行注册制改革与市场监管效率[J].财会月刊,2023,23(02):10-15.

新时期·新实践

2023 年 4 月 10 日,首批主板注册制公司正式敲钟上市,这标志着股票发行注册制改革全面落地,这是中国资本市场改革发展又一个重要里程碑。

当日上午一开市,主板首批注册制 10 只新股集体上涨,交投活跃。主板注册制首批 10 只新股分别是:陕西能源、南矿集团、江盐集团、柏诚股份、海森药业、中电港、常青科技、中信金属、中重科技、登康口腔。上述 10 家主板注册制企业中,沪市主板 5 家,深市主板 5 家,发行价介于 6.58 元至 44.48 元,合计发行近 20 亿股,合计募集资金 212 亿元。截至 2023 年 4 月 10 日收盘,首批 10 只主板注册制新股全部上涨,最高涨幅达 220%。

视频：注册制改革涉及资本市场各领域全链条

图片：中国多层次资本市场格局

延伸阅读：科创板筹资

2）全面实行股票发行注册制对资本市场的影响

全面实行股票发行注册制是对政府与市场关系的重大调整，将对资本市场产生深远影响。一是缓解企业筹资困境。实行注册制扩宽了企业准入范围，提升了资本市场包容性，有利于加快中国经济结构调整。二是提升上市公司质量。实行注册制提高了上市公司信息透明度，让市场选择真正有价值的企业，进一步促进资本市场功能完善。三是优化政府监管职能。实施注册制后，证监会不再对企业价值进行隐性背书，原核准制要求的实质性门槛将尽可能被转化为信息披露要求。审核权力下放到交易所，监管机构将回归监管本源，证券市场监管职能定位将进一步优化。

3）注册制下各板块上市标准

注册制下主板、创业板、科创板、北交所上市标准如表4-8和表4-9所示。

表4-8　注册制下一般企业各板块上市标准

板块	具体条件
主板	标准一：最近3年净利润均为正，且最近3年净利润累计不低于2亿元，最近1年净利润不低于1亿元，最近3年经营活动产生的现金流量净额累计不低于2亿元或营业收入累计不低于15亿元
	标准二：预计市值不低于50亿元，且最近1年净利润为正，最近1年营业收入不低于6亿元，最近3年经营活动产生的现金流量净额累计不低于2.5亿元
	标准三：预计市值不低于100亿元，且最近1年净利润为正，最近1年营业收入不低于10亿元
创业板	标准一：最近2年净利润均为正，累计净利润不低于1亿元，且最近1年净利润不低于6 000万元
	标准二：预计市值不低于15亿元，最近1年净利润为正且营业收入不低于4亿元
	标准三：预计市值不低于50亿元，且最近1年营业收入不低于3亿元
科创板	标准一：预计市值不低于人民币10亿元，最近2年净利润均为正且累计净利润不低于人民币5 000万元，或者预计市值不低于人民币10亿元，最近1年净利润为正且营业收入不低于人民币1亿元
	标准二：预计市值不低于人民币15亿元，最近1年营业收入不低于人民币2亿元，且最近3年累计研发投入占最近3年累计营业收入的比例不低于15%
	标准三：预计市值不低于人民币20亿元，最近1年营业收入不低于人民币3亿元，且最近3年经营活动产生的现金流量净额累计不低于人民币1亿元
	标准四：预计市值不低于人民币30亿元，且最近1年营业收入不低于人民币3亿元
	标准五：预计市值不低于人民币40亿元，主要业务或产品需经国家有关部门批准，市场空间大，目前已取得阶段性成果。医药行业企业需至少有一项核心产品获准开展二期临床试验，其他符合科创板定位的企业需具备明显的技术优势并满足相应条件

（续表）

板块	具体条件
北交所	标准一：a.预计市值≥2亿元；最近2年净利润均≥1 500万元且加权平均净资产收益率平均≥8%；b.预计市值≥2亿元；最近1年净利润≥2 500万元且加权平均净资产收益率≥8%
	标准二：预计市值≥4亿元；最近2年营业收入平均≥1亿元；最近1年营业收入增长率≥30%；最近1年经营活动产生的现金流量净额>0
	标准三：预计市值≥8亿元；最近1年营业收入≥2亿元；最近2年研发投入合计占最近2年营业收入合计比例>8%
	标准四：预计市值≥15亿元；最近2年研发投入合计≥5 000万元

表 4-9　注册制下表决权差异企业、红筹企业主要上市标准

法律法规：《上海证券交易所股票上市规则（2024年修订）》

企业类型	主板	创业板	科创板	北交所
具有表决权差异安排的企业	标准一：预计市值≥200亿元；最近一年净利润>0	标准一：预计市值≥100亿元		申请时，公司设置的表决权差异安排应当平稳运行至少1个完整会计年度。上市前不具有表决权差异安排的公司，不得在上市后以任何方式设置此类安排
	标准二：预计市值≥100亿元；最近1年净利润>0；最近1年营业收入≥10亿元	标准二：预计市值≥50亿元；最近1年营业收入≥5亿元		
未在境外上市的红筹企业	预计市值≥200亿元；最近1年营业收入≥30亿元	—		无相关规定
	预计市值≥50亿元；最近1年营业收入≥5亿元；营业收入快速增长；拥有自主研发、国际领先技术，同行业竞争中处于相对优势地位			
	预计市值≥100亿元；营业收入快速增长；拥有自主研发、国际领先技术，同行业竞争中处于相对优势地位			
已在境外上市红筹企业	应当至少符合下列标准中的一项：预计市值≥2 000亿元；预计市值>200亿元，且拥有自主研发、国际领先技术，科技创新能力较强，在同行业竞争中处于相对优势地位			无相关规定

资料来源：陈运森，王林，姜彤，曹馨洁.全面注册制：制度背景、典型特征与研究机会[J].财务研究，2023(03)：38-48.

表4-8和表4-9中所称净利润以扣除非经常性损益前后的孰低者为准，净利润、营业收入、经营活动产生的现金流量净额均指经审计的数值。本任务所称预计市值，是指股票公开发行后按照总股本乘以发行价格计算出来的发行人股票名义总价值。

可以看出，注册制尽可能将核准制下的发行条件转化为信息披露要求，设置并综合考虑了预计市值、净利润、收入、现金流等多因素的多套包容性上市指标，取消了原主板发行条件

中关于"不存在未弥补亏损""无形资产占比限制"等方面的要求,在上市发行条件方面实现全市场基本统一。此外,自科创板试点注册制以来,我国逐渐出现存在表决权差异安排企业及红筹上市企业。在全面注册制的新标准下,主板向"双创板"靠拢:一方面,借鉴以往试点注册制改革的成功经验,对于未在境外上市的红筹企业和已在境外上市的红筹企业作出了全面、细致又具差异化的安排;另一方面,结合我国主板市场特点,对"存在表决权差异安排企业"的上市标准作出规定。

新时期·新实践

2024年,国务院印发的《关于加强监管防范风险推动资本市场高质量发展的若干意见》,是继2004年、2014年两个"国九条"之后,时隔10年,国务院再次出台的资本市场指导性文件,也被称为新"国九条"。新"国九条"从进一步完善发行上市制度、强化发行上市全链条责任、加大发行承销监管力度三方面发力,严把发行上市准入关;围绕减持、现金分红等热点提出细致举措,以严格上市公司持续监管。

纵观中国资本市场发展历程,每一次"国九条"的出台,都促进了资本市场的改革创新。随着新"国九条"的深入实施和资本市场"1+N"制度体系的落地,一系列改革政策陆续出台,将持续优化市场生态、压实行业责任、提振投资者信心,也为资本市场的健康发展提供了坚实保障。

2. 普通股的发行方式

(1)公开间接发行。通过中介机构,公开向社会公众发行股票。我国股份有限公司采用募集设立方式向社会公开发行新股时,须由证券机构承销的做法,就属于股票的公开发行。这种发行方式的发行范围广、发行对象多,易于足额募集资本;股票的变现性强、流通性好,有助于提高公司的知名度和影响力。但这类发行方式手续繁杂,发行成本高。

(2)不公开直接发行。股份公司不通过中介机构承销对外公开发行,只是向少数特定对象直接发行。这类方式发行股票的弹性较大,企业能控制股票的发行过程,节省发行费用且发行成本较低。但非公开直接发行的发行范围小,不易及时足额筹集资本,股票变现性差。

3. 股票承销的方式

股票承销方式是指股份有限公司将股票销售业务委托给证券发行中介经营机构来发行股票的销售方法。股票销售方式有包销和代销两类。

(1)包销是根据承销协议商定的价格,证券经营机构一次性购进发行公司公开募集的全部股份,然后以事先规定的较高价格出售给社会上的认购者。对发行公司来说,包销的方式可及时获得融资资本,免于承担发行风险;但股票以较低的价格出售给承销商会损失部分溢价。

(2)代销是指证券经营机构仅替发行公司代售股票,并由此获取一定的佣金,但不承担股权募集不足的风险。

法律法规:《首次公开发行股票注册管理办法》

(三)普通股筹资的评价

1. 普通股筹资的优点

(1)普通股没有固定的股利负担。普通股没有定期支付定额股利的法定义务,每年股利支付与否,支付多少,要根据公司的盈利状况和股利政策而定。公司有盈余,并认为适合分配股利,就可以分给股东部分股利;公司盈余较少,或者虽有盈余但现阶段资金短缺或有更好的投资机会需要现金,也可以少支付或不支付股利。

微课:普通股筹资的评价

（2）普通股无固定到期日,融资风险小。公司发行普通股股票,相当于获得一笔永久性资金来源,没有固定到期日,不用支付固定的利息,除非清算,否则都不需要偿还原始投资,可以保证企业长期持续地发展。

PPT:普通股筹资的评价

（3）普通股发行可增强公司信誉。股权资本代表了公司的资本实力,是企业与其他单位组织开展经营业务活动往来的信誉基础。发行较多的普通股可以提高公司的信用地位,为债权人提供更多的安全保障。

（4）普通股筹资限制少。利用普通股筹资没有使用约束,不受投资者的直接干预,可用于长期资产投资,在某种程度上也可以用于永久性占用的流动资产投资。

2. 普通股筹资的缺点

（1）资金成本高。按照风险收益对等原则,股东要求获得相对较高的投资报酬率,从而使公司通过股本筹资的期望资本成本加大;与此同时,普通股股利是从税后收益中支付的,不具有节税作用,且其筹资费用(发行成本)高于其他筹资方式,这些都直接加大了公司资本成本。

（2）普通股筹资会分散公司的经营控制权。增加普通股发行,会改变原有股权结构,导致其他股东分享公司的投票和控制权,冲淡原股东的特权。如果公司的普通股数额与公司的盈利不能成比例增加,势必会稀释每股净收益,引起普通股市价下跌,并有被收购的风险。

（3）增加公司对外公布财务状况的成本。上市公司的生产经营成果和财务状况需要公开披露,接受公众的监督,这样,一方面增加了公司的财务披露成本,另一方面也会让竞争者获取公司的一些商业秘密。

（4）可能导致股价下降。由于新股东对公司已积累的盈余具有分享权,这会降低普通股的每股净资产,并且在企业的收益变动不大时,每股净收益指标也会下降,从而可能引起普通股市价下降。

三、留存收益筹资

(一) 留存收益的性质

从性质上看,企业通过合法有效经营所实现的税后净利润,都归属于企业的所有者。企业将本年度的利润部分或全部留下来的原因很多,主要包括:一是收益的确认和计量是建立在权责发生制基础上的,企业有利润,但不一定有相应的现金净流量增加,因而企业不一定有足够的现金将利润全部或部分分派给所有者;二是法律法规从保护债权人利益和要求企业可持续发展等角度出发,限制企业将利润全部分配出去。我国《公司法》规定,企业每年的税后利润,必须提取10%的法定盈余公积;三是企业基于自身扩大再生产和筹资的需求,也会将一部分利润留存下来。

（二）留存收益的筹资途径

1. 提取盈余公积

盈余公积是指有指定用途的留存净利润。盈余公积是从当期企业净利润中提取的积累资金,其提取基数是本年度的净利润,而不是税后利润。这是因为税后利润属于纳税申报时计算的利润,包含纳税调整因素。盈余公积主要用于企业未来的经营发展,经投资者审议后也可以用于转增股本(实收资本)和弥补以前年度经营亏损,但不得用于以后年度的对外利润分配。

2. 未分配利润

未分配利润是指未指明用途的留存净利润。未分配利润有两层含义:一是这部分净利润没有分配给公司的股东;二是这部分净利润没有指明用途。未分配利润可以用于企业未来的经营发展,转增股本(实收资本)、弥补以前年度经营亏损以及以后年度的利润分配。

（三）利用留存收益筹资的优缺点

1. 利用留存收益筹资的优点

（1）不发生筹资费用。与普通股筹资相比较,留存收益筹资不需要发生筹资费用,资本成本较低。

（2）维持公司的控制权分布。利用留存收益筹资,不用对外发行新股或吸收新投资者,由此增加的权益资本不会改变公司的股权结构,不会稀释原有股东的控制权。

2. 利用留存收益筹资的缺点

利用留存收益筹资的数额有限。留存收益的最大数额是企业当期的净利润和以前年度未分配利润之和。如果企业发生亏损,当年就没有利润留存。另外,股东和投资者从自身利益出发,往往希望企业每年发放一定的利润,保持一定的利润分配比例。

思政小课堂

任务解析

通过学习以上内容,可以解析"任务引入"中的问题:

（1）目前智维公司的资产负债率为52%,负债适中。如果此次外部筹集的10 200万元资金全部以债务方式筹集,势必会提高负债比例,加大公司的财务风险。因此,该公司2025年外部筹资10 200万元,采用债务方式筹集2 200万元,采用股权方式筹集8 000万元。增资之后,该公司的负债比例降至50.52%,股权资金比例增至49.48%。在满足企业资金需要的同时,进一步降低财务风险。

（2）普通股筹资的优缺点。

普通股筹资的优点:没有固定的股利负担;无固定到期日,财务风险小;发行普通股可增强公司信誉;普通股筹资限制少。

普通股筹资的缺点:资金成本高;容易分散企业的控制权;可能导致股价下降。

（3）智维公司可以采用发行股票的方式筹集股权资金,也可以利用留存收益方式筹集股权资金,但留存收益通常数额有限,不像外部筹资可以一次性筹集大量资金。吸收直接投资是非股份制企业筹集权益资金的基本方式,智维公司是股份有限公司,不宜采用吸收直接投资方式筹集股权资金。

技能训练

任务四 债务性筹资

教学设计

任务引入

根据预测,2025 年智维公司计划利用债务筹资 2 200 万元,其中筹集短期债务资金 200 万元以满足流动资金周转的需要,筹资长期债务资金 2 000 万元以满足长期资产的资金需求。智维公司计划向中国银行申请 2 000 万元的授信贷款,贷款期限为 3 年,贷款用途是购买新的设备。智维公司采用银行借款筹资方式有哪些优缺点呢?

任务分析

企业筹集债务资金的方式包括银行借款、发行公司债券等,每种筹资方式都有其独特性和优缺点。企业应根据自身的资金需求状况,结合每种筹资方式的特点作出适当的选择。

任务处理

一、长期借款

长期借款是指企业向银行或其他非银行金融机构借入的使用期超过一年的借款,主要用于购建固定资产和满足长期流动资金占用的需要。

(一)长期借款的种类

长期借款种类较多,企业可根据自身的情况和各种借款条件选用,我国各金融机构的长期借款主要有以下几种类型。

(1)按照用途,分为固定资产投资借款、更新改造借款、科技开发和新产品试制借款等。

(2)按照提供借款的机构,分为政策性银行借款、商业银行借款等。此外,企业还可从信托投资公司取得实物或货币形式的信托投资借款,从财务公司取得各种中长期借款等。

(3)按机构对借款有无担保要求,分为信用借款和担保借款。信用借款是指以借款人的信誉或保证人的信用为依据而获得的借款。担保借款是指由借款人或第三方依法提供担保而获得的借款。担保借款包括保证借款、抵押借款和质押借款。

图片:银行按机构对借款有无担保要求分类

新时期·新实践

宁德时代 2023 年长期借款分类情况如表 4-10 所示。

表 4-10 宁德时代 2023 年长期借款分类情况 单位:万元

项目	期末余额	期初余额
质押借款	46 307.68	11 083.54
抵押借款	532 853.83	503 809.29
保证借款	3 648 526.04	2 412 399.80

（续表）

项目	期末余额	期初余额
信用借款	3 854 070.63	2 787 216.37
抵押及保证借款	926 615.92	566 828.97
减：一年内到期的长期借款	663 475.94	371 402.12
合计	8 344 898.17	5 909 935.84

（二）银行借款的信用条件

银行或其他金融机构向企业借款时，一般会附加一定的信用条件，常见的有信用额度、周转授信协议、补偿性余额等。

1. 信用额度

信用额度是指借款企业与银行在协议中规定的最高借款限额，信用额度的期限通常为1年。借款企业在规定的期限内，可以随时向银行借入不高于信用额度的资金。但银行并没有义务承担必须支付全部信用额度的资金数额。如果企业信誉恶化，即使在信用额度内，企业也可能得不到借款，而银行不须承担法律责任。

2. 周转授信协议

微课：补偿性余额

周转授信协议是指银行具有法律义务承诺在规定的期限内向借款企业提供不超过某一最高限额的贷款协议。与信用额度不同，银行如未按协议规定提供借款须承担法律责任，但同时，借款企业必须向银行支付一笔承诺费，以保证履行借入规定额度资金的义务。如果借款企业在规定期限内不能如数借款，仍需对借款限额的未使用部分支付承诺费。

3. 补偿性余额

PPT：补偿性余额

补偿性余额是银行要求借款企业在银行中保持按贷款限额或实际借款额一定比例计算的最低存款余额，比例通常在 $10\% \sim 20\%$。补偿性余额有助于降低银行贷款风险，补偿银行可能遭受的损失。例如，企业需要借入短期借款90万元用于仓库扩建，银行要求企业必须保留贷款额的 10% 作为补偿性余额。此时，企业必须要借入100万元才能满足资金需求。如果银行短期借款利率为 9%，则对企业而言，实际负担的利率要高于名义利率 9%，实际负担的利率计算过程如下：

$$\frac{1\,000\,000 \times 9\%}{1\,000\,000 \times (1-10\%)} = 10\%$$

（三）取得长期借款的程序

（1）提出申请。企业根据筹资需求向银行提出书面申请，按银行要求的条件和内容填报借款申请书。

（2）银行审批。银行针对企业的贷款申请，按照有关政策和贷款条件，对借款企业进行审核，依据审批权限，核准公司申请的借款金额和用款计划。银行审核的内容具体包括：①企业财务状况。②企业信用状况。③企业盈利的稳定性。④企业发展前景。⑤借款投资项目的可行性、抵押品和担保情况。

（3）签订合同，取得借款。借款申请获银行批准后，借款企业与贷款银行进一步协商贷款的具体条件，签订正式的借款合同，规定贷款的数额、利率、期限和一些限制性条款。借款合同签订后，根据用款计划和实际需要，借款资金一次或分次转入企业的存款结算账户，以便企业使用资金。

（4）企业偿还借款。贷款到期，借款企业应根据贷款合同规定按期清偿贷款本金和利息。银行借款归还的方式有三种：①到期日一次性归还。②定期等额偿还本金。③分批偿还不等额的本金。借款企业如因暂时财务困难需延期偿还借款，应向银行提交延期还贷计划，经银行审核批准，续签借款合同，但通常要加收利息。

（四）长期借款的成本

长期借款的利息率通常高于短期借款，但信誉好或抵押品流动性强的借款企业，仍然可以争取到较低的长期借款利率。长期借款利率有固定利率和浮动利率两种。浮动利率通常有最高、最低限，并在借款合同中明确。对于借款企业而言，若预测市场利率将上升，应与银行签订固定利率合同；反之，则应签订浮动利率合同。

除了利息之外，银行还会向借款企业收取其他费用。例如，执行周转信贷协议所收取的承诺费，要求借款企业在本银行中保持补偿性余额所形成的间接费用。这些费用会加大长期借款的成本。

（五）长期借款的评价

1. 长期借款的优点

（1）融资速度快。长期借款的手续比发行债券简单得多，得到借款所花费的时间较短，公司可以迅速获得所需资金。

（2）融资弹性较大。在借款前，公司根据当时的资本需求与银行等贷款机构直接商定借款的时间、数量和条件。若在用款期间有变动，也可以与银行再协商。因此，长期借款融资对公司有较大的灵活性。

（3）资金成本低。长期借款利率一般低于债券和融资租赁的利息负担，无需支付证券发行费用，筹资费用低。

2. 长期借款的缺点

（1）筹资数额有限。长期借款的数额往往受到贷款机构资本实力的制约，难以像发行公司债券、股票那样一次筹集到大笔资金，无法满足公司大规模筹资的需要。

（2）限制条款多。借款合同对借款用途有明确规定，通过借款的限制性条款，对公司资本支出额度、再融资、股利支付等行为有严格的约束，一定程度影响公司的生产经营活动和财务政策。

（3）财务风险大。长期借款必须按时定期还本付息，在企业经营不善时，可能会产生不能偿付的财务风险，甚至破产。

二、公司债券

债券是债务人依照法定程序发行的，承诺按规定的利率和日期支付利息，并到期偿还本金的有价证券。发行债券筹资是指企业以发售公司债券的方式取得资金的筹资方式，是一种债务筹资方式。

（一）债券的种类

1. 记名债券和无记名债券

债券按照是否记名分为记名债券和无记名债券。其中,记名债券是指在债券票面上注明债权人的姓名或名称,这类债券由债券持有人以背书方式或法律、行政法规规定的其他方式转让,转让后由公司将受让人的姓名或名称及住所记载于公司债券存根簿。其优点是比较安全;其缺点是转让时手续复杂。无记名债券是指债券票面未注明债权人姓名或名称,也不用在债权人名册上登记债权人姓名或名称的债券,在转让的同时随即生效,无须背书。我国发行的债券一般是无记名债券。

2. 信用债券、抵押债券和担保债券

债券按照有无担保分为信用债券、抵押债券和担保债券。其中,信用债券是指仅凭发行公司的一般信用作为保证,没有特定的资产或抵押物作为保证。企业发行信用债券有许多限制条件,其中最重要的是反抵押条款,即禁止企业将资产抵押给其他债权人。抵押债券,是指以一定的抵押品作为抵押而发行的债券。企业不能履行偿还债务的义务时,债权人可将抵押品拍卖、变卖以获取资金。一般来说,抵押品的市场价值必须高于所发行债券的总额。担保债券,是指由一定保证人作担保而发行的债券。当企业不能履行偿还义务时,债权人可以要求担保人偿还。

3. 可转换债券和不可转换债券

债券按照能否转换为股票分为可转换债券和不可转换债券。其中,可转换债券是指债券持有者可以根据规定的价格转换为发行企业股票的债券。不可转换债券,是指不能转换为发行企业股票的债券。大多数债券属于不可转换债券,一般来讲,可转换债券的利率要低于不可转换债券。发行可转换债券可节约发行企业的利息支出,但可能会稀释普通股股东的控制权。

4. 固定利率债券和浮动利率债券

债券按照票面利率的不同分为固定利率债券和浮动利率债券。其中,固定利率债券,是将利率记载于债券上,按这一固定利率向债权人支付利息的债券。浮动利率债券,是指利率水平按某一标准的变化而同方向调整债券利率的债券。发行浮动利率债券的主要目的是补偿通货膨胀。

5. 上市债券和非上市债券

按是否上市,债券分为上市债券和非上市债券。可在证券交易所挂牌交易的债券为上市债券,反之为非上市债券。上市债券信用度高,价值高,且变现速度快,所以比较吸引投资者,但上市条件严格,并要承担上市费用。

新时期·新实践

2024年1月15日上午9点30分,北交所公司(企业)债券市场正式开市,这对于进一步完善证券交易所功能、拓展直接筹资渠道、强化服务实体经济和国家战略能力具有重要意义。

开市首日,北交所公司(企业)债券市场共上市3只企业债券,发行人分别为北京国资、京投公司、广州智都,债券发行规模合计24.8亿元。目前,北交所已初步形成包括国债、地方政府债、公司(企业)债,以及科创债、绿色债等10个专项品种在内的基础债券产品体系。

（二）债券的基本要素

不论何种债券，债券发行时除发行者名称外，债券票面都具有四个基本要素：债券面值、票面利率、债券期限和付息方式及日期。

1. 债券面值

债券面值是债券票面上标出的金额。债券既有大额面值，也有小额面值。

2. 票面利率

票面利率可细分为固定利率和浮动利率两种。公司根据自身资信情况、利率变化趋势、债券期限长短等因素决定采用何种利率形式及确定利率的高低。

3. 债券期限

债券期限是指自债券发行日至到期日之间的时间区间。企业通常根据资金需求期限、未来市场利率走势、流通市场的发达程度、债券市场上其他债券的期限情况、投资者偏好等来确定发行债券的期限。

4. 付息方式及日期

债券的每年付息次数决定了债券的付息日期并影响债券价值。债券可以到期一次性付息，也可以分期付息。分期付息可选择按年、半年或季度付息。

新时期·新实践

宁德时代2023年公司债券基本信息如表4-11所示。

表4-11　宁德时代2023年公司债券基本信息　　　　　　金额单位：万元

债券名称	面值	票面利率	发行日期	债券期限	发行金额	还款付息方式	是否违约
19CATL01	150 000	前3年3.68%、后2年2.55%	2019年10月25日	5年	150 000	每年付息一次，到期一次还本，最后一期利息随本金的兑付一起支付	否
15亿美元境外债券	978 735	1.875%、2.625%	2020年9月10日	5年和10年	978 735	每半年付息一次，到期一次还本，最后一期利息随本金的兑付一起支付	否
5亿美元境外债券	318 785	1.50%	2021年9月2日	5年	318 785		否

注：15亿美元境外债券部分为5年期，部分为10年期，票面利率分别为1.875%、2.625%。

（三）债券评级

公司公开发行债券通常需要由债券评信机构评定等级。债券的信用等级对于发行公司和购买人都有重要影响。债券评级是度量违约风险的一个重要指标，债券的等级对于债务筹资的利率以及公司债务资本成本有着直接的影响。一般来说，资信等级高的债券，能够以较低的利率发行；资信等级低的债券，风险较大，只能以较高的利率发行。另外，许多机构投资者将投资范围限制在特定等级的债券之内。债券评级方便投资者进行债券投资决策。对广大投资者尤其是中小投资者来说,受时间、知识和信息的限制,无法对众多债券进行分析和选择,因此需要专业机构对债券还本付息的可靠程度进行客观、公正和权威的评定,为投资者决策提供参考。

国际上流行的债券等级是三等九级。AAA 级为最高级,AA 级为高级,A 级为上中级,BBB 级为中级,BB 级为中下级,B 级为投机级,CCC 级为完全投机级,CC 级为最大投机级,C 级为最低级。

我国的债券评级工作正在开展,但尚无统一的债券等级标准和系统评级制度。根据中国人民银行的有关规定,凡是向社会公开发行的企业债券,需要由经中国人民银行认可的资信评级机构进行评级。这些机构对发行债券企业的企业素质、财务质量、项目状况、项目前景和偿债能力进行评分,以此评定信用级别。

(四) 债券发行价格

债券发行价格就是债券发行时使用的价格,即投资者购买债券时支付的价格。分期付息、到期还本债券发行价格的计算公式为:

$$债券发行价格 = 利息的现值 + 面值的现值$$

$$= \sum_{t=1}^{n} \frac{债券面值 \times 票面利率}{(1 + 市场利率)^t} + \frac{债券面值}{(1 + 市场利率)^t}$$

$$= 债券利息 \times (P/A, r, n) + 债券面值 \times (P/F, r, n)$$

其中,n 为债券计息期数,r 为市场利率。

[例 4-4] 华联公司发行面值为 1 000 元,票面利率 10%,期限 10 年的债券,每年年末付息一次。分别计算当市场利率为 10%、11%、9% 时,计算该公司债券的发行价格。

当市场利率为 10% 时:

$$债券发行价格 = 利息的现值 + 面值的现值$$

$$= \sum_{t=1}^{10} \frac{1\,000 \times 10\%}{(1 + 10\%)^t} + \frac{1\,000}{(1 + 10\%)^{10}}$$

$$= 100 \times (P/A, 10\%, 10) + 1\,000 \times (P/F, 10\%, 10) = 1\,000(元)$$

当市场利率为 11% 时:

$$债券发行价格 = 利息的现值 + 面值的现值$$

$$= \sum_{t=1}^{10} \frac{1\,000 \times 10\%}{(1 + 11\%)^t} + \frac{1\,000}{(1 + 11\%)^{10}}$$

$$= 100 \times (P/A, 11\%, 10) + 1\,000 \times (P/F, 11\%, 10) = 940.9(元)$$

当市场利率为 9% 时:

$$债券发行价格 = 利息的现值 + 面值的现值$$

$$= \sum_{t=1}^{10} \frac{1\,000 \times 10\%}{(1 + 9\%)^t} + \frac{1\,000}{(1 + 9\%)^{10}}$$

$$= 100 \times (P/A, 9\%, 10) + 1\,000 \times (P/F, 9\%, 10) = 1\,063.8(元)$$

法律法规:《公司债券发行与交易管理办法》

（五）债券筹资的评价

1. 债券筹资的优点

（1）筹资数额大。与银行借款、融资租赁相比，发行公司债券能筹集大额的资金，满足公司大规模筹资的需要，这是企业选择发行公司债券的主要原因。

（2）资金成本较低。与股票筹资相比，债券不仅发行费用低，而且利息可以税前列支，因此资金成本较低。

微课：债券筹资的评价

（3）具有杠杆作用。债券筹资是按事先确定的利率向持有人支付利息的，债券持有人不参加企业盈利的分配。这样当企业资本收益率高于债券利率时，债券筹资便可以提高权益资本收益率，使企业所有者获得资本收益率超过债券利率那部分的财务杠杆收益。

PPT：债券筹资的评价

（4）保证控制权。债券持有人作为债权人不直接参与企业的经营和管理，无权分享利润，因此通过债券筹资既不会稀释股东对公司的控制权，又能扩大公司筹资规模。

2. 债券筹资的缺点

（1）财务风险较高。公司债券有固定的到期日，有偿付本息的义务，这样会增加公司的财务风险。

（2）限制条件较多。发行债券的受限条件一般比长期借款、融资租赁的限制条件严格，从而可能限制公司财务应有的灵活性，甚至影响到公司未来的筹资能力。

延伸阅读：《关于深化债券注册制改革的指导意见》

（3）筹资数量有限。债券筹资有一定的限度，当公司的负债比率超过一定程度后，债券筹资的成本会迅速上升，有时甚至会发行不出去，从而影响筹资数量。

三、融资租赁

融资租赁也称为资本性租赁，是由出租人按照承租人的要求，出资购入预订的资产，然后租给承租人长期使用的租赁方式。租赁期满承租人可以选择留购设备。融资租赁作为满足企业长期资金需要的一种融资方式，租赁资产的报酬和风险均由承租人承担。

（一）融资租赁的种类

融资租赁主要有直接租赁、售后租回和杠杆租赁三种形式。

1. 直接租赁

直接租赁是承租人直接向租赁公司租入所需资产并支付租金。直接租赁的出租人是制造商、金融公司、专业租赁公司等，其特点表现为出租人既是租赁设备的完全购买者，又是设备的出租者。直接租赁是典型的融资租赁形式。

2. 售后租回

售后租回是指企业将自己拥有的资产出售给出租人，然后以承租人身份再向出租人租回其所售资产，并按合同约定分期支付租金。这种方式，既可暂时缓解企业的财务危机，又能继续使用原资产，不影响企业生产经营活动正常进行。

3. 杠杆租赁

杠杆租赁是指租赁所涉及的资产价值昂贵时，出租方自己只投入小部分资金，其余资金则通过将该资产抵押的方式，并以转让租金的权利作为额外担保向第三方申请贷款解决，然后将购进的设备出租给承租方，租赁公司用收取的租金偿还贷款，该资产的所有权属于出租方。这种租赁方式,出租人既是资产的出借人,同时又是贷款的借款人,通过租赁既要收取租金,又要偿还债务。

(二)融资租赁的程序

融资租赁的程序如图 4-1 所示。

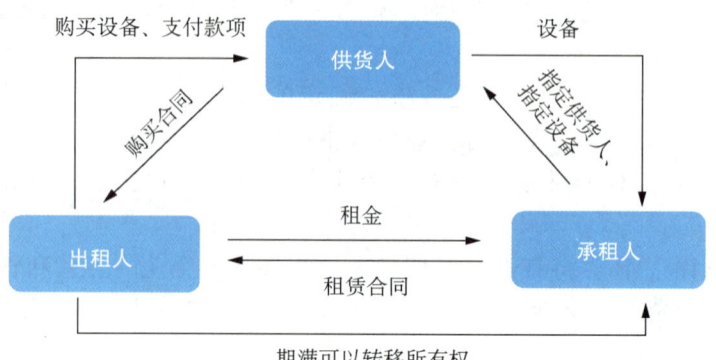

图 4-1　融资租赁程序

PPT:融资租赁的租金计划

(三)融资租赁的租金计划

在融资租赁筹资方式下,承租企业须按合同规定支付租金。租金的数额和支付方式对承租企业的未来财务状况具有直接的影响,因此是融资租赁筹资决策的重要依据。

1. 决定租金的因素

融资租赁每期支付租金的多少,主要取决于以下几个因素:①租赁设备的购置成本包括设备的买价、运杂费和途中保险费等。②预计租赁设备的残值是指设备租赁期满时预计残值的变现净值。③利息是指租赁公司为承租企业购置设备融资而应计的利息。④租赁手续费包括租赁公司承办租赁设备的费用以及一定的盈利。租赁手续费的高低一般无固定标准,通常由承租企业与租赁公司协商确定,按设备成本的一定比率计算。⑤租赁期限。一般而言,租赁期限的长短会影响租金总额,进而影响每期租金的数额。⑥租金的支付方式。租金的支付方式也影响每期租金的多少,一般而言,租金支付次数越多,每次的支付额越小。支付租金的方式也有很多种:按支付时间隔期,分为年付、半年付、季付和月付;按在期初还是在期末支付,分为先付和后付;按每次是否等额支付,分为等额支付和不等额支付。实务中,承租企业与租赁公司商定的租金支付方式大多为后付等额年金。

2. 融资租赁租金的测算方法

目前,国际上流行的租金计算方法主要有平均分摊法、等额年金法、附加率法、浮动利率法。在我国融资租赁实务中,大多采用平均分摊法和等额年金法。

(1)平均分摊法。平均分摊法是指先以商定的利息率和手续费率计算出租赁期间的利息和手续费,然后连同设备成本按支付次数平均分摊的方法。这种方法没有充分考虑时间价值因素。每次应付租金的计算公式可表示为:

$$A = \frac{(C-S)+I+F}{N}$$

式中,A 表示每次支付的租金;C 表示租赁设备购置成本;S 表示租赁设备预计残值;

I 表示租赁期间利息;F 表示租赁期间手续费;N 表示租期。

[**例 4-5**]　华联公司于 2023 年 1 月 1 日从租赁公司租入一套设备,价值 50 万元,租期为 5 年,预计租赁期满时的残值为 1.5 万元,归租赁公司,年利率 9%,租赁手续费率为设备价值的 2%。租金每年年末支付一次。则租赁该套设备每次支付的租金为多少?

$$\frac{(50-1.5)+[50\times(1+9\%)^5-50]+50\times2\%}{5}=15.29(万元)$$

(2)等额年金法。等额年金法是指运用年金现值的计算原理测算每期应付租金的方法。在这种方法下,通常以资本成本率作为折现率。

根据后付年金现值的计算公式,经推导可得到后付等额租金方式下每年年末支付租金的计算公式为:

$$A=\frac{P}{(P/A,i,n)}$$

式中,A 表示每年支付的租金;P 表示等额租金现值,即年金现值;$(P/A,i,n)$ 表示等额租金现值系数,即年金现值系数;n 表示支付租金期数;i 表示资本成本率。

[**例 4-6**]　承[例 4-5],假定设备残值归属承租企业,资本成本率为 11%。则承租企业每年年末支付的租金为多少?

$$\frac{50}{(P/A,11\%,5)}=\frac{50}{3.696}=13.53(万元)$$

为便于有计划地安排租金的支付,承租企业可编制租金摊销计划表。现根据有关资料编制租金摊销计划如表 4-12 所示。

表 4-12　租金摊销计划

单位:元

日期	支付租金 ①	应计租金 ②=④×11%	本金减少 ③=①-②	应还本金 ④
2023 年 1 月 1 日		—	—	500 000
2023 年 12 月 31 日	135 280	55 000	80 280	419 720
2024 年 12 月 31 日	135 280	46 169	89 111	330 609
2025 年 12 月 31 日	135 280	36 367	98 913	231 696
2026 年 12 月 31 日	135 280	25 487	109 793	121 903
2027 年 12 月 31 日	135 280	13 377*	121 903	0
合计	676 400	176 400	500 000	—

注:* 含尾差。

(四)融资租赁的评价

1. 融资租赁的优点

(1)能够迅速获得所需资产。融资租赁集"融资"与"融物"于一身,使企业在资金短缺

PPT:融资租赁的评价

微课：融资
租赁的评价

的情况下引进设备成为可能。特别是针对中小企业和新创企业,融资租赁是一种重要的融资途径。企业的大型设备、工具等固定资产,也经常通过融资租赁方式解决,如商业航空公司的飞机,大多通过融资租赁取得。

(2) 财务风险小,财务优势明显。大多数融资方式,都是到期一次偿还本金,例如债券筹资、借款筹资等,这就有可能给企业增加财务上的困难和风险,甚至会使企业陷入财务危机。而融资租赁将这种风险在整个租赁期内平均分摊,从而降低了企业的财务风险。

(3) 筹资限制条款少。债券和银行借款都有相当多的限制性条款,如信用、抵押品、政府管制等,相比之下,融资租赁的限制较少。

(4) 延长资金融通的期限。通常为购置设备而贷款的借款期限比该资产的物理寿命要短很多,而融资租赁的筹资期限却可以接近其使用寿命期限,且筹资金额随设备金额而定,无筹资额度限制。

2. 融资租赁的缺点

(1) 资金的成本较高。租金的总额往往超过设备价值总额,而且租金要比举借银行借款或发行债券的利息高很多。因为租金中包括了租赁公司的各种费用以及盈利。对于承租企业而言,在经济不景气、财务困难时,固定的租金支付会增加企业的负担。

(2) 筹资数额有限。融资租赁是以租赁设备为前提解决公司长期资金的短缺,所以筹资的数额必定以设备的租金为限。

思政小课堂

▼ 任务解析

通过学习以上内容,可以解析"任务引入"中的问题:

1. 智维公司长期借款筹资的优点

(1) 筹资速度快。长期借款的手续比发行债券简单得多,得到借款所花费的时间较短,智维公司可以迅速获得所需资金。

(2) 筹资弹性较大。在借款前,智维公司根据公司实际的资本需求与银行等贷款机构直接商定贷款的时间、金额和条件。若在用款期间有变动,也可以与银行再协商。因此,长期借款筹资对公司有较大的灵活性。

(3) 资金成本低。长期借款利率一般低于债券和融资租赁的利息负担,无需支付证券发行费用,筹资费用低。

2. 智维公司长期借款筹资的缺点

(1) 筹资数额有限。长期借款的金额往往受到贷款机构资本实力的制约,难以像发行公司债券、股票那样一次筹集到大笔资金,无法满足公司大规模筹资的需要。

(2) 限制条款多。借款合同对借款用途有明确规定,通过借款的限制性条款,对公司资本支出额度、再筹资、股利支付等行为有严格的约束,在一定程度上影响公司的生产经营活动和财务政策。

(3) 财务风险大。长期借款必须按时定期还本付息,在企业经营不善时,可能会产生不能偿付的财务风险,甚至破产。

技能训练

项目小结

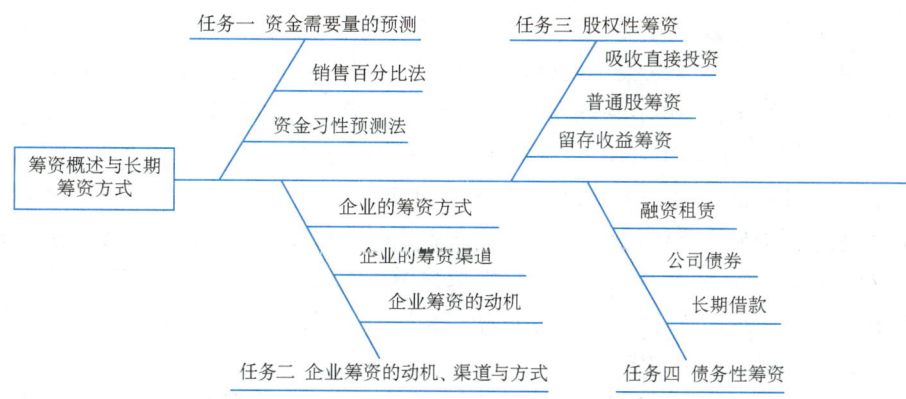

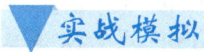

万科的筹资历程

万科企业股份有限公司(以下简称万科)成立于 1984 年 5 月,以大众住宅开发为核心业务,业务覆盖上海、深圳、广州、北京、天津等 20 多个城市。经过多年努力,万科逐渐确立了其在房地产行业的竞争优势。

万科的筹资方向包括国内和国际筹资,多元化的筹资方式为万科经济业务的开展源源不断地提供资金。1991 年 1 月 29 日,万科 A 股正式在深交所挂牌交易。1993 年 5 月,万科成功发行 4 500 万股 B 股,募集资金 45 135 万港元。

2002 年 6 月 13 日,万科向社会公开发行 1 500 万张可转换公司债券(万科转债)用于深圳四季花城二区等 5 个项目。可转换公司债券每张面值 100 元,票面利率 1.5%,发行总额 15 亿元,发行费用总额 24 861 580.85 元,募集资金于 2002 年 6 月 20 日全部到位。该可转换公司债券在 2002 年 12 月 13 日至 2007 年 6 月 12 日期间可以转换为公司流通 A 股,初始转股价格为每股人民币 12.1 元。截至 2004 年 4 月 30 日,15 亿元可转换公司债券全部顺利转股。2004 年 9 月万科再次向社会公开发行可转换公司债券(万科转债 2),募集资金 19.9 亿元。

2003 年开始,国内房地产市场一直处于高速增长状态。国家推出的鼓励土地市场拍卖政策加大了房地产企业的资金压力。万科也面临巨大的资金缺口,要抓住市场机遇,进一步扩大市场份额,就需要充足的资金保障。这时万科通过发行可转换公司债券募集的 19.9 亿元资金有效地缓解了资金短缺问题。这一期间,由于万科积极开拓了非银行的多元化筹资渠道,其非银行类借款占公司总借款的比重也由 2003 年的 35% 提高到 61%。另外,多家银行为万科提供的授信额度也非常宽裕。2005—2010 年,房地产行业处于高速增长时期,万科的长期借款也明显呈逐年增加态势。2008 年 9 月 18 日,万科发行了总额为 59 亿元的公司债券,分为有担保和无担保两个品种。其中,有担保品种为 5 年期固定利率债券,发行规模为 30 亿元;无担保品种为 5 年期固定利率债券,附发行人上调票面利率选择权及投资者回售选择权,发行规模为 29 亿元。

2007 年 7 月 22 日,万科公开增发股票,每股发行价格为 31.53 元,共募集资金 99.37 亿元。2009年8月27日,万科计划启动万科A股历史上最大规模的增发方案,公开增发不超过招股意向书公告日公司总股本8%的A股,扣除发行费用后的募集资金净额不超过人民币112亿元。该计划同年9月15日在万科股东会上高票通过,这也是万科历史上增发方案投票通过率最高的一次。但这个增发方案一出台就受到多方质疑,一方面是因为此前的增发导致部分投资者尚未解套,另一方面万科并不缺钱。公告显示,2009年中期万科的财务非常稳健,持有货币资金268.8亿元,资产负债率为66.4%,净负债率也由2008年的37.1%下降至10.7%。

2009年年底国家出台的一系列政策使得房地产企业的上市筹资以及IPO遭遇较高的门槛,政策关卡收紧,万科、招商、世茂等多家房地产企业在2010年陆续搁置筹资计划。

此后,万科通过多种方式募集资金,一直保持着较快的发展速度。根据2014年年度报告,万科资产负债率为77.2%。有息负债中,银行借款占比为39.94%,应付债券占比为16.83%,其他借款占比为43.23%。

2015年,一幕股权之争的大戏拉开了帷幕。"宝能系"陆续增持万科A股股票,在当年8月份合计持股超过万科原第一大股东华润。随后华润虽然也进行了增持,但与"宝能系"的持股比例非常接近,并很快放弃了努力。截至2015年年底,"宝能系"已增持万科股票至24.26%,成为万科第一大股东。万科为了应对,准备通过定向增发的方式引入新股东深圳地铁,但遭到了原股东的反对。此后恒大、安邦等均入股万科。根据2016年年报,万科的主要股东情况为:"宝能系"持股25.40%,华润持股15.31%,恒大持股14.07%。2017年1月、6月,华润和恒大分别将全部股份转让给深圳地铁,深圳地铁成为万科第一大股东。万科的股权之争告一段落。"宝能系"自2018年起陆续减持万科股票,根据2019年年报,持股比例已经降至5%以下。

2022年,万科的业绩也受到了新冠病毒感染的影响,但2022年上半年万科营业收入净利润实现企稳回升。万科财务负责人韩慧华在业绩会上指出,万科会继续坚持稳健财务策略,提前做好相关资金安排,确保公司在境外发行每一笔债券项下所有付款责任和义务都能得到有效履行。目前公司在境外的银行贷款渠道非常畅通,得到了金融机构的持续信任和支持。

2022年1~8月,万科境内累计完成总额为194亿元的信用债发行,其中3年期平均票面利率3.02%,最低票面利率仅为2.90%;万科有息负债总额中无抵、质押筹资占比为96.2%。与此同时,万科继续保持行业领先的信用评级。

截至2023年第三季度末,万科在手资金1 037亿元,对短期债务的覆盖倍数为2.2倍;筹资层面,万科与主要金融机构保持长期战略伙伴关系,筹资渠道仍然畅通。对于境外债券,万科也已启动相关还款准备工作,预计资金充足。

案例思考题:

1. 万科成功运用了哪些筹资方式?这些筹资方式分别属于什么性质的资金?
2. 结合本案例分析股权性资金的筹集可能给公司带来的影响。

 本项目专业术语
 实战模拟答案
 思政案例

项目五
资本结构决策

 情景设计

项目四任务一资料显示,2025年智维公司需要向企业外部筹集资金10 200万元,内部留用利润为12 600万元,总资金需求为22 800万元。其中需要筹集短期债务资金200万元以满足流动资金周转的需要,长期资金需求为22 600万元。智维公司新一轮的筹资方案最终确定为:

(1) 向银行借款2 000万元,年利率9%,期限5年,筹资费率0.2%,企业所得税税率为15%。

(2) 发行普通股500万股,每股面值1元、发行价格16元,筹资费率5%,预计第一年每股发放现金股利1.4元,以后每年增长6%。

(3) 剩余的12 600万元用内部留存收益来满足。

智维公司2025年22 600万元长期资金的综合资本成本为多少? 经过新一轮筹资后,公司的财务杠杆如何? 公司该如何确定最佳资本结构?

※情景分析

企业筹资活动中,在选择不同筹资方式的同时,形成了不同的资本结构。资本结构优化是企业筹资管理的基本目标,也会对企业的生产经营安排产生制约性的影响。资本成本是资本结构优化的重要标准,确定资本成本的大小是资本结构决策的前提。在资本结构决策过程中还要考虑风险的大小,因为杠杆往往是一把双刃剑。

 素养提升目标

※思政素养

(1) 通过学习国家对民营企业融资的支持,增强学生的制度自信。

(2) 通过学习财务杠杆和财务风险,使学生深刻领会合理利用杠杆对经济健康持续发展的重要性,坚守风险底线原则,培养脚踏实地的品质。

（3）通过学习资本结构决策,使学生领会优化资本结构对实现高质量发展的重要性,培养社会责任感。

※理论素养

（1）理解资本成本的含义及分类,掌握个别资本成本、加权平均资本成本的计算方法。

（2）理解营业杠杆、财务杠杆、联合杠杆的原理、产生的原因及影响因素,掌握营业杠杆系数、财务杠杆系数、联合杠杆系数的计算方法。

（3）理解资本结构的概念、价值基础及影响因素。

（4）理解资本成本比较法、公司价值比较法的原理,掌握每股收益分析法的原理。

※能力素养

（1）会计算个别资本成本、加权平均资本成本。

（2）会计算营业杠杆系数、财务杠杆系数、联合杠杆系数,并会运用三大杠杆系数分析营业风险、财务风险、企业整体风险的大小。

（3）能运用资本成本比较法、每股收益分析法、公司价值分析法进行资本结构决策。

※职业素养

（1）通过学习资本成本的构成及计算方法,认识到校园贷的"非法性",树立理性的消费观和财富观,珍惜个人信用,提高风险防范意识。

（2）通过学习营业风险、财务风险、联合风险,树立业财融合、风险防范的意识。

（3）通过学习业财融合对联合风险控制的影响,培养学生的信息素养。

（4）通过学习资本结构决策,引导学生科学规划筹资,优化资本结构。

任务一　资　本　成　本

教学设计

▼任务引入

项目五的情景设计资料显示,智维公司新一轮的筹资方案最终确定为:

（1）向银行借款 2 000 万元,年利率 9%,期限 5 年,筹资费率 0.2%,企业所得税税率为 15%。

（2）发行普通股 500 万股,每股面值 1 元、发行价格 16 元,筹资费率 5%,预计第一年每股发放现金股利 1.4 元,以后每年增长 6%。

（3）剩余的 12 600 万元用内部留存收益来满足。

智维公司新一轮的筹资方案中,银行借款、普通股、留存收益的个别资本成本分别为多少呢？新一轮的筹资方案加权平均资本成本为多少？

▼任务分析

资本成本是选择筹资方式、进行资本结构决策的依据。不同来源的资金资本成本有所不同。一般情况下,企业的资金来源不是单一的,往往采用多种筹资方式,这就需要计算加权平均资本成本来衡量企业总体付出的代价。

▼ **任务处理**

一、资本成本概述

(一)资本成本的含义

企业可以从各种渠道筹集到资金进行运用,从而形成企业的资本。从筹资者的角度看,资本成本就是企业为取得和使用资本而支付的各种费用,主要包括用资费用和筹资费用。企业筹集和使用任何资金,不论短期的还是长期的,都要付出代价。

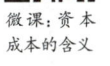
微课:资本成本的含义

PPT:资本成本的含义

1. 筹资费用

筹资费用是指资本的取得成本,是企业在筹措资本过程中为获取资本而付出的费用。例如,向银行支付的借款手续费,由于发行股票、债券而支付的印刷费、发行手续费、律师费、资信评估费、公证费、担保费、广告费等中介费用。

2. 用资费用

用资费用是指企业使用资本的占用成本,即企业在生产经营、投资过程中因使用资本而付出的费用。例如,向股东支付的股利、向债权人支付的利息等。长期资本的用资费用与筹资金额、使用期限呈同向变动关系。

(二)资本成本的种类

一般而言,资本成本包括以下种类。

1. 个别资本成本

个别资本成本是指企业某种长期资本的成本,如股票资本成本、债务资本成本、长期借款资本成本。企业在比较各种筹资方式时,需要使用个别资本成本。

2. 加权平均资本成本

加权平均资本成本是指企业全部长期资本的成本。企业在进行长期资本结构决策时,可以运用加权平均资本成本。

3. 边际资本成本

边际资本成本是指企业追加长期资本的成本。企业在追加筹资方案的选择中,需要运用边际资本成本。

(三)资本成本的作用

1. 资本成本是选择筹资方式、进行资本结构决策的依据

资本成本有个别资本成本、加权平均资本成本以及边际资本成本等类型,在不同情况下作用不同。

(1)个别资本成本是比较各种筹资方式优劣的依据。企业不同的长期筹资方式的资本成本是不一样的,资本成本的高低可作为评价各种筹资方式优劣的一个重要因素。在其他条件基本相同或对企业影响差异不大时,应选择资本成本最低的筹资方式。

(2)加权平均资本成本是衡量企业资本结构合理性的依据。企业的全部长期资本通常是采用多种方式筹资组合构成的,这种长期筹资组合往往有多个方案可供选择。衡量资本

结构是否最佳的标准主要是加权平均资本成本最小化和企业价值最大化。

（3）边际资本成本是选择追加筹资方案的依据。企业为了扩大生产经营规模、更新固定资产等，可能需要增大资金投入量。这时，企业可以通过计算边际资本成本的大小来选择是否追加筹资。

2. 资本成本是评价投资方案、进行投资决策的依据

企业作为投资者把筹集到的资金投放出去，要求任何投资项目的预期投资收益率要超过资本成本率，这样企业将有利可图，该投资项目具有可行性。反之，如果投资项目的预期投资收益率不能达到资本成本率，则企业盈利用以支付资本成本后将发生亏损，该项目不应采纳。

3. 资本成本是评价企业经营成果的重要依据

企业任何一项投资不论所需资本是怎样筹集的，都必须实现最低的投资收益率，以补偿企业使用资本需要偿付的资本成本。因此，在实际生产经营活动中，资本成本率的高低就成为衡量企业投资收益率的最低标准。凡是实际投资收益率低于资本成本的，则认为经营不力，必须改善经营管理。

二、个别资本成本

个别资本成本是指各种长期资本的成本，包括长期借款资本成本、长期债券资本成本、优先股资本成本、普通股资本成本、留存收益资本成本等。

资本成本可以用绝对数表示，也可以用相对数表示。在筹资实务中，资本成本通常用相对数资本成本率来表示，资本成本率是企业用资费用与有效筹资额之间的比率。在不考虑货币时间价值的情况下，其一般计算公式可表示如下：

$$资本成本（率）= \frac{企业用资费用}{筹资净额}$$

延伸阅读：资本成本计算的两种模式

式中，筹资净额为筹资数额与筹资费用之差。由此可见，个别资本成本率的高低取决于三个因素，即用资费用、筹资费用和筹资数额。

（一）债务资本成本

对于债务而言，其资本成本中的用资费用是指企业支付给债权人的利息。按照所得税法律制度的规定，债务的利息允许在企业所得税前支付，因此，企业实际负担的利息为税后利息。

1. 长期借款资本成本

微课：长期借款成本

企业长期借款的资本成本包括借款利息和筹资费用，借款利息可以起到抵税的作用。因此，在不考虑资金的时间价值的条件下，一次还本、分期付息借款的资本成本可按下列公式计算：

$$K_l = \frac{I_l(1-T)}{L(1-f_l)}$$

PPT：长期借款成本

式中，K_l 为长期借款资本成本率；I_l 为长期借款年利息额；T 为所得税税率；L 为长期借款筹资额，即借款本金；f 为长期借款筹资费用率，即借款手续费用率。

上式也可写成下列形式：

$$K_l = \frac{R_l(1-T)}{1-f_l}$$

式中，R_l 为长期借款年利率。长期借款的筹资费用主要是手续费，一般数额很少，可以忽略不计。这时，长期借款资本成本率可按下列公式计算：

$$K_l = R_l(1-T)$$

[例 5-1]　华联公司计划购买机器设备，从银行取得一笔长期借款。借款金额为1 000 万元，年利率为 7%，期限为 5 年，每年付息一次，到期一次还本，筹资费用率为 0.3%，企业所得税税率为 25%。则该项长期借款的资本成本率应为：

$$K_l = \frac{1\,000 \times 7\% \times (1-25\%)}{1\,000 \times (1-0.3\%)} \approx 5.27\%$$

如果不考虑借款手续费率，长期借款的资本成本率为：

$$K = 7\% \times (1-25\%) = 5.25\%$$

比较两次计算结果也可以看出，当借款手续费率较少时，不考虑筹资费用率对长期借款资本成本率的计算结果影响不大。

当借款合同附加补偿性余额条款的情况下，企业可动用的借款筹资额会减少，借款的实际利率和资本成本率将会上升。

[例 5-2]　银行要求公司上述 1 000 万元借款的补偿性余额比率为 20%，不考虑借款手续费率，其他条件不变，这笔长期借款的资本成本率为：

$$K_l = \frac{1\,000 \times 7\% \times (1-25\%)}{1\,000 \times (1-20\%)} \approx 6.56\%$$

在借款年内结息次数超过一次时，借款实际利率也会高于名义利率，从而导致资本成本率上升。这时，借款资本成本率的测算公式为：

$$K_l = \left[\left(1 + \frac{R_l}{M}\right)^M - 1 \right](1-T)$$

式中，M 表示 1 年内的借款结息次数，其他符号含义同前。

[例 5-3]　华联公司借款 1 000 万元，年利率 5%，期限 3 年，每季结息一次，到期一次还本。公司所得税税率为 25%，则这笔借款的资本成本率为多少？

$$K_l = \left[\left(1 + \frac{5\%}{4}\right)^4 - 1 \right](1-25\%) = 3.82\%$$

新时期·新实践

2023 年，《中共中央 国务院关于促进民营经济发展壮大的意见》发布以来，金融部门连续召开金融支持民营企业发展的座谈会和工作推进会，中国建设银行、中国邮政储蓄银行、中信银行、光大银行等金融机构推出支持民营经济、民营企业发展的行动方案。湖北、浙江、四川等地也纷纷出台促进民营经济发展的政策,重点强调支持民营企业融资。

2023年11月底,中国人民银行等八部门联合印发通知,推出支持民营经济的25条具体举措,持续加强民营企业金融服务。

在政策"组合拳"的助力下,民营经济融资呈现"量增、价降、面扩"的态势。2023年前三季度新增私人控股企业贷款4万亿元,占全部新增企业贷款的21.6%;前11个月企业贷款利率为3.89%,保持在有统计以来的历史低位。

2023年12月17日,双曲线一号商业运载火箭在酒泉卫星发射中心成功发射,北京星际荣耀空间科技股份有限公司当年再一次成功完成火箭发射任务。当时该公司的研发正处在加强投入的关键阶段,每年单研发投入就在亿元以上。在再贷款贴息政策支持下,2023年该公司从中国工商银行拿到了1亿元的低成本贷款资金,大大缓解了资金压力。

PPT:债券资本成本

2. 债券资本成本

债券资本成本主要指债券利息和筹资费用。根据税法有关规定,债券利息可在所得税前列支。债券的筹资费用即发行费用,包括申请费、注册费、印刷费、上市费用,以及推销费等。

发行债券的筹资金额主要由发行价格决定,债券的发行价格可分为等价、溢价和折价三种。债券利息按票面金额和票面利率计算。不考虑资金的时间价值,一次还本、分次付息的债券资本成本率可按下列公式计算:

$$K_b = \frac{I_b(1-T)}{B(1-f_b)}$$

延伸阅读:融资租赁资本成本的计算

式中,K_b 为债券资本成本率,I_b 为债券年利息,B 为债券筹资额,按发行价格确定;T 为所得税税率;f_b 为债券筹资费用率。

[例5-4] 华联公司拟等价发行票面金额1 000元、期限为5年的债券。其中,票面利率为9%,每年结息一次。发行费用为发行价格的4%,公司所得税税率为25%,则该批债券的资本成本率为多少?

$$K_b = \frac{1\,000 \times 9\% \times (1-25\%)}{1\,000 \times (1-4\%)} \approx 7.03\%$$

若考虑货币时间价值,公司债券的税前资本成本率也就是债券持有人投资的必要报酬率,再乘以$(1-T)$折算为税后的资本成本率。

(二)权益资本成本

权益资本成本主要有普通股资本成本、优先股资本成本和留存收益资本成本等。根据所得税法律制度的规定,公司需以税后利润向股东分派股利,股利的发放不会减少公司应缴的所得税。

1. 普通股资本成本

普通股的资本成本率就是普通股投资的必要报酬率。其计算方法一般有三种:股利折现模型法、资本资产定价模型法和风险溢价法。

（1）股利折现模型法。可以将普通股资本成本率看成是普通股股利的现值之和等于普通股筹资净额（发行价减筹资费用）时的折现率，用 K_s 表示，则普通股股利折现模型为：

图片:如何理解股权成本

$$P_0(1-f) = \sum_{t=1}^{\infty} \frac{D_t}{(1+K_s)^t}$$

式中，P_0 为普通股发行价格；f 为普通股筹资费用率；D_t 为普通股第 t 年的股利；K_s 为普通股投资必要报酬率，即普通股资本成本率。

PPT:普通股成本

如果公司采用固定股利政策，即每年分派现金股利 D 元，可将其视为永续年金，则股利折现模型为：

$$P_0(1-f) = \frac{D}{K_s}$$

从而推导出普通股资本成本率的计算公式为：

$$K_s = \frac{D}{P_0(1-f)}$$

[例 5-5]　华联公司拟发行一批普通股，发行价格为 12 元，筹资费用率为 8%，预计每年分派现金股利每股 1.5 元，其资本成本率为：

$$K_s = \frac{1.5}{12 \times (1-8\%)} = 13.6\%$$

如果公司采用固定增长股利的政策，股利固定增长率为 g，则根据普通股股利折现模型推导其资本成本率计算公式为：

$$K_s = \frac{D_1}{P_0(1-f)} + g$$

[例 5-6]　宜化公司准备增发普通股，每股发行价格为 21 元，筹资费用率为 5%。预计第一年分派现金股利每股 2.1 元，以后每年股利增长 4%。其资本成本率为：

$$K_s = \frac{2.1}{21 \times (1-5\%)} + 4\% = 14.53\%$$

（2）资本资产定价模型法。可以将资本资产定价模型简单地描述为：普通股投资的必要报酬率，即资本成本率，等于无风险报酬率加上风险报酬率，无风险报酬率一般可以用国债利率来表示。则普通股资本成本率用公式表示为：

$$K_s = R_f + \beta(R_m - R_f)$$

式中，R_f 为无风险报酬率；R_m 为市场报酬率；β 为股票的贝塔系数。

[例 5-7]　怡程公司计划发行普通股，假设国库券收益率为 6%，市场平均的投资报酬率为 12%，该公司股票投资风险系数为 1.6，则普通股资本成本率为：

$$K_s = 6\% + 1.6 \times (12\% - 6\%) = 15.6\%$$

（3）风险溢价法。从投资者的角度看，股票投资的风险高于债券。因此，股票投资的必要报酬率可以在债券利率的基础上再加上一定的风险报酬。其计算公式为：

$$K_s = K_b + R_p$$

式中，K_b 为债券资本成本率，R_P 为普通股风险溢价。

[例5-8] 华程公司已发行债券的投资报酬率为 10%，现准备发行一批股票，经分析估计，该公司普通股承担了更大风险，所要求的风险报酬率即风险溢价为 4%，则该公司的普通股资本成本率为：

$$K_s = 10\% + 4\% = 14\%$$

2. 优先股资本成本

优先股的股利通常是固定的，公司发行优先股筹资需花费发行费用，因此，优先股资本成本率的计算类似于支付固定股利的普通股。其计算公式为：

$$K_p = \frac{D_p}{P_0(1-f)}$$

式中，K_p 为优先股资本成本率；P_0 为优先股发行价格；f 为筹资费用率；D_p 为优先股每股年股利。

[例5-9] 华联公司准备发行一批优先股，每股发行价格为 12 元，筹资费用率为 6%，预计年股利为 1 元。其资本成本率为：

$$K_p = \frac{1}{12 \times (1-6\%)} = 8.8\%$$

微课：留存收益成本

PPT：留存收益成本

3. 留存收益资本成本

留存收益资本是由公司税后利润形成的收益，包括提取的盈余公积和未分配利润。从表面上看，公司使用留存收益不花费成本，但实际上是有成本的。留存收益属于所有者权益，归普通股股东所有，它是一种机会成本，从用途看它也和普通股资金一样要投入企业的生产经营活动，给投资者带来收益。所以，留存收益资本成本的确定方法与普通股基本相同，只是不考虑筹资费。例如，普通股资本成本采用股利折现模型法中固定增长模型，则留存收益资本成本计算公式为：

$$K_e = \frac{D_1}{P_0} + g$$

式中，K_e 为留存收益资本成本。

三、加权平均资本成本

PPT：加权平均资本成本

视频：优化资金定价，降低实体融资成本

一般情况下，企业不可能只使用单一的筹资方式进行筹资，往往采用多种筹资方式。为了进行筹资决策，需要计算确定企业全部资本的总成本，即加权平均资本成本。加权平均资本成本一般是以各种资本占全部资本的比重为权数，对不同来源的资本成本（个别资本成本）进行加权平均确定的。其计算公式为：

$$K_w = \sum K_i W_i$$

式中，K_w 为加权平均资本成本；K_i 为第 i 种资本成本；W_i 为第 i 种资本占全部资本的比重,即权数。从上式可以看出,加权平均资本成本是由个别资本成本率和各种资本所占的比重这两个因素决定的。

[例5-10] 华联公司现有长期资本总额账面金额为 10 000 万元,其中,长期借款 2 000 万元,长期债券 2 000 万元,优先股 1 000 万元,普通股 4 500 万元,留存利润 500 万元;其资本成本率分别为 4.5%、6%、11%、15% 和 13%。该公司加权平均资本成本率可按如下两步计算:

第一步,计算各种长期资本的比重:

长期借款的比重:$W_1 = \dfrac{2\,000}{10\,000} = 0.2$

长期债券的比重:$W_2 = \dfrac{2\,000}{10\,000} = 0.2$

优先股的比重:$W_3 = \dfrac{1\,000}{10\,000} = 0.1$

普通股的比重:$W_4 = \dfrac{4\,500}{10\,000} = 0.45$

留存利润的比重:$W_5 = \dfrac{500}{10\,000} = 0.05$

第二步,计算加权平均资本成本:

$$K_w = 0.2 \times 4.5\% + 0.2 \times 6\% + 0.1 \times 11\% + 0.45 \times 15\% + 0.05 \times 13\% = 10.6\%$$

四、边际资本成本

个别资本成本和加权平均资本成本是企业过去筹集的或目前使用的资本成本,企业在追加筹资时应考虑边际资本成本的高低。边际资本成本是指资本每增加一个单位而增加的成本。

企业追加筹资,有时只采取某一种筹资方式。在筹资数额较大或在目标资本结构既定的情况下,则需通过多种筹资方式的组合来实现。这时的边际资本成本是新筹措的各种资金的加权平均资本成本,各种资金的权数应以市场价值为基础来确定。这时的边际资本成本是新筹措的各种资金的加权平均成本,各种资金的权数应以市场价值为基础来确定。

[例5-11] 华联公司各种资金的目标比例是:长期借款 15%,长期债券 25%,普通股 60%。该公司为扩大经营规模,拟按目标比例筹集资金 200 万元。经测算,在既定筹资范围内的个别资本成本分别为:长期借款 6%,长期债券 7%,普通股 13%。该公司此次追加筹资的边际资本成本如表5-1所示。

表5-1 华联公司追加筹资的边际资本成本

资本种类	个别资本成本	资本比例	边际资本成本
长期借款	6%	15%	0.90%
长期债券	7%	25%	1.75%
普通股	13%	60%	7.80%
合计	—	100%	10.45%

技能训练

▼ 任务解析

通过学习以上内容,可以解析"任务引入"中的问题:

$$K_l = \frac{2\,000 \times 9\% \times (1-15\%)}{2\,000 \times (1-0.2\%)} = 7.67\%$$

$$K_s = \frac{1.4}{16 \times (1-5\%)} + 6\% = 15.21\%$$

$$K_e = \frac{1.4}{16} + 6\% = 14.75\%$$

$$K_w = 7.67\% \times \frac{2\,000}{22\,600} + 15.21\% \times \frac{8\,000}{22\,600} + 14.75\% \times \frac{12\,600}{22\,600} = 14.29\%$$

智维公司新一轮的筹资方案中,银行借款、普通股、留存收益的个别资本成本分别为 7.67%、15.21%、14.75%。新一轮的筹资方案加权平均资本成本为 14.29%。

任务二　杠杆效应及风险

教学设计

▼ 任务引入

智维公司属于高科技行业,每年需要投入大量的研发费,但是研发结果具有较大的不确定性。2024 年该公司在技术方面有较大的突破,开发出受市场追捧的新产品,实现息税前利润 31 000 万元,与 2023 年相比,收入增长了 5.26%,息税前利润增长了 14.39%。2024 年该公司的利息为 11 000 万元,未发行优先股。

智维公司的经营风险如何? 财务风险如何? 联合风险如何? 是否适合采用高杠杆?

图片:杠杆效应

▼ 任务分析

财务管理中存在杠杆效应,反映的是不同经济变量的相互关系。杠杆往往是一把双刃剑,杠杆系数越大,杠杆利益和风险越大。经营风险、财务风险、联合风险的大小一般分别用经营杠杆系数、财务杠杆系数、联合杠杆系数来衡量。

PPT:财务管理中的杠杆效应

▼ 任务处理

"杠杆"这个词语是来自物理学,意思是指在力的作用下能绕固定支点转动的杆。杠杆的作用就是改变支点和力点间的距离,可以产生大小不同的力矩,使得"力"得以"放大",可以一个较小的力移动较重的物体。

微课:财务管理中的杠杆效应

财务管理中的杠杆效应是指由于某种固定费用的存在,某一财务变量以较小幅度变动而引起收益较大幅度变动的现象。杠杆效应是现代企业资本结构决策要考虑的一个重要因素。财务管理中的杠杆效应有营业杠杆效应、财务杠杆效应和联合杠杆效应。

一、营业杠杆和营业风险

（一）营业杠杆原理

营业杠杆也称经营杠杆或营运杠杆,是指企业在生产经营活动过程中对营业成本中固定成本的利用。企业营业成本按其与营业总额的依存关系可分为变动成本和固定成本两部分。其中,变动成本是指成本总额随着营业收入的变动而变动的成本;固定成本是指在一定的营业规模内,其总额不受营业收入变动的影响而保持相对固定不变的成本。

营业杠杆反映销售数量与息税前利润之间的关系,用丁衡量销售量变动对息税前利润的影响。两者之间的关系可用公式表示:

$$EBIT = Q(P - V) - F$$

式中,$EBIT$ 为息税前利润;Q 为销售数量;P 为销售单价;V 为单位变动成本;F 为固定成本总额。

（二）营业风险

营业风险是指企业未使用债务时经营活动的内在风险。影响企业经营风险的因素有很多,主要有以下几个方面:

（1）市场对该产品的需求情况。市场对企业产品的需求稳定,则经营风险小;反之,经营风险大。

（2）产品的售价。产品售价稳定,则经营风险小;反之,经营风险大。

（3）产品的成本。产品成本是收入的抵减,成本不稳定,会导致利润不稳定,因此,产品成本变动大,则经营风险大;反之,经营风险小。

（4）企业调整价格的能力。当产品成本变动时,若企业具有较强的调整价格的能力,则经营风险小;反之,经营风险大。

（5）企业固定成本的比重。在企业全部成本中,固定成本所占比重较大时,单位产品分摊的固定成本额较多,若产品数量发生变动,则单位产品分摊的固定成本会随之变动,最后会导致利润的更大变动,经营风险就大;反之,经营风险就小。

法律法规:《上海证券交易所股票上市规则（2024 年修订）》

（三）营业杠杆系数

营业杠杆系数是指企业息税前利润的变动率与销售量变动率的比值。企业可以利用它来评价营业杠杆利益的大小和衡量营业风险的高低。其计算公式为:

$$DOL = \dfrac{\dfrac{\Delta EBIT}{EBIT}}{\dfrac{\Delta Q}{Q}}$$

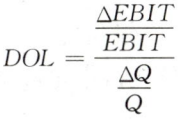

延伸阅读:咖啡需求演变驱动增长小店模式发展空间广阔

式中,DOL 为营业杠杆系数;$EBIT$ 为息税前利润;$\Delta EBIT$ 为息税前利润的变动额;Q 为基期销售量;ΔQ 为销售量的差量。

为了计算上的方便,可将上述公式变换如下:

$$DOL = \dfrac{Q(P - V)}{Q(P - V) - F}$$

[例 5-12] 华联公司年销售产品 20 000 件,单位售价为 150 元,销售总额为 300 万元,单位产品变动成本为 90 元,变动成本总额为 180 万元,固定成本总额为 80 万元,则其营业杠杆系数为多少?

$$DOL = \frac{20\ 000 \times (150 - 90)}{20\ 000 \times (150 - 90) - 800\ 000} = 3$$

延伸阅读:
经营杠杆和
经营风险的
关系

营业杠杆系数为 3 的意义在于:当企业销售量增长 1 倍时,息税前利润将增长 3 倍,表现为营业杠杆利益;反之,当企业销售量下降至 1/2 时,息税前利润将下降至 1/3,表现为营业风险。一般而言,企业的营业杠杆系数越大,营业杠杆利益和风险就越高;企业的营业杠杆系数越小,营业杠杆利益和风险就越低。

二、财务杠杆和财务风险

(一)财务杠杆原理

PPT:财务
杠杆和财务
风险

财务杠杆是指由于固定的利息费用的存在,当息税前利润变动时,引起每股收益更大幅度变动的现象。财务杠杆反映息税前利润与每股收益之间的关系,用于衡量息税前利润变动对每股收益变动的影响程度。在公司资本结构一定的条件下,公司从息税前利润中支付的固定筹资成本是相对固定的,当息税前利润发生增减变动时,每 1 元息税前利润所负担的固定资本成本就会相应地减少或增加,从而给普通股股东带来一定的财务杠杆利益或损失。

微课:财务
杠杆原理

在没有优先股的情况下,每股收益的计算公式如下:

$$EPS = \frac{(EBIT - I) \times (1 - T)}{N}$$

其中 EPS 为每股收益,$EBIT$ 为息税前利润,I 为固定的资本成本(如固定的利息费用),T 为企业所得税税率,N 为发行在外的普通股股数。

若有优先股股利,每股收益的计算公式如下:

$$EPS = \frac{(EBIT - I) \times (1 - T) - D_p}{N}$$

其中 D_p 为优先股股利。

(二)财务风险

财务风险是指企业由于筹资原因产生的固定资本成本负担从而普通股收益波动的风险。企业运用债务筹资方式产生的丧失偿付能力的风险就是财务风险,这种风险最终是由普通股股东承担的。企业经常会负债经营,不论经营利润多少,债务利息是不变的。当企业在资本结构中增加债务筹资的比例,固定资本成本就会增加,固定的现金流出量相应增加。特别是在利息费用的增加速度超过了息税前利润增加速度的情况下,企业负担的债务资本成本增加,则净收益减少,发生丧失偿债能力的概率增加,导致财务风险增加;反之,当债务资本成本减少时,财务风险降低。

(三)财务杠杆系数的计量

财务杠杆系数是指企业普通股每股收益变动率与息税前利润变动率的比值。它可用来

反映财务杠杆的作用程度,估计财务杠杆利益的大小,评价财务杠杆风险的高低,其计算公式如下:

$$DFL = \frac{\frac{\Delta EPS}{EPS}}{\frac{\Delta EBIT}{EBIT}}$$

式中,DFL 为财务杠杆系数;EPS 为普通股每股收益;ΔEPS 为普通股每股收益变动额。

为了计算上的方便,不考虑优先股的情况下,可将上列公式变换如下:

$$DFL = \frac{EBIT}{EBIT - I}$$

式中,I 为债务年利息额。

[例 5-13] 华联公司 2022 年资本总额为 6 000 万元,债权资本比例为 0.4,债务年利率为 8%,企业所得税税率为 25%,息税前利润为 600 万元。计算该公司财务杠杆系数。

延伸阅读:
如何合理运
用财务杠杆

$$DFL = \frac{600}{600 - 6\,000 \times 0.4 \times 8\%} = 1.47$$

财务杠杆系数表明的是息税前利润增长所引起的每股收益的增长幅度。[例 5-13] 中,财务杠杆系数为 1.47 的意义在于:当息税前利润增长 1 倍时,普通股每股收益将增长 1.47 倍,表现为财务杠杆利益;反之,则以此比例下降,表现为财务杠杆风险。

三、联合杠杆和联合风险

(一)联合杠杆原理

联合杠杆也称总杠杆,是营业杠杆和财务杠杆的综合作用所形成的影响。营业杠杆是利用企业营业成本中固定成本的作用,通过扩大销售影响息税前利润;财务杠杆是利用企业资本成本中债权资本固定利息的作用,通过扩大息税前利润影响每股收益。如果两种杠杆共同作用,那么,销售额稍有变动就会使每股收益产生更大的变动,从而形成联合杠杆作用。联合杠杆的作用程度可用联合杠杆系数表示。

PPT:联合
杠杆和联合
风险

(二)联合杠杆系数的计量

联合杠杆系数是营业杠杆系数和财务杠杆系数的乘积,计算公式为:

$$DCL = DOL \times DFL$$
$$= \frac{\frac{\Delta EPS}{EPS}}{\frac{\Delta Q}{Q}}$$

[例 5-14] 华联公司的营业杠杆系数为 3,财务杠杆系数为 1.47。则该公司的联合杠杆系数为多少?

$$DCL = 3 \times 1.47 = 4.41$$

联合杠杆系数为 4.41 表示:当公司营业总额或营业总量增长 1 倍时,普通股每股收益将增长 4.41 倍,表现为联合杠杆利益;反之,则以此比例下降,表现为联合杠杆风险。

为了控制联合风险,企业应加速业财融合的步伐,建立预警机制,提高风险管控的能力。业财融合实现了业财数据的共享,使财务部门不再只具备事后核算与监督职能,而是通过与业务部门相连接,基于业务活动数据,采用大数据、人工智能等技术进行潜在风险识别,并及时对存在的经营风险、财务风险和风险成因进行分析,科学评估总体风险的大小,向企业管理层发出风险预警,为企业制定下一步战略决策规划提供依据。这样一来,能够帮助企业在事前、事中、事后全过程识别和控制风险,提高企业整体风险管理水平。

新时期·新实践

为了应对风险管理涉及的数据量规模庞大、监督成本投入产出不配比和风险问题发现滞后等问题,中国电信集团有限公司(以下简称中国电信)建设了大数据风险防控系统,取得了良好效果。

中国电信大数据风险防控系统全面整合财务和业务数据,促使企业业务财务深度融合,打通部门壁垒,对有关数据进行自动化、多维度采集分类和智能化分析挖掘,实现资源整合、问题可视、风险预警、注智应用的闭环管理。具体包括:①梳理风险领域,建立风险指标库。②交叉扫描比对,准确定位风险。③运用大数据技术,监控海量数据。④全过程监控,实施全流程风险管控。⑤系统固化风控措施,实现风险管理闭环。⑥注智应用,将风险管理工作前置。⑦系统设计灵活,延伸风险管理领域。⑧风险数据二次挖掘,进一步发挥数据价值。

中国电信大数据风险防控系统主要通过大数据手段助力企业控制公司经营风险和财务风险,降低风险管控成本,及时预警潜在风险,将风险管理由财务部门向业务部门延伸,全面落实风险管理责任。

思政小课堂

技能训练

任务解析

通过学习以上内容,可以解析"任务引入"中的问题:

$$DOL = \frac{14.39\%}{5.26\%} = 2.74$$

$$DFL = \frac{31\ 000}{31\ 000 - 11\ 000} = 1.55$$

$$DCL = 2.74 \times 1.55 = 4.25$$

营业风险用营业杠杆系数来衡量。经计算,智维公司的营业杠杆系数为2.74。由于存在固定的生产成本,公司息税前利润变动幅度是收入(或销量)变动幅度的2.74倍,公司营业风险较高。财务风险用财务杠杆系数来衡量。财务杠杆系数为1.55,由于存在固定的利息费用,公司每股收益的变动幅度是息税前利润变动幅度的1.55倍。联合风险用联合杠杆系数来衡量。联合杠杆系数为4.25,即每股收益的变动幅度是收入(或销量)变动幅度的4.25倍。公司总体风险偏高,应加强风险管控。高科技企业不适合采用高杠杆,原因在于科技创新的风险很大,而且这种风险无法对冲。例如,公司没有办法用金融产品对冲芯片研发失败的风险。

任务三 资本结构

教学设计

 **任务引入**

智维公司目前利息总额为 11 000 万元,普通股 10 000 万元(10 000 万股,每股面值为 1 元),2025 年对外筹集的长期资金中有 8 000 万元有两种筹资方式可供选择:方案 1 发行普通股 500 万股,每股价格为 16 元;方案 2 发行债券,利率为 8%。该公司适用的所得税税率为 15%,公司未发行优先股,预计 2025 年息税前利润为 35 706 万元。

若只考虑每股收益的大小,应考虑哪个方案? 该公司考虑风险问题,最终选择发行普通股筹资,请解释其中的原因。

任务分析

实现并保持最佳的资本结构是企业筹资管理的一个重要目标。影响企业资本结构安排的因素有很多,企业应综合权衡,作出适当的资本结构决策。资本结构决策的标准包括综合资本成本最小化、每股收益最大化、企业价值最大化。企业在资本结构决策过程中要综合考虑收益和风险。

任务处理

一、资本结构的概念

资本结构是指企业各种资本的价值构成及其比例关系。在企业筹资管理活动中,资本结构有广义和狭义之分。广义的资本结构是指企业全部资本价值的构成及其比例关系。狭义的资本结构是指企业各种长期资本价值的构成及其比例关系,尤其是指长期债务资本与(长期)股权资本的构成及其比例关系。

资本结构决策是企业财务决策的核心内容之一。企业资本结构决策是结合企业有关情况,分析有关因素的影响,运用一定的方法确定最佳资本结构。从理论上讲,最佳资本结构是指企业在适度财务风险的条件下,使其预期的综合资本成本率最低,同时使企业价值最大的资本结构,它应作为企业的目标资本结构。

二、资本结构的价值基础

对于企业的资本结构,需要明确资本的价值基础。一般而言,资本价值的计量基础有会计账面价值、现时市场价值和未来目标价值。与此相联系,企业的资本如果分别按这三种价值基础来计量和表达,就形成三种不同价值计量基础反映的资本结构,即资本的账面价值结构、资本的市场价值结构和资本的目标价值结构。

延伸阅读:三种权数选择的优缺点

(一) 资本的账面价值结构

资本的账面价值结构是指企业资本按会计账面价值基础计量反映的资本结构。企业资产负债表的右方"负债及所有者权益"或"负债及股东权益"所反映的资本结构就是按账面价值计量的,由此形成的资本结构是资本的账面价值结构。一般认为,它不太符合企业资本结构决策的要求。

(二)资本的市场价值结构

资本的市场价值结构是指企业资本按现时市场价值基础计量反映的资本结构。当企业的资本具有现时市场价格时,可以按其市场价格计量反映资本结构。通常,上市公司发行的股票和债券具有现时的市场价格,因此,上市公司可以按市场价格计量反映其资本的现时市场价值结构。一般认为,它比较符合上市公司资本结构决策的要求。

(三)资本的目标价值结构

资本的目标价值结构是指企业资本按未来目标价值计量反映的资本结构。当一个公司能够比较准确地预计其资本的未来目标价值时,可以按其目标价值计量反映资本结构。一般认为,它更符合企业未来资本结构决策管理的要求,但资本的未来目标价值不易客观、准确地估计。

三、资本结构影响因素

(一)企业获利水平

首先,只有当企业的获利水平高于债务利率时,财务杠杆才会发挥正面作用,此时选择债权性资金对企业才可能是有益的。其次,企业的获利水平越高,一般来说举债能力也就越强。最后,获利水平相当高的企业,由于有充足的留存利润来满足资金需要,因此对债权性资金的需求相对较小。

(二)企业现金流量

由于债务利息和本金通常必须以现金支付,因此企业的举债能力不仅会受到企业获利水平的影响,还与企业的现金流状况相关。企业各期的现金净流量金额越大、越稳定,筹集债权性资金的能力就越强。

(三)企业增长率

高速增长的企业由于留存利润往往不能满足迅速发展的需要,因而会更多地倾向于债务筹资。而且,高增长的企业承受风险的能力往往也较强,因此更愿意采用债务筹资。

(四)企业所得税税率

债务利息可以起到抵税作用,因此,一般而言,企业所得税税率越高,利用负债融资的优势越明显,企业就越愿意采用债务筹资。

(五)企业资产结构

企业资本结构应与资产结构在风险和期限上相互配合。一般而言,长期资产的收益和风险都高于流动资产。因此,长期资产比重较大的企业往往更多地采用风险较低的永久性资金——股权性资金,而流动资产比重较大的企业则可能较多地采用风险较高、期限相对较短的债权性资金。

(六)企业经营风险

一般而言,企业需要将综合风险控制在一定范围之内。因此,企业经营风险越高,承受财务风险的能力就越低,此时就需要相应地降低债权性资金的比例;反之则可适当提高债权性资金的比例。

(七) 企业所有者和管理者的态度

企业所有者如果不愿稀释对企业的控制权,则可能更愿意采用债权筹资。而企业管理者越愿意冒险,则可能越倾向于较多地采用债权筹资;相反,管理者越保守,则可能越倾向于较少采用债权筹资。

(八) 贷款银行和评信机构的态度

企业在涉及较大规模的债权性筹资时,贷款人和评信机构的态度不容忽视。企业如果想安排大额借款,贷款银行的态度将会在很大程度上影响企业最终的借款金额、利率和条件。企业如果想发行大额债券,评信机构的态度将会对债券发行的额度、利率以及时间长短产生重大影响。

(九) 其他因素

整个经济的发展状况、市场的竞争机制、资金的流向、投资者的偏好,以及企业所处行业、地区等都可能影响到企业的筹资方式和资本结构。

新时期·新实践

数据显示,2021 年上市公司全年共实现净利润 5.30 万亿元,同比增长 19.56%;扣非后净利润 4.43 万亿元,同比增长 24.39%,上市公司盈利能力进一步提升。同时,非金融类上市公司经营性现金流净额约为 5.03 万亿元,同比增长 9.82%;近八成公司实现经营活动现金净流入,显示出较高的盈利质量。

上市公司经营业绩持续向好,促使资本结构不断优化。提高直接融资比重是"十四五"时期资本市场实现高质量发展的重点任务。上市公司积极运用再融资工具优化资本结构。非金融类上市公司全年共实施完成向特定对象发行股票、可转债、配股等再融资 636 次,募集资金 1.03 万亿元,同比增长 9.91%,反映出再融资工具在推动科技、资本和实体经济高水平循环等方面具有积极作用。

四、资本结构决策

企业权益资本一般高于债务资本,因此企业必须权衡财务风险和资本成本的关系,确定最优资本结构。所谓最优资本结构,是指在一定条件下使企业加权平均资本成本最低、企业价值最大的资本结构。从理论上讲,最优资本结构是存在的。在进行资本结构决策中,可以采用资本成本比较法、每股收益分析法、公司价值比较法等来确定最佳资本结构。

(一) 资本成本比较法

资本成本比较法是通过计算和比较不同筹资方案的加权平均资本成本,选择加权平均资本成本最低的方案作为最优资本结构方案的方法。企业的资本结构决策,可分初始筹资和追加筹资两种情况。前者称为初始筹资的资本结构决策,后者称为追加筹资的资本结构决策。

1. 初始筹资的资本结构决策

企业成立时,对拟定的资本总额可采用多种筹资方式进行筹集,形成若干个可供选择的资本结构。计算不同资本结构的加权平均资本成本并进行比较,从中选择成本最低的资本结构作为最优资本结构。

[例 5-15]　某公司在初创时需筹集资本 1 000 万元,有如下三个筹资组合方案可供选择,如表 5-2 所示。

表 5-2　该公司可选初始筹资方案

筹集方式	筹集方案 Ⅰ		筹集方案 Ⅱ		筹集方案 Ⅲ	
	筹集额(万元)	资本成本	筹集额(万元)	资本成本	筹集额(万元)	资本成本
长期借款	150	4%	200	5%	300	6%
长期债券	100	5%	150	6%	100	5%
优先股	200	12%	150	12%	50	12%
普通股	550	15%	500	14%	550	15%
合计	1 000		1 000		1 000	

假设该公司的 Ⅰ、Ⅱ、Ⅲ 三个筹资组合方案的财务风险相当,公司都能承受。下面分两步分别计算三个筹资组合方案的加权平均资本成本并进行比较,从而确定最佳筹资组合方案,即最佳资本结构。

第一步,计算各方案中各种筹资方式的筹资额占筹资总额的比例及加权平均资本成本。

方案 Ⅰ 中各种筹资方式的筹资额占筹资总额的比例:

$$长期借款 = \frac{150}{1\ 000} = 0.15$$

$$长期债券 = \frac{100}{1\ 000} = 0.1$$

$$优先股 = \frac{200}{1\ 000} = 0.2$$

$$普通股 = \frac{550}{1\ 000} = 0.55$$

方案 Ⅰ 的加权平均资本成本 $= 0.15 \times 4\% + 0.1 \times 5\% + 0.2 \times 12\% + 0.55 \times 15\% = 11.75\%$

方案 Ⅱ 中各种筹资方式的筹资额占筹资总额的比例:

$$长期借款 = \frac{200}{1\ 000} = 0.2$$

$$长期债券 = \frac{150}{1\ 000} = 0.15$$

$$优先股 = \frac{150}{1\ 000} = 0.15$$

$$普通股 = \frac{500}{1\ 000} = 0.5$$

方案 Ⅱ 的加权平均资本成本 $= 0.2 \times 5\% + 0.15 \times 6\% + 0.15 \times 12\% + 0.5 \times 14\% = 10.7\%$

方案 Ⅲ 中各种筹资方式的筹资额占筹资总额的比例:

$$长期借款 = \frac{300}{1\ 000} = 0.3$$

$$长期债券 = \frac{100}{1\,000} = 0.1$$

$$优先股 = \frac{50}{1\,000} = 0.05$$

$$普通股 = \frac{550}{1\,000} = 0.55$$

方案Ⅲ的加权平均资本成本 $= 0.3 \times 6\% + 0.1 \times 5\% + 0.05 \times 12\% + 0.55 \times 15\% = 11.15\%$

第二步，比较各个筹资组合方案的加权平均资本成本，并选出最佳资本结构。

三个筹资组合方案Ⅰ、Ⅱ、Ⅲ的加权平均资本成本分别为 11.75%、10.7% 和 11.15%，方案Ⅱ的加权平均资本成本最低，在适度财务风险的条件下，应选择筹资组合方案Ⅱ作为最佳筹资方案，其资本结构为最佳资本结构。

2. 追加筹资的资本结构决策

企业在持续的生产经营过程中，由于扩大业务及对外投资的需要，有时会追加筹资。因追加筹资以及筹资环境的变化，企业原有的资本结构就会发生变化，使得原定的最佳资本结构在现时未必是最优的。因此，企业应在资本结构不断变化中寻求最佳结构，保持资本结构的最优化。

一般而言，选择最佳追加筹资方案可用资本成本比较法，容易理解，计算过程不复杂，是确定资本结构的一种常用方法，该方法一般适用于资本规模较小、资本结构较为简单的非股份制企业。

（二）每股收益分析法

微课：每股收益分析法

每股收益分析法是利用每股收益无差别点进行资本结构决策的方法。每股收益无差别点是指使不同资本结构的每股收益相等时的息税前利润。在这点上，公司选择不同的资本结构每股收益都相等。在每股收益无差别点上，无论是采用债务资本筹资，还是采用权益资本筹资，每股收益都是相等的。若以 EPS_1 代表方案一每股收益，以 EPS_2 代表方案二每股收益，则 $EPS_1 = EPS_2$，即：

$$\frac{(\overline{EBIT} - I_1)(1-T) - D_{P1}}{N_1} = \frac{(\overline{EBIT} - I_2)(1-T) - D_{P2}}{N_2}$$

式中，$\overline{EBIT}$ 为每股收益无差别点的息税前利润，即息税前利润平衡点。

若不考虑优先股股利，则公式可以简化为：

$$\frac{(\overline{EBIT} - I_1)(1-T)}{N_1} = \frac{(\overline{EBIT} - I_2)(1-T)}{N_2}$$

图片：不同融资方案下 EBIT - EPS 关系图

[例 5-16]　华联公司目前拥有长期资本 1 000 万元，其资本结构为：长期债务 400 万元（利率为 6%），普通股 600 万元（600 万股，每股面值 1 元），现为实施一个新项目，准备追加筹资 200 万元。有两种筹资方式可供选择：方案Ⅰ全部追加权益资本，发行普通股 200 万股，每股面值 1 元；方案Ⅱ全部筹借长期债务，债务利率为 8%。该公司适用的所得税税率为 25%。

延伸阅读：蓝天公司融资决策

根据公式，计算每股利润无差别点的息税前利润：

$$\frac{\overline{(EBIT}-400\times6\%)(1-25\%)}{800}=\frac{\overline{(EBIT}-400\times6\%-200\times8\%)(1-25\%)}{600}$$

$$\overline{EBIT}=88(万元)$$

每股收益无差别点的息税前利润为 88 万元。当息税前利润为 88 万元时，无论采取权益资本筹资还是债务资本筹资，每股收益是一致的；当息税前利润大于 88 万元时，增加长期债务要比增发普通股获得更高的每股收益；当息税前利润小于 88 万元时，增加长期债务则不利，应使用权益资本进行融资，以获得较高的每股收益。

（三）公司价值比较法

公司价值比较法是在充分反映财务风险的前提下，以公司价值的大小为标准，经过计算公司价值，来确定公司最佳资本结构的方法。与资本成本比较法和每股收益分析法相比，公司价值比较法充分考虑了公司的财务风险和资本成本等因素的影响，进行资本结构决策以公司价值最大为标准，更符合公司价值最大化的财务目标。但其计算原理及计算过程较为复杂，通常用于资本规模较大的公司。

该方法具体步骤如下。

1. 公司价值的测算

公司价值等于其债务和股票的现值之和。计算公式为：

$$V=B+S$$

式中，V 为公司的总价值，即公司总的折现价值；B 为公司长期债务的折现价值；S 为公司股票的折现价值。

其中，为简化测算起见，假设长期债务（含长期借款和长期债券）的现值等于其面值（或本金）；股票的现值按公司未来净收益的折现价值测算，假设公司的息税前利润预期不会增长，即公司处于零成长时期，普通股的价值类似于永续年金的形式。在不考虑优先股的情况下，普通股股票的折现价值测算公式为：

$$S=\frac{(EBIT-I)(1-T)}{K_s}$$

式中，$EBIT$ 为公司未来的年息税前利润；I 为公司长期债务年利息；T 为公司所得税税率；K_s 为公司普通股资本成本率。

2. 公司资本成本率的测算

假设公司的全部长期资本由长期债务和普通股组成，则公司的全部资本成本率，即加权平均资本成本可按下列公式测算：

$$K_w=K_b\frac{B}{V}(1-T)+K_s\frac{S}{V}$$

式中，K_w 为公司加权平均资本成本；K_b 为公司长期债务税前资本成本率，可按公司长期债务年利率计算；K_s 为公司普通股资本成本率。

为了考虑公司筹资风险的影响，普通股资本成本率可运用资本资产定价模型来计算，即：

$$K_s = R_f + \beta(R_m - R_f)$$

式中，R_f 为无风险报酬率；R_m 为所有股票的市场报酬率；β 为公司股票的贝塔系数。

3. 公司最佳资本结构的确定

运用上述原理计算不同资本结构的公司总价值和加权平均资本成本，公司价值最大、加权平均资本成本最低的资本结构即为公司的最佳资本结构。

[例 5-17] 中建公司资本全部由普通股资本组成，股票账面价值 1 000 万元，预计年度税前利润为 400 万元，所得税税率为 25%。中建公司认为现有的资本结构不合理，没有发挥财务杠杆作用，准备举借长期债务，购回部分股票予以调整。经计算，目前的长期债务税前年利率和普通股资本成本率如表 5-3 所示。

表 5-3　长期债务税前年利率和普通股资本成本率

B（万元）	K_b	β	R_f	R_m	K_s
0		1.15	8%	12%	12.6%
100	9%	1.2	8%	12%	12.8%
200	11%	1.35	8%	12%	13.4%
300	12%	1.5	8%	12%	14.0%
400	14%	1.7	8%	12%	14.8%

在表 5-3 中，当 $B=100$ 万元，$\beta=1.2$，$R_f=8\%$，$R_m=12\%$ 时，$K_s=8\%+1.2\times(12\%-8\%)=12.8\%$；其余同理计算。

运用前述公司价值和公司资本成本率的计算方法，可以计算在不同长期债务规模下的公司价值和公司资本成本率，列入表 5-4，据以比较确定公司最佳资本结构。

表 5-4　公司在不同资本结构下的公司价值和公司资本成本率计算

B（万元）	S（万元）	V（万元）	K_b	K_s	K_w
0	2 380	2 380	—	12.6%	12.6%
100	2 291	2 391	9%	12.8%	12.55%
200	2 116	2 316	11%	13.4%	12.96%
300	1 950	2 250	12%	14.0%	13.33%
400	1 743	2 143	14%	14.8%	14.0%

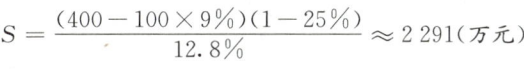

$$S = \frac{(400-100\times9\%)(1-25\%)}{12.8\%} \approx 2\,291（万元）$$

$$V = 2\,291 + 100 = 2\,391（万元）$$

$$K_w = 9\%\times\frac{100}{2\,391}\times(1-25\%)+12.8\%\times\frac{2\,291}{2\,391}\approx12.55\%$$

从表 5-4 可以看出，在没有债务的情况下，公司的总价值就是其原有股票的市场价值。当公司用债务资本部分替换权益资本时，一开始公司总价值上升，加权平均资本成本下降；在债务资本达到 100 万元时，公司总价值最高，加权平均资本成本最低；当债务资本超过

视频：提高直接融资比重让企业的资本结构更合理

法律法规：《管理会计应用指引第 500 号——投融资管理》

100 万元后,公司总价值下降,加权平均资本成本上升。因此,当债务资本为 100 万元时的资本结构是该公司的最佳资本结构。

▼ 任务解析

通过学习以上内容,可以解析"任务引入"中的问题:

$$I_1 = 11\ 000(万元) \quad I_2 = 11\ 000 + 8\ 000 \times 8\% = 11\ 640(万元)$$

$$N_1 = 10\ 000 + 500 = 10\ 500(万股) \quad N_2 = 10\ 000(万股)$$

$$\frac{(\overline{EBIT} - 11\ 000) \times (1 - 15\%)}{10\ 500} = \frac{(\overline{EBIT} - 11\ 640) \times (1 - 15\%)}{10\ 000}$$

$$\overline{EBIT} = 24\ 440(万元)$$

思政小课堂

技能训练

若只考虑每股收益的大小,智维公司 2025 年预计息税前利润为 35 706 万元,大于每股收益无差别点息税前利润 24 440 万元,故应该选择方案 2 发行债券。

该公司考虑到风险问题,最终选择发行普通股筹资的原因如下:对于高科技企业而言,公司面临的技术风险和市场风险很大。公司为了控制总体风险,会把财务风险控制在一定的范围内。发行股票筹集权益资本,具有不用偿还本金,不会加重企业的利息负担的特点。所以发行股票符合高科技企业本身的高风险性对于筹资的要求。

▼ 项目小结

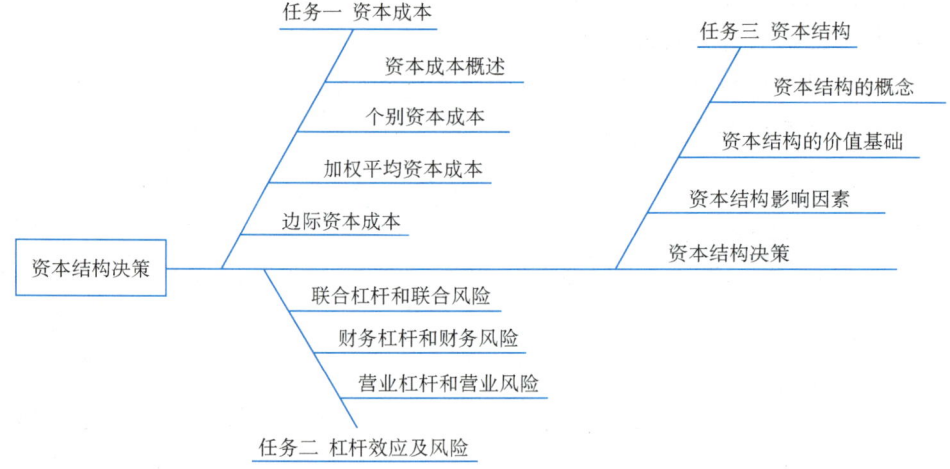

▼ 实战模拟

顺洁公司的筹资决策

顺洁公司是一家于 2020 年年初成立的洗涤用品公司,公司注册资本 100 万元,由甲、乙、丙、丁 4 位股东各出资 25 万元。在公司经营中,甲主管销售,乙主管财务,丙主管生产和技术,丁主管人事和日常事务。经过 4 年的经营,到 2023 年年末,顺洁公司的留存收益为 60 万元,权益金额增加到 160 万元。由于产品打开了销路,市场前景好,于是顺洁公司决定扩大经营规模。扩大经营规模需要投入资金,于是 4 位股东召开会议,讨论增加资金事宜。

甲汇报了销售预测情况。如果扩大经营规模,来年洗涤用品的销售收入将达到 50 万元,以后每年还将以 10％的速度增长。

丙提出,扩大经营规模需要增加一条生产线。增加生产线后,变动经营成本占销售收入的比例不变,仍然为 50％,每年的固定经营成本将由 7 万元增加到 10 万元。

丁提出,增加生产线后,需要增加生产和销售人员。

他们根据上述情况,进行了简单的资金测算,测算出大约需要增加资金 40 万元。

甲建议 4 人各增资 10 万元,出资比例保持不变。丙和丁提出出资有困难,建议吸纳新股东,新股东出资 40 万元,权益总额变为 200 万元,5 人各占 1/5 的权益份额。乙提出可以考虑向银行借款,他曾与开户行协商过,借款利率大约为 6％。甲和丙认为借款有风险,而且需要向银行支付利息,会损失一部分收益。

假设你是乙,你决定说服甲、丙和丁通过向银行借款来增加资金。

案例思考题:

1. 解释负债经营的概念,说明"用他人的钱为自己赚钱"的道理。

2. 提出财务杠杆原理,解释财务杠杆利益与财务杠杆风险。

3. 如果公司采纳了借款方案,利用 2024 年的相关预测数据测算公司 2025 年的财务杠杆系数。

4. 解释资本结构的概念,说明合理的资本结构的重要性。

5. 根据对公司扩大经营规模后 2024 年相关数据的预测,测算吸纳新股东和向银行借款两种筹资方式下,平均每个股东所能获得的净利润,以此判断哪种筹资方式更优。

6. 假设以每个股东的出资总额作为 1 股,试计算引入新股东和借款筹资两种筹资方式下的每股收益无差别点并作出决策,进一步解释在预测情况下两种筹资方式的优劣。

本项目专业术语　　　　实战模拟答案　　　　思政案例

项目六
证券投资

 情景设计

假设智维公司3年后进入成熟期,盈利能力趋于稳定,现金流充足。公司财务总监在董事会会议上提议以适量闲置现金进行证券投资,增加投资收益、减少现金持有成本的意见,但必须权衡投资收益与风险,董事长支持财务总监的建议,但认为如果只是为了减持现金而进行证券投资,资本市场风险难以预测和控制,建议优先考虑对公司上下游供应链相关企业的股权进行长期投资,这样不仅减少现金持有,还能形成长期股权投资,对稳定原材料采购价格、销售渠道具有重要的意义。如果你是智维公司投资经理,该如何制定合理的证券投资决策?

情景分析:证券投资是企业重要的投资活动,包括债券投资、股票投资及混合型权益工具等,能达到灵活使用闲置资金、获取收益目的,还能通过股权投资确保供应链稳定。证券投资要综合分析投资证券标的行业特点、市场风险以及上下游公司股权质量、盈利能力、现金流量、可持续发展等因素。

素养提升目标

※思政素养

(1) 认识投资在社会经济发展中的作用,增强家国情怀和社会责任感。

(2) 通过学习证券投资相关理论,厚植金融报国情怀。

※理论素养

(1) 了解证券的概念、分类及证券投资的特点。

(2) 掌握债券投资的估值模型、收益率的计算。

(3) 掌握股票投资的估值模型。

(4) 理解证券投资风险与收益之间的平衡关系。

※能力素养

(1)能够辨识不同类别的证券投资,阐述其特点。

(2)能够针对企业不同的投资需求,结合各种证券投资的特点提出针对性的投资建议。

(3)能够熟练计算债券投资、股票投资的内在价值。

(4)能够计算债券投资的收益率。

(5)能够结合企业经营战略和财务状况,对证券投资进行合理组合。

※职业素养

(1)通过学习证券投资概念、特点等内容,培养健康的财富观、价值观。

(2)通过学习债券投资、股票投资估值模型,培养严谨、仔细、认真的职业素养。

(3)通过学习证券投资的相关法律法规,树立法治意识。

(4)通过学习证券投资风险的相关知识,自觉树立忧患意识、风险意识、责任意识,提高风险防控能力。

任务一　证券投资概述

▼ 任务引入

智维公司是一家已上市3年的科技类企业,合作的公司中有几家是上市公司,在资本市场上公开发行股票,也有几家发行融资券的公司,这些公司可以作为投资的目标。但智维公司从未进行证券投资交易行为,缺乏证券投资与风险管理经验,又加之近期A股一些科技、制造业上市公司证券投资遭遇巨额亏损,智维公司财务总监和投资经理急需对证券投资的特点、风险等全面、深度地分析。

教学设计

▼ 任务分析

证券投资是企业日常生产经营活动之外的行为,但是对于企业的生产经营仍然会产生影响。因此,证券投资应该立足于企业自身的发展,确保投资行为服务于主业而非偏离主业。同时,应根据不同投资目的,合理安排资金和资产配置。

▼ 任务处理

一、证券的概念及分类

证券是企业进行金融投资所形成的资产。证券投资不同于项目投资,项目投资的对象是实体性经营资产。经营资产是直接为企业生产经营服务的资产,如固定资产、无形资产等,它们往往是一种服务能力递减的消耗性资产。证券投资的对象是金融资产。金融资产是一种以凭证、票据或者合同合约形式存在的权利性资产,如股票、债券及其衍生证券等。

按照不同的标准,常见的证券分类主要有以下三种。

法律法规：《中华人民共和国证券法》

（一）按证券发行的主体分类

按证券发行的主体不同，证券可以分为政府证券、金融证券与公司证券。政府证券，是由一国政府或地方政府为筹集所需资金而发行的证券，如国库券、地方政府债券等。金融证券是金融机构与非金融机构为筹集资金所发行的证券，如可转让存单、银行相关票据等。公司证券是企业在经营过程中为了筹集资金而发行的证券，如股票、债券等。

（二）按照证券的性质不同分类

按照证券的性质，证券可以分为债权性证券、权益性证券和混合性证券。债权性证券是由企业或政府机构发行，承诺按照规定时间和方式还本付息的债务证书，表明持有人拥有证券发行单位的债权，而发行主体则是债务人。常见的债权性证券有国库券、金融债券和公司债券等。权益性证券是指既不定期支付利息也无偿还期的证券，其收益的高低取决于公司的股利支付水平和股票价格。混合性证券是指同时具有债权性证券和权益性证券特性的证券，典型代表是优先股和可转换证券。

（三）按投资到期日的长短分类

按照投资到期日的长短分类，证券可以分为短期证券和长期证券。短期证券是指各种能够随时变现、持有时间不超过一年的有价证券，短期证券的变现能力非常强，因为可以随时在证券市场出售。长期证券是指持有期在一年以上的有价证券，如股票、债券等。

二、证券投资的内涵

（一）证券投资含义

证券投资是指投资主体为了获得预期的风险收益而进行证券购买、形成金融资产的活动。简言之，证券投资即购买资本证券。在证券投资中，投资主体是向证券市场投入一定量资金以期获得预期收益的自然人或法人。证券投资主体可以享有证券收益权，并承担相应的投资风险。

（二）证券投资特点

1. 流动性强

延伸阅读：2023年金融市场运行情况

实物投资通常数额巨大且不易变现，证券投资所涉及的金额灵活，资金的变现能力相对较强。证券投资具有较强的流动性，其流动性表现在：①变现能力强，上市证券一般都有活跃的交易市场可供及时转让。②持有目的可以相互转换，当企业急需现金时，可以立即为其他目的而持有的资本资产变现。

2. 价格不稳定

影响证券价格的因素较多，它不仅受到宏观经济、政治等环境的制约，还受到微观主体经营情况等因素的影响，甚至包括个体投资者的行为变化，这也就决定了投资证券风险大，价格随时变化。

新时期·新实践

2022年至2024年，宁德时代的股价经历了显著的波动。得益于国家"双碳"政策的支持以及全球新能源汽车需求的迅猛增长，2022年初，宁德时代的股价一度逼近700元/股，市值高居创业板首位。然而，随着碳酸锂等关键原材料价格的攀升、市场对高估值的担忧日益加剧,以及全球新能源汽车销量增速放缓,尽管公司盈利有所提升,但未能达到市场的过高预期,股价从高位大幅下挫。至 2023 年中期,其股价一度跌至 350 元/股,跌幅超过 40%。除了行业周期和企业扩张节奏的影响外,投资者情绪的波动也进一步加剧了股价的不稳定性。与此同时,宁德时代不断扩展储能业务布局,并积极拓展海外市场,使得其股价在 2024 年初逐步回升,但整体仍呈现出较高的波动性。

3. 交易成本低

在证券投资过程中,证券交易时间短、手续简便,同时所发生的交易费用也较低。

(三) 证券投资目的

1. 分散资金投向,降低投资风险

投资分散化,即将资金投资于多个相关程度较低的项目。实行多元化经营,能够有效地分散投资风险。当某个项目经营不景气而利润下降甚至导致亏损时,其他项目可能会获取较高的收益。企业可以将资金分成内部经营投资和对外证券投资两个部分,实现企业投资的多元化。与对内投资相比,对外证券投资不受地域和经营范围的限制,投资选择面非常广,投资资金的退出和收回也比较容易,是多元化投资的主要方式。

延伸阅读:
证券投资风
险与应对措
施

2. 利用闲置资金,增加企业收益

企业在生产经营过程中,有时会出现资金闲置、现金结余较多的情况。这些闲置的资金可以投资于股票、债券等有价证券上,取得投资收益。这些投资收益主要表现在股利收入、利息收入、证券买卖差价等方面。

3. 稳定客户关系,保障生产经营

企业生产经营环节中,供应和销售是企业与市场相联系的重要通道。为了保持与供应商、销售商良好而稳定的业务关系,可以对业务关系链的供销企业进行投资,对其持有一定的债权或股权,甚至控股。这样,能够以债权或股权对关联企业的生产经营施加影响和控制,保障本企业的生产经营顺利进行。

4. 提高资产的流动性,增强偿债能力

资产流动性强弱是影响偿债能力的主要因素。除现金等货币资产外,有价证券投资是企业流动性最强的资产,是企业速动资产的主要构成部分。在企业需要支付大量现金,而现有现金储备又不足时,可以通过变卖有价证券快速变现,确保支付义务的及时履行。

三、大数据分析在证券投资中的价值和局限性

(一) 大数据分析在证券投资中的价值

1. 提高投资决策的准确性

大数据分析可以帮助投资者全面了解市场动态、行业趋势和宏观经济形势,并利用这些信息作出更准确的投资决策。

2. 发现新的投资机会

大数据分析可以帮助投资者发现传统方法难以发现的投资机会,如利用社交媒体数据分析用户行为,发现市场潜在需求,寻找新的投资机会。

3. 降低投资风险

大数据分析可以帮助投资者识别和评估投资风险,并采取措施降低风险,如利用风险控制模型来管理投资组合的风险。

(二)大数据分析在证券投资中的局限性

大数据分析在证券投资领域发挥了重要作用,但也有局限性。大数据分析的准确性依赖于数据的质量和可靠性,如果数据不准确或不完整,可能会导致错误的分析结果。另外,大数据分析涉及大量敏感数据,如个人信息和交易记录,需要加强数据隐私和安全措施,防止数据泄露和滥用。

思政小课堂

技能训练

任务解析

智维公司财务总监和投资经理应将关注点放在证券投资的特点,尤其是风险上,还需对科技类公司股票价格增值影响因素进行分析。与传统公司证券相比,科技类股票高度依赖于创新和技术进步。这些公司大多处于高增长阶段,并面临着更大的市场风险。此外,科技类股票的投资周期较短,通常面临着快速增长期,其估值通常也较高。智维公司应该敏锐洞察市场,将充满创新潜力、处于成长阶段的公司作为投资标的。当然,无论是哪一类股票,都需要谨慎投资,并从多个角度进行深入分析评估。

任务二 债 券 投 资

教学设计

任务引入

智维公司进行证券投资时,出于稳健性和收益性考虑,优先将资金用于债券投资。现有三种债券可供选择,利率为 2.85% 的 3 年期国债、某国有企业发行利率为 3.90% 的 1 年期债券和某上市公司发行利率为 3.25% 的公司债券。国债收益率最稳定,但相对较低。国有企业债券利率较高,其风险相较于国债也更高。上市公司的利率与风险介于这两者之间。现在公司的投资部需要选择这三种债券投资。在选择时,除了考虑每种债券的风险,还必须对债券投资的价值进行估算。假如你是智维公司的投资经理,应如何对债券投资进行估值?

任务分析

债券投资在一定程度上兼顾了收益性和稳健性,债券常见的发行主体有政府、企业和银行等金融机构。不同主体发行的债券利率差异较大,这与发行主体的信用资质、偿债能力等密切相关。在进行债券估值时,不仅要考虑发行主体资质、项目风险等因素,还要考虑债券市场风险、利率风险等因素。

任务处理

债券投资是企业通过购入债券而成为债券发行单位的债权人,并获取债券利息的投资行为。债券投资行为既可以在一级市场上进行,也可以在二级市场上进行。企业进行短期债券投资的目的是合理利用暂时闲置的资金,调节现金余缺,获得收益;而进行长期债券投资的目的是获得稳定的收益。

一、债券投资估值

债券投资估值是将债券未来收取的利息和收回的本金折算为现值,即可得到债券的内在价值。债券的内在价值也称为债券的理论价格,只有债券价值大于其购买价格时,该债券才值得投资。影响债券价值的因素主要有债券的面值、期限、票面利率和所采用的贴现率等因素。

延伸阅读:《公司债券发行与交易管理办法》

(一)债券估值的基本模型

典型的债券类型有固定的票面利率、每期支付利息、到期归还本金的债券,这种债券未来现金流量可以预知,因为这些都是债券发行协议中规定好的,具有法律效力。这种债券模式下债券价值计量的基本模型是:

延伸阅读:MLF、LPR是什么

$$
\begin{aligned}
V_b &= \sum_{t=1}^{n} \frac{I}{(1+r)^t} + \frac{M}{(1+r)^n} \\
&= \sum_{t=1}^{n} \frac{M \times i}{(1+r)^t} + \frac{M}{(1+r)^n} \\
&= I \times (P/A, r, n) + M \times (P/F, r, n)
\end{aligned}
$$

PPT:债券估值的基本模型

公式中,V_b——债券的价值;

$\quad\quad I$——债券各期的利息;

$\quad\quad M$——债券的面值;

$\quad\quad i$——债券票面利率;

微课:债券估值的基本模型

$\quad\quad r$——债券价值评估时所采用的贴现率,即所期望的最低投资报酬率。一般来说,通常采用市场利率作为评估债券价值时所期望的最低投资报酬率。

从债券价值基本计量模型中可以看出,债券面值、债券期限、票面利率、市场利率是影响债券价值的基本因素。

[例6-1] 华联公司发行普通债券,其面值为1 000元,票面利率为10%,期限为5年,每年付息一次,到期一次还本。假设市场利率(或投资者要求的最低收益率)分别为12%、10%和8%,请分别计算该债券的内含价值。

(1)当市场利率为12%时,该债券的内含价值为:

$$
\begin{aligned}
V_{12\%} &= 1\,000 \times 10\% \times (P/A, 12\%, 5) + 1\,000 \times (P/F, 12\%, 5) \\
&= 1\,000 \times 10\% \times 3.604\,8 + 1\,000 \times 0.567\,4 \\
&= 927.88(\text{元})
\end{aligned}
$$

(2)当市场利率为10%时,该债券的内含价值为:

$$
\begin{aligned}
V_{10\%} &= 1\,000 \times 10\% \times (P/A, 10\%, 5) + 1\,000 \times (P/F, 10\%, 5) \\
&= 1\,000 \times 10\% \times 3.790\,8 + 1\,000 \times 0.620\,9 \\
&= 1\,000(\text{元})
\end{aligned}
$$

(3)当市场利率为8%时,该债券的内含价值为:

$$V_{8\%} = 1\,000 \times 10\% \times (P/A, 8\%, 5) + 1\,000 \times (P/F, 8\%, 5)$$
$$= 1\,000 \times 10\% \times 3.992\,7 + 1\,000 \times 0.680\,6$$
$$= 1\,079.87(元)$$

图片:债券发行价与到期收益率关系

通过上例计算可以看出:

(1) 当债券票面利率＞市场利率时,债券内在价值应高于债券面值;

(2) 当债券票面利率＝市场利率时,债券内在价值应等于债券面值;

(3) 当债券票面利率＜市场利率时,债券内在价值应低于债券面值。

(二)平息债券估价

债券在估值过程中,除了可以按年作为计息单位外,也可以用半年、季度、月份等短于一年的期间为计息单位,这种债券被称为平息债券。这类债券的利息在到期时间内平均支付,其估值使用平息债券估值公式计算:

$$V_b = \sum_{t=1}^{mn} \frac{I/m}{(1+r/m)^t} + \frac{M}{(1+r/m)^{mn}}$$

公式中,m——每年付息次数;

$\quad\quad\quad n$——到期时间的年数;

$\quad\quad\quad V_b$——平息债券的价值;

$\quad\quad\quad I$——债券每年的利息;

$\quad\quad\quad M$——债券的面值;

$\quad\quad\quad r$——表示债券价值评估时所采用的贴现率,即所期望的最低投资报酬率。

[例 6-2] 某公司发行普通债券,其面值为 1 000 元,票面利率为 10%,期限为 5 年,每半年付息一次,到期一次还本。假设市场利率(或投资者要求收益率)为 12%,计算该债券的内含价值。

因为该债券是按半年计息一次,所以 5 年期债券的计息次数等于 10 次(计息期为 10),每期的计息利率为 10%÷2=5%。

由于市场利率为 12% 时,其半年市场利率为 6%,用公式可求得:

$$该债券的内含价值 = 1\,000 \times 10\% \div 2 \times (P/A, 6\%, 10) + 1\,000 \times (P/F, 6\%, 10)$$
$$= 1\,000 \times 5\% \times 7.360 + 1\,000 \times 0.558$$
$$= 926(元)$$

思考:[例 6-1]中,假如把每年付息一次改为每季度付息一次,那么三种市场利率情况下,该债券的价值又将是多少?

(三)零息债券估值

零息债券是指以贴现方式发行,不附息票,而于到期日按面值一次性支付本金的债券。零息债券又称为纯贴现债券,以贴现方式发行,一般没有票面利率,只支付终值,即到期按面值偿还。

零息债券在未来的 n 年后支付 M 金额的面值,折现率为 r,该利率为市场利率或按照投资者要求的必要报酬率。因为面值是债券支付的唯一现金流,所以该种债券的估值计算公式为:

$$V_b = \frac{M}{(1+r)^n}$$

公式中，n——到期时间的年数；

V_b——零息债券的价值；

M——债的面值；

r——债券价值评估时所采用的贴现率即所期望的最低投资报酬率。

[例 6-3]　某公司发行 10 年期零息债券，票面价值为 1 000 元，目前投资者要求的必要报酬率为 8%，计算该债券的估值。

$$V_b = \frac{M}{(1+r)^n} = \frac{1\,000}{(1+8\%)^{10}} = 463.19（元）$$

（四）一次还本付息债券的估价模型

在该模型中，债券投资采取的是到期一次还本且不计复利，即在持有期间不计算利息，到期按照票面利率和期限依据单利计息，其估价公式为：

$$V_b = \frac{M+M\times i}{(1+r)^n} = M\times(1+i\times n)\times(P/F, r, n)$$

公式中，n——到期时间的年数；

V_b——债券的价值；

M——债券的面值；

i——债券票面利率；

r——债券价值评估时所采用的贴现率即所期望的最低投资报酬率。

[例 6-4]　某公司计划在 2025 年 4 月投资政府发行的债券，该债券的面值为 2 000 元，票面利率为 6%，期限为 10 年，当前的市场利率为 5%，利息采用单利计息，到期一次还本并付息。计算该债券市场价格为多少时，该公司才可以进行投资。

根据一次还本付息估价模型：

$$
\begin{aligned}
V_b &= M\times(1+i\times n)\times(P/F, r, n) \\
&= 2\,000\times(1+6\%\times10)\times(P/F, 5\%, 10) \\
&= 2\,000\times(1+6\%\times10)\times0.613\,9 \\
&= 1\,964.48（元）
\end{aligned}
$$

通过估算，该债券的价值为 1 964.48 元，只有当市场价格低于 1 964.48 元时，该公司才可以进行投资。

除了用以上模型对债券进行估值，企业和投资者还可以利用大数据技术分析历史债券价格数据、发行人财务数据、宏观经济数据等，预测未来债券价格的走势，评估债券的信用风险，判断债券投资的时机。

二、债券收益

（一）债券收益的来源

债券投资的收益是投资于债券所获得的全部投资报酬，这些投资报酬来源于三个方面。

1. 名义利息收益

债券各期的名义利息收益是其面值与票面利率的乘积。

2. 利息再投资收益

债券投资评价时,有两个重要的假定:第一,债券本金是到期收回的,而债券利息是分期收取的;第二,将分期收到的利息重新投资于同一项目,并取得与本金同等的利息收益率。

3. 价差收益

价差收益是指债券尚未到期时投资者中途转让债券,在卖价和买价之间的价差上所获得的收益,也称为资本利得收益。

(二)债券到期收益率

债券的到期收益率也称内部收益率,是指按当前市场价格购买债券并持有至到期日或转让日所产生的预期报酬率,也就是债券投资项目的内含报酬率。在债券价值估价基本模型中,如果用债券的购买价格 P_0 代替内在价值 V_b,就能求出债券的内部收益率。也就是说,用该内部收益率贴现所决定的债券内在价值,刚好等于债券当前的购买价格。

债券真正的内在价值是按市场利率贴现所决定的内在价值,当按市场利率贴现所计算的内在价值大于按内部收益率贴现所计算的内在价值时,债券的内部收益率才会大于市场利率,这正是投资者所期望的。

[例 6-5] 假定投资者于 2025 年 1 月 1 日以 1 010 元的价格购买某公司发行的债券并持有两年至到期日。该债券每年 1 月 1 日计息一次,到期还本。债券面值为 1 000 元,票面利率为 10%,计算该债券持有至到期日的收益率。

根据债券估值模型可得:

$$1\,010 = 1\,000 \times 10\% \times (P/A, r, 2) + 1\,000 \times (P/F, r, 2)$$

因为无法直接计算出收益率,所以必须先采用试差法测算出收益率的大概范围,再使用插值法求出收益率。

1. 使用试差法测试收益率范围

(1) 使用 $k = 10\%$ 测算:

$$
\begin{aligned}
V_b &= 1\,000 \times 10\% \times (P/A, 10\%, 2) + 1\,000 \times (P/F, 10\%, 2) \\
&= 1\,000 \times 10\% \times 1.735\,5 + 1\,000 \times 0.826\,4 \\
&= 999.95(元)
\end{aligned}
$$

因为 999.95 元小于 1010 元的购买价格,故应降低折现率进行测试。

(2) 使用 $k = 8\%$ 测算:

$$
\begin{aligned}
V_b &= 1\,000 \times 10\% \times (P/A, 8\%, 2) + 1\,000 \times (P/F, 8\%, 2) \\
&= 1\,000 \times 10\% \times 1.783\,3 + 1\,000 \times 0.857\,3 \\
&= 1\,035.63(元)
\end{aligned}
$$

因为 1 035.63 元大于 1010 元的购买价格,所以债券的报酬率为 8%~10%,故采用插值法进行计算。

2. 使用插值法进行计算

$$\frac{r-8\%}{10\%-8\%}=\frac{1\,010-1\,035.63}{999.95-1\,035.63}$$

求解得 $r \approx 9.44\%$

三、债券投资评价

视频：超长期特别国债有助于优化我国债务结构

(一) 债券投资的优点

1. 本金安全性高

对于债券投资者而言，投资债券较投资其他有价证券（如股票）的风险要低，尤其是投资国家发行的债券，安全性最高，通常被认为是无风险投资。尽管投资企业债券的风险不如政府债券低，但当企业破产时，债券投资者可以较其他投资主体享有优先索偿权，因此，对于债券投资者而言，所蒙受的损失相对较小。

新时期·新实践

自 2023 年下半年起，科创债市场在政策支持和市场需求的双重作用下迎来显著增长，科创债的一级市场发行量和二级市场交易热度均有显著提升。

数据显示，2024 年第一季度，上交所科创债发行延续快速增长势头，发行量为 755 亿元，同比增长 184%。科创债 3 月成交量达 1 241.59 亿元，较前一月提升 674.25 亿元，达到历史最高水平。

国家持续加强对科技创新领域的扶持，激发了科创企业的融资热情，它们对资金的需求日益增长。与此同时，当前科创债整体风险与非科创的城投债、产业债并无明显差别，随着基准利率的下行趋势增强，债券市场的价值逐渐上升，且流动性也有显著改善趋势，使得债券投资对于投资者的吸引力不断增强。

资料来源：张欣然.科创债成债券创新品种"顶流"[N].上海证券报，2024-05-06.

2. 市场流动性强

与其他有价证券相比，债券在市场上的流动性强，尤其是政府、金融机构和经营效益好的上市公司发行的债券。投资者投资这些债券能够在金融市场迅速地进行买卖，从而获得债券强流动性带来的益处。

3. 收入稳定

债券票面上通常有固定利率和面值，而且在发行时承诺到期还本或在期限内付息等内容，所以投资债券通常能够获得稳定的收入。

(二) 债券投资的缺点

1. 无经营管理权

债券投资者作为债权人，仅享有按期收取利息和到期收回本金的权利，无权参与发行方的经营管理决策，亦无法对其运营施加实质性影响或控制。

2. 购买力风险大

债券投资者虽以票面利率锁定名义收益率，但因通货膨胀引发的市场利率波动，常导致实际利率偏离预期,进而造成实际收益缩水或投资损失。

思政小课堂

技能训练

▼ **任务解析**

(1) 通过任务处理,我们知道了债券面值、债券期限、票面利率、最低投资报酬率(市场利率)是计算债券价值的必备要素,同时需要注意的是债券的付息时间不同也会对债券价值产生影响。我们在进行债券估值时比较难确定的就是最低投资报酬率(市场利率),这个指标的确定受很多外部因素的影响。

(2) 债券估值只是单纯地从财务收益的角度考虑债券投资,在实际的债券投资过程中,我们需要根据企业的实际情况、风险偏好、流动性等综合考虑债券投资的选择。

(3) 除了估算债券价值来比较各个债券投资之间的财务收益,还可以通过计算债券到期收益率的方式来比较各个债券投资之间的收益差异。一般采用插值法来粗略估算到期收益率。

任务三 股 票 投 资

教学设计

▼ **任务引入**

智维公司在制定未来 3 年的发展规划时,决定进一步巩固公司原有的软件、媒体广告业务,同时向数字媒体领域拓展,并分两个阶段逐步推进。第一阶段以股权投资的形式参与供应商、客户的研发经营活动,逐步了解数字媒体发展情况。第二阶段是自行研发投产数字媒体等相关技术、销售渠道等。与智维公司长期合作的数字媒体有两三家,各有特点,有的从事综合媒体发展,数字技术不突出,只停留在概念层面;有的是专攻数字技术,特色明显,但是股本少、股价高,现在正处于研发攻坚阶段,智维公司应选择哪家数字媒体进行股票投资?除了满足企业战略规划、配合企业发展目标外,公司在股票投资时,也要考虑标的公司股票价格是否适合入手的问题。股票作为有价证券如何来计算它的价值? 它和债券投资的估值有什么差异? 我们在计算股票价值的时候需要注意哪些问题?

▼ **任务分析**

公司的股票投资行为往往具有多种目的,在选定股票投资标的的时候需要多方面考虑。第一,股票投资应具备一定投资收益性,即公司购买股票所耗费的成本一般不应该超过股票的价值,所以股票估值成为公司进行股票投资的必要考量因素,股票投资相较于债券投资风险更大,投资必要收益率也更高。第二,公司进行股票投资往往需要和经营战略规划相契合,所以在进行股票投资时需要考虑购买的股票能否给自身经营发展带来帮助,能否实现企业的长期战略规划。

▼ **任务处理**

股票是股份证书的简称,是股份公司为筹集资金而发行给股东作为持股凭证并借以取得股息和红利的一种有价证券。每股股票都代表股东对企业拥有一个基本单位的所有权。这种所有权是一种综合权利,如参加股东大会、投票表决、参与公司的重大决策、收取股息或分享红利等。股东是公司的所有者,以其出资份额为限对公司负有限责任,承担风险,分享收益。股票投资的目的主要有两个:第一是获利,即作为一般证券投资,获取股利收入和股票买卖差价收入;第二是控股,即利用购买某一企业的大量股票以控制该企业。

一、股票投资的特征

延伸阅读:
科创板发行
条件

相对于债券投资而言,股票投资具有以下几个特征。

(一)股权性

股票投资与债券投资相比,性质不同。债券投资属于债权性投资,债券代表的是债权、债务凭证,持有人作为发行公司的债权人,只能获得定期、稳定的利息收益,无权参与公司的经营决策权;而股票投资是股权性投资,股票代表的是一种所有权,持有股票的人是股东,有权参与公司的决策权。

(二)高风险

股票投资不能要求偿还本金,只能在资本市场进行转让。因此,股票投资者面临两种风险:①股票发行公司经营不善所形成的风险。假如公司经营不善,发生了亏损,甚至破产,由于股东的求偿权位于债权人之后,因此股东可能收不回投资本金。②股票价格变动形成的价差损失风险。股票价格的变动受多种因素的影响,经常处于变动之中,而且变动幅度高于债券的收益。

新时期 · 新实践

2024年1月25日至26日,中国证监会召开2024年系统工作会议。会议强调,要突出以投资者为本的理念。从维护市场公平性出发,系统梳理评估资本市场关键制度安排,重点完善发行定价、量化交易、融券等监管规则,旗帜鲜明地体现优先保护投资者特别是中小投资者的合法权益。进一步落实资本市场防假打假综合惩防体系,加大对欺诈发行、财务造假、操纵市场、内幕交易等案件的查办力度,提升案件查办效率,对性质恶劣、危害严重的,进一步强化行政民事刑事立体追责,让违法者付出惨痛代价。充分用好集体诉讼、代位诉讼、"示范判决+专业调解"等机制,让投资者更加便捷、直接地获得赔偿。大力推动提升上市公司的可投性,完善上市公司质量评价标准,督促和引导上市公司强化回报投资者的意识,更加积极开展回购注销、现金分红。推动完善公司治理,建立对上市公司实际控制人等"关键少数"更加严密有效的监管制度。加快构建中国特色估值体系,支持上市公司通过市场化并购重组等方式做优做强,推动将市值纳入央企、国企考核评价体系,研究从信息披露等角度加大对低估值上市公司的约束。巩固深化常态化退市机制,坚持"应退尽退",加速优胜劣汰。压实保荐机构、会计师事务所等中介机构"看门人"责任,坚持"申报即担责",对"带病闯关"的,严肃核查、严厉惩治。督促公募基金等投资机构履行受托责任,增强专业能力,更好服务居民财富保值增值。

(三)高收益

由于投资风险较高,股票作为一种收益不固定的证券,其收益一般高于债券。股票投资收益的高低,取决于公司的盈利水平和整体宏观经济环境。

(四)股票价格波动性大

股票的市场价格一般与股票面值不一致。股票价格变动受发行公司的经营状况、股市投资者信心等多种因素的影响,波动性较大。

新时期·新实践

2024 年 4 月 23 日,商汤科技举办技术交流日活动,推出了 6 000 亿参数大模型日日新 5.0。商汤科技发文表示,日日新 5.0 大模型具备更强的知识、数学、推理及代码能力,综合性能全面对标 GPT-4 Turbo,并在主流客观评测上达到或超越 GPT-4 Turbo。4 月 24 日,商汤科技股价大涨超过 30%后紧急暂停交易。

二、股票投资估值

投资于股票预期获得的未来现金流量的现值,即为股票的价值或内在价值、理论价格。股票是一种权利凭证,它之所以有价值,是因为它能给持有者带来未来的收益,这种未来的收益包括各期获得的股利、转让股票获得的价差收益、股份公司的清算收益等。价格小于内在价值的股票,是值得投资者投资购买的。股份公司的净利润是决定股票价值的基础。股票给持有者带来未来的收益一般是以股利形式出现的,决定着股票价值。

由于股票是永久性投资,所以对于投资者而言,既可以长期持有,也可以短期持有,时间的长短决定了投资企业的收益不同,也产生了不同的估价模型。

(一)股票投资的基本模型

(1)从理论上说如果股东永久持有股票,股票投资没有到期日,股东所得到的未来现金流量是各期的股利。假定某股票未来各期股利为 D_t(t 为期数),r 为估价所采用的贴现率,即期望最低收益率,股票价值的估价模型为:

$$V_s = \frac{D_1}{(1+r)^1} + \frac{D_2}{(1+r)^2} + \cdots + \frac{D_n}{(1+r)^n} = \sum_{t=1}^{\infty} \frac{D_t}{(1+k)^t}$$

公式中:V_s——股票的内在价值;

D_t——第 t 期支付的股利;

r——投资者必要报酬率(贴现率)。

(2)普通股股票持有者的现金收入由两部分构成:一部分是在股票持有期间收到的现金股利;另一部分是出售股票时得到的变现收入。以 P_n 表示出售股票时得到的变现收入(即变现时的股票价格),必要收益率为 r,则股票当前的价值为:

$$V_s = \frac{D_1}{(1+r)^1} + \frac{D_2}{(1+r)^2} + \cdots + \frac{D_n}{(1+r)^n} + \frac{P_n}{(1+r)^n} = \sum_{t=1}^{n} \frac{D_t}{(1+r)^t} + \frac{P_n}{(1+r)^n}$$

[例 6-6] 一只股票预期未来 3 年每年每股可获现金股利 3 元,3 年后该只股票的预期售价为每股 20 元,要求的最低回报率为 18%,计算该股票目前的价值。

$$V_s = \frac{D_1}{(1+r)^1} + \frac{D_2}{(1+r)^2} + \cdots + \frac{D_n}{(1+r)^n} + \frac{P_n}{(1+r)^n}$$

$$= \frac{3}{(1+18\%)^1} + \frac{3}{(1+18\%)^2} + \frac{3}{(1+18\%)^3} + \frac{20}{(1+18\%)^3}$$

$$= 18.7(元)$$

（二）股票投资的常见估值模型

1. 长期持有且股利固定股票估价模型

PPT：股票投资的常见估值模型

长期持有且股利固定股票估价模型也称为零增长股利模型，是假设股票的未来各期股利为零增长，从而未来各期股利是固定的。这样，股东所得到的各期股利就是年金形式，即：

$$D_1 = D_2 = D_3 \cdots = D_n = D$$

微课：股票投资的常见估值模型

又因为股票没有到期日，所以 $n \to \infty$，所以符合永续年金的特点。此种类型的股票估值模型是：

$$V_s = \frac{D}{r}$$

[例6-7]　假如[例6-6]中股利每期都是3元，且股利固定，投资者长期持有，计算股票投资价值。

$$V_s = \frac{D}{r} = \frac{3}{18\%} = 16.67(元)$$

2. 股利固定增长股票估价模型

股利固定增长股票估价模型是假定公司未来股利按某一固定增长率 g 增长，在这种情况下，未来第 t 期的预期股利 $D_t = D_0(1+g)^t$，根据股票估价一般模型则有：

$$V_s = \frac{D_1}{(1+r)^1} + \frac{D_2}{(1+r)^2} + \cdots + \frac{D_n}{(1+r)^n}$$

$$= \frac{D_1}{(1+r)^1} + \frac{D_1(1+g)}{(1+r)^2} + \cdots + \frac{D_1(1+g)^t}{(1+r)^n}$$

假设 $r > g$，上式可简化为：

$$V_s = \frac{D_1}{r-g}$$

公式中：D_1——未来第一期的股利；

　　　　r——投资者必要报酬率；

　　　　g——股利增长率。

这种模型是由美国财务学教授戈登最先研究并予以推广，因此也称为戈登模型。

[例6-8]　某公司准备投资购买A股份有限公司的股票，该股票去年每股股利为2元，预计以后每年以4%的增长率增长。该公司要求的最低收益率为10%，计算该种股票的价值。

$$V_s = \frac{D_1}{r-g} = \frac{2 \times (1+4\%)}{10\% - 4\%} = 34.67(元)$$

图片:股票价值估算的模型

延伸阅读:市盈率法估值原理

3. 非固定增长型股票估价模型

在实际投资分析中,有的公司股利不是固定不变的或固定增长的,而是呈现出一定的阶段性,假设在一段时间内高速成长,在另一段时间内正常固定增长或固定不变,在这种情况下,就要分阶段去计算股票的内在价值。

[例 6-9] 某投资者持有 B 公司的股票,必要报酬率为 15%。预计 B 公司未来 3 年股利将高速增长,增长率为 20%。在此以后转为正常增长,股利增长率为 12%,B 公司最近支付的股利为 2 元,计算 B 公司股票的内在价值。

首先,计算非正常增长期股利的现值,计算过程如表 6-1 所示。

表 6-1 非正常增长期股利的现值 单位:元

年份	股利(D_t)	现值系数(15%)	现值
1	2×1.2＝2.4	0.870	2.088
2	2.4×1.2＝2.88	0.756	2.177
3	2.88×1.2＝3.456	0.658	2.274
合计			6.539

其次,计算第三年底的股票内在价值:

$$V_3 = \frac{D_4}{r-g} = \frac{D_3 \times (1+g)}{r-g} = \frac{3.456 \times (1+12\%)}{15\% - 12\%} = 129.02(元)$$

计算其现值＝129.02×(P/F,15%,3)＝129.02×0.658＝84.90(元)

最后,计算该股票的内在价值:

$$V = 6.539 + 84.9 = 91.439(元)$$

新时期·新实践

为强化新股发行、询价、定价、配售各环节监管,提高投资价值研究报告撰写质量,为网下投资者参与询价提供更加客观审慎的估值参考,上交所新制定了《证券发行与承销规则适用指引第 3 号——投资价值研究报告关注事项(试行)》。

一是明确撰写关注事项。重点围绕基本面分析、盈利预测、估值分析及结论、风险提示等内容,特别是对存在估值结论对应市盈率、每股价格、超额募集资金处于较高水平等市场关注情形的,明确针对性分析和充分性论证要求。

二是强化自律监管。旨在强化投资价值研究报告事后监管和中介机构声誉约束,通过对报告撰写质量开展事后回溯和分类评价管理,压实中介机构责任。

此外,投资者可以借助人工智能辅助股票估值及选择股票。一是模式识别。人工智能技术可以识别证券价格走势和市场情绪中的模式,帮助投资者发现投资机会并作出更准确的投资决策。二是自然语言处理。通过利用 ChatGPT 等最先进的语言模型来分析新闻报道、财务报告等文本,从中提取有用信息,帮助投资者理解市场情绪和公司基本面。三是机器学习。人工智能技术可以利用机器学习算法快速处理和分析财务数据,帮助投资者以前所未有的速度和准确性识别被低估或高估的股票,从而提高投资决策的准确性。

三、股票投资评价

(一)股票投资的优点

股票投资是一种最具有挑战性的投资,其收益和风险都比较高。股票投资的优点主要有以下3点。

1. 能获得比较高的报酬

普通股票的价格虽然变动频繁,但从长期看,优质股票的价格总是上涨的居多,只要选择得当,一般都能获得优厚的投资收益。

2. 能适当降低购买力风险

普通股的股利不固定,在通货膨胀率比较高时,物价普遍上涨,股份公司盈利增加,股利的支付也随之增加,因此,与固定收益的证券相比,普通股能有效降低购买力风险。

3. 拥有一定的经营控制权

普通股股东属股份公司的所有者,有权监督和控制公司的生产经营情况,因此,欲控制一家公司,最好的途径就是收购这家公司的股票。

(二)股票投资的缺点

股票投资的缺点主要是风险大,这是因为:

(1)普通股对公司资产和盈利的求偿权均居最后。公司破产时,股东原来的投资可能得不到全数补偿,甚至可能一无所有。

(2)普通股的价格受众多因素影响,很不稳定。政治因素、经济因素、投资人心理因素、企业的盈利情况、风险情况等,都会影响股票价格,这也使股票投资具有较高的风险。

(3)普通股的收入不稳定。普通股股利的多少,视企业经营状况和财务状况而定,其有无、多寡均无法律上的保证,其收入的风险也远远大于固定收益证券。

视频:积极推进长期股票投资试点

▼ **任务解析**

(1)股票投资估值模型主要是股权自由现金流量折现模型(FCFE),股票投资未来现金流量基于投资者必要收益率折现的现值总和,在实际估值中,由于股利不稳定特点,又可以分为股利增长模型、股利不变模型、非固定增长型股票估价模型等。

(2)股票投资与债券投资的主要区别在于:从投资收益来看,股票投资收益不确定,具有较强的波动性。从投资风险来看,债券投资按事先约定还本付息,收益稳定,投资风险较小;股票投资因股票分红收益的不确定性和股票价格起伏不定,成为风险较大的证券投资。从投资权利来看,股票投资者的权利最大(优先股除外),其作为股东有权参与企业的经营管理。

(3)智维公司投资经理在进行股票投资时,要考虑以下几个方面来选定投资标的股票,以更好地帮助公司转型升级。第一,要考虑拟购买股票企业的股权结构;第二,要考虑标的股票公司财务状况、行业发展前景、估值等方面。此外,投资者应仔细了解公司研发投资、核心技术、现金流等。投资者还应深入了解这2~3家目标公司市场规模,盈利模式、发展策略、未来增长潜力、竞争格局等因素。

思政小课堂

技能训练

▼ 项目小结

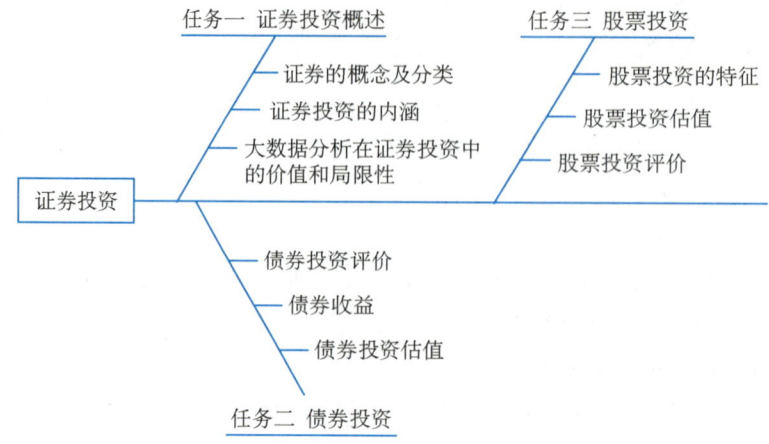

```
任务一 证券投资概述              任务三 股票投资
          ├─ 证券的概念及分类              ├─ 股票投资的特征
          ├─ 证券投资的内涵                ├─ 股票投资估值
          └─ 大数据分析在证券投资中          └─ 股票投资评价
             的价值和局限性
证券投资 ─┤
          ├─ 债券投资评价
          ├─ 债券收益
          └─ 债券投资估值
       任务二 债券投资
```

▼ 实战模拟

华兴公司拟购买某公司债券作为长期投资（打算持有至到期日），要求的必要收益率为6%。2024年1月1日，有三家公司同时发行5年期的债券，面值均为1 000元。其中，甲公司债券的票面利率为8%，每年付息一次，到期还本，债券发行价格为1 041元；乙公司债券的票面利率为8%，单利计息，到期一次还本付息，按复利折现，债券发行价格为1 050元；丙公司债券的票面利率为零，债券发行价格为750元，到期按面值还本。要求：

（1）若华兴公司决定在这三家公司发行债券时（即2024年1月1日）进行债券投资：

① 计算华兴公司购入甲公司债券的价值和内部收益率。

② 计算华兴公司购入乙公司债券的价值和内部收益率。

③ 计算华兴公司购入丙公司债券的价值。

④ 根据上述计算结果，评价甲、乙、丙三种公司债券是否具有投资价值，并为华兴公司作出购买何种债券的决策。

（2）若华兴公司2024年1月1日购买并持有甲公司债券，2年后将其以1 050元的价格出售，利用简便算法计算该项投资收益率。

（3）若华兴公司决定1年后即2025年1月1日再进行债券投资，预计2025年1月1日甲公司和乙公司债券的价格均为1 070元。计算2025年1月1日甲、乙公司债券的价值，并为华兴公司作出决策。

本项目专业术语

实战模拟答案

思政案例

项目七
项目投资管理

情景设计

　　智维公司董事会经过充分讨论认为公司应该抢抓数字科技发展黄金期,具体思路是借助数字科技对原有的软件、数字媒体等产品服务进行升级改造。智维公司已完成了前期数字产品市场需求调研工作,认为在细分市场方面,公司具有较大的优势。智维公司希望加大投资力度,提高原有产品或服务质量。在选择投资方式时,智维公司内部形成两种意见:一种是从其他企业购买新的研发技术,然后本地化改良;另一种是自行研发设计建造。

　　两种方案从技术上说,都具有可行性,但也都有优点和缺点,向其他企业购买新的研发技术投资额相对较小、投产较快,但是对应的产能没有那么大。自行建造的生产线投资较大,建设期相对较长,但是投产后产能较高。公司总经理对财务总监下达了编制项目投资方案分析报告的任务,以实现投资决策。

　　如果你是公司投资部经理,财务总监把这个任务交给你,你在进行两种投资方案报告编制时应该考虑什么因素? 选取什么指标能比较好地进行量化对比? 在考虑投入和产出的时候,是否应该考虑项目风险因素?

　　情景分析:项目投资是企业重要的投资决策,与证券投资存在较大差异,如投资周期较长、投资金额较大、风险因素多等特点。因此,在进行项目投资决策时,应该充分考虑项目投资回收期、盈利性、项目技术可行性等方面,并且对项目投资风险有较为充分的认知与应对策略。

素养提升目标

※思政素养

　　(1) 认识项目投资在社会经济发展中的作用,培养服务于国家富强的家国情怀和责任担当。

(2) 结合项目投资风险的相关知识,在学习、生活和未来工作中自觉树立忧患意识、风险意识、责任意识,坚定底线思维,提高防控能力。

※理论素养

(1) 了解项目投资的含义和基本原则、分类。

(2) 了解投资项目估算应注意的问题。

(3) 理解现金流量的含义、分类、项目的计算期等指标。

(4) 掌握项目现金流量的构成以及估算、项目投资决策的评价指标。

(5) 理解投资决策方法以及决策规则、新建固定资产决策分析及固定资产更新决策。

(6) 理解风险投资决策原理及方法。

※能力素养

(1) 能够明确区分项目投资建设期与生产经营期、原始投资额与投资总额。

(2) 能够计算项目初始现金流量、营业期现金流量及终结期现金流量。

(3) 能够区分项目相关成本和非相关成本,准确计算所得税和折旧对现金流量的影响。

(4) 能够对投资项目静态评价指标和动态评价指标进行对比分析。

(5) 能够运用现金流量、投资项目指标评价等方法,进行具体的项目投资决策分析。

(6) 能够对项目投资进行风险分析并作出投资决策建议。

※职业素养

(1) 通过学习项目投资概念、特点等内容,培养正确、健康的投资观念。

(2) 通过对现金流量、静态评价指标和动态评价指标等指标的计算学习,培养严谨、仔细认真的职业素养。

任务一　项目投资概述

▼任务引入

教学设计

　　智维公司希望借助数字科技对原有的软件、数字媒体等产品服务进行升级改造,加大投资力度,提高原有产品或服务质量。但在投资方式决策时,该公司内部形成两种意见:一种是从其他企业购买新的研发技术,然后本地化改良;另一种是自行研发设计建造。对此,该公司内部意见不一,有董事提出公司应该抢抓行业发展窗口期,轻资产运行模式,快速实现产能优化;也有董事提出反对意见,认为这不是战术性投资,而是决定企业未来发展的战略投资,应该慎重,且不应该选择轻资产模式。

　　面对智维公司的投资决策方案,公司董事会、投资决策与风险部门应该从哪些方面着手分析呢?

▼任务分析

　　项目投资主要针对的对象和证券投资不同,主要以固定资产等实物性投资为主,主要的目的是改善生产条件、扩大生产能力等。因此,企业应该基于自身的经营发展需求,对项目投资目的、形式、具体计划、策略等建立明确的规划,以更好地做好企业项目投资。

不同于证券投资,项目投资对于企业日常经营能力的形成具有重要作用。对于科技类公司而言,项目投资往往投资金额大、投资回收期长,受技术更迭代影响较大。智维公司在进行具体项目投资前,需对项目投资技术、投资环境、投资方式及资金构成等方面进行全面、详细的分析,不仅要弄清楚本次项目投资与公司其他项目的关系,还要对项目市场前景、技术迭代风险、融资环境等进行充分论证。

▼ 任务处理

广义地讲,投资是指特定经济主体(包括政府、企业和个人)以本金回收并获利为基本目的,将货币、实物资产等作为资本投放于某一个具体对象,以在未来较长期间内获取预期经济利益的经济行为。企业投资,简言之,是企业为获取未来长期收益而向一定对象投放资金的经济行为。例如,购建厂房设备、兴建电站、购买股票债券等经济行为,均属于投资行为。

视频:有效投资持续扩大 助力经济高质量发展

一、企业投资的意义

企业需要通过投资配置资产,才能形成生产能力,增加未来的经济利益,有效减少各类风险。

(一)投资是企业生存与发展的基本前提

企业的生产经营,就是企业资产的运用和资产形态的转换过程。投资是一种资本性支出的行为,通过投资支出,企业购建流动资产和长期资产,并将它们有机地结合起来,形成企业的综合生产经营能力。此外,如果企业想要进军一个新兴行业,或者开发一种新产品,都需要先行进行投资。可以说,投资决策的正确与否,直接关系到企业的兴衰成败。

(二)投资是获取利润的基本前提

企业投资的目的,是通过预先垫付一定数量的货币或实物形态的资本,购建和配置形成企业的各类资产,从事某类经营活动,获取未来的经济利益。通过投资形成生产经营能力,企业才能开展具体的经营活动,获取经营利润。

(三)投资是企业风险控制的重要手段

企业的经营面临着各种风险,有来自市场竞争的风险,有资金周转的风险,还有原材料涨价、费用居高不下等成本的风险。投资是企业风险控制的重要手段。通过投资,可以将资金投向企业生产经营的薄弱环节,使企业的生产经营能力配套、平衡、协调;可以实现多元化经营,将资金投放于经营相关程度较低的不同产品或不同行业,分散风险,稳定收益来源,降低资产的流动性风险、变现风险,增强资产的安全性。

二、企业投资管理的特点

企业的投资活动与经营活动是不相同的,投资活动的结果对企业在经济利益上有较长期的影响,涉及的资金多、经历的时间长,对企业未来的财务状况和经营活动都有较大的影响。与日常经营活动相比,企业投资的主要特点表现在以下几点。

(一)属于企业的战略性决策

企业的投资活动一般涉及企业未来的经营发展方向、生产能力和规模等问题,如厂房设备的新建与更新、新产品的研制与开发、对其他企业的股权控制等,是企业简单再生产得以顺利进行并实现扩大再生产的前提条件。

(二)属于企业的非程序化管理

企业有些经济活动往往不会经常性地重复出现,如新产品开发、设备更新、企业兼并等,这些活动被称为非例行性活动。非例行性活动只能针对具体问题,按特定的影响因素、相关条件和具体要求来进行审查和抉择。对这类非重复性特定经济活动进行的管理,称为非程序化管理。

(三)投资价值的波动性大

投资项目的价值是由投资标的物的内在获利能力决定的。这些标的资产的形态是不断转换的,使得未来收益的获得具有较强的不确定性,其价值也具有较强的波动性。同时,各种外部因素,如市场利率、物价等的变化,也时刻影响着投资标的资产价值。因此,企业投资管理决策时,要充分考虑投资项目的时间价值和风险价值。

新时期·新实践

投资在扩内需、稳经济中发挥着关键作用。中央经济工作会议提出,2023年要"着力扩大国内需求"。春节临近,地方两会进入收尾阶段。梳理多地政府工作报告发现,各地都在着力扩大有效投资,特别是将推进重大项目投资摆在突出位置。

江苏制定的一份2023年度省级重大项目清单,220个项目年度计划总投资5 666亿元,较上一年增加76亿元。另有储备项目45个,比上一年增加18个。储备项目数量大幅增加,旨在为稳投资、稳增长蓄能储劲。

安徽明确固定资产投资力争增长10%以上,并提出要建立全省招大引强的"赛马"激励机制,围绕十大新兴产业强链延链补链,大力招引世界500强、全国制造业百强、行业隐形冠军、独角兽等企业,对市县新开工建设100亿元级、80亿元级、50亿元级等重大产业类项目,分类给予激励。重大项目投资中,产业项目是"重头戏"。各地聚焦本地优势产业,纷纷招引、上马重大产业项目强链补链延链。

黑龙江提出,将实施省级重点项目1 000个,完成年度投资3 000亿元,还明确要加快大庆聚碳酸酯、深圳联合飞机大型无人机等重点产业项目建设。"重大产业项目是传统产业高端化、智能化、绿色化改造的重要牵引力。"黑龙江省政协委员、哈尔滨能创数字科技有限公司总经理于海瀛说,黑龙江是传统制造业大省,传统制造业在产业链稳定性和抗风险能力上仍有不足,上马一批重大项目可强链补链。

广东则提出,要提升产业链供应链韧性和安全水平,加快补齐集成电路、工业母机等产业链关键环节,实施龙头企业保链稳链工程、汽车零部件产业强链工程,推进巴斯夫一体化基地、埃克森美孚惠州乙烯等产业链重大项目建设。多位省人大代表、省政协委员表示,扩大有效投资,特别是重大优质项目投资,将为区域高质量发展注入强劲动能,为持续改善民生、提升群众幸福感夯实基础。

三、企业投资的分类

将企业投资的类型进行科学分类,有利于分清投资的性质,按不同的特点和要求进行投资决策,并加强投资管理。

(一)直接投资和间接投资

按投资活动与企业本身的生产经营活动的关系,企业投资可以划分为直接投资和间接投资。

直接投资是指将资金投放于形成生产经营能力的实体性资产,直接取得经营利润的企业投资。

间接投资是指将资金投放于股票、债券等权益性资产上的企业投资。之所以称为间接投资,是因为股票、债券的发行方在筹集到资金后,会把这些资金投放于形成生产经营能力的实体性资产,获取经营利润。

(二)项目投资与证券投资

按投资对象的存在形态和性质,企业投资可以划分为项目投资和证券投资。企业可以通过投资,购买具有实质内涵的经营资产,包括有形资产和无形资产,形成具体的生产经营能力,开展实质性的生产经营活动,取得经营利润。这类投资称为项目投资。

企业可以通过投资购买证券资产,通过证券资产上所赋予的权利,间接控制被投资企业的生产经营活动,获取投资收益。这类投资称为证券投资。

(三)对内投资与对外投资

按投资活动资金投出的方向,企业投资可以划分为对内投资和对外投资。对内投资是指在本企业范围内部的资金投放,用于购买和配置各种生产经营所需的经营性资产。对外投资是指向本企业范围以外的其他单位的资金投放。

延伸阅读:
多元化投资
陷阱

(四)独立投资与互斥投资

按投资项目之间的相互关联关系,企业投资可以划分为独立投资和互斥投资。独立投资是相容性投资,各个投资项目之间互不关联、互不影响,可以同时并存。例如,建造一个饮料厂和建造一个纺织厂,它们之间并不冲突,可以同时进行。对于一个独立投资项目而言,其他投资项目是否被采纳,对本项目的决策并无显著影响。因此,独立投资项目决策考虑的是方案本身是否满足某种决策标准。

四、投资管理的原则

为了适应投资项目的特点和要求,实现投资管理的目标,做出合理的投资决策,需要制定投资管理的基本原则,据以保证投资活动的顺利进行。

图片:投资
管理的原则

(一)可行性分析原则

投资项目的金额大,资金占用时间长,一旦投资后具有不可逆转性,对企业的财务状况和经营前景影响重大。因此,在投资决策之时,必须建立严密的投资决策程序,进行科学的可行性分析。投资项目可行性分析是投资管理的重要组成部分,其主要任务是对投资项目实施的可行性进行科学的论证,主要包括环境可行性、技术可行性、市场可行性、财务可行性等方面。项目可行性分析将对项目实施后未来的运行和发展前景进行预测,通过定性分析和定量分析比较项目的优劣,为投资决策提供参考。

党的二十大报告指出,要加快构建新发展格局,着力推动高质量发展。高质量发展需要高质量的投资,高质量的投资需要高质量的投资决策,高质量的投资决策需要高质量的可行性研究。要实现投资高质量发展,就必须强化投资项目可行性研究的基础作用,深入把握项目可行性研究的重点,着重提高投资综合效益,注重防控项目决策、建设、运营风险,推动投资项目转化为有效投资,助力经济社会健康可持续发展。按照政府投资项目和企业投资项目分类管理的总体思路,围绕项目建设必要性、方案可行性及风险可控性三大目标,更加注重从项目全生命周期出发统筹拟定项目投融资和建设实施方案,更加注重经济、社会、环境等新评价理念的应用,更加注重可行性研究重点内容的逻辑衔接,将扩大内需、碳达峰碳中和、自主创新,以及投资建设数字化等新要求有机融入可行性研究制度规范。在具体适用过程中,要重点把握好项目发起、可行性研究、项目决策、建设准备、建设实施、运营管理,以及涉及项目全生命周期的投融资与财务管理、风险管控等一系列具体环节。这些环节既有先后顺序,又互相交叉、影响和制约,必须客观地进行经济、社会、环境等影响论证评价,准确识别和管控各类风险,在此基础上择优提出项目建设实施方案。

(二)结构平衡原则

一个投资项目的管理就是综合管理。资金既要投放于主要生产设备,又要投放于辅助设备;既要满足长期资产的需要,又要满足流动资产的需要。投资项目在资金投放时,要遵循结构平衡原则,合理分布资金,具体包括固定资金与流动资金的配套关系、生产能力与经营规模的平衡关系、资金来源与资金运用的匹配关系、投资进度和资金供应的协调关系、流动资产内部的资产结构关系、发展性投资与维持性投资的配合关系、对内投资与对外投资的顺序关系、直接投资与间接投资的分布关系等。

(三)动态监控原则

投资的动态监控是指对投资项目实施过程中的进程控制。特别是对于那些工程量大、工期长的建造项目来说,需要按工程预算实施有效的动态投资控制。建设性投资项目应当按工程进度,对分项工程、分步工程、单位工程的完成情况,逐步进行资金拨付和资金结算,控制工程的资金耗费,防止资金浪费。

五、投资计算期

PPT:投资计算期与项目投资额

微课:投资计算期与项目投资额

投资计算期是指投资项目从投资建设开始到最终清理结束整个过程所需的全部时间,通常以年为单位。通常将项目投资的整个持续时间分为建设期和生产经营期。其中,建设期(记作 s)是指从项目资金正式投入项目建成投产为止所需的时间,其第一年初称为建设起点,最后一年年末称为投产日。生产经营期(记作 P)是指投产日到清理结束日之间的时间间隔,又包括试产期和达产期(指完全达到设计生产能力期)两个阶段。试产期是指项目投入生产但生产能力尚未完全达到设计能力时的过渡阶段。达产期是指生产运营达到设计预期水平后的时间。项目投资计算期如图7-1所示。

如果用 n 表示项目投资计算期,则有如下的关系式:

$$项目计算期 = 建设期 + 生产经营期$$

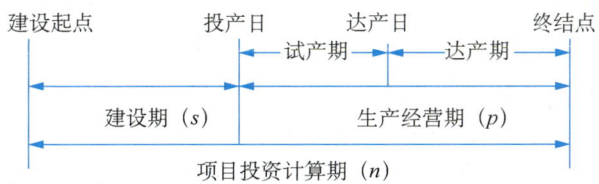

图 7-1　项目投资计算期

即：
$$n = s + p$$

[例 7-1]　华联公司拟购建一条生产线，预计使用寿命为 20 年。

（1）在建设起点投资并投产，则其项目计算期为：

$$项目计算期 = 0 + 20 = 20（年）$$

（2）如果建设期为 2 年，则其项目计算期为：

$$项目计算期 = 2 + 20 = 22（年）$$

六、项目投资资金构成

（一）原始总投资额

原始总投资是反映项目所需要现实资金的价值指标，是指为使项目完全达到设计生产能力、开展正常经营而投入的全部现实资金，包括建设投资和流动资金投资两项内容。计算公式为：

$$原始总投资 = 建设投资 + 流动资金投资$$
$$建设投资 = 固定资产投资 + 无形资产投资 + 其他资产投资（生产准备和开办费用）$$

（二）投资总额

投资总额是反映项目投资总体规模的价值指标，它等于原始总投资与建设期资本化利息之和。其中，建设期资本化利息是指在建设期发生的与构建项目所需的固定资产、无形资产等长期投资有关的借款利息。投资总额的计算公式为：

$$项目总投资 = 原始总投资 + 建设期资本化利息$$

七、项目投资资金的投入方式

资金投入方式是指投资主体将原始总投资注入具体项目的投入方式。从时间特征上来看，它包括一次投入和分次投入两种方式。一次投入方式是指投资行为集中一次发生在项目计算期第一个年度的年初或年末；如果投资行为涉及两个或两个以上年度，或虽然只涉及一个年度但同时在该年的年初和年末发生，则都属于分次投入方式。

▼ **任务解析**

对于科技公司而言，项目投资往往投资金额大、投资回收期长，受技术更新迭代影响较大，总体投资风险与传统行业、企业相比，风险较大。因此，智维公司在进行具体项目投资

思政小课堂

技能训练

前,首先需对项目新的投资技术、投资环境、投资方式及资金构成等方面进行全面、详细的分析,尤其是项目的技术参数、先进性、生产的可行性及未来市场竞争力等指标。其次还要弄清楚本次项目投资与公司原有项目的关系,如独立投资、互补关系、互斥关系。现有的公司投资案例实践和理论研究结果显示,基于资源共享的项目投资通过减少固定资产投资金额,强化资源内部共享与整合,减少固定成本,从而增强对市场的适应能力,具有十分重要的意义。此外,智维公司还要充分考虑投资结构平衡,保持适度营运资金和财务弹性,以及两个不同投资方案的投资建设期、生产经营期等财务可行性指标。

任务二　现金流量的估计

任务引入

教学设计

　　智维公司有两种投资方案,方案一是购买新的研发技术,然后本地化改良,购买费用是3 000万元,改造升级费用是800万元,改造花费时间是1年,需投入营运资金800万元,投产后估计每年可以产生税后利润500万元,预计生产线可使用10年,期满后有净残值300万元。方案二是自行研发设计建造,建设时间为2年,每年初投入2 500万元,共5 000万元,需投入营运资金1 000万元,投产后每年可产生税后利润为800万元,预计生产线可使用12年,使用期满后有净残值200万元,企业的所得税税率为15%。

　　针对这两种不同的投资方案,对财务人员而言,利润与现金流量哪个重要?财务人员要怎么分析测算投资项目现金流量呢?

任务分析

　　利润与现金流量虽然都是衡量企业业绩的指标,但所反映的内容并不完全相同。利润是基于权责发生制计量的结果,即只要承担了付款或收款的义务,就应该确认为费用或收入;而现金流量则是基于收付实现制计量的结果,即只有实际发生了现金流入或流出,才能计入现金流量表中。在项目投资建设期,公司应更多关注现金流量的状况,并通过融资、控制成本、优化结算等方式来保证现金流量的充足性。项目的现金流量计算首先需要明确企业现金流量概念以及现金流入量、现金流出量以及现金净流量等指标;其次明确项目投资中的投入产出之间的时间点,准确识别建设期和运营期间产生的现金流量的流入和流出,明确区分相关成本和非相关成本,注意考虑所得税对折旧等非付现成本的影响。

延伸阅读:
现金流比你
想象的还要
重要

任务处理

一、现金流量的含义

　　企业进行项目投资的目的就是在未来时期获得收益。为了达到这一目的,投资者必须投入一定量的资金。随着资金的不断投入,投资者在未来也会因经营项目不断地获得收入,也就是说,随着投资活动,企业在不同的计算期有不同项目和数量的现金流入和现金流出。

所谓现金流量,在投资决策中是指一个项目引起的企业现金支出和现金收入增加的数量。现金流量中的"现金"是广义的现金,它不仅包括各种货币资金,而且还包括项目需要投入的、企业现有的非货币资源的变现价值。

二、项目现金流量的估算

按照现金流动的方向,可以将项目投资的现金流量分为现金流入量、现金流出量和净现金流量。一个方案的现金流入量是指该方案引起的企业现金收入的增加额;现金流出量是指该方案引起的企业现金支出的增加额;净现金流量是指 定时间内现金流入量与现金流出量的差额。

PPT:项目
现金流量

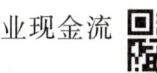

微课:项目
现金流量

按照现金流量发生的时间,项目投资的现金流量又可以分为初始现金流量、营业现金流量和终结现金流量。

(一)初始现金流量

投资阶段的现金流量主要是现金流出量,即在该投资项目上的原始投资,包括在长期资产上的投资和垫支的营运资金。在一般情况下,初始阶段中固定资产的原始投资通常在年内一次性投入(如购买设备),如果原始投资不是一次性投入(如工程建造),则应把投资归属于不同投入年份之中。

1. 长期资产投资

长期资产投资包括在固定资产、无形资产、递延资产等长期资产上的购入、建造、运输、安装、试运行等方面所需的现金支出,如购置成本、运输费、安装费等。对于投资实施后导致固定资产性能改进而发生的改良支出,属于固定资产的后期投资。

2. 营运资金垫支

营运资金垫支是指投资项目形成了生产能力,需要在流动资产上追加的投资。由于扩大了企业生产能力,原材料、在产品、产成品等流动资产规模也随之扩大,需要追加投入日常营运资金。

3. 原有固定资产的变价收入扣除相关税金后的净收益。

变价收入主要是指固定资产更新变现时现金收入及产生的所得税税额影响,其计算公式为:

$$固定资产处置的现金流量 = 变现收入 - 所得税支出$$

变现收入通常要与账面净值进行比较,例如,一项固定资产原值 2 000 元,累计折旧 1 000 元,处置时现金收入为 800 元,处置的净损益 = 800 - (2 000 - 1 000) = -200(元),此时固定资产处置后,发生了亏损,会产生机会现金流入,即此时处置资产的净流量 = 800 - (800 - 1 000)×25% = 850(元);相反,如果处置资产现金收入是 1 200 元,则处置产生的现金净流量 = 1 200 - (1 200 - 1 000)×25% = 1 150(元)。

4. 不可预见费

不可预见费是指在投资项目正式建设之前不能完全估计到的,但又很可能发生的一系列费用,如设备价格上涨、出现自然灾害等。这些因素也要合理预测,以便为现金流量预测留有余地。

(二)营业现金流量

营业阶段是投资项目的主要阶段,该阶段既有现金流入量,也有现金流出量。现金流入量主要是营运各年的营业收入,现金流出量主要是营运各年的付现营运成本。另外,营业期内某年发生的大修理支出,如果会计处理在本年内一次性作为收益性支出,则直接作为该年付现成本;如果跨年摊销处理,则本年作为投资性的现金流出量,摊销年份以非付现成本形式处理。营业期内某一年发生的改良支出是一种投资,应作为该年的现金流出量,以后年份通过折旧收回。

在正常营业阶段,由于营运各年的营业收入和付现营运成本数额比较稳定,因此营业阶段各年现金流量一般为:

$$营业现金净流量(NCF) = 营业收入 - 付现成本 - 所得税$$

$$或\ NCF = 营业收入 - 营业成本 - 所得税 + 折旧$$

$$= 净利润 + 折旧$$

$$或\ NCF = 税后收入 - 税后付现成本 + 折旧抵税$$

$$= 收入 \times (1 - T) - 付现成本 \times (1 - T) + 折旧 \times T$$

式中,T 为企业所得税税率。

非付现成本主要是固定资产年折旧费用、长期资产摊销费用、资产减值准备。其中,长期资产摊销费用主要有跨年的大修理摊销费用、改良工程折旧摊销费用、筹建开办费摊销费用等。

新时期·新实践

"房地产+养老"概念股广宇集团(以下简称公司)发布年报,报告显示:2023年公司实现营业收入 92.29 亿元,同比增加 53.29%;归母净利润 3 801.45 万元,同比减少 66.37%。公司营业收入规模创上市以来新高,2023 年度,公司经营活动产生的现金流净额为 15.45 亿元,同比增长 395.58%。2023 年度,公司实现销售合同签约面积 13.51 万平方米,签约金额 30.31 亿元,完成年度计划的 75.78%;竣工面积 47.33 万平方米。报告期内,面对购房者信心修复不及预期的行情,公司努力提升服务品质,夯实产品质量;建立并严格落实客户服务全周期管控,重视服务效能提升;强化市场应变意识,不断提升人均销售额;在加强全面信息化和数字化运营管理的同时,也不断完善以预算数字化分析为导向的经营管理模式,强化成本管控;继续优化财务结构,不断降低融资成本,截至 2023 年 12 月 31 日,公司整体时点平均融资成本已降至 4.46%,较去年同期下降 1.17 个百分点;注重现金流管理,保持现金流的流动性处于健康、合理状态;2023 年计划现金分红,公司自 2007 年上市以来保持持续分红,累计现金分红次数 17 次,上市以来平均分红率为 29.39%。公司在年报中表示,将紧抓银发经济带来的新发展机遇,结合公司资源优势、广宇安诺的品牌优势,深入探索广宇安诺集成化银发服务商的盈利模式,加速扩大其在适老化改造与养老辅具销售、机构改造和养老服务人才培训领域的市场份额,力争最终成为"浙江高质量发展建设共同富裕浙里康养"的浙江样本。

(三)终结现金流量

终结阶段的现金流量主要是现金流入量,包括固定资产变价净收入、固定资产变现净损益对现金净流量的影响和垫支营运资金的收回。

1. 固定资产变价净收入

投资项目在终结阶段,原有固定资产将退出生产经营,企业对固定资产进行清理处置。固定资产变价净收入,是指固定资产出售或报废时的出售价款或残值收入扣除清理费用后的净额。

2. 固定资产变现净损益对现金净流量的影响

固定资产变现净损益对现金净流量的影响,可用公式表示如下:

固定资产变现净损益对现金净流量的影响 ＝（账面价值－变价净收入）×所得税税率

如果（账面价值－变价净收入）＞0,则意味着发生了变现净损失,可以抵税,从而减少现金流出,增加现金净流量;如果（账面价值－变价净收入）＜0,则意味着实现了变现净收益,应该纳税,从而增加现金流出,减少现金净流量。

3. 垫支营运资金的收回

随着固定资产的出售或报废,投资项目的经济寿命结束,企业将与该项目相关的存货出售,应收账款收回,应付账款也随之偿付。营运资金恢复到原有水平,项目开始时垫支的营运资金在项目结束时得到回收。

[例7-2]　华联投资项目需要3年建成,每年年初投入建设资金90万元,共投入270万元。建成投产之时,需投入营运资金140万元,以满足日常经营活动需要。项目投产后,估计每年可获税后营业利润60万元。固定资产使用年限为7年,使用后第5年预计进行一次改良,估计改良支出80万元,分两年平均摊销。资产使用期满后,估计有残值净收入11万元,采用使用年限法折旧。项目期满时,垫支营运资金全额收回。

根据以上资料,编制成投资项目现金流量表,格式如表7-1所示。

首先,分析建设期现金流量情况:项目总投资为建设投资和垫支营运资金,即270＋140＝410（万元）,然后确定每项资金发生的时间点。

其次,分析项目在营业期的现金流量,采用"净利润＋折旧"方法计算。

最后,分析项目终结点现金流量。

表7-1　投资项目现金流量表　　　　　　　　　　单位:万元

年数	0	1	2	3	4	5	6	7	8	9	10	总计
固定资产价值	(90)	(90)	(90)									(270)
固定资产折旧					37	37	37	37	37	37	37	259
改良支出									(80)			(80)
改良支出摊销										40	40	80
税后营业利润					60	60	60	60	60	60	60	420
残值净收入											11	11
营运资金				(140)							140	0
总计	(90)	(90)	(90)	(140)	97	97	97	97	17	137	288	420

[例7-3] 某公司计划增添一条生产流水线,以扩充生产能力。现有甲、乙两个方案可供选择。甲方案需要投资 500 000 元,乙方案需要投资 750 000 元。两方案的预计使用寿命均为 5 年,折旧均采用直线法,甲方案预计残值为 20 000 元,乙方案预计残值为 30 000 元。甲方案预计年销售收入为 1 000 000 元,第一年付现成本为 660 000 元,以后在此基础上每年增加维修费 1 000 元。乙方案预计年销售收入为 1 400 000 元,年付现成本为 1 050 000 元。项目投入营运时,甲方案需垫支营运资金 200 000 元,乙方案需垫支营运资金 250 000 元。公司所得税税率为 20%。

根据上述资料,两方案的现金流量计算如表 7-2 和表 7-3 所示。

表 7-2　营业期现金流量计算表　　　　　　　　　　　　　单位:元

年数	1	2	3	4	5
甲方案					
销售收入①	1 000 000	1 000 000	1 000 000	1 000 000	1 000 000
付现成本②	660 000	670 000	680 000	690 000	700 000
折旧③	96 000	96 000	96 000	96 000	96 000
营业利润④=①-②-③	244 000	234 000	224 000	214 000	204 000
所得税⑤=④×20%	48 800	46 800	44 800	42 800	40 800
税后营业利润⑥=④-⑤	195 200	187 200	179 200	171 200	163 200
经营现金净流量⑦=③+⑥	291 200	283 200	275 200	267 200	259 200

表 7-3　投资项目现金流量计算表　　　　　　　　　　　　　单位:元

年数	0	1	2	3	4	5
甲方案:						
固定资产投资	-500 000					
营运资金垫支	-200 000					
营业现金流量		291 200	283 200	275 200	267 200	259 200
固定资产残值						20 000
营运资金收回						200 000
现金流量合计	-700 000	291 200	283 200	275 200	267 200	479 200
乙方案:						
固定资产投资	-750 000					
营运资金垫支	-250 000					
营业现金流量		308 800	308 800	308 800	308 800	308 800
固定资产残值						30 000
营运资金收回						250 000
现金流量合计	-1 000 000	308 800	308 800	308 800	308 800	588 800

乙方案营业现金净流量＝税后营业利润＋非付现成本

$$= (1\ 400\ 000 - 1\ 050\ 000 - 144\ 000) \times (1 - 20\%) + 144\ 000$$

$$= 308\ 800(元)$$

或：

$$= 收入 \times (1 - 所得税税率) - 付现成本 \times (1 - 所得税税率) +$$

$$非付现成本 \times 所得税税率$$

$$= 1\ 400\ 000 \times 80\% - 1\ 050\ 000 \times 80\% + 144\ 000 \times 20\% = 308\ 800(元)$$

三、估算现金流量应注意的几个问题

在确定投资方案相关的现金流量时，应遵循的最基本原则是：只有增量现金流量才是与项目相关的现金流量。增量现金流量是指接受或拒绝某个投资方案后，企业总现金流量因此发生的变动。只有那些由于采纳某个项目引起的现金支出增加额，才是该项目的现金流出；只有那些由于采纳某个项目引起的现金流入增加额，才是该项目的现金流入。

(一) 区分相关成本和非相关成本

相关成本是指与特定决策有关的、在分析评价时必须加以考虑的成本。例如，差额成本、未来成本、重置成本、机会成本等都属于相关成本。与此相反，与特定决策无关的、在分析评价时不必加以考虑的成本是非相关成本。例如，沉没成本、账面成本等往往是非相关成本。

图片：估算现金流量应注意的问题

(二) 不能忽视机会成本

在投资方案的选择中，如果选择了一个投资方案，则必须放弃投资于其他项目的机会。其他投资机会可能取得的收益是实行本方案的一种代价，称为这项投资方案的机会成本。机会成本不是我们通常意义上的"成本"，它不是一种支出或费用，而是失去的收益。机会成本在决策中的意义是，它有助于全面考虑可能采取的各种方案，以便为既定资源寻求最为有利的使用途径。

(三) 要考虑投资方案对公司其他项目的影响

当我们采纳一个新的项目后，该项目可能对公司的其他项目造成有利或不利的影响。例如，若新项目的产品上市后，原有其他产品的销售量可能减少，而且整个公司的销售额也许不增加反而减少。因此，公司在进行投资分析时，不应将新项目的销售收入作为增量收入来处理，而应扣除其他项目因此减少的销售收入。

PPT：所得税和折旧对现金流量的影响

(四) 所得税和折旧对现金流量的影响

所得税是企业的一种现金流出，它取决于利润大小和税率高低，而利润大小受折旧方法的影响，因此，讨论所得税问题必然会涉及折旧问题；而折旧对投资决策产生影响，实际是由所得税引起的。因此，这两个问题要放在一起讨论。

微课：所得税和折旧对现金流量的影响

1. 税后成本和税后收入

现实中凡是可以减免税负的项目，实际支付额并不是真实的成本，而应将因此而减少的所得税考虑进去。扣除了所得税影响以后的费用净额，称为税后成本。

税后成本的一般公式为：

$$税后成本 = 成本 \times (1 - 税率)$$

[例7-4] 某公司目前的损益状况如表7-4所示。该公司正在考虑一项广告计划,需每月支付2 000元,假设所得税税率为40%,则该项广告的税后成本是多少?

表7-4 某公司损益状况

单位:元

项 目	目前(不做广告)	做广告方案
销售收入	15 000	15 000
成本和费用	5 000	5 000
新增广告		2 000
税前净利	10 000	8 000
所得税费用(40%)	4 000	3 200
税后净利	6 000	4 800
新增广告税后成本		1 200

从表7-4可以看出,该项广告的税后成本为每月1 200元。

即:

$$税后成本 = 2 000 \times (1 - 40\%) = 1 200(元)$$

与税后成本相对应的概念是税后收入。由于所得税的作用,企业营业收入的金额有一部分会流出企业,企业实际得到的现金流入即为税后收入。其计算公式为:

$$税后收入 = 收入金额 \times (1 - 税率)$$

这里所说的"收入金额"是指根据税法规定需要纳税的收入,不包括项目结束时收回垫支资金等现金流入。

2. 折旧抵税作用

一般而言,加大成本会减少利润,从而使所得税减少。如果不计提折旧,企业的所得税将会增加许多。可见,折旧可以起到减少税负的作用,这种作用称为折旧抵税。

[例7-5] 甲公司和乙公司全年销货收入、付现费用均相同,所得税税率为40%。两者的区别是甲公司有一项可计提折旧的资产,每年折旧额相同。两家公司的现金流量如表7-5所示。

表7-5 两家公司的现金流量

单位:元

项 目	甲公司	乙公司
销售收入	20 000	20 000
费用:		
付现营业费用	10 000	10 000
折旧	3 000	0

（续表）

项　　　目	甲公司	乙公司
合计	13 000	10 000
税前净利	7 000	10 000
所得税费用(40%)	2 800	4 000
税后净利	4 200	6 000
营业现金流入:		
净利润	4 200	6 000
折旧	3 000	0
合计	7 200	6 000
甲公司比乙公司拥有较多现金	1 200	

思政小课堂

　　甲公司利润虽然比乙公司少 1 800 元,但现金净流入却多出 1 200 元,其原因在于有 3 000 元的折旧计入成本,使应税所得减少 3 000 元,从而少纳税 1 200 元(3 000×40%)。这笔现金保留在甲公司,不必缴出。从增量分析的观点来看:由于增加了一笔 3 000 元折旧,甲公司获得 1 200 元的现金流入。

　　折旧对税负的影响可按下式计算:

$$税负减少额 = 折旧额 × 税率 = 3\ 000 × 40\% = 1\ 200(元)$$

▼ 任务解析

　　(1)利润和现金流量都是衡量业绩的指标,利润是基于权责发生制计量的结果,即只要承担了付款或收款的义务,就应该确认为费用或收入;而现金流量则是基于收付实现制计量的结果,强调现金的发生额。在项目投资建设期,公司应更多关注现金流量的状况,并通过融资、控制成本、优化结算等方式来保证健康的现金流量,在项目成长期、成熟期更多关注利润获取与现金流量回收的质量等。此外,还需要注意所得税、营运期、投入和回收时间点及折旧对于现金流入的影响。

　　(2)明确两个方案各自的投资期和营运期:方案一的建设期投入为 3 800 万元,建设期为半年,运营期期初需投入营运资金 800 万元,运营期间的折旧为每年 350 万元,每年产生的税后利润为 500 万元,净残值为 300 万元。方案二的建设期投入为 5 000 万元,建设期为两年,运营期期初需投入营运资金 1 000 万元,营运期间的折旧为每年 400 万元,每年产生的税后利润为 800 万元,净残值为 200 万元。

　　方案一:

$$建设期投入 = 3\ 000 + 800 + 800 = 4\ 600(万元)$$
$$营运期每年流入 = 税后营业利润 + 非付现成本 = 500 + 350 = 850(万元)$$
$$最后一年收回营运资金和净残值 = 800 + 300 = 1\ 100(万元)$$
$$方案一的现金净流量为 = 850 × 10 + 1\ 100 - 4\ 600 = 5\ 000(万元)$$

技能训练

方案二：

$$建设期投入 = 5\,000 + 1\,000 = 6\,000(万元)$$
$$营运期每年流入 = 税后营业利润 + 非付现成本 = 800 + 400 = 1\,200(万元)$$
$$最后一年收回营运资金和净残值 = 1\,000 + 200 = 1\,200(万元)$$
$$方案二的现金净流量为 = 1\,200 \times 10 + 1\,200 - 6\,000 = 7\,200(万元)$$

任务三　项目投资评价指标及计算

教学设计

智维公司本次项目的两个备选方案涉及金额较大，分别为 4 600 万元和 6 000 万元。投资金额较大，投资回收期长，涉及的不确定因素较多，而且对企业而言，巨额投资一旦投出就难以改变，这些都使本次项目投资具有很大的风险性，又加之智维公司属于高科技类型公司，投资风险与行业风险叠加。因此，智维公司董事会对此项目的可行性研究非常重视，多次组织公司投资部、财务部门等人员进行可行性分析。目前，财务人员已经完成了对该项目投资现金流量的预测，下一步应判断此项目是否值得投资，投资的报酬率是多少。智维公司要求财务人员预测平均报酬率、投资回收期、净现值和内含报酬率等评价指标，综合分析此项目投资的财务可行性。

▼ 任务分析

智维公司本次投资项目金额较大，周期较长，所形成的时间价值必然也会较多。因而在对项目财务可行性进行分析和评价时，应将没有考虑时间价值的非贴现指标平均报酬率、投资回收期，与考虑时间价值的贴现指标净现值、内含报酬率相结合，运用时间价值观念，对项目作出综合、客观的评价。

▼ 任务处理

投资项目评价是通过计算投资项目评价指标来评价独立项目或互斥项目的可行性。投资项目评价指标是评价投资方案是否可行及不同方案优劣的标准。目前，企业投资决策评价过程中常用的指标根据是否考虑货币时间价值，可分为非贴现指标和贴现指标。非贴现指标是指在计算过程中不考虑资金的时间价值因素的指标，又称为静态评价指标，包括静态回收期、平均报酬率和会计收益率。贴现指标是指在计算过程中考虑资金价值的指标，又称为动态评价指标，包括净现值、现值指数、内含报酬率及动态投资回收期。

一、静态评价指标

静态评价指标是指不考虑时间价值，把不同时间的货币收支看成是否等效的，这些指标在选择方案时起辅助作用。

（一）静态回收期

静态回收期（PP）是指投资引起的现金流入累积到与投资额相等所需要的时间。它代表收回投资所需要的年限。回收年限越短，方案越有利。

在原始投资一次支出，每年现金净流入量相等时：

PPT：回收期法

$$\text{回收期} = \frac{\text{原始投资额}}{\text{每年现金净流入量}}$$

[例 7-6]　华联公司准备从甲、乙两种机床中选购一种。甲机床购价为 35 000 元，投入使用后，每年现金净流量为 7 000 元；乙机床购价为 36 000 元，投入使用后，每年现金流量为 8 000 元。要求：用静态回收期指标决策该厂应选购哪种机床？

微课：回收期法

$$\text{甲机床回收期} = 35\,000 \div 7\,000 = 5（\text{年}）$$
$$\text{乙机床回收期} = 36\,000 \div 8\,000 = 4.5（\text{年}）$$

计算结果表明，乙机床的回收期比甲机床短，华联公司应选择乙机床。

如果现金流入量每年不等，或原始投资是分几年投入的，则可使下列等式成立的 n 为回收期。

或者，应把未来每年的现金净流量逐年加总，根据累计现金流量来确定回收期。如[例 7-2]所示，其投资回收期为：

$$8 + (410 - 97 - 97 - 97 - 97 - 17) \div 137 = 8.04（\text{年}）$$

静态回收期的计算简便，并且容易被决策者理解。它的缺点在于不仅忽视时间价值，而且没有考虑回收期以后的收益。事实上，有战略意义的长期投资往往早期收益较低，而中后期收益较高。例如，假设有两个方案的预计现金流量，如表 7-6 所示，试分别计算回收期，并比较优劣。

表 7-6　两个方案的预计现金流量　　　　　　　　　　　　　　单位：元

年数（t）	0	1	2	3	4	5
A 方案现金流量	−10 000	4 000	6 000	6 000	6 000	6 000
B 方案现金流量	−10 000	4 000	6 000	8 000	8 000	8 000

两个方案的回收期相同，都是 2 年，如果用回收期进行评价，两者的投资回收期相等，但实际上 B 方案明显优于 A 方案。

（二）平均报酬率

平均报酬率（ARR）也称平均投资报酬率，是投资项目寿命周期内平均的年投资报酬。其中，最常见的计算公式为：

PPT：平均报酬率与会计收益率法

$$\text{平均报酬率} = \frac{\text{平均现金流量}}{\text{原始投资额}} \times 100\%$$

[例 7-7]　承[例 7-2]，计算其平均报酬率。

$$ARR = (97 + 97 + 97 + 97 + 17 + 137 + 288) \div 7 \div 410 \times 100\% = 28.92\%$$

微课：平均报酬率与会计收益率法

在进行决策时，只有高于必要的平均报酬率的方案才能入选。而在有多个互斥方案的选择中,则选用平均报酬率最高的方案。

平均报酬率的优点是简明、易算、易懂。其主要缺点是:①没有考虑现金的时间价值,第一年的现金流量与最后一年的现金流量被看作具有相同的价值,所以,有时会做出错误的决策。②必要平均报酬率的确定具有很大的主观性。

(三)会计收益率法

会计收益率(AAR)法计算简便,应用范围很广。它在计算时使用会计报表上的数据,以及普通会计的收益和成本观念。

$$会计收益率 = \frac{年平均净利润}{原始投资额} \times 100\%$$

[例7-8] 承[例7-2],计算其平均报酬率。

$$会计收益率 = (60 + 60 + 60 + 60 + 60 + 60 + 60) \div 6 \div 410 \times 100\% = 14.63\%$$

二、动态评价指标

动态评价指标又称为折现现金流量指标,主要有净现值、净现值率、现值指数、内含报酬率等指标。

PPT:净现值

微课:净现值

(一)净现值

投资项目未来现金净流量现值与原始投资额现值之间的差额称为净现值(NPV)。计算公式为:

$$净现值 = 未来现金净流量现值 - 原始投资额现值$$

计算净现值时,要按预定的贴现率对投资项目的未来现金流量和原始投资额进行贴现。净现值为正,则方案可行,说明方案的实际报酬率高于所要求的报酬率;净现值为负,则方案不可取,说明方案的实际投资报酬率低于所要求的报酬率;净现值为零时,说明方案的投资报酬刚好达到所要求的投资报酬,方案也可行。

所以,净现值的经济含义是投资方案报酬超过基本报酬后的剩余收益。其他条件相同时,净现值越大,方案越好。采用净现值法来评价投资方案,一般有以下步骤:

第一,测定投资方案各年的现金流量,包括现金流出量和现金流入量。

第二,设定投资方案采用的贴现率。

第三,按设定的贴现率,分别将各年的现金流出量和现金流入量折算成现值。

第四,将未来的现金净流量现值与投资额现值进行比较,若前者大于或等于后者,方案可行;若前者小于后者,说明方案的实际报酬率达不到投资者所要求的报酬率,方案不可行。

[例7-9] 承[例7-3],假设折现率为10%,则:

甲方案的净现值 $= 479\,200 \times (P/F, 10\%, 5) + 267\,200 \times (P/F, 10\%, 4) + 275\,200 \times (P/F, 10\%,$
$3) + 283\,200 \times (P/F, 10\%, 2) + 291\,200 \times (P/F, 10\%, 1) - 700\,000$
$= 479\,200 \times 0.620\,9 + 267\,200 \times 0.683\,0 + 275\,200 \times 0.751\,3 + 283\,200 \times 0.826\,4 +$
$291\,200 \times 0.909\,1 - 700\,000$
$= 485\,557.04(元)$

因为甲方案的净现值大于0,所以甲方案可行。

乙方案的净现值＝$588\,800 \times (P/F, 10\%, 5) + 308\,800 \times (P/A, 10\%, 4) - 1\,000\,000$

$\qquad\qquad\qquad\quad = 588\,800 \times 0.620\,9 + 308\,800 \times 3.169\,9 - 1\,000\,000$

$\qquad\qquad\qquad\quad = 344\,451.04 (元)$

因为乙方案的净现值大于 0,所以乙方案也可行。

净现值法简便易行,其主要优点在于:

第一,适用性强,能基本满足项目年限相同的互斥投资方案决策。

第二,能灵活地考虑投资风险。净现值法在所设定的贴现率中包含投资风险报酬率要求,能有效地考虑投资风险。

净现值也具有明显的缺陷,主要表现在:

第一,所采用的贴现率不易确定。如果两方案采用不同的贴现率贴现,采用净现值法不能够得出正确结论。同一方案中,如果要考虑投资风险,要求的风险报酬率不易确定。

第二,不适用于独立投资方案的比较决策。如果各方案的原始投资额现值不相等,有时无法作出正确决策。

第三,净现值不能直接用于对寿命期不同的互斥投资方案进行决策。

(二) 净现值率

净现值率(NPVR)是指净现值与项目原始投资额之间的比值,用于衡量单位投资额所产生的净现值。其计算公式为:

$$NPVR = \frac{NPV}{C}$$

(三) 现值指数

现值指数(PI)是指投资项目的未来现金净流量现值与原始投资额现值之比,亦称为现值比率或获利指数。计算公式为:

$$现值指数 = \frac{未来现金净流量现值}{原始投资额现值}$$

从现值指数的计算公式可见,现值指数的计算结果会有大于 1、等于 1、小于 1 三种。若现值指数大于或等于 1,说明方案实施后的投资报酬率高于或等于必要报酬率,方案可行;若现值指数小于 1,说明方案实施后的投资报酬率低于必要报酬率,方案不可行。

[例 7-10] 有两个独立投资方案,有关资料如表 7-7 所示。

表 7-7 净现值计算表 单位:元

项目	方案 A	方案 B
原始投资额现值	30 000	3 000
未来现金净流量现值	31 500	4 200
净现值	1 500	1 200

从净现值的绝对数来看,方案 A 大于方案 B,似乎应采用方案 A;但从投资额来看,方案 A 的原始投资额现值大大超过了方案 B。所以,在这种情况下,如果仅用净现值来判断方案的优劣,就难以作出正确的比较和评价。按现值指数法计算:

$$方案 A 现值指数 = \frac{31\,500}{30\,000} = 1.05$$

$$方案 B 现值指数 = \frac{4\,200}{3\,000} = 1.40$$

计算结果表明,方案 B 的现值指数大于方案 A,应当选择方案 B。

新时期·新实践

厦门国贸 2023 年度向不特定对象增发 A 股股票募集资金使用的可行性分析报告 (4 次修订稿)本次向不特定对象增发 A 股股票募集资金总额不超过 217 257.53 万元,在扣除发行费用后将全部用于如表 7-8 所示的项目。

表 7-8 项目情况   单位:万元

序号	项目名称	项目总投资	拟投入募集资金
1	供应链数智一体化升级建设项目	79 252.64	79 252.64
2	新加坡燃油加注船舶购置项目	60 432.46	60 432.46
3	干散货运输船舶购置项目	47 000.46	47 000.46
4	补充流动资金	30 571.97	30 571.97
合计		217 257.53	217 257.53

其中,新加坡燃油加注船舶购置项目,经测算投资税后财务内部收益率为 14.41%,项目投资税后投资回收期为 8.70 年(含 3 年建设期),经济效益良好。干散货运输船舶购置项目投资税后财务内部收益率为 9.33%,项目投资税后投资回收期为 11.58 年(含 3 年建设期),经济效益良好。

总体来说,供应链数智一体化升级建设项目有助于提升公司数字化水平,提高经营管理水平,改善客户体验和服务质量,提升公司在供应链行业中的整体竞争力;新加坡燃油加注船舶购置项目有助于公司连接终端消费客户,提升市场影响力;干散货运输船舶购置项目有利于公司提高运力,降低长期运营成本;补充流动资金有利于公司增强资本实力,改善资产负债结构。本次募集资金投资项目将增强公司在供应链管理及上下游产业的竞争力和影响力。

(四)内含报酬率

内含报酬率(IRR)是指对投资方案未来每年的现金净流量进行贴现,使所得的现值恰好与原始投资额现值相等,从而使净现值等于零时的贴现率。根据这个原理,内含报酬率法就是要计算出使净现值等于零时的贴现率,这个贴现率就是投资方案的实际可能达到的投资报酬率。

1. 未来每年现金净流量相等时

每年现金净流量相等是一种年金形式,通过查年金现值系数表,可计算出来现金净流量现值,并令其净现值为零,即:

PPT:内含报酬率

微课:内含报酬率

未来每年现金净流量×年金现值系数－原始投资额现值＝0

计算出净现值为零时的年金现值系数后,通过查年金现值系数表,即可找出相应的贴现率 i,该贴现率就是方案的内含报酬率。

[**例7-11**]　华联公司购入一台新型设备,购价为160万元,使用年限10年,无残值。该方案的最低投资报酬率要求为12%(以此作为贴现率)。使用新设备后,估计每年产生现金净流量30万元。要求:用内含报酬率指标评价该方案的可行性。

令:30 000×(P/A,IRR%,10)－1 600 000＝0

得:(P/A,IRR%,10)＝5.333 3

已知方案的使用年限为10年,查年金现值系数表,可查得时期10,系数5.333 3所对应的贴现率在12%到14%之间。采用插值法求得,该方案的内含报酬率为13.46%,高于最低投资报酬率12%,方案可行。

2. 未来每年现金净流量不相等时

如果投资方案的未来每年现金净流量不相等,各年现金净流量的分布就不是年金形式,不能采用直接在年金现值系数表的方法来计算内含报酬率,而需采用逐次测试法。逐次测试法的具体做法是:根据已知的有关资料,先估计一次贴现率,来试算未来现金净流量的现值,并将这个现值与原始投资额现值相比较,如净现值大于零,为正数,表示估计的贴现率低于方案实际可能达到的投资报酬率,需要重估一个较高的贴现率进行试算;如果净现值小于零,为负数,表示估计的贴现率高于方案实际可能达到的投资报酬率,需要重估一个较低的贴现率进行试算。如此反复试算,直到净现值等于零或基本接近于零,这时所估计的贴现率就是希望求得的内含报酬率。

[**例7-12**]　兴达公司有一投资方案,需一次性投资120 000元,使用年限为4年,每年现金净流量分别为30 000元、40 000元、50 000元、35 000元。要求:计算该投资方案的内含报酬率,并据以评价该方案是否可行。

延伸阅读:央企ESG评价体系重磅首发,ESG成为上市公司新"必修课"

由于该方案每年的现金净流量不相同,需逐次测试计算方案的内含报酬率。测算过程如表7-9所示。

表7-9　净现值的逐次测试
单位:元

年数	每年现金净流量	第一次测算8%		第二次测算12%		第三次测算10%	
1	30 000	0.926	27 780	0.893	26 790	0.909	27 270
2	40 000	0.857	34 280	0.797	31 880	0.826	33 040
3	50 000	0.794	39 700	0.712	35 600	0.751	37 550
4	35 000	0.735	25 725	0.636	22 260	0.683	23 905
未来现金净流量现值合计		127 485		116 530		121 765	
减:原始投资额现值		120 000		120 000		120 000	
净现值		7 485		(3 470)		1 765	

第一次测算,采用折现率8%,净现值为正数,说明方案的内含报酬率高于8%;第二次测算,采用折现率12%,净现值为负数,说明方案的内含报酬率低于12%;第三次测算,采用

折现率 10%,净现值仍为正数,但已较接近于零。因而可以估算,方案的内含报酬率在 10% 到 12% 之间。进一步运用插值法,得出方案的内含报酬率为 10.67%。

内含报酬率法的主要优点在于:

第一,内含报酬率反映了投资项目可能达到的报酬率,易于被高层决策人员所理解。

第二,对于独立投资方案的比较决策,如果各方案原始投资额现值不同,可以通过计算各方案的内含报酬率,反映各独立投资方案的获利水平。

内含报酬率法的主要缺点在于:

第一,计算复杂,不易直接考虑投资风险大小。

第二,在互斥投资方案决策时,如果各方案的原始投资额现值不相等,有时无法作出正确的决策。

(五)动态回收期

PPT:动态
回收期

微课:动态
回收期

动态回收期(DPP)需要将投资引起的未来现金净流量进行贴现,以未来现金净流量的现值等于原始投资额现值时所经历的时间为动态回收期。

1. 未来每年现金净流量相等时

在这种年金形式下,假定动态回收期为 n 年,则:

$$(P/A,i,n)=\frac{原始投资额现值}{每年现金净流量}$$

计算出年金现值系数后,通过查年金现值系数表,利用插值法,即可推算出动态回收期 n。

在[例 7-6]中,假定资本成本率为 9%,查表得知当 $i=9\%$ 时,第 6 年年金现值系数为 4.486,第 7 年年金现值系数为 5.033。这样,由于甲机床的年金现值系数为 5,乙机床的年金现值系数为 4.5,相应的回收期运用插值法计算,得出甲机床动态回收期 $n=6.94$ 年,乙机床动态回收期 $n=6.03$ 年。

2. 未来每年现金净流量不相等时

在这种情况下,应把每年的现金净流量逐一贴现并加总,根据累计现金流量现值来确定回收期,其实质是对净现值的计算。

[例 7-13] A、B 两个投资方案的相关资料如表 7-10 所示。

表 7-10 A、B 两个投资方案的相关资料　　　　　　　　　　　　单位:元

项目	年数	方案 A	方案 B
原始投资额	0	(1 000)	(1 000)
现金净流量	1	100	600
	2	300	300
	3	600	100
静态回收期	—	3 年	3 年

从表 7-10 中的资料看,A、B 两个投资方案的原始投资额相同,回收期也相同,以静态回收期来评价两个方案,似乎并无优劣之分。但如果考虑货币的时间价值,用动态回收期分

析,则 B 方案显然要好得多。

▼ 任务解析

（1）在对投资项目指标进行充分了解后可以发现,投资项目指标分为静态指标和动态指标,静态指标包括静态回收期、平均报酬率和会计收益率法,动态指标包括净现值、净现值率、现值指数、内含报酬率以及动态回收期。

（2）静态指标和动态指标之间的差别在于,动态指标考虑了时间价值的因素,将未来的现金流量进行了折现,折现率选取不同,可能会导致对于同一个项目静态指标的评价和动态指标评价产生分离。

（3）对同一个项目不同的方案进行动态指标评价,可能会产生不一样的结果,如净现值和获利指数、净现值和内含报酬率等。因此,我们在评价方案时应选取恰当的方法进行评价,才能得出较好的结论。

思政小课堂21

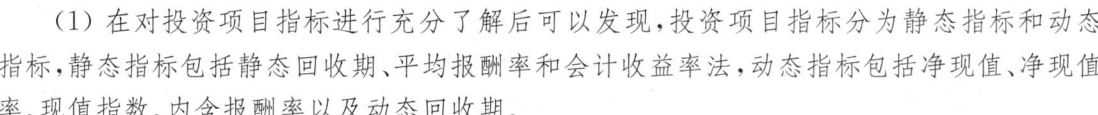
技能训练

任务四　项目投资决策原理及实务

▼ 任务引入

在对项目投资的现金流量及各项投资评价指标有了较为充分估算后,我们可以根据任务三相关指标对智维公司的两种方案进行具体分析计算,以期从各个维度找出适合的评价方法和评价指标。由任务二可知,智维公司投资方案有两种,方案一是购买新的研发技术,然后本地化改良;方案二是自行研发设计建造。但前者需要投资 4 600 万元,使用寿命是10 年;而后者需要投资 6 000 万元,使用寿命是 12 年。两种方案使用寿命、投资金额及建设期均不同,作为智维公司的投资经理,应如何处理这种比较复杂的投资方案? 原来任务三所学的投资项目评价指标还有效吗?

教学设计

▼ 任务分析

项目投资评价指标对两种以上的投资方案进行比较时,应结合静态、动态等评价指标进行综合分析,还要考虑评价指标计算口径的一致性,如项目投资金额,建设期、寿命期的一致情况等。智维公司这两种投资方案的投资额、建设期、寿命期均不相同,无法直接使用净现值法决策,应该考虑运用重置现金流法和约当年金法进行决策,即选择共同寿命期(最小公倍寿命)下净现值大的方案为最优或通过净现值和年金现值系数计算出项目净现值的年均净现值,年均净现值较高的方案则为较优方案。

延伸阅读:车企海外建厂大势所趋

▼ 任务处理

一般而言,企业投资项目通常分为新建项目和更新改造项目两大类。本任务将会专门讨论这两种投资项目类型。另外,投资项目对比与选择的方法会因项目投资方案本身的不

视频:扎实推进高质量发展 精准发力助投资

同而有区别。在决策中要注意区分是独立项目或是互斥项目的评价选择问题。所谓独立项目是指一组相互独立、互不排斥的项目。在独立项目选择中,选择某一项目并不排斥选择另一项目。因此,如果只有一个投资项目可供选择的条件下,只需评价其财务上是否可行;如果是几个独立方案均可行,则应在资源限制的前提下,选择出最优投资组合。所谓互斥项目,是指在一组项目中,采用其中某一项目意味着放弃其他项目,这一组项目称为互斥项目。互斥项目决策过程中就是每一个入选方案已具备财务可行性的前提下,利用具体决策方法比较各个方案的优劣,从各个备选项目中选出一个最优方案的过程。

一、新建固定资产投资决策

[例7-14] 红旗公司拟新建一生产线,有关资料如下:项目初始投资额 1 000 万元,其中固定资产投资 650 万元,无形资产投资 250 万元,流动资产投资 100 万元,该项目的建设期是 2 年,前两项投资均于建设起点一次性投入,流动资产投资在第 2 年年末投入。固定资产的使用寿命是 10 年,按照直线法计提折旧,预计净残值为 50 万元,无形资产投资从投产年份起分 10 年按直线法摊销完毕,流动资产投资部分于项目结束时收回。预计项目投产后,每年相关营业收入 800 万元,每年的付现成本 280 万元。红旗公司所得税税率为 25%,资本成本率为 10%。请判断红旗公司是否应新建该生产线?

红旗公司投资项目现金流量的测算如下:

(1)建设期现金流量的估计:

$$NCF_0 = -650 - 250 = -900(万元)$$
$$NCF_1 = 0(万元)$$
$$NCF_2 = -100(万元)$$

(2)经营期净现金流量的估计:

$$固定资产年折旧额 = \frac{650 - 50}{10} = 60(万元)$$

$$无形资产年摊销额 = \frac{250}{10} = 25(万元)$$

$$NCF_{3-12} = 800 \times (1 - 25\%) - 280 \times (1 - 25\%) + (60 + 25) \times 25\% = 411.25(万元)$$

(3)终结点净现金流量的估计:

$$NCF_{12} = 50 + 100 = 150(万元)$$

红旗公司新建固定资产的净现值:

$$NPV = 411.25 \times (P/A, 10\%, 10) \times (P/F, 10\%, 2) + 150 \times (P/F, 10\%, 12) - 900 - 100 \times (P/F, 10\%, 2)$$
$$= 411.25 \times 6.144 \times 0.826 + 150 \times 0.318 - 900 - 100 \times 0.826 \ 4 = 1 \ 152.13(万元)$$

红旗公司新建生产线的净现值是 1 152.13 万元,大于 0,故应新建生产线。

二、固定资产更新决策

固定资产更新决策实际上包含了继续使用旧设备还是更新设备两类决策;如果选择更

新设备,选择什么样的新设备来更新。其中,第二个决策实际上是新建固定资产的决策,因此,此处只讨论继续使用旧设备还是更新设备的决策问题。

(一)新旧设备使用寿命相同的情况

在新旧设备尚可使用年限相同的情况下,我们可以采用差量分析法来计算一个方案比另一个方案增减的现金流量;也可以分别计算出两个项目净现值来进行比较。两种方法的决策结果是完全一样的。其中,差量分析法的具体分析步骤是:首先,将两个方案的现金流量进行相减,求出Δ现金流量(假设有两个方案 A 和 B,则Δ现金流量＝A 的现金流量－B 的现金流量)。其次,根据各期的Δ现金流量,计算两个方案的Δ净现值。最后,根据Δ净现值做出判断:如果Δ净现值$\geqslant 0$,则选择方案 A;否则,选择方案 B。

[例 7-15]　红旗公司考虑用一台新的效率更高的设备来代替旧设备,以减少成本,增加收益。旧设备采用直线法计提折旧,新设备采用年数总和法计提折旧。红旗公司的所得税税率为 25%,资本成本率为 10%,不考虑其他税率的影响。其他情况如表 7-11 所示。试做出该公司是继续使用旧设备还是对其进行更新的决策。

表 7-11　设备更新的数据　　　　　　　　　　　金额单位:元

项目	旧设备	新设备
原价	50 000	70 000
可用年限(年)	10	4
已用年限(年)	6	0
尚可使用年限(年)	4	4
税法规定残值	0	7 000
目前变现价值	20 000	70 000
每年可获得的收入	40 000	60 000
每年付现成本	20 000	18 000

下面采用差量分析法对设备更新问题做出决策。所有增减量均用希腊字母"Δ"表示,具体计算如下:

(1)新旧设备每年的折旧额,如表 7-12 所示。

表 7-12　新旧设备每年的折旧额　　　　　　　　　单位:元

年数	旧设备折旧额	新设备折旧额
1	5 000	25 200
2	5 000	18 900
3	5 000	12 600
4	5 000	6 300

（2）计算初始投资的差量。

$$\Delta_{初始投资} = 70\,000 - 20\,000 = 50\,000(元)$$

（3）计算各年营业净现金流量的差量，如表7-13所示。

表7-13　各年营业净现金流量的差量　　　　　　单位：元

项目	第1年	第2年	第3年	第4年
$\Delta_{销售收入}$	20 000	20 000	20 000	20 000
$\Delta_{付现成本}$	−2 000	−2 000	−2 000	−2 000
$\Delta_{折旧额}$	20 200	13 900	7 600	1 300
$\Delta_{税前利润}$	1 800	8 100	14 400	20 700
$\Delta_{所得税}$	450	2 025	3 600	5 175
$\Delta_{税后净利}$	1 350	6 075	10 800	15 525
$\Delta_{营业净现金流量}$	21 550	19 975	18 400	16 825

（4）计算两个方案现金流量的差量，如表7-14所示。

表7-14　两个方案的差量现金流量的差量　　　　　　单位：元

项目	第0年	第1年	第2年	第3年	第4年
$\Delta_{初始投资}$	−50 000				
$\Delta_{营业净现金流量}$		21 550	19 975	18 400	16 825
$\Delta_{终结现金流量}$					7 000
$\Delta_{现金流量}$	−50 000	21 550	19 975	18 400	23 825

（5）差量净现值的计算如下：

$$\Delta NPV = 21\,550 \times (P/F, 10\%, 1) + 19\,975 \times (P/F, 10\%, 2) + 18\,400 \times (P/F, 10\%, 3) +$$
$$23\,825 \times (P/F, 10\%, 4) - 50\,000$$
$$= 16\,179.18(元)$$

因为固定资产更新后，将增加净现值16 179.18元，故应进行更新。

（二）新旧设备使用寿命不同的情况

一般而言，新设备的使用年限要长于旧设备，此时的固定资产更新决策就成了两个或两个以上寿命不同的投资项目的选择问题。对于使用寿命不同的项目而言，仅使用净现值、内含报酬率或者获利指数等指标进行比较是不具备可比性的，还可以采用年均净现值法和最小公倍寿命法。

1. 年均净现值法

年均净现值（ANPV）法是把投资项目在寿命期内总的净现值转化为每年的平均净现值，并进行比较分析的方法。

年均净现值的计算公式为：

$$ANPV = \frac{NPV}{(P/A, i, n)}$$

式中，$ANPV$ 表示年均净现值；NPV 表示净现值；$(P/A, i, n)$ 表示建立在资本成本率和项目寿命期基础上的年金现值系数。

[例 7-16] 承[例 7-15]，假设新设备的使用寿命为 8 年，每年可获得营业收入 44 000 元，采用直线法计提折旧，期末无残值，税法规定的残值也是 0。其他的条件不变。

(1) 分别估算新设备和旧设备在计算期内的现金流量，具体结果如表 7-15 所示。

表 7-15　新设备和旧设备现金流量估算　　　　　　单位：元

项目	旧设备(1~4 年)	新设备(1~8 年)
税后营业收入	30 000	33 000
税后付现成本	15 000	13 500
折旧额	5 000	8 750
折旧额×25%	1 250	2 187.5
营业现金流量	16 250	21 687.5

(2) 分别计算新设备和旧设备的净现值：

$$
\begin{aligned}
NPV_{新} &= 21\,687.5 \times (P/F, 10\%, 8) - 70\,000 \\
&= 21\,687.5 \times 5.334\,9 - 70\,000 \\
&= 45\,700.64(元) \\
NPV_{旧} &= 16\,250 \times (P/A, 10\%, 4) - 20\,000 \\
&= 16\,250 \times (P/A, 10\%, 4) - 20\,000 \\
&= 31\,510.88(元)
\end{aligned}
$$

(3) 分别计算新设备和旧设备的年均净现值：

$$
\begin{aligned}
ANPV_{新} &= \frac{45\,700.64}{(P/A, 10\%, 8)} = \frac{45\,700.64}{5.334\,9} = 8\,566.35(元) \\
ANPV_{旧} &= \frac{31\,510.88}{(P/A, 10\%, 4)} = \frac{31\,510.88}{3.169\,9} = 9\,940.65(元)
\end{aligned}
$$

由计算结果可知，旧设备的年均净现值大于新设备的年均净现值，应该继续使用旧设备。

2. 最小公倍寿命法

最小公倍寿命法又称项目复制法，是将两个方案使用寿命的最小公倍数作为比较期间，并假设两个方案在这个比较区间内进行多次重复投资，将各自多次投资的净现值进行比较的分析方法。

[例 7-17] 承[例 7-16]，由于新设备的使用寿命为 8 年，旧设备尚可使用 4 年，因此，最小公倍数是 8。在 8 年时间里，采用旧设备的方案可以进行 2 次，而采用新设备的方案则进行 1 次。最小公倍寿命法下，8 年内继续使用旧设备的净现值为：

$$NPV_{旧} = 31\ 510.88 + 31\ 510.88 \times (P/F, i, 4)$$
$$= 31\ 510.88 + 31\ 510.88 \times 0.683\ 0$$
$$= 53\ 032.81(元)$$
$$NPV_{新} = 45\ 700.64(元)$$

由于 $NPV_{旧} > NPV_{新}$，即继续使用旧设备比使用新设备更能增加净现值，应继续使用旧设备。

思政小课堂

▼ 任务解析

1. 方案一净现值的计算

(1) 建设期现金流量估计：

$$NCF_0 = -3\ 000 - 800 = -3\ 800(万元) \quad NCF_1 = -800(万元)$$

(2) 经营期净现金流量估计：

$$NCF_{2-11} = 500 + 350 = 850(万元)$$

(3) 终结点净现金流量估计：

$$NCF_{11} = 800 + 300 = 1\ 100(万元)$$

方案一的净现值为：

$$NPV = 850 \times (P/A, 10\%, 10) \times (P/F, 10\%, 1) + 1\ 100 \times (P/F, 10\%, 11) - 3\ 800 - 800 \times (P/F, 10\%, 1)$$
$$= 850 \times 6.144 \times 0.909\ 1 + 1\ 100 \times 0.350\ 5 - 3\ 800 - 800 \times 0.909\ 1 = 605.95(万元)$$

2. 方案二净现值的计算

(1) 建设期现金流量估计：

$$NCF_0 = -2\ 500(万元) \quad NCF_1 = -2\ 500(万元) \quad NCF_2 = -1\ 000(万元)$$

(2) 经营期净现金流量估计：

$$NCF_{3-13} = 800 + 400 = 1\ 200(万元)$$

(3) 终结点净现金流量估计：

$$NCF_{13} = 1\ 000 + 200 = 1\ 200(万元)$$

方案二的净现值为：

$$NPV = 1\ 200 \times (P/A, 10\%, 12) \times (P/F, 10\%, 2) + 1\ 200 \times (P/F, 10\%, 13) -$$
$$2\ 500 - 2\ 500 \times (P/F, 10\%, 1) - 1\ 000 \times (P/F, 10\%, 2)$$
$$= 1\ 200 \times 6.813\ 7 \times 0.826\ 4 + 1\ 200 \times 0.289\ 7 - 2\ 500 - 2\ 500 \times 0.909\ 1 - 1\ 000 \times 0.826\ 4$$
$$= 1\ 505.5(万元)$$

技能训练

方案一和方案二使用寿命不同，所以不能直接根据净现值大小判断方案优劣，需要进一步计算才能确定最佳投资方案，本题采用年均净现值进行计算：

$$方案一的年均净现值 = 605.95 \div (P/A, 10\%, 10) = 98.62(万元)$$

方案二的年均净现值 $= 1\,505.5 \div (P/A, 10\%, 12) = 220.95(万元)$

因为方案二的年均净现值大于方案一,所以应该选用方案二进行投资。

任务五 项目投资的风险分析

▼ 任务引入

教学设计

经过之前的任务处理,智维公司已对投资方案进行了初步测算和决策,认为方案二在技术可行性、财务可行性等方面存在较大优势,在项目可行性评估方面给予投资支持的决策。但如果实施方案二的投资方案,还必须充分考虑项目实施的各种风险。事实上,项目投资风险是不可避免的。例如,智维公司的投资方案中,尽管方案二的净现值、年均净现值均优于方案一,但我们必须考虑一个问题,营运期的现金流量可能并不是稳定的,存在波动可能,技术快速更迭出新,消费者偏好发生转移等都有可能使方案二的投资方案存在极大的不确定性。针对项目可能存在的风险,智维公司如何在考虑风险的前提条件下更加科学合理地对两种方案进行评价? 可以采取的方法有哪些呢?

延伸阅读:中央企业全面风险管理指引

▼ 任务分析

在之前的任务处理中,我们在对项目现金流量进行估算时,并未全面考虑项目实施的风险因素,如技术风险、市场风险、资金管理风险等,由于风险的客观存在,营运期间未来现金流量存在较大的不确定性,为减少这种不确定性对项目评价结果造成的影响,必须充分考虑项目的风险因素,通过适当的方法对风险计量并计算出经调整后的项目可行性评价指标,才能作出准确的投资决策方案。从目前来看,可以从调整现金流量和贴现率两个方面对项目的净现值进行风险调整。

▼ 任务处理

风险是客观存在的,任何投资项目都可能存在风险,如果项目面临的不确定性和风险比较大,不考虑风险问题,将会导致投资决策失误,因此有必要进一步地探讨风险环境下的投资决策问题。

对项目的风险有两种处置方法:一种是调整现金流量法;另一种是风险调整折现率法。前者是缩小净现值模型的分子,使净现值减少;后者是扩大净现值模型的分母,也可以使净现值减少。

一、调整现金流量法

调整现金流量法是指把不确定的现金流量调整为确定的现金流量,然后用无风险的报酬率作为折现率计算净现值的方法。其中:

$$风险调整后净现值 = \sum_{t=0}^{n} \frac{a_t \times 现金流量期望值}{(1 + 无风险报酬率)^t}$$

其中：a_t 是 t 年现金流量的肯定当量系数，它在 0 到 1 之间。

肯定当量系数是指不肯定的 1 元现金流量期望值相当于使投资者满意的肯定的金额的系数。它可以把各年不肯定的现金流量换算为肯定的现金流量。

利用肯定当量系数，可以把不肯定的现金流量折算成肯定的现金流量，或者说去掉了现金流量中有风险的部分，使之成为"安全"的现金流量。由于现金流量中已经消除了全部风险，相应的折现率应当是无风险的报酬率。

新时期·新实践

金融监管总局印发的《关于推动绿色保险高质量发展的指导意见》，从投资端提出 3 项重点工作任务，旨在加大保险资金绿色投资支持力度。笔者认为，助力做好绿色金融大文章，要坚持保险投资绿色性原则。传统上，保险资金运用或保险投资要讲三性，即安全性、流动性、收益性，但实际上，这是不够的，保险投资还要坚持绿色性。保险投资的绿色性，是指保险投资要考虑对绿色理念、绿色产业和绿色相关人员的影响，要能促进绿色环保产业的发展，要能促进资源循环利用和可持续发展。在实际保险投资工作中，保险企业应结合自身情况，制定绿色投资流程管理制度，加强绿色投资流程管理。通过绿色投资流程管理制度规范绿色债券、绿色股票、绿色股权、绿色非标等标的的投资，目标是使绿色投资可识别、可留痕、可统计、可评估、可定价、可制衡、可抽查、可回溯和可全流程防控风险。

此外，还要加强宣传绿色投资经验做法。鼓励保险行业协会、学会、行业内外媒体宣传绿色投资的成功经验和典型案例，引导险资绿色投资少走弯路，提高绿色投资的成功率、收益率。

[例 7-18] 当前的无风险报酬率为 4%。某公司有两个投资机会，有关资料如表 7-16 所示。

表 7-16 有关资料 单位：元

年数	现金流入量	肯定当量系数	肯定现金流量	现值系数（4%）	未调整现值	调整后现值
A 项目						
0	40 000	1	−40 000	1.000 0	40 000	−40 000
1	13 000	0.9	11 700	0.961 5	12 500	11 250
2	13 000	0.8	10 400	0.924 6	12 020	9 616
3	13 000	0.7	9 100	0.889 0	11 557	8 090
4	13 000	0.6	7 800	0.854 8	11 112	6 667
5	13 000	0.5	6 500	0.821 9	10 685	5 342
净现值					17 874	965
B 项目						
0	−47 000	1	−47 000	1.000 0	−47 000	−47 000
1	14 000	0.9	12 600	0.961 5	13 461	12 115

(续表)

年数	现金流入量	肯定当量系数	肯定现金流量	现值系数(4%)	未调整现值	调整后现值
2	14 000	0.8	11 200	0.924 6	12 944	10 356
3	14 000	0.8	11 200	0.889 0	12 446	9 957
4	14 000	0.7	9 800	0.854 8	11 967	8 377
5	14 000	0.7	9 800	0.821 9	11 507	8 055
净现值					15 325	1 860

调整前 A 项目的净现值较大,调整后 B 项目的净现值较大。不进行调整,就可能导致判断错误。

二、风险调整折现率法

风险调整折现率法是更为实际、更为常用的风险处置方法。这种方法的基本思路是对高风险的项目,应当采用较高的折现率计算净现值。

按风险调整折现率通常可以采用资本资产定价模型。以资本资产定价模型为例,特定投资项目按风险调整的折现率如下:

$$K_j = R_F + \beta_j \times (R_m - R_f)$$

式中,K_j 表示项目 j 按风险调整的折现率或项目的必要报酬率;R_f 表示无风险折现率;β_j 表示项目 j 不可分散风险的 β 系数;R_m 表示所有项目平均的折现率或必要报酬率。

$$调整后净现值 = \sum_{t=0}^{n} \frac{预期现金流量}{(1+风险调整折现率)^t}$$

[例7-19] 当前的无风险报酬率为4%,市场平均报酬率为12%,A 项目的预期股权现金流量风险大,其 β 值为 1.5;B 项目的预期现金流量风险小,其 β 值为 0.75。

A 项目的风险调整折现率=4%+1.5×(12%-4%)=16%

B 项目的风险调整折现率=4%+0.75×(12%-4%)=10%

其他有关数据如表 7-17 所示。

表 7-17　其他有关数据 单位:元

年数	现金流量	现值系数(4%)	未调整现值	现值系数(16%)	调整后现值
A 项目					
0	−40 000	1.000 0	−40 000	1.000 0	−40 000
1	13 000	0.961 5	12 500	0.862 1	11 207
2	13 000	0.924 6	12 020	0.743 2	9 662
3	13 000	0.889 0	11 557	0.640 7	8 329
4	13 000	0.854 8	11 112	0.552 3	7 180

（续表）

年数	现金流量	现值系数(4%)	未调整现值	现值系数(16%)	调整后现值
5	13 000	0.821 9	10 685	0.476 2	6 191
净现值			17 874		2 569
B 项目					
0	−47 000	1.000 0	−47 000	1.000 0	−47 000
1	14 000	0.961 5	13 461	0.909 1	12 727
2	14 000	0.924 6	12 944	0.826 4	11 570
3	14 000	0.889 0	12 446	0.751 3	10 518
4	14 000	0.854 8	11 967	0.683 0	9 562
5	14 000	0.821 9	11 507	0.620 9	8 693
净现值			15 325		6 070

如果不进行折现率调整，两个项目效益差不多，A 项目相对较好；调整以后，两个项目有明显差别，B 项目要好得多。

调整现金流量法在理论上受到好评。该方法对时间价值和风险价值分别进行调整，先调整风险，然后把肯定现金流量用无风险报酬率进行折现。对不同年份的现金流量，可以根据风险的差别使用不同的肯定当量系数进行调整。

风险调整折现率法在理论上受到批评，因其用单一的折现率同时完成风险调整和时间调整。这种做法意味着风险随时间推移而加大，可能与事实不符，夸大远期现金流量的风险。

三、项目系统风险

如果新项目的风险与现有资产的平均风险显著不同，就不能使用公司当前的加权平均资本成本，而应当估计项目的风险，并计算项目要求的必要报酬率。

在项目分析中，项目的风险可以从三个层次来看待：

第一个层次是从项目角度来看待，即项目自身特有的风险，项目自身特有的风险不宜作为项目资本预算风险的度量。例如，某企业每年要进行数以百计的研究开发项目，每个项目成功的概率只有 10% 左右。项目如果成功，企业将获得巨额利润；失败则会损失其全部投入。

第二个层次是从企业角度来看待，考虑到新项目自身特有的风险可以通过与企业内部其他项目和资产的组合而分散掉一部分，因此应着重考察新项目对企业现有项目和资产组合的整体风险可能产生的增量。

第三个层次从股东角度来看待，要进一步考虑到在余下的项目风险中，有一部分能被企业股东的资产多样化组合而分散掉，从而只剩下任何多样化组合都不能分散掉的系统风险。唯一影响股东预期收益的是项目的系统风险，而这也是理论上与项目分析相关的风险度量，如图 7-2 所示。

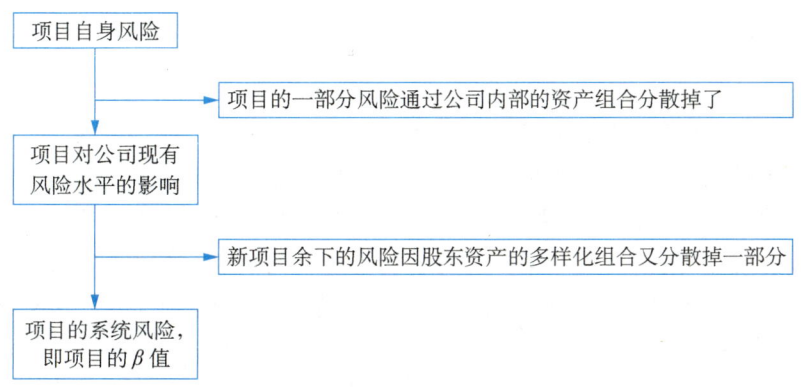

图 7-2 项目系统风险的度量

任务解析

思政小课堂

技能训练

（1）在进行项目投资风险评价时，可以从两个方面来进行调整，一种是调整现金流量法；另一种是风险调整折现率法。具体进行分析时，可以通过对净现值的盈亏平衡分析和净现值的敏感分析。盈亏分析就是以投资项目的净现值等于 0 为条件计算盈亏平衡点，这种情况下，盈亏平衡点一般以每年经营净现金流量来表示。盈亏平衡点越低，表明项目的投资风险越小。净现值的敏感性分析是指当某个因素或某些因素发生一定程度的变化后，净现值将发生怎样的变化，可以分为单因素敏感性分析和双因素敏感性分析。

（2）项目的系统是项目最重要的风险内容，属于不可分散风险，来源较为多样化，可以分为三个层次来对项目风险进行具体的分析，如从项目、企业行业和股东等角度进行分析。

项目小结

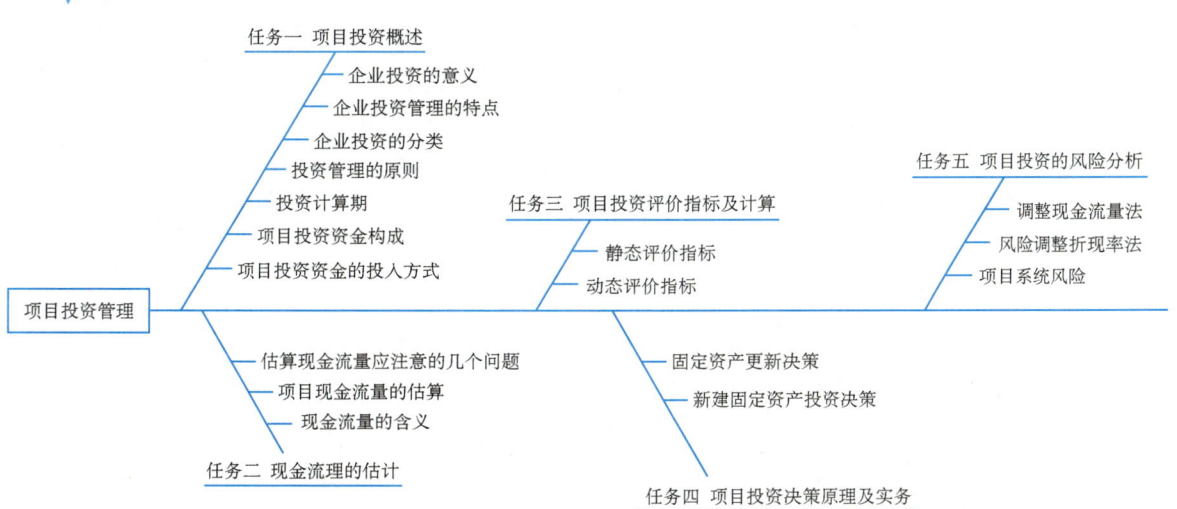

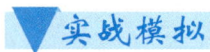 实战模拟

红光照相机厂的投资决策

红光照相机厂(以下简称红光厂)生产的照相机质量优良、价格合理,长期以来供不应求。为了扩大生产能力,红光厂准备新建一条生产线。王禹是该厂的助理会计师,主要负责筹资和投资工作。总会计师张力要求王禹搜集建设新生产线的有关资料,写出投资项目的财务评价报告,以供厂领导决策参考。王禹经过十几天的调查研究,得到以下有关资料。该生产线的初始投资是12.5万元,分两年投入。第1年投入10万元,第2年初投入2.5万元,第2年可完成建设并正式投产。投产后,每年可生产照相机1 000台,每台销售价格是300元,每年可获销售收入30万元。投资项目可使用5年,5年后残值2.5万元。经营期间要垫支流动资金2.5万元,这笔资金在项目结束时可如数收回。该项目生产的产品年总成本的构成情况如表7-18至表7-21所示。

表7-18　产品年总成本构成　　　　　　　　　　　　　　　　单位:万元

项目	金额
原材料费用	20
工资费用	3
管理费	2
折旧费	2

王禹又对红光厂的各种资金来源进行了分析研究,得出该厂加权平均的资金成本为10%。投资现金流量和净现值计算如表7-19至表7-21所示。

表7-19　投资项目的营业现金流量计算　　　　　　　　　　　单位:元

项目	第1年	第2年	第3年	第4年	第5年
销售收入	300 000	300 000	300 000	300 000	300 000
成本	250 000	250 000	250 000	250 000	250 000
其中:原材料	200 000	200 000	200 000	200 000	200 000
工资	30 000	30 000	30 000	30 000	30 000
管理费	20 000	20 000	20 000	20 000	20 000
折旧费	20 000	20 000	20 000	20 000	20 000
税前利润	30 000	30 000	30 000	30 000	30 000
所得税(50%)	15 000	15 000	15 000	15 000	15 000
税后利润	15 000	15 000	15 000	15 000	15 000
现金流量	35 000	35 000	35 000	35 000	35 000

表7-20 投资项目的现金流量计算   单位:元

项目	第-1年	第0年	第1年	第2年	第3年	第4年	第5年
初始投资	−100 000	−25 000					
流动资金垫支		−25 000					
营业现金流量			35 000	35 000	35 000	35 000	35 000
设备残值							25 000
流动资金收回							25 000
现金流量合计	−100 000	−50 000	35 000	35 000	35 000	35 000	85 000

表7-21 投资项目的净现值计算   单位:元

年数	现金流量	10%的贴现系数	现值
−1	−100 000	1.000	−100 000
0	−50 000	0.909 1	−45 455
1	35 000	0.826 4	28 910
2	35 000	0.715 3	26 296
3	35 000	0.683 0	25 612
4	35 000	0.620 9	23 283
5	85 000	0.564 4	47 974

$NPV = 3\ 353$

在厂领导会议上,王禹认为,建设新生产线有3 353元净现值,故这个项目是可行的。

厂领导会议对王禹提供的资料进行了分析研究,认为王禹在搜集资料方面作了很大努力,计算方法正确,但忽略了物价变动的影响因素,这便使得王禹提供的信息缺乏客观性和准确性。总会计师张力认为,在项目投资和使用期间内,通货膨胀率大约为10%,他要求各有关负责人认真研究通货膨胀对投资项目各有关方面的影响。基建处长李明认为,由于受物价变动的影响,初始投资将增长10%,投资项目终结后,设备残值将增加到37 500元。生产处长赵芳认为,由于物价变动的影响,原材料费用每年将增加14%,工资费用也将增加10%。财务处长周定认为,扣除折旧以后的管理费用每年将增加4%,折旧费用每年仍为20 000元。销售处长吴宏认为,产品销售价格预计每年可增加10%。

厂长要求王禹根据以上同志的意见,重新计算投资项目的现金流量和净现值,提交下次会议讨论。作为财务处长,周定应如何处理?

实战模拟答案

思政案例

项目八
营运资金管理

 情景设计

　　智维公司近年来,公司规模和营业收入快速增长,但也存在不可忽视的问题。正在公司财务部参加毕业实习的小明认真查阅公司财报后,发现智维公司营运资金管理存在许多问题,已严重影响公司高质量发展。首先,流动资产占总资产的比重总体呈现下滑态势,由2022年的61.37%降到2024年的51.76%,智维公司的货币资金、应收款项及票据、其他应收款项共占流动资产的比例超过80%。过多的货币资金降低了获利能力;较多应收款项削弱了流动性和变现能力,且面临款项坏账风险。其次,从流动负债来看,智维公司流动负债占总资产的比例逐渐增大,由2022年44.91%增加到2024年的51.96%,说明公司主要通过增加短期借款及利用自身商业信用等方式来维持正常周转,流动负债占比远高于行业平均水平(30%),主要借助短期借款来获得其业务活动所需要的资金,属于激进型的筹资策略,会导致公司面临巨大的财务风险。从流动负债内部结构来看,智维公司短期借款、应付票据和款项以及其他应付款的占比合计超60%以上,该现象应该引起公司重视,因为短期借款会增加企业筹资成本,使企业面临资金短缺风险,而应付款项会使公司未来集中偿付的压力变大。最后,从营运资金构成要素来看,应收账款周转期由2022年的110.13天降到2024年的48.06天,与行业平均值差距逐渐拉大,应付账款周转期由2022年的94.08天降到2024年的62.11天,下降幅度较大,表明企业占用供应商的资金逐渐变少,即付款及时、赊购减少,但存货周转期则由2022年的4.17天增加到2024年的24.19天,表明智维公司存货的管理水准还是值得肯定的。

　　小明看完智维公司近3年的财务报告,不禁陷入深深的沉思:公司流动资产和流动负债太多,会影响长远发展和盈利能力;应收账款和应付账款的周转速度均持续下降,会对公司产生较大的风险。

※情景分析

在企业的流动资产扣除短期负债之后的剩余流动资产即营运资金,能为企业提供一个宽裕的自由使用期间。所以,营运资金是流动资产的一个有机组成部分,由于具有较强的流动性而成为企业日常生产经营活动的润滑剂和企业短期偿债能力的重要指标。在现金流入量与流出量不同步和不确定的现实情况下,企业持有一定量的营运资金十分重要。企业营运资金越多,风险越小,但收益率也越低;反之,营运资金越少,风险越大,但收益率越高。企业需要在风险和收益之间进行权衡,从而控制营运资金的数量,既要防止营运资金不足,也要避免营运资金过多。智维公司管理层需要提升营运资金管理水平,提高资金利用效率,控制合理的流动资产占比水平,采取更加稳健的营运资金筹资策略。

素养提升目标

※思政素养

(1) 通过应收账款管理的学习,学会尊重法律、遵守规则,善于沟通。

(2) 通过存货再订货点和保险储备学习,培养学生忧患意识。

※理论素养

(1) 理解流动资产投资策略和筹资策略。

(2) 掌握分析现金的持有动机、成本和最佳持有量的方法。

(3) 掌握应收账款的成本和信用政策的决策方法。

(4) 掌握存货的成本和经济订货批量决策方法。

(5) 掌握短期借款和商业信用成本计算方法。

※能力素养

(1) 能根据企业条件采用不同方式筹集短期资金。

(2) 能根据企业客观情况,甄选客户资信并进行信用决策。

(3) 培养与银行的沟通协调能力。

(4) 能根据企业相关资料,确定存货管理最佳决策。

(5) 培养业财融合思维,养成学以致用、解决实际问题的能力。

※职业素养

(1) 通过现金管理的学习,培养学生"诚信为本,操守为重"的职业操守和职业道德。

(2) 通过学习现金和存货管理最佳持有量的计算方法,培养学生思辨思维方式。

(3) 通过学习 ABC 存货管理法,学会抓住工作中的"重要少数"和重点。

任务一　营运资金管理概述

任务引入

由本项目"情景设计"可知,一方面,智维公司货币资金、应收款项及票据、其他应收款项三项共占流动资产的比例超过 80%,一般认为这三者的总占比在 30% 到 50% 的范围内比较

教学设计

合理,过多的流动资金会降低公司的获利能力,同时,过多的应收款项会影响公司的变现能力且使公司面临款项无法收回的风险。除了流动资产总量占比不合理外,流动资产内部结构也不合理。货币资金占据流动资产的平均比例达到61.44%,而且数额也呈现逐年增加的态势,公司货币资金是真实存在的,且全部存放于本市等各大银行,不存在与大股东和关联方资金共同管理、银行账户归集等情形。另一方面,智维公司回款多集中在第四季度,导致季节性资金短缺,且公司需为每个子公司预留足够的货币资金,造成现金资源浪费。从流动负债来看,公司流动负债从2022年的24 500万元上升至2024年的41 120万元,呈连续上升趋势,公司流动负债占总资产的比例在增大,说明公司为了维持正常周转,主要通过增加短期借款及利用自身商业信用等方式,来满足自身持续增长的资金需求,这种激进型的筹资策略,会导致公司面临巨大的财务风险。

作为财务工作人员,在营运资金管理中,要明确营运资金必要性和特殊性,一方面需要持有一定量的营运资金,如现金、应收账款及存货等,保持一定的流动性;另一方面,营运资金盈利能力较差,过多保留会导致资金的闲置和浪费,使得资金无法转为资产,公司无法实现资本的长期增值功能。财务管理人员应如何控制营运资金的"度"呢? 近年来,OPM战略日益盛行,过度地依赖客户的资金,采取极端的营运资金融资策略会加重企业的风险。智维公司当前的营运资金持有量和融资策略合适吗? 请结合其所在的行业进行分析。

▼ 任务分析

狭义的营运资金是指流动资产与流动负债的差额,表示企业偿还短期债务的能力以及在其经营过程中可使用支配的资金,对企业日常资金管理具有重要的意义,被称为资金管理的"润滑剂"。营运资金的管理既包括流动资产管理,也包括流动负债管理。结合智维公司营运资金数据及行业数据,可以识别该公司营运资金管理的现状和存在的问题。通过对营运资金管理概述的学习,理解、评价公司营运资金筹资策略,并提出对应的财务决策。

▼ 知识准备

PPT:营运资金管理概述

一、营运资金的概念及特点

(一)营运资金的概念

营运资金是指在企业生产经营活动中占用在流动资产上的资金。营运资金有广义和狭义之分,广义的营运资金是指一个企业流动资产的总额;狭义的营运资金是指流动资产减去流动负债后的余额。这里指的是狭义的营运资金概念。营运资金的管理既包括流动资产的管理,也包括流动负债的管理。

(二)营运资金的特点

为了有效地管理企业的营运资金,必须研究营运资金的特点,以便有针对性地进行管理。营运资金一般具有如下特点。

1. 营运资金的来源具有多样性

企业筹集长期资金的方式一般较少,只有吸收直接投资、发行股票、发行债券等方式。与筹集长期资金的方式相比,企业筹集营运资金的方式较为灵活多样,通常有银行短期借款、短期融资券、商业信用、应交税费、应付股利、应付职工薪酬等多种内外部融资方式。

2. 营运资金的数量具有波动性

流动资产的数量会随企业内外条件的变化而变化,时高时低,波动很大。季节性企业如此,非季节性企业也如此。随着流动资产数量的变动,流动负债的数量也会相应发生变动。

3. 营运资金的周转具有短期性

企业占用在流动资产上的资金,通常会在1年或超过1年的一个营业周期内收回,对企业影响的时间比较短。根据这一特点,营运资金可以用商业信用、银行短期借款等短期筹资方式来加以解决。

4. 营运资金的实物形态具有变动性和易变现性

企业营运资金的占用形态是经常变化的,营运资金的每次循环都要经过采购、生产、销售等过程,一般按照现金—材料—在产品—产成品—应收账款—现金的顺序转化。为此,在进行流动资产管理时,必须在各项流动资产上合理配置资金数额,做到结构合理,以促进资金周转顺利进行。

二、营运资金的管理原则

企业的营运资金在全部资金中占有相当大的比重,而且周转期短,形态易变,因此,营运资金管理是企业财务管理工作的一项重要内容。企业进行营运资金管理,应遵循以下原则。

(一)满足合理的资金需求

企业应认真分析生产经营状况,合理确定营运资金的需要数量。企业营运资金的需求数量与企业生产经营活动有直接关系。一般情况下,当企业产销两旺时,流动资产会相应增加,流动负债也会相应增加;当企业产销量不断减少时,流动资产和流动负债也会相应减少。

(二)提高资金使用效率

营运资金的周转是指企业的营运资金从现金投入生产经营开始,到最终转化为现金的过程。加速资金周转是提高资金使用效率的主要手段之一。提高营运资金使用效率的关键是采取得力措施,缩短营业周期,加快营运资金周转。

(三)节约资金使用成本

在营运资金管理中,必须正确处理保证生产经营需要和节约资金使用成本两者之间的关系。要在保证生产经营需要的前提下,尽力降低资金使用成本。一方面,要挖掘资金潜力,加速资金周转,精打细算地使用资金;另一方面,积极拓展融资渠道,合理配置资源,筹措低成本资金,服务于生产经营。

(四)保持足够的短期偿债能力

偿债能力是企业财务风险高低的标志之一。合理安排流动资产与流动负债的比例关系,保持流动资产结构与流动负债结构的适配性,保证企业有足够的短期偿债能力是营运资金管理的重要原则之一。流动资产、流动负债,以及两者之间的关系能较好地反映企业的短期偿债能力。流动负债是在短期内需要偿还的债务,而流动资产则是在短期内可以转化为现金的资产。

微课:营运资金管理原则

▼ 任务处理

一、营运资金的管理策略

企业需要评估营运资金管理中的风险与收益,制定流动资产的投资策略和融资策略。实际上,财务管理人员在营运资金管理方面必须做两项决策:一是需要拥有多少流动资产;二是如何为需要的流动资产融资。在实践中,这两项决策一般同时进行且相互影响。

延伸阅读:
OPM 战略

新时期·新实践

德勤中国财务咨询价值创造服务合伙人郭凌峰在接受上海证券报记者采访时表示,有效的营运资金管理对企业而言极其重要,也是企业财务和营运持续健康的核心。建议企业从以下五个方面着力,优化企业营运资金管理。

一是建立基础工作,确保营运资金的透明度、优先性和连续性。其中,数据对企业至关重要,建议企业准确了解从原始数据汇总到数据分析和数据准备的影响参数,避免因数据来源和关键数字计算不一致等原因造成的误读。

二是驾驭复杂性,以区别对待的方式应对短缺和过剩问题。通常,产品种类齐全、客户等待时间最短、新产品和备件可立即交付等,这些都是销售的理想状态,建议企业要及时检验产品组合,不仅了解自己的产品组合,还要了解可能的替代品和竞争产品。

三是提高灵活性,管理不确定性、同步流程并建立体系。企业全面优化营运资金往往要协调和同步采购、生产和销售等部门的库存目标。建议企业对营运资金相关流程链上所有合作方的目标和影响可能性有充分的了解,实现采购、生产和销售目标同步,兼顾灵活性和效率。

四是了解业务和财务的边界。建议在企业业务部门和财务部门之间协商制定一项库存战略,以便在业务需求和财务控制之间找到平衡。

五是把营运资本管理纳入日常考核当中。关键绩效指标可以衡量、监测和控制生产过程中资金使用的成效。以关键绩效指标表示的库存目标和付款目标可作为评估营运资本绩效的量化标准,并为提高财务效率作出明智决策。

二、流动资产的投资策略

由于销售水平、成本、生产时间、存货补给时从订货到交货的时间、顾客服务水平、收款和支付期限等方面存在不确定性,流动资产的投资决策至关重要。企业经营的不确定性和风险忍受程度决定了流动资产的存量水平,表现为在流动资产账户上的投资水平,流动资产账户通常随着销售额的变化而变化。销售的稳定性和可预测性反映了流动资产投资的风险程度。销售额越不稳定,越不可预测,则投资于流动资产上的资金就应越多,以保证有足够的存货和应收账款占用来满足生产经营和顾客的需要。

流动资产的投资策略有两种基本类型。

1. 紧缩的流动资产投资策略

在紧缩的流动资产投资策略下,企业维持低水平的流动资产与销售收入比率。需要说明的是,这里的流动资产通常只包括生产经营过程中产生的存货、应收款项以及现金等生产性流动资产,而不包括股票、债券等金融性流动资产。

紧缩的流动资产投资策略可以节约流动资产的持有成本。但是,只要不可预见的事件没有损坏企业的流动性而导致严重的问题发生,紧缩的流动资产投资策略就会提高企业效益。

采用紧缩的流动资产投资策略,无疑对企业的管理水平有较高的要求。一旦失控,流动资产的短缺会对企业的经营活动产生重大影响。

2. 宽松的流动资产投资策略

在宽松的流动资产投资策略下,企业通常会维持高水平的流动资产与销售收入比率。也就是说,企业将保持高水平的现金和有价证券、高水平的应收账款(通常给予客户宽松的付款条件)和高水平的存货(通常源于补给原材料或不愿意因为产成品存货不足而失去销售)。

三、流动资产的融资策略

在企业经营状况不发生大的变化的情况下,流动资产最基本的需求具有一定的刚性和相对稳定性,我们可以将其界定为流动资产的永久性水平。当销售发生季节性变化时,流动资产将会在永久性水平的基础上增加。因此,流动资产可以被分解为两部分:永久性部分和波动性部分。永久性流动资产是指满足企业长期最低需求的流动资产,其占有量通常相对稳定。波动性流动资产或称临时性流动资产,是指那些由于季节性或临时性的原因而形成的流动资产,其占用量随当时的需求而波动。与流动资产的分类相对应,流动负债也可以分为临时性负债和自发性负债。

临时性负债又称为筹资性流动负债,是指为了满足临时性流动资金需要所发生的负债。临时性负债一般只能供企业短期使用。自发性负债又称为经营性流动负债,是指直接产生于企业持续经营中的负债,如商业信用筹资和日常运营中产生的其他应付款,以及应付职工薪酬、应付利息、应交税费等,自发性负债可供企业长期使用。

永久性流动资产的水平具有相对稳定性,需要通过长期来源解决;而波动性部分的融资则相对灵活,最经济的办法是通过低成本的短期融资解决,如采用1年期以内的短期借款或发行短期融资券等融资方式。

1. 期限匹配融资策略

在期限匹配融资策略中,永久性流动资产和非流动资产以长期融资方式(负债或股东权益)融通,波动性流动资产用短期来源融通。这意味着,在给定的时间内,企业的短期融资数量反映了当时的波动性流动资产的数量。当波动性流动资产扩张时,信贷额度也会增加,以便支持企业的扩张;当波动性流动资产收缩时,就会释放出资金,以偿付短期借款。

2. 保守融资策略

在保守融资策略中,长期融资支持非流动资产、永久性流动资产和部分波动性流动资产。企业通常以长期融资来源为波动性流动资产的平均水平融资,短期融资仅用于融通剩余的波动性流动资产,融资风险较低。这种策略通常最小限度地使用短期融资,但由于长期负债成本高于短期负债成本,融资成本就会较高,收益会较低。

3. 激进融资策略

在激进融资策略中,企业以长期负债、自发性负债和股东权益资本为所有的非流动资产

微课:"短债长投"的危害

视频:硅谷银行"短债长投"引发流动性危机

融资，仅对一部分永久流动性资产使用长期融资方式融资。短期融资方式支持剩下的永久性流动资产和所有的临时性流动资产。这种策略观念下，通常使用更多的短期融资。短期融资方式通常比长期融资方式具有更低的成本。然而，过多地使用短期融资会导致较低的流动比率和较高的流动性风险。

任务解析

通过上述学习，可以解析"任务引入"中的问题：

（1）营运资金管理工作的要点在于，在确保公司正常经营业务运行和保证企业财务稳定的前提下，管理者如何减少营运资金所带来的成本，从而改善公司营运资金管理状况，提高公司的总体获利水平。公司营运资金"度"的管理控制大致包括以下几点：

其一，保持合理的营运资金占有量：过多的营运资金，意味着公司的流动资产相对较多，造成的机会成本可能就会上升，导致公司的利润率降低。但相反，公司将极有可能面临资金链断裂所带来的巨大风险，从而造成公司还款力量薄弱。

其二，保证营运资金的流动性：较强的营运资金流动性虽然能够让企业的还款能力更有保证，但一旦营运资金流转期限较短，将会使得企业的一般生产经营活动受到严重的不良影响。所以营运资金的流动性不但对企业的资金周转能力具有重要影响，还关乎着企业的生产经营活动。

其三，实现营运资金效益最优化：对公司营运资金进行有效的管理，使公司能够科学合理地使用营运资金，从而可以间接地改善企业业绩，最终达到公司价值最大化目标。

其四，实现企业最佳营运资金持有量问题，要结合企业自身盈利模式、资源状况、行业特点。例如，基于互联网商业模式，存货存储周期压缩，以现代服务业、科技软件类公司营运资金特点与传统行业不具有参考性，要结合主营业务相似的企业或行业进行分析。

（2）营运资金是维持公司正常生产和经营活动的资金。作为企业运作的压舱石，营运资金在企业内部担负了价值补偿与增值的责任。智维公司的营运资金融资策略属于积极型。营运资金对临时性负债的依赖度较高，筹资风险较大。虽然临时性负债有效地降低资本成本，但结合公司的性质、业务特点等来看，这样的营运资金融资策略会带来较高的风险，对长期可持续发展产生重要的不利影响。智维公司应减少临时性负债金额，提高营运资金的使用效率，根据企业资源特点、竞争优势适度增加长期负债或权益资本。

任务二　现　金　管　理

任务引入

由项目六和项目七，我们发现投资价值是以现金流量为基础；由项目三可知，现金资产对企业偿债能力具有重要的保障。对于财务管理工作而言，管理现金流量极其重要。现金管理的重要任务就是确保公司正常经营状态下，在任何时候提出现金数量需求，但又不能保留过多现金而降低公司的盈利能力。保留现金能防止市场出现各种波动性对公司造成的风

思政小课堂

技能训练

教学设计

险。当然,在日常现金管理中,也有财务经理追求现金的盈利能力而放弃持有现金,把现金投资于高收益的项目,甚至是股票等风险和收益较高的项目。

作为公司现金主管,是放弃持有现金选择高风险收益投资,还是放弃高风险收益投资、保留现金,维持企业运行需求呢? 在本部分,我们将讨论影响公司现金持有量的各个因素,以及目前很多公司使用的现金管理办法。

智维公司作为一家新型科技公司,具有研发、资金投资回收周转期较长等特点,因此十分重视现金资产的管理。但小明发现公司账上经常存在短期交易性证券。小明很困惑:为什么要持有交易性证券呢?

智维公司本月有 4 种现金持有量预测方案,各方案有关资料如表 8-1 所示。

表 8-1　现金持有量预测方案有关资料

金额单位:元

项目	甲	乙	丙	丁
现金持有量	400 000	500 000	600 000	700 000
管理成本	30 000	30 000	30 000	30 000
机会成本率	8%	8%	8%	8%
短缺成本	20 000	10 000	5 000	0

要求:利用成本分析模型确定该公司的最佳现金持有量。

▼ 任务分析

确定最近的现金持有量是现金管理的重要目标。现金管理最关键的就是估计公司的现金流量,确保企业现金不仅满足日常生产经营的需要,又不使现金闲置而降低企业的盈利能力。因此,要重视现金管理相关成本。确定适当的现金持有量是满足企业营运资金管理的重要内容。

▼ 知识准备

现金有广义、狭义之分。广义的现金是指在生产经营过程中以货币形态存在的资金,包括库存现金、银行存款和其他货币资金等。狭义的现金仅指库存现金。这里所讲的现金是指广义的现金。保持合理的现金水平是企业现金管理的重要内容。现金是变现能力最强的资产,代表着企业直接的支付能力和应变能力,可以用来满足生产经营开支的各种需要,也是还本付息和履行纳税义务的保证。拥有足够的现金对于降低企业的风险,增强企业资产的流动性和债务的可清偿性有着重要的意义。但现金收益性最弱,其持有量不是越多越好。即使是银行存款,其利率也非常低。因此,现金存量过多,它所提供的流动性边际效益便会随之下降,从而使企业的收益水平下降。

除了应付日常的业务活动,企业还需要拥有足够的现金偿还贷款、把握商机,以及不时之需。企业必须建立一套科学的现金管理方法,持有合理的现金数额,使其在时间上继起,在空间上并存,在现金的流动性和收益性之间进行合理选择。企业必须编制现金预

延伸阅读:
数字人民币

算,以衡量企业在某段时间内的现金流入量与流出量,以便在保证企业正常经营活动所需现金的同时,尽量减少企业的现金数量,从暂时闲置的现金中获得最大的收益,提高资金收益率。

任务处理

一、持有现金的动机

持有现金是出于交易性需求、预防性需求和投机性需求三种需求。

(一)交易性需求

交易性需求是指企业为了维持日常周转及正常商业所需持有的现金额。企业每天都在发生许多支出和收入,这些支出和收入数额上不相等,在时间上不匹配,企业需要持有一定现金来调节,以使生产经营活动能继续进行。

(二)预防性需求

PPT:预防性需求

预防性需求是指企业需要持有一定量的现金,以应付突发事件。这种突发事件可能是社会经济环境变化,也可能是企业的某大客户违约导致企业突发性偿付等。尽管财务人员试图利用各种手段来较准确地估算企业需要的现金数额,但这些突发事件会使原本很好的财务计划失去效果。因此,企业为了应对突发事件,有必要维持比日常正常运转所需金额更多的现金。

确定预防性需求的现金数额时,需要考虑以下因素:①企业愿冒现金短缺风险的程度。②企业预测现金收支可靠的程度。③企业临时融资的能力。希望尽可能减少风险的企业倾向于保留大量的现金余额,以应对其交易性需求和大部分预防性资金需求。现金收支预测可靠性程度较高,信誉良好,与银行关系良好的企业,预防性需求的现金持有量一般较低。

(三)投机性需求

投机性需求是企业需要持有一定量的现金以抓住突然出现的获利机会。这种机会大多是稍纵即逝的,如证券价格的突然下跌,企业若没有用于投机的现金,就会错过这一机会。

企业的现金持有量一般小于三种需求下的现金持有量之和,因为为某一需求持有的现金可以用于满足其他需求。

二、目标现金余额的确定

(一)成本模型

成本模型强调:持有现金是有成本的,最优的现金持有量是使得现金持有成本最小化的持有量。成本模型考虑的现金持有成本包括如下项目。

1. 机会成本

现金的机会成本是指企业因持有一定现金余额丧失的再投资收益,再投资收益是企业不能同时用该现金进行有价证券投资所产生的机会成本,这种成本在数额上等于资金成本。例如,某企业的资金成本为 10%,年均持有现金 50 万元,则该企业每年持有现金的机会成本为 5 万元(50×10%)。放弃的再投资收益即机会成本,属于变动成本,它与现金持有量的多少密切相关。

2. 管理成本

现金的管理成本是指企业因持有一定数量的现金而发生的管理费用。例如,管理人员工资、安全措施费用等。一般认为这是一种固定成本,这种固定成本在一定范围内和现金持有量之间没有明显的比例关系。

3. 短缺成本

现金的短缺成本是指在现金持有量不足,又无法及时通过有价证券变现加以补充而给企业造成的损失,包括直接损失与间接损失。

成本分析模式是根据现金相关成本,分析预测其总成本最低时现金持有量的一种方法。其计算公式为:

$$最佳现金持有量下的现金相关成本 = min(管理成本 + 机会成本 + 短缺成本)$$

其中,管理成本属于固定成本,机会成本是正相关成本,短缺成本是负相关成本。因此,成本模型就是要找到机会成本、管理成本和短缺成本所组成的总成本曲线中最低点所对应的现金持有量,把它作为最佳现金持有量,如图 8-1 表示。

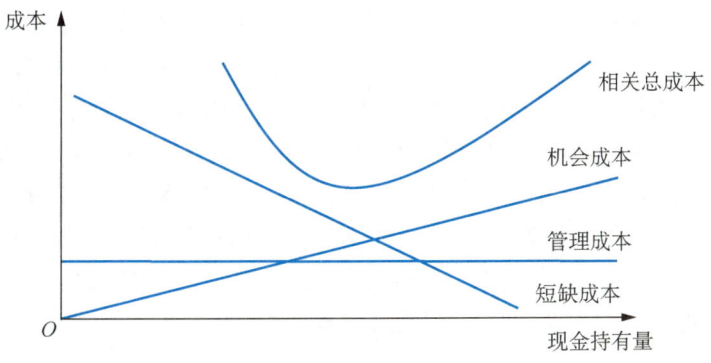

图 8-1　成本模型的现金成本

[例 8-1]　华联有限公司有四种现金持有方案,它们各自的持有量(平均)、机会成本、管理成本、短缺成本如表 8-2 所示。假设现金的机会成本率为 12%。要求:确定现金最佳持有量。

表 8-2　现金持有方案　　　　　　　　　　　　　　　　单位:元

方案项目	甲	乙	丙	丁
现金持有量	25 000	50 000	75 000	100 000
机会成本	3 000	6 000	9 000	12 000
管理成本	20 000	20 000	20 000	20 000
短缺成本	12 000	6 750	2 500	0

这四种方案的总成本计算结果如表 8-3 所示。

表 8-3　四种方案的总成本计算结果　　　　　　　　单位:元

方案项目	甲	乙	丙	丁
机会成本	3 000	6 000	9 000	12 000
管理成本	20 000	20 000	20 000	20 000
短缺成本	12 000	6 750	2 500	0
总成本	35 000	32 750	31 500	32 000

将以上各方案的总成本加以比较可知,丙方案的总成本最低,故 75 000 元是该企业的最佳现金持有量。

(二)存货模型

微课:存货模型下现金最佳持有量

PPT:存货模型下现金最佳持有量

延伸阅读:可交易性证券

企业平时持有较多的现金,会降低现金的短缺成本,但也会增加现金占用的机会成本;平时持有较少的现金,则会增加现金的短缺成本,却能减少现金占用的机会成本。如果企业平时只持有较少的现金,在有现金需要时(如手头的现金用尽),通过出售有价证券换回现金(或从银行借入现金),既能满足现金的需要,避免短缺成本,又能减少机会成本。因此,适当的现金与有价证券之间的转换,是企业提高资金使用效率的有效途径。如何确定有价证券与现金的每次转换量,是一个需要研究的问题。这可以应用现金持有量的存货模型解决。

有价证券转换回现金所付出的代价(如支付手续费用),称为现金的交易成本。现金的交易成本与现金转换次数、每次的转换量有关。假定现金每次的交易成本是固定的,在企业一定时期现金使用量确定的前提下,每次以有价证券转换回现金的金额越大,企业平时持有的现金量便越高,转换的次数便越少,现金的交易成本就越低;反之,每次转换回现金的金额越低,企业平时持有的现金量便越低,转换的次数便越多,现金的交易成本就越高。现金的交易成本与现金的机会成本所组成的相关总成本曲线,如图 8-2 所示。

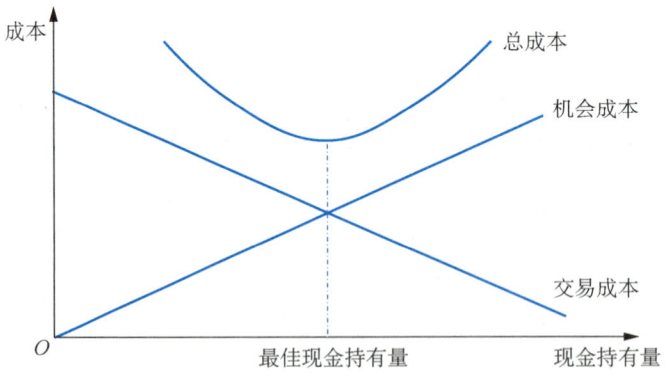

图 8-2　相关总成本曲线

在图 8-2 中,现金的机会成本和交易成本是两条随现金持有量呈不同方向发展的曲线,两条曲线交叉点相应的现金持有量,即为相关总成本最低的现金持有量。

于是,企业需要合理地确定现金持有量 C,以使现金的相关总成本最低。解决这一问题先要明确三点:

(1) 一定期间的现金需求量,用 T 表示。

(2) 每次出售有价证券以补充现金所需的交易成本,用 F 表示。

一定时期内出售有价证券的总交易成本为:

$$交易成本 = (T/C) \times F$$

(3) 持有现金的机会成本率,用 K 表示。

一定时期内持有现金的总机会成本表示为:

$$机会成本 = (C/2) \times K$$

则:

$$相关总成本 = 机会成本 + 交易成本 = (C/2) \times K + (T/C) \times F$$

从图 8-2 可知,最佳现金持有量 C^* 是机会成本线与交易成本线交叉点所对应的现金持有量(数学推理过程与本章"经济订货基本模型"中经济订货批量的计算一致),因此 C 应满足:机会成本=交易成本,即 $(C^*/2) \times K = (T/C^*) \times F$。整理可知:

$$C^* = \sqrt{(2T \times F)/K}$$

[例 8-2] 华南有限公司每月现金需求总量为 5 200 000 元,每次现金转换的成本为 1 000 元,持有现金的机会成本率约为 10%,则该企业的最佳现金持有量为多少?

$$C^* = \sqrt{(2 \times 5\,200\,000 \times 1\,000)/10\%} = 322\,490(元)$$

该企业最佳现金持有量为 322 400 元,持有超过 322 490 元则会降低现金的投资收益率,低于 322 490 元则会加大企业正常现金支付的风险。

(三) 随机模型

在实际工作中,企业现金流量往往有很大的不确定性。假定每日现金流量的分布接近正态分布,每日现金流量可能低于或高于期望值,其变化是随机的。由于现金流量波动是随机的,只能对现金持有量确定一个控制区域,定出上限和下限。当企业现金余额在上限和下限之间波动时,表明企业现金持有量处于合理的水平,无须进行调整。当现金余额达到上限时,则将部分现金转换为有价证券;当现金余额下降到下限时,则卖出部分证券。

图 8-3 是现金管理随机模型(米勒—奥尔模型),该模型有两条控制线和一条回归线。最低控制线 L 取决于模型之外的因素,其数额是由现金管理部经理在综合考虑短缺现金的风险程度、企业借款能力、企业日常周转所需资金、银行要求的补偿性余额等因素的基础上确定的。

回归线 R 可按下列公式计算:

$$R = \sqrt[3]{\frac{3b \times \delta^2}{4i}} + L$$

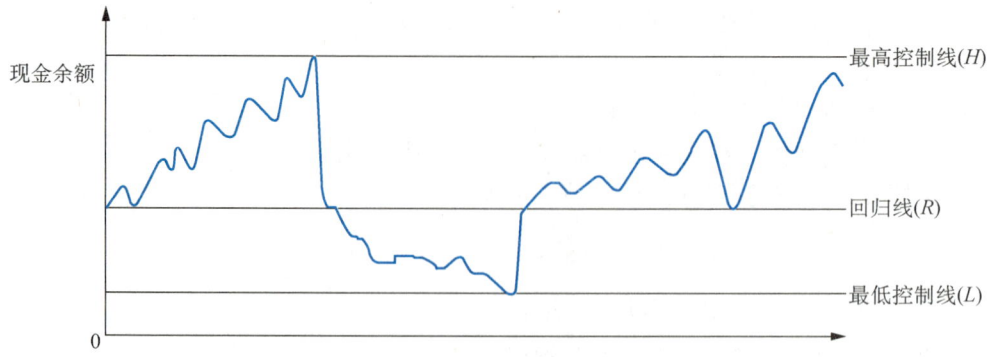

图 8-3　现金管理随机模型

式中:b——证券转换为现金或现金转换为证券的成本;

　　　δ——企业每日现金流量变动的标准差;

　　　i——以日为基础计算的现金机会成本。

最高控制线 H 的计算公式为:

$$H = 3R - 2L$$

[例 8-3]　某企业现金部经理决定 L 值应为 10 000 元,估计企业现金流量标准差 δ 为 1 000 元,持有现金的年机会成本率为 15%,换算为 i 值是 0.000 39,b = 150 元。根据随机模型,可求得:

$$R = \sqrt[3]{\frac{3 \times 150 \times 1\,000^2}{4 \times 0.000\,39}} + 10\,000 = 16\,607(元)$$
$$H = 3 \times 16\,607 - 2 \times 10\,000 = 29\,821(元)$$

该企业目标现金余额为 16 607 元。若现金持有量达到 29 821 元,则买进 13 214 元的证券;若现金持有量降至 10 000 元,则卖出 6 607 元的证券。

三、现金管理模式

(一)"收支两条线"的管理模式

"收支两条线"原本是政府为了加强财政管理和整顿财政秩序,对财政资金采取的一种管理模式。当前的企业,特别是大型集团企业,也纷纷采用"收支两条线"资金管理模式。

1. 企业实行"收支两条线"管理模式的目的

企业作为追求价值最大化的营利组织,实施"收支两条线"主要出于两个目的:第一,对企业范围内的现金进行集中管理,减少现金持有成本,加速资金周转,提高资金使用效率;第二,以实施"收支两条线"为切入点,通过高效的价值化管理来提高企业效益。

2. "收支两条线"资金管理模式的构建

构建企业"收支两条线"资金管理模式,可从规范资金的流向、流量和流程三个方面入手:

(1)资金的流向方面:企业"收支两条线"要求各部门或分支机构在内部银行或当地银

行设立两个账户(收入户和支出户),并规定所有收入的现金都必须进入收入户(外地分支机构的收入户资金还必须及时、足额地回笼到总部),收入户资金由企业资金管理部门(内部银行或财务结算中心)统一管理,而所有的货币性支出都必须从支出户里支付,支出户里的资金只能根据一定的程序由收入户划拨而来,严禁现金坐支。

(2)资金的流量方面:在收入环节上要确保所有收入的资金都进入收入户,不允许有私设的"账外小金库"。另外,还要加快资金的结算速度,尽量压缩资金在结算环节的沉淀量;在调度环节上通过动态的现金流量预算和资金收支计划实现对资金的精确调度;在支出环节上,根据"以收定支"和"最低限额资金占用"的原则从收入户按照支出预算安排将资金定期划拨到支出户,支出户平均资金占用额应压缩到最低限度。有效的资金流量管理将有助于确保及时、足额地收入资金,合理控制各项费用支出和有效调剂内部资金。

(3)资金的流程方面:资金流程是指与资金流动有关的程序和规定。它是"收支两条线"内部控制体系的重要组成部分,主要包括以下几个部分:①关于账户管理、货币资金安全性等规定。②收入资金管理与控制。③支出资金管理与控制。④资金内部结算与信贷管理与控制。⑤"收支两条线"的组织保障等。

(二)集团企业资金集中管理模式

资金集中管理,是指集团公司借助商业银行网上银行功能及其他信息技术手段,将分散在集团各所属企业的资金集中到总部,由总部统一调度、统一管理和统一运用。资金集中管理在各个集团的具体运用可能会有所差异,但一般包括以下主要内容:资金集中、内部结算、融资管理、外汇管理、支付管理等。其中,资金集中是基础,其他各方面均建立在此基础之上。目前,资金集中管理模式逐渐被我国企业集团所采用。

新时期·新实践

2022年,国务院国资委印发《关于推动中央企业加快司库体系建设进一步加强资金管理的意见》,要求推动司库体系建设,全面提升财务管理精益化、集约化、智能化水平。中国煤科形成了总部统筹、平台实施、基层单位执行的"三位一体"组织体系;构建了"2221(两横两纵两链一促)"司库管理体系。"两横"指业务财务联动、板块融通,"两纵"分别是集团—业务板块—子公司层级贯穿和境内境外全球一体,"两链"包括资金链、产业链,"一促"则是促进产融协同。2023年,中国煤科继续开展司库2.0系统建设,实现票据直联、风险实时预警、供应链金融管理、决策支持管理。票据直联实现线上开立、接收、背书、贴现、兑现、质押的全流程管理,统一了金融资源管理,建预算、结算、核算、执行、监控闭环管理流程,通过年度预算定总盘、月度计划滚动调、资金支付逐笔控,实现资金全流程管控、全级次穿透查询。通过司库系统,可实时、全面了解集团金融资源信息,统筹调度资金,降低运营成本,提高资金效益。在保障流动性的基础上,中国煤科可沉淀资金运作效益进一步提升。2023年资金运作收益近3亿元,同比增长46%。

通过资金有效匹配内部资源需求,减少外部融资,降低融资费用,中国煤科所属企业90%的资金需求都能通过内部融通解决。

资金集中管理模式的选择,实质上是集团管理采用集权或分权管理体制的体现。现行的资金集中管理模式大致可以分为以下几种。

1. 统收统支模式

在该模式下,企业的一切现金收入都集中在集团总部的财务部门,各分支机构或子公司不单独设立账号,一切现金支出都通过集团总部财务部门付出,现金收支的批准权高度集中。统收统支模式有利于企业集团实现全面收支平衡,提高资金的周转效率,减少资金沉淀,监控现金收支,降低资金成本。

2. 拨付备用金模式

拨付备用金模式是指集团按照一定的期限统拨给所有所属分支机构或子企业备其使用的一定数额的现金。各分支机构或子企业发生现金支出后,持有关凭证到集团财务部门报销以补足备用金。拨付备用金模式相比统收统支模式具有一定的灵活性,但这种模式也通常适用于那些经营规模比较小的企业。

3. 结算中心模式

结算中心通常是企业集团内部设立的,办理内部各成员现金收付和往来结算业务的专门机构。结算中心通常设于财务部门内,是一个独立运行的职能机构。

4. 内部银行模式

内部银行是将商业银行的基本职能上与管理方式引入企业内部管理机制而建立起来的一种内部资金管理机构,它将"企业管理""金融信贷"和"财务管理"三者融为一体,一般是将企业的自有资金和商业银行的信贷资金统筹运作,在内部银行统一调剂运用。

5. 财务公司模式

财务公司是一种经营部分银行业务的非银行金融机构,它一般是集团公司发展到一定水平后,需要经过人民银行审核批准才能设立的。其主要职责是开展集团内部资金集中结算,同时为集团成员企业提供包括存贷款、融资租赁、担保、信用鉴证、债券承销、财务顾问等在内的全方位金融服务。

四、现金收支日常管理

延伸阅读:中国铁建的财务公司模式

PPT:现金的日常管理

(一)现金周转期

企业的经营周期是指从取得存货开始到销售存货并收回现金为止的时期。其中,从收到原材料,加工原材料,形成产成品,到将产成品卖出的这一时期,称为存货周转期;产品卖出后到收到顾客支付的货款的这一时期,称为应收账款周转期或收账期。

但是企业购买原材料不用立即付款,这一延迟的付款时间段就是应付账款周转期或收账期。现金周转期指介于企业支付现金与收到现金之间的时间段,它等于经营周期减去应付账款周转期。具体循环过程如图8-4所示。

上述周转过程用公式来表示就是:

$$经营周期 = 存货周转期 + 应收账款周转期$$
$$现金周转期 = 经营周期 - 应付账款周转期$$

其中:

$$存货周转期 = 存货平均余额/每天的销货成本$$
$$应收账款周转期 = 应收账款平均余额/每天的销货收入$$
$$应付账款周转期 = 应付账款平均余额/每天的购货成本$$

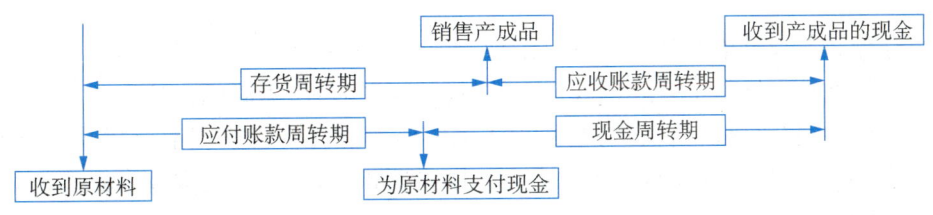

图 8-4　现金周转期具体循环过程

(二) 收款管理

1. 收款系统

一个高效率的收款系统能够使收款成本和收款浮动期达到最小,同时能够保证与客户汇款及其他现金流入来源相关的信息的质量。

(1) 收款成本。收款成本包括浮动期成本、管理收款系统的相关费用(例如银行手续费)及第三方处理费用或清算相关费用。在获得资金之前,收款在途项目使企业无法利用这些资金,也会产生机会成本。

(2) 收款浮动期。收款浮动期是指从支付开始到企业收到资金的时间间隔。收款浮动期主要是由纸基支付工具导致的,有下列三种类型:

一是邮寄浮动期,是指从付款人寄出支票到收款人或收款人的处理系统收到支票的时间间隔。

二是处理浮动期,是指支票的接受方处理支票和将支票存银行以收回现金所花的时间。

三是结算浮动期,是指通过银行系统进行支票结算所需的时间。

(3) 信息的质量包括收款方得到的付款人的姓名、付款的内容和付款时间。信息要求及时、准确地到达收款人一方,以便收款人及时处理资金,作出发货的安排。

2. 收款方式的改善

电子支付方式对比纸基(或称纸质)支付方式是种改进。电子支付方式提供了以下好处:

(1) 结算时间和资金可用性可以预计。

(2) 向任何一个账户或任何金融机构的支付具有灵活性,不受人工干扰。

(3) 客户的汇款信息可与支付同时传送,更容易更新应收账款。

(4) 客户的汇款从纸基方式转向电子方式,减少或消除了收款浮动期,降低了收款成本,收款过程更容易控制,并且提高了预测精度。

(三) 付款管理

现金支出管理的主要任务是尽可能延缓现金的支出时间。当然,这种延缓必须是合理合法的。控制现金支出的目标是在不损害企业信誉条件下,尽可能推迟现金的支出。

1. 使用现金浮游量

现金浮游量是指由企业提高收款效率和延长付款时间所产生的企业账户上的现金余额和银行账户上的企业存款余额之间的差额。

2. 推迟应付款的支付

推迟应付款的支付是指企业在不影响自身信誉的前提下,充分运用供货方所提供的信用优惠,尽可能地推迟应付款的支付期。

3. 汇票代替支票

汇票分为商业承兑汇票和银行承兑汇票,与支票不同的是,承兑汇票并不是见票即付。这一方式的优点是它推迟了企业调入资金支付汇票的实际所需时间。这样企业就只需在银行中保持较少的现金余额。它的缺点是某些供应商可能并不喜欢用汇票付款,银行也不喜欢处理汇票,它们通常需要耗费更多的人力。同支票相比,银行会收取较高的手续费。

4. 改进员工工资支付模式

企业可以为支付工资专门设立一个工资账户,通过银行向职工支付工资。为了最大限度地减少工资账户的存款余额,企业要合理预测开出支付工资的支票到职工去银行兑现的具体时间。

5. 透支

企业开出支票的金额大于活期存款余额。它实际上是银行向企业提供的信用。透支的限额,由银行和企业共同商定。

6. 争取现金流出与现金流入同步

企业应尽量使现金流出与流入同步,这样,就可以降低交易性现金余额,同时可以减少有价证券转换为现金的次数,提高现金的利用效率,节约转换成本。

7. 使用零余额账户

使用零余额账户是指企业与银行合作,保持一个主账户和一系列子账户。企业只在主账户保持一定的安全储备,而在系列子账户不需要保持安全储备。当从某个子账户签发的支票需要现金时,所需要的资金立即从主账户划拨过来,从而使更多的资金可以用作他用。

思政小课堂

技能训练

▼ 任务解析

通过上述学习,可以解析"任务引入"中的问题:

(1)公司不希望持有现金,因为现金不能产生收益。公司持有现金是为了保障偿还日常的负债(交易性余额),满足无法预见的需求(预防性余额),有优势利用廉价的购买机会(投机性余额),满足银行对于最低存款余额的要求(补偿性余额)。财务经理在管理现金时,公司应该减少现金持有量到企业运营所需的最低限度。公司也应该建立现金预算机制来预测其现金流,以便在现金过剩时投资,在现金短缺时借款。使现金管理更有效就应该尽可能快地收集资金,尽可能拖延还款。当然这些做法不能损害公司价值。

(2)交易性证券是短期高流动性、低风险的投资品,因此,这类投资回报少。但是,公司可以把交易性证券当做暂时的现金"停车场",这些现金不会马上被使用,但是近期,或许几天、几周、几个月会被派上用场。交易性证券使公司能够把其现金投资在安全的金融机构以获取报酬。

(3)智维公司持有现金各方案总成本如表8-4所示。

表8-4 各方案总成本   金额单位:元

项目	甲	乙	丙	丁
现金持有量	400 000	500 000	600 000	700 000
管理成本	30 000	30 000	30 000	30 000

（续表）

项目	甲	乙	丙	丁
机会成本率	8%	8%	8%	8%
机会成本	32 000	40 000	48 000	56 000
短缺成本	20 000	10 000	5 000	0
总成本	82 000	80 000	83 000	86 000

由表 8-4 计算可知，智维公司持有现金总成本最低为乙方案，此时总成本为 80 000 元，因此现金最佳持有量为 500 000 元。

任务三　应收账款管理

▼ 任务引入

小明最近发现智维公司销售部门递交了许多赊销表单，公司最近 3 个月应收账款金额与前期相比增加了两倍多。他疑惑地向财务经理请教："经理，这个月为什么发生这么多笔赊销业务，一手交钱、一手交货不好吗？这样还能防止坏账损失。"经理语重心长地说道："如果销售水平不受影响，我们更愿意选择现金方式，支付额是确定的并且可以马上获得，而且可以消除申请贷款和持有应收账款的成本。"经理又说："理想情况下，我们肯定愿意选择直接收取现金的销售方式，但公司提供赊销方式的主要原因在于它们的竞争者提供了赊销方式。假如你可以从两家不同的公司以相同的价格购买相同的产品，一家公司要求在购买时立即支付现金，而另外一家公司允许你在购买后一个月内支付现金而不需要其他的额外成本，你会选择哪一家公司呢？公司通常愿意选择延期支付，特别是当延期支付无需任何额外成本的时候。"

有效的信用管理是非常重要的，因为就应收账款的投资和维持而言，过多的赊销会产生很高的成本，而小额赊销有可能导致销售利润的减少。结合财务经理的观点，在确定公司恰当信用政策时必须考虑的重要因素有哪些？监控信用政策的程序该如何制定？

教学设计

▼ 任务分析

公司持有应收账款，会有直接和间接成本，但是也有收益——提供赊销可刺激利润增长和减少存货。财务管理工作一方面要减少机会成本，快速回收现金；另一方面要考虑销售增长率，提升股东价值。财务经理必须懂得如何有效管理公司的赊销活动，降低应收账款管理的风险。

▼ 知识准备

PPT：应收账款的功能和成本

一、应收账款的功能

企业通过提供商业信用，采取赊销、分期付款等方式可以扩大销售，增强竞争力，获得利润。应收账款作为企业为扩大销售和盈利的一项投资,也会发生一定的成本,所以企业需要在应收账款所增加的盈利和所增加的成本之间做出权衡。

应收账款的功能是指应收账款在生产经营中的作用,主要有以下两方面。

(一)增加销售的功能

在激烈的市场竞争中,通过提供赊销可有效地促进销售。因为企业提供赊销不仅向顾客提供了商品,也在一定时间内向顾客提供了购买该商品的资金,顾客将从赊销中得到好处。所以赊销会带来企业销售收入和利润的增加,特别在企业销售新产品、开拓新市场时,赊销更具有重要的意义。

提供赊销所增加的产品一般不增加固定成本,因此,赊销所增加的收益计算公式如下:

$$增加的收益 = 增加的销售量 \times 单位边际贡献$$

(二)减少存货的功能

企业持有一定量产成品存货会相应地占用资金,形成仓储费用、管理费用等,产生成本;而赊销则可避免这些成本的产生。所以,无论是季节性生产企业还是非季节性生产企业,当产成品存货较多时,一般会采用优惠的信用条件进行赊销,将存货转化为应收账款,减少产成品存货,存货资金占用成本、仓储与管理费用等会相应减少,从而提高企业收益。

二、应收账款的成本

微课:应收
账款的成本

图片:应收
账款机会成
本计算公式

> **新时期·新实践**
>
> 国务院总理李强 2023 年 9 月 20 日主持召开国务院常务会议,研究加快推进新型工业化有关工作,审议通过《清理拖欠企业账款专项行动方案》。该会议指出,解决好企业账款拖欠问题,事关企业生产经营和投资预期,事关经济持续回升向好,必须高度重视。省级政府要对本地区清欠工作负总责,抓紧解决政府拖欠企业账款问题,解开企业之间相互拖欠的"连环套",央企、国企要带头偿还。要突出实质性清偿,加强政策支持、统筹调度和监督考核,努力做到应清尽清,着力构建长效机制。

应收账款作为企业为增加销售和盈利进行的投资,会发生一定的成本。应收账款的成本主要有以下几方面。

(一)应收账款的机会成本

应收账款会占用企业一定量的资金,而企业若不把这部分资金投放于应收账款,便可以用于其他投资并可能获得收益,如投资债券获得利息收入。这种因投放于应收账款而放弃其他投资所带来的收益,即为应收账款的机会成本。其计算公式如下:

$$
\begin{aligned}
&应收账款占用资金的应计利息(即机会成本)\\
&= 应收账款占用资金 \times 资本成本\\
&= 应收账款平均余额 \times 变动成本率 \times 资本成本\\
&= 日销售额 \times 平均收现期 \times 变动成本率 \times 资本成本
\end{aligned}
$$

小提示：

　　在计算应收账款占用资金的应计利息时，是用应收账款占用资金计算，而不是直接用应收账款平均余额计算。其原因是：应收账款包括变动成本、固定成本和利润三部分。利润不占用企业的资金，所以不用考虑；而固定成本虽然也占用企业的资金，但不同的应收账款信用政策下这部分成本占用的资金是一定的，对决策没有影响。因此，在计算应收账款机会成本时只考虑应收账款的变动成本所占用的资金。

（二）应收账款的管理成本

　　应收账款的管理成本主要是指在进行应收账款管理时所增加的费用，主要包括：调查顾客信用状况的费用、收集各种信息的费用、账簿的记录费用、收账费用、数据处理成本、相关管理人员成本和从第三方购买信用信息的成本等。

（三）应收账款的坏账成本

　　在赊销交易中，债务人由于种种原因无力偿还债务，债权人就有可能因无法收回应收账款而发生损失，这种损失就是坏账成本。可以说，企业发生坏账成本是不可避免的，而此项成本一般与应收账款发生的数量成正比。

　　坏账成本一般用下列公式测算：

$$应收账款的坏账成本 = 赊销额 \times 预计坏账损失率$$

一、信用政策

　　信用政策包括信用标准、信用条件和收账政策三个方面。

（一）信用标准

　　信用标准是指信用申请者获得企业提供信用所必须达到的最低信用水平，通常以预期的坏账损失作为判别标准。如果企业执行的信用标准过于严格，可能会降低对符合可接受信用风险标准客户的赊销额，减少坏账损失，减少应收账款的机会成本，但不利于扩大企业销售量，甚至会因此减少企业的销售机会；如果企业执行的信用标准过于宽松，可能会对不符合可接受信用风险标准的客户提供赊销，因此，会增加随后还款的风险并增加应收账款的管理成本与坏账成本。

1. 信息来源

　　企业进行信用分析时，必须考虑信息的类型、数量和成本。信息既可以从企业内部收集，也可以从企业外部收集。企业内部产生的最重要的信用信息来源是信用申请人执行信用申请（协议）的情况和企业自己保存的有关信用申请人还款历史记录。

2. 信用的定性分析

　　信用的定性分析是指对申请人"质"的方面的分析。常用的信用定性分析法是"5C"信用评价系统，即评估申请人信用品质的五个方面：品质、能力、资本、抵押和条件。

　　（1）品质（character）。品质是指个人申请人或企业申请人管理者的诚实和正直表现。

PPT：信用政策

微课：信用标准

品质,反映了个人或企业在过去的还款中所体现的还款意图和愿望,这是 5C 中最主要的因素。通常要根据过去的记录结合现状调查来进行分析,包括企业经营者的年龄、文化、技术结构、遵纪守法情况,开拓进取及领导能力,有无获得荣誉奖励或纪律处分,团结协作精神及组织管理能力。

延伸阅读:什么是"老赖"

（2）能力(capacity)。能力是指经营能力,通常通过分析申请者的生产经营能力及获利情况,管理制度是否健全,管理手段是否先进,产品生产销售是否正常,在市场上有无竞争力,经营规模和经营实力是否逐年增长等来评估。

（3）资本(capital)。资本是指如果企业或个人当前的现金流不足以还债,他们在短期和长期内可供使用的财务资源。企业资本雄厚,说明企业具有强大的物质基础和抗风险能力。因此,信用分析必须调查了解企业资本规模和负债比率,反映企业资产或资本对于负债的保障程度。

（4）抵押(collateral)。抵押是指当企业或个人不能满足还款条款时,可以用作债务担保的资产或其他担保物。信用分析必须分析担保抵押手续是否齐备,抵押品的估值和出售有无问题,担保人的信誉是否可靠等。

（5）条件(condition)。条件是指影响申请者还款能力和还款意愿的经济环境。经济环境对企业发展前途具有一定影响,也是影响企业信用的一项重要的外部因素。信用分析必须对企业的经济环境,包括对企业发展前景、行业发展趋势、市场需求变化等进行分析,预测其对企业经营效益的影响。

3. 信用的定量分析

图片:应收账款管理决策

进行商业信用的定量分析可以从考查信用申请人的财务报表开始,通常使用比率分析法评价顾客的财务状况。常用的指标有:流动性和营运资本比率(如流动比率、速动比率以及现金对负债总额比率)、债务管理和支付比率(利息保障倍数、长期债务对资本比率、带息债务对资产总额比率,以及负债总额对资产总额比率)和盈利能力指标(销售回报率、总资产回报率和净资产收益率)。

将这些指标和信用评级机构及其他协会发布的行业标准进行比较,可以观察申请人的信用状况。

（二）信用条件

微课:信用条件

信用条件是销货企业要求赊购客户支付货款的条件,由信用期间、折扣期和现金折扣三个要素组成。

1. 信用期间

信用期间是企业允许顾客从购货到付款之间的时间,或者说是企业给予顾客的付款期间,一般简称信用期。

信用期的确定,主要是分析改变现行信用期对收入和成本的影响。延长信用期,会使销售额增加,产生有利影响;与此同时,应收账款、收账费用和坏账损失增加,会产生不利影响。当前者大于后者时,可以延长信用期,否则不宜延长。如果缩短信用期,情况则与此相反。

[例 8-4]　华联公司目前采用 30 天按发票全额(即无现金折扣)付款的信用政策,拟将信用期间放宽至 60 天,仍按发票全额付款。假设风险投资的最低报酬率为 15%,其他有关数据如表 8-5 所示。

表 8-5　信用期决策数据

金额单位:元

项目	信用期间(30 天)	信用期间(60 天)
全年销售量(件)	100 000	120 000
全年销售额(单价 5 元)	500 000	600 000
变动成本(每件 4 元)	400 000	480 000
固定成本	50 000	52 000
可能发生的收账费用(元)	3 000	4 000
可能发生的坏账损失(元)	5 000	9 000

在分析时,先计算放宽信用期带来的盈利增加,然后计算增加应收账款投资产生的成本费用增加,最后计算放宽信用期增加的税前损益,并做出判断。

1. 计算盈利增加

$$盈利增加 = 增加的边际贡献 - 增加的固定成本$$
$$= (120\,000 - 100\,000) - (52\,000 - 50\,000)$$
$$= 18\,000(元)$$

2. 计算增加的成本费用

(1) 计算应收账款机会成本的增加。

$$变动成本率 = 4 \div 5 \times 100\% = 80\%$$

$$改变信用期间导致的机会成本增加 = 60 天信用期应计利息 - 30 天信用期应计利息$$
$$= 600\,000 \div 360 \times 60 \times 80\% \times 15\% - 500\,000 \div 360 \times 30 \times 80\% \times 15\%$$
$$= 7\,000(元)$$

(2) 计算收账费用和坏账损失增加。

$$收账费用增加 = 4\,000 - 3\,000 = 1\,000(元)$$
$$坏账损失增加 = 9\,000 - 5\,000 = 4\,000(元)$$

3. 计算增加的税前损益

$$放宽信用期增加的税前损益 = 盈利增加 - 成本费用增加$$
$$= 18\,000 - 7\,000 - 1\,000 - 4\,000$$
$$= 6\,000(元)$$

放宽信用期增加的税前损益大于 0,故应放宽信用期,即采用 60 天信用期。

上述信用期决策方法比较简便,可以满足一般制定信用政策的需要。如有必要,也可以进行更细致的分析,如进一步考虑销售增加引起存货增加而占用的资金。

[例 8-5]　承[例 8-4],假设上述 30 天信用期变为 60 天后,因销售量增加,年平均存货水平从 9 000 件上升到 20 000 件,每件存货按变动成本 4 元计算,其他情况不变。

由于增添了新的存货增加因素,需要在原来分析的基础上,再考虑存货增加而多占资金所带来的影响,重新计算放宽信用期增加的税前损益。

存货增加占用资金的应计利息 = (20 000 - 9 000) × 4 × 15% = 6 600(元)

放宽信用期增加的税前损益 = 6 000 - 6 600 = -600(元)

因为放宽信用期增加的税前损益小于0,所以考虑增加平均存货这个因素后,不应该采用 60 天的信用期。

2. 折扣条件

折扣条件包括现金折扣和折扣期两个方面。如果企业给顾客提供现金折扣,那么顾客在折扣期付款时少付的金额所产生的"成本"将影响企业收益。当顾客利用了企业提供的现金折扣,而现金折扣又没有促使销售额增长时,则企业的净收益会下降。当然,上述收入方面的损失可能会全部或部分地由应收账款持有成本的下降所补偿。

现金折扣的表示常用如"5/10,3/20,N/30"这样的符号。其含义为:5/10 表示 10 天内付款,可享受 5% 的价格优惠,即只需支付原价的 95%,如原价为 10 000 元,只需支付 9 500 元;3/20 表示 20 天内付款可享受 3% 的价格优惠,即只需支付原价的 97%,如原价为 10 000 元,则只需支付 9 700 元;N/30 表示付款的最后期限为 30 天,此时付款无优惠。

企业采用什么程度的现金折扣,要与信用期间结合起来考虑。不论是信用期间还是现金折扣,都可能给企业带来收益,但也会增加成本。

[例 8-6] 承[例 8-4]根据上述信用期间决策的数据,假设该公司在放宽信用期的同时,为了吸引顾客尽早付款,提出了"0.8/30,N/60"的现金折扣条件,估计会有一半的顾客(按 60 天信用期所能实现的销售量计算)将享受现金折扣优惠。

(1) 计算盈利增加额。

盈利增加额 = (120 000 - 100 000) × (5 - 4) - (52 000 - 50 000) = 18 000(元)

(2) 计算应收账款占用资金的应计利息增加额。

30 天信用期应计利息 = 500 000 + 360 × 30 × 80% × 15% = 5 000(元)

提供现金折扣的平均收现期 = 30 × 50% + 60 × 50% = 45(天)

提供现金折扣的应计利息 = 600 000 ÷ 360 × 45 × 80% × 15% = 9 000(元)

应收账款占用资金的应计利息增加额 = 9 000 - 5 000 = 4 000(元)

(3) 计算收账费用和坏账损失增加额。

收账费用增加额 = 4 000 - 3 000 = 1 000(元)

坏账费用增加额 = 9 000 - 5 000 = 4 000(元)

(4) 估计现金折扣成本的增加额。

现金折扣成本增加额 = 新的销售水平 × 享受现金折扣的顾客比例 × 新的现金折扣率 -
旧的销售水平 × 享受现金折扣的顾客比例 × 旧的现金折扣率

= 600 000 × 50% × 0.8% - 500 000 × 0 × 0

= 2 400(元)

(5) 计算增加的税前损益。

增加的税前损益 = 盈利增加额 - 成本费用增加额

= 18 000 - (4 000 + 1 000 + 4 000 + 2 400)

= 6 600(元)

由于增加的税前损益大于 0,应当放宽信用期并提供现金折扣。

(三)收账政策

收账政策是指信用条件被违反时,企业采取的收账策略。企业如果采取较积极的收账政策,可能会减少应收账款,减少坏账损失,但要增加收账成本。如果采用较消极的收账政策,则可能会增加应收账款,增加坏账损失,但会减少收账成本。

图片:应收账款收账饱和点

二、应收账款的监控

实施信用政策时,企业需监督和控制每一笔应收账款和应收账款总额。监督每笔应收账款的理由是:第一,在开票或收款过程中可能会发生错误或延迟;第二,有些客户可能故意拖欠到企业采取追款行动才付款;第三,客户财务状况的变化可能会改变其按时付款的能力,并且需要缩减该客户未来的赊销额度。

(一)应收账款周转天数

应收账款周转天数或平均收账期是衡量应收账款管理状况的一个指标。将企业当前的应收账款周转天数与规定的信用期限、历史趋势,以及行业正常水平进行比较,可以反映企业整体的收款效率。然而,应收账款周转天数可能会被销售量的变动趋势和剧烈的销售季节性所破坏。

[例 8-7]　华联公司 2020 年第一季度应收账款平均余额为 285 000 元,信用条件为在 60 天内按全额付清款项,3 个月的赊销情况为:1 月份 90 000 元;2 月份 105 000 元;3 月份 115 000 元。

应收账款周转天数的计算:

$$平均日销售额 = \frac{90\,000 + 105\,000 + 115\,000}{90} = 3\,444.44(元)$$

$$应收账款周转天数 = \frac{应收账款平均余额}{平均日销售额} = 285\,000 \div 3\,444.44 = 82.74(天)$$

平均逾期天数的计算:

$$平均逾期天数 = 应收账款周转天数 - 平均信用期天数 = 82.74 - 60 = 22.74(天)$$

(二)账龄分析表

账龄分析表将应收账款划分为未到信用期的应收账款和以 30 天为间隔的逾期应收账款,这是衡量应收账款管理状况的另外一种方法。企业既可以按照应收账款总额进行账龄分析,也可以对顾客进行账龄分析。假定信用期限为 30 天,表 8-6 中的账龄分析反映出 30% 的应收账款为逾期账款。

表 8-6　账龄分析

账龄(天)	应收账款金额(元)	占应收账款总额的百分比
0~30	1 750 000	70%
31~60	375 000	15%
61~90	250 000	10%
91 以上	125 000	5%
合计	2 500 000	100%

账龄分析表比计算应收账款周转天数更能揭示应收账款的变化趋势,因为账龄分析表给出了应收账款分布的模式,而不仅仅是一个平均数。

(三)应收账款账户余额的模式

账龄分析表可以用于进一步建立应收账款余额的模式,这是重要的现金流预测工具。应收账款账户余额的模式反映一定期间(如1个月)的赊销额,在发生赊销的当月月末及随后的各月仍未偿还的百分比。企业收款的历史决定了其正常的应收账款余额的模式,企业管理部门通过将当前的模式和过去的模式进行对比来评价应收账款余额模式的任何变化。企业还可以运用应收账款账户余额的模式来计划应收账款金额水平,衡量应收账款的收账效率,以及预测未来的现金流。

[例8-8]   下面的例题说明1月份的销售在3月末的时候(未收回)应收账款为50 000元,账龄分析表如表8-7所示。

表8-7　账龄分析表　　　　　　　　　　　　　　　　　单位:元

1月份销售:		250 000
1月份收款(销售的5%)	0.05×250 000	12 500
2月份收款(销售额的40%)	0.40×250 000	100 000
3月份收款(销售额的35%)	0.35×250 000	87 500
收款合计:		200 000
1月份的销售仍未回收的应收账款:	250 000－200 000	50 000

计算未收回应收账款的另外一个方法是将销售3个月后未收回销售额的百分比(20%)乘以销售额(250 000元),即:$0.2×250 000＝50 000$(元)。

上述例子假设能按时收回应收账款。然而,在现实中,有一定比例的应收账款会逾期或者发生坏账,对应收账款账户余额的模式稍做调整可以反映这些项目。

[例8-9]   在应收账款账户余额模式下,为了简便体现,假设没有坏账费用。1~4月份应收账款账户余额模式如表8-8所示。假定收款模式如下:

(1)销售的当月收回销售额的5%。

(2)销售后的第一个月收回销售额的40%。

(3)销售后的第二个月收回销售额的35%。

(4)销售后的第三个月收回销售额的20%。

表8-8　1~4月份应收账款账户余额模式　　　　　　　　　　单位:元

月份	销售额	1月销售额中于3月底未收回的金额	1月销售额中于3月底未收回的百分比
1	250 000	50 000	20%
2	300 000	165 000	55%
3	400 000	380 000	95%
4	500 000		

3 月底未收回应收账款余额合计为:50 000+165 000+380 000=595 000(元)。

4 月现金流入估计=4 月销售额的 5％+3 月销售额的 40％ +2 月销售额的 35％ +1 月销售额的 20％

估计的 4 月现金流入=(5％×500 000)+(40％×400 000)+(35％×300 000)+(20％×250 000)=340 000(元)。

(四) ABC 分析法

延伸阅读:某企业 ABC 存货管理法

ABC 分析法是现代经济管理中广泛应用的一种"抓重点、照顾一般"的管理方法,又称重点管理法。它是将企业的所有欠款客户按其金额的多少进行分类排序,然后分别采用不同的收账策略的一种方法。它一方面能加快应收账款收回,另一方面能将收账费用与预期收益联系起来。

三、应收账款日常管理

应收账款的管理难度比较大,在确定合理的信用政策之后,还要做好应收账款的日常管理工作,包括对客户的信用调查和分析评价、应收账款的催收工作等。

新时期·新实践

为最大程度发挥大额资金监控预警系统效能,浙江省国资委以预警效果为导向,加强跨层级、跨系统数据收集,特别是将省属企业各类业务系统数据与大额资金交易数据进行比对排查,进而发现企业应收账款、现金流、存货、虚假交易等领域的潜在风险,及时反馈企业进行风险追踪和处置。以应收账款风险预警为例,大额资金监控预警系统通过与来自企业合同管理系统的数据比对,对企业销售回款情况进行监控,若发现在合同约定期限内无相关大额资金收入流水信息,即触发应收账款逾期风险预警,提醒企业对该合同履约情况进行追踪。截至 2021 年 9 月底,大额资金监控预警系统依托已建立的 20 余个交易预警模型,共捕捉发现省属企业异常交易、多频交易、敏感交易等预警信息 140 余条。

(一) 调查客户信用

PPT:应收账款日常管理

信用调查是指收集和整理反映客户信用状况有关资料的工作。信用调查是企业应收账款日常管理的基础,是正确评价客户信用的前提条件。企业对顾客进行信用调查主要通过以下两种方法。

1. 直接调查

直接调查是指调查人员通过与被调查单位进行直接接触,以当面采访、询问、观看等方式获取信用资料的一种方法。直接调查可以保证收集资料的准确性和及时性,但也有一定的局限性,其获得的往往是感性资料,同时若不能得到被调查单位的配合,则会使调查工作难以开展。

2. 间接调查

间接调查是以被调查单位以及其他单位保存的有关原始记录和核算资料为基础,通过加工整理获得被调查单位信用资料的一种方法。这些资料主要来自以下几个方面:

(1)财务报表。通过财务报表分析,可以基本掌握一个企业的财务状况和信用状况。

(2)信用评级机构。专门的信用评级机构,因为它们的评估方法先进,评估调查细致,评估程序合理,所以可信度较高。在我国,目前的信用评级机构有三种形式:第一种是独立的社会评级机构;第二种是政策性银行、政策性保险公司负责组织的评级机构;第三种是由商业银行、商业性保险公司组织的评级机构。

（3）银行。银行是信用资料的一个重要来源,许多银行都设有信用部,为其顾客服务,并负责对其顾客信用状况进行记录、评估。

（4）其他途径。例如,财税部门、市场监督管理部门、消费者协会等机构都可能提供相关的信用状况资料。

（二）评估客户信用

收集好信用资料以后,就需要对这些资料进行分析、评价。企业一般采用"5C"系统来评价,并对客户信用进行等级划分。在信用等级方面,目前主要有两种:一种是三类九等,即将企业的信用状况分为 AAA、AA、A、BBB、BB、B、CCC、CC、C 九等,其中 AAA 为信用最优等级,C 为信用最低等级。另一种是三级制,即分为 AAA、AA、A 三个信用等级。

新时期·新实践

全国政协委员何晓勇表示,目前,民营企业信用体系建设短板主要体现在信用评估体系需进一步完善、信用信息互通分享需进一步加强和诚信意识需进一步增强3个方面。"一是建立健全信用评级机制。制定统一的企业诚信评价准则和管理办法,升级数据分析能力,提升评价体系的科学性、精准性、有效性。"何晓勇建议,应充分利用大数据的及时性、交互性和全面性等优势,促进工商、税务、人社、金融、司法等部门信息资源互联互通共享。二是建立信用共享机制。加强"信用中国"平台建设,健全企业诚信水平信息库,推动政务信用信息与社会信用信息资源共享,融合企业有关司法、纳税、社保、生态、水电气等信息,完善企业信用档案。三是加强信用建设的教育宣传引导。加大信用风险意识和管理能力培训,教育引导广大民营企业培育以诚信为核心理念的企业精神,支持民营企业诚信守法经营,有效控制信用风险,积极开展信用修复,自觉维护自身信用。

（三）收账的日常管理

应收账款发生后,企业应采取各种措施,尽量争取按期收回款项,否则会因拖欠时间过长而发生坏账,使企业蒙受损失。通常企业可以采取寄发账单、电话催收、派人上门催收、法律诉讼等方式进行催收应收账款。一般来说,收账的花费越大,收账措施越有力,可收回的账款就越多,坏账损失也就越小。因此,制订收账政策,要在收账费用和所减少坏账损失之间做出权衡。

▼ 任务解析

通过上述学习,可以解析"任务引入"中的问题:

（1）结合财务经理的观点,小明认为应收账款信用政策制定和变更需要考虑如下因素:

① 信用标准是指可进行授信的客户所必须拥有的支付能力和信誉度,也可用公司的信用标准来确定哪些客户有资格获得有规律的信用条件,以及每个客户的可授信额度。在设定信用标准时,需要考虑的主要因素是一个客户延迟支付或最终使其成为坏账损失的可能性。确定客户的信誉质量或其信誉是信用管理中最困难的一部分,但可采用信用评价的方

思政小课堂

技能训练

法，一个优秀的信用经理通过检验公司的流动资产状况和评估影响企业未来财务状况的因素，能够合理精确地判断不同等级客户违约的可能性。

②信用条件是指与信用，特别是与支付条款相关的条件。在信用期开始时，公司必须在该账户被认定违约之前，确定客户进行支付的时间长度，以及提早支付是否享受现金折扣。一项对美国公司的信用条件的检验表明在不同的行业中信用条件不尽相同——信用条件有交货前付现（CBD）、货到付现（COD）和提前支付的现金折扣。例如，提供信用条件为"2/10,N/30"的公司向客户提供2%的购买价格折扣，前提是客户能在账单周期第10天或之前提前支付款项。

③收款政策是指公司收回赊销款时所需遵循的程序，公司必须确定在何时、以何种方式通知买方付款，客户越快接到通知，账单就可以越快地被支付。目前，公司更多地采用电子化的方式通知客户，其中最重要的一项收款政策在于如何处理逾期账款。

（2）监控信用政策程序。首先，要制定什么样的公司才有资格赊销、允许客户赊销的最大限额和赊销期限以及如果客户不按时还款应采取的措施。其次，就是要做到事中监控，及时了解、获取目标公司的现金流量情况、财务状况、其他负债偿还情况、账龄分析等内容。最后，要权衡成本效益原则，寻找应收账款成本回收效益与收账费用之间的饱和点。

任务四　存　货　管　理

▼ 任务引入

小明发现智维公司董事会会议记录上显示：要采购大量原材料，大概是同期存货采购量的2倍。采购经理在会议上分析了当前原材料采购价格、国内外供应商普遍提价的现状；并分析了国内原材料期货交易价格，预测未来12个月大概率会持续上涨。采购经理认为当前应该加大采购批次，锁定成本。但小明在财务部，认为加大采购量会增加原材料的购买成本，造成资金占用，还会增加原材料的存货成本。怎样安排采购进货批量，才能实现既能满足存货需要，又不增加资金占用和存储成本呢？

教学设计

▼ 任务分析

通常，公司都希望不积压存货，因为存货不能产生收益且需要占用资金。但实务中，多数公司都认为以某种方式保留存货是非常必要的，因为：①无法对需求进行精确预测。②将产品转化为待出售的形式还需要一定时间。另外，虽然大量存货会增加公司的成本，但是存货不足更会加大公司的成本，因为如果有订单需求的时候没有足够的产品供应，客户就可能从竞争者那购买，这样就可能失去潜在的业务。

虽然在产品管理课程中已经对存货模型进行了深入研究，但是懂得基本的存货管理是至关重要的，因为适当的管理要求在销售、采购、生产和融资部门进行协调。缺乏各个部门之间的协调和销售预测或两者皆缺乏都有可能导致财务失败。因此，在本任务中，我们将描述存货管理的方法。

知识准备

一、存货管理的目标

存货是指企业在生产经营过程中为销售或者耗用而储备的物资，包括材料、燃料、低值易耗品、在产品、半成品、产成品、协作件、商品等。存货管理水平的高低直接影响着企业的生产经营能否顺利进行，并最终影响企业的收益、风险等状况。

企业持有存货的原因，一方面是为了保证生产或销售的经营需要；另一方面是出自价格的考虑，零购物资的价格往往较高，而整批购买在价格上有优惠。但是，过多的存货要占用较多资金，并且会增加包括仓储费、保险费、维护费、管理人员工资在内的各项开支，因此，存货管理的目标，就是在保证生产或销售经营需要的前提下，最大限度地降低存货成本。

（一）保证生产正常进行

生产过程中需要的原材料和在产品，是生产的物质保证。为保障生产的正常进行，必须储备一定量的原材料，否则可能会造成生产中断、停工待料现象。尽管当前部分企业的存货管理已经实现计算机自动化管理，但要实现存货为零的目标实属不易。

（二）有利于销售

一定数量的存货储备能够增加企业在生产和销售方面的机动性和适应市场变化的能力。当企业市场需求量增加时，若产品储备不足就有可能失去销售良机。同时，由于顾客为节约采购成本和其他费用，一般可能成批采购；企业为了达到运输上的最优批量也会组织成批发运。所以保持一定量的存货是有利于市场销售的。

（三）便于维持均衡生产，降低产品成本

有些企业产品属于季节性产品或者需求波动较大的产品，此时若根据需求状况组织生产，则可能有时生产能力得不到充分利用，有时又超负荷生产，造成产品成本的上升。为了实现均衡生产，企业就要储备一定的产成品存货，并相应地保持一定的原材料存货。

（四）降低存货取得成本

一般情况下，当企业进行采购时，进货总成本与采购物资的单价和采购次数有密切关系。而许多供应商为鼓励客户多购买其产品，往往在客户采购量达到一定数量时，给予价格折扣，所以企业通过大批量集中进货，既可以享受价格折扣，降低购置成本，也因减少订货次数，降低了订货成本，使总的进货成本降低。

（五）防止意外事件的发生

企业在采购、运输、生产和销售过程中，都可能发生意料之外的事故，保持必要的存货保险储备，可以避免和减少意外事件的损失。

二、存货的成本

（一）取得成本

取得成本是指为取得某种存货而支出的成本，通常用 TC_a 来表示，其又分为订货成本和购置成本。

1. 订货成本

订货成本是指取得订单的成本,如办公费、差旅费、邮资、电话费、运输费等支出。订货成本中有一部分与订货次数无关,如常设采购机构的基本开支等,称为固定的订货成本,用 F_1 表示;另一部分与订货次数有关,如差旅费、邮资等,称为订货的变动成本。每次订货的变动成本用 K 表示;订货次数等于存货年需要量 D 与每次进货量 Q 之商。订货成本的计算公式为:

$$订货成本 = F_1 + \frac{D}{Q}K$$

2. 购置成本

购置成本是指为购买存货本身所支出的成本,即存货本身的价值,经常用数量与单价的乘积来确定。年需要量用 D 表示,单价用 U 表示,于是购置成本为 DU。

订货成本加上购置成本,就等于存货的取得成本。其公式可表达为:

$$取得成本 = 订货成本 + 购置成本$$
$$= 订货固定成本 + 订货变动成本 + 购置成本$$

$$TC_a = F_1 + \frac{D}{Q}K + DU$$

(二) 储存成本

储存成本是指为保持存货而发生的成本,包括存货占用资金所应计的利息、仓库费用、保险费用、存货破损和变质损失等,通常用 TC_c 来表示。

储存成本也分为固定成本和变动成本。固定储存成本与存货数量的多少无关,常用 F_2 表示。变动储存成本与存货的数量有关,如存货资金的应计利息、存货的破损和变质损失、存货的保险费用等,单位变动储存成本用 K_c 来表示。用公式表达的储存成本为:

$$储存成本 = 固定储存成本 + 变动储存成本$$

$$TC_c = F_2 + K_c \frac{Q}{2}$$

(三) 缺货成本

缺货成本是指由于存货供应中断而造成的损失,包括材料供应中断造成的停工损失、产成品库存缺货造成的拖欠发货损失和丧失销售机会的损失及造成的商誉损失等。如果生产企业以紧急采购代用材料解决库存材料中断之急,那么缺货成本表现为紧急额外购入成本。缺货成本用 TC_S 表示。

如果以 TC 来表示储备存货的总成本,它的计算公式为:

$$TC = TC_a + TC_c + TC_s = F_{1} + \frac{D}{Q}K + DU + F_2 + K_c \frac{Q}{2} + TC_s$$

企业存货的最优化就是使企业存货总成本即上式 TC 值最小。

▼ **任务处理**

存货的决策涉及四项内容:决定进货项目、选择供应单位、决定进货时间和决定进货批量。按照存货管理的目的,需要安排合理的进货批量和进货时间,使存货的总成本最低,这个批量就是经济订货量或经济订货批量,主要采取经济订货模型加以计算。

一、经济订货基本模型

微课:经济
订货基本模
型

PPT:经济
订货基本模
型

经济订货基本模型是建立在一系列严格假设基础上的。这些假设包括:①存货总需求量是已知常数。②订货提前期是常数。③货物是一次性入库。④单位货物成本为常数,无批量折扣。⑤库存储存成本与库存水平呈线性关系。⑥货物是一种独立需求的物品,不受其他货物影响。⑦不允许缺货,即无缺货成本,TC_s 为零。

设立上述假设后,前述的总成本公式可以简化为:

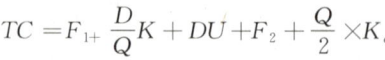

$$TC = F_1 + \frac{D}{Q}K + DU + F_2 + \frac{Q}{2} \times K_c$$

当 F_1、K、D、U、F_2、K_c 为常数时,TC 的大小取决于 Q。

为了求出 TC 的极小值,对其进行求导演算,根据一阶导数等于 0,可以得出经济订货基本模型,公式如下:

$$EOQ = \sqrt{\frac{2KD}{K_c}}$$

式中:EOQ——经济订货批量;

　　　D——存货年需要量;

　　　K——每次订货的变动成本;

　　　K_c——单位变动储存成本。

另外,还可以得出下列结论:

$$每年最佳订货次数 = \frac{存货年需求总量}{经济订货批量}$$

$$最佳订货周期(年) = \frac{1}{每年最佳订货次数}$$

由于存货是陆续耗用的,所以:

$$经济订货批量平均占用资金 = \frac{经济订货批量 \times 存货单价}{2}$$

当 F_1、K、D、U、F_2、K_c 为常数时:

$$与批量相关的存货总成本 = 变动订货成本 + 变动储存成本 = \frac{D}{Q}K + K_c\frac{Q}{2}$$

把 $EOQ = \sqrt{\frac{2KD}{K_c}}$ 代入 $\frac{D}{Q}K + K_c\frac{Q}{2}$ 可得:

与经济订货批量相关的存货总成本 $TC(EOQ) = \sqrt{2KDK_c}$

在经济订货批量下变动订货成本 = 变动储存成本 = $\frac{\sqrt{2KDK_c}}{2}$

[例8-10]　假设某企业每年所需的原材料 80 000 千克,成本为 15 元/千克。每次订货的变动成本为 20 元,单位变动储存成本为 0.8 元/千克。一年按 360 天计算。则:

$$经济订货批量 = \sqrt{\frac{2 \times 80\,000 \times 20}{0.8}} = 2\,000(千克)$$

$$每年最佳订货次数 = \frac{80\,000}{2\,000} = 40(次)$$

$$最佳订货周期 = \frac{360}{40} = 9(天)$$

$$经济订货批量平均占用资金 = 2\,000 \times 15 = 15\,000(元)$$

$$与经济订货批量相关的存货总成本 = \sqrt{2 \times 80\,000 \times 20 \times 0.8} = 1\,600(元)$$

$$在经济订货批量下,变动订货成本 = 40 \times 20 = 800(元)$$

$$变动储存成本 = 2\,000 \div 2 \times 0.8 = 800(元)$$

二、经济订货基本模型的扩展

放宽经济订货基本模型的相关假设,就可以扩展经济订货模型,以扩大其适用范围。

1. 再订货点

一般情况下,企业的存货不能做到随用随时补充,因此需要在没有用完时提前订货。再订货点就是在提前订货的情况下,为确保存货用完时订货刚好到达,企业再次发出订货单时应保持的存货库存量,它的数量等于平均交货时间和每日平均需用量的乘积:

$$R = L \times d$$

式中,R 表示再订货点,L 表示平均交货时间,d 表示每日平均需用量。

例如,企业订货日至到货期日的时间为 5 天,每日存货需用量为 20 千克,那么:

$$R = L \times d = 5 \times 20 = 100(千克)$$

企业在尚存 100 千克存货时,就应当再次订货,等到下批订货到达时(再次发出订货单 5 天后),原有库存刚好用完。此时,订货提前期如图 8-5 所示。这就是说,订货提前期对经济订货批量并无影响,每次订货批量、订货次数、订货间隔时间等与瞬时补充相同。

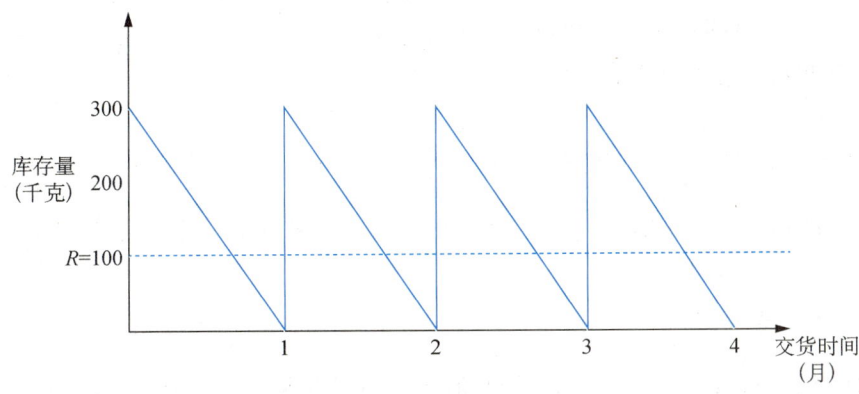

图 8-5　订货提前期

2. 存货陆续供应和使用模型

经济订货基本模型是建立在存货一次全部入库的假设之上的。事实上，各批存货一般都是存货陆续入库，库存量陆续增加。在这种情况下，需要对经济订货的基本模型做一些修正。

假设每批订货数为 Q，每日送货量为 p，则该批货全部送达所需日数即送货期为：

$$送货期 = \frac{Q}{p}$$

假设每日耗用量为 d，则送货期内的全部耗用量为：

$$送货期耗用量 = \frac{Q}{p} \times d$$

由于零件边送边用，所以每批送完时，送货期内平均库存量为：

$$送货期内平均库存量 = \frac{1}{2}\left(Q - \frac{Q}{p} \times d\right)$$

假设存货年需用量为 D，每次订货费用为 K，单位储存费率为 K_c，则与批量有关的总成本为：

$$TC(Q) = \frac{D}{Q}K + \frac{1}{2} \times \left(Q - \frac{Q}{p} \times d\right) \times K_c$$

在订货变动成本与储存变动成本相等时，$TC(Q)$ 有最小值，故存货陆续供应和使用的经济订货批量公式为：

$$EOQ = \sqrt{\frac{2KD}{K_c} \times \frac{p}{p - d}}$$

将这一公式代入 $TC(Q)$ 公式，可得出存货陆续供应和使用的经济订货批量相关总成本公式为：

$$TC(EOQ) = \sqrt{2KDK_c \times \left(1 - \frac{d}{p}\right)}$$

[例 8-11] 某零件年需用量 D 为 3 600 件，每日送货量 p 为 30 件，每日耗用量 d 为 10 件，单价 U 为 10 元，一次订货成本（生产准备成本）K 为 25 元，单位储存变动成本 K_c 为 2 元。要求：计算该零件的经济订货批量和相关总成本。

将例中数据代入相关公式，则：

$$EOQ = \sqrt{\frac{2 \times 25 \times 3\ 600}{2} \times \frac{30}{30 - 10}} = 367（件）$$

$$TC(EOQ) = \sqrt{2KDK_c \times \left(1 - \frac{d}{p}\right)} = \sqrt{2 \times 25 \times 3\ 600 \times 2 \times \left(1 - \frac{10}{30}\right)} = 490（元）$$

三、保险储备

经济订货批量是以供需稳定为前提的，但实际情况并非完全如此，企业对存货的需求量可能发生变化，交货时间也可能会延误。在交货期内，如果发生需求量增大或交货时间延误，就会发生缺货。为防止由此造成的损失，企业应有一定的保险储备。图 8-6 显示了在具

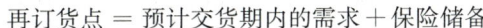
有保险储备时的存货水平。图 8-6 中,在订货点,企业按 EOQ 订货。在交货期内,如果对存货的需求量很大,或交货时间由于某种原因被延误,企业可能发生缺货。为防止存货中断,再订货点应等于交货期内的预计需求与保险储备之和。即:

$$再订货点 = 预计交货期内的需求 + 保险储备$$

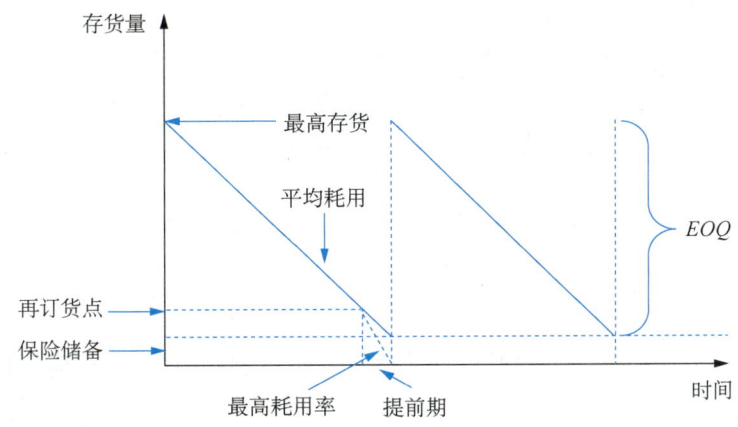

图 8-6 具有保险储备时的存货水平

企业应保持多少保险储备才合适? 这取决于存货中断的概率和存货中断的损失。较高的保险储备可降低缺货损失,但也增加了存货的储存成本。因此,最佳的保险储备应该是使缺货损失和保险储备的储存成本之和达到最低。

▼ **任务解析**

通过上述学习,可以解析"任务引入"中的问题:

(1)公司保有存货是为了在需要的时候马上出货。如果公司不保有存货,当顾客想购买商品时,公司就无法完成该交易。在竞争行业中,当顾客想购买商品而公司无法提供时,顾客就会去购买其竞争对手的商品。因此,公司保有存货使客户的需求可以被满足。然而,保有存货有成本,所以公司不想保有过多的存货。因此,公司通过预测其产品需求、存货不足时的代价以及保有充足的满足需求的存货成本来决定该保有多少存货。

(2)常见的存货管理的方法,如 EOQ 模型,被用来决定公司最优应持有多少存货。如果公司按 EOQ 模型计算出的数量来进货,它就可以使其存货成本最小化。虽然 EOQ 模型的假设非常严格,但其扩展模型在存货管理中非常有用。

思政小课堂

技能训练

任务五 流动负债管理

▼ **任务引入**

智维公司虽说成立数十年,但新业务发展速度依然迅速。智维公司拥有大量流动资产,

教学设计

但小明发现公司经常处在忙于偿还各种账单的现金困境中,并经常寻求银行的财务帮助。然而实际情况是,智维公司由于已达到了其在银行的贷款限额,无法通过传统方式获取所需的短期资金。因此,智维公司常常转而使用非传统的借款方式进行融资运营。例如,公司经常使用商业信用融资,以弥补其短期现金不足的情况。商业信用是一种自发性的融资方式,也就是说它产生于正常的商业交易。

智维公司近期的销售量迅速增加,为满足生产和销售的需求,需要筹集资金 495 000 元用于增加存货,占用期限为 30 天。现有三个可满足资金需求的筹资方案:

方案 1:利用供应商提供的商业信用,选择放弃现金折扣,信用条件为"2/10,N/40"。

方案 2:向银行贷款,借款期限为 30 天,年利率为 8%。银行要求的补偿性金额为借款额的 20%。

方案 3:以贴现法向银行借款,借款期限为 30 天,月利率为 1%。

要求:

(1) 如果选择方案 1,计算其放弃现金折扣的机会成本。

(2) 如果选择方案 2,为获得 495 000 元的实际用款额,计算该公司应借款总额和该笔借款的实际年利率。

(3) 如果选择方案 3,为获得 495 000 元的实际用款额,计算该公司应借款总额和该笔借款的实际年利率。

(4) 根据以上各方案的计算结果,为智维公司选择最优筹资方案。

▼ 任务分析

在本任务,我们将讨论短期贷款以及其他一些公司可以获得的融资来源,请考虑公司在筹措日常经营所需资本时可使用的各种融资渠道。如果没有它们,很多公司,尤其是小公司,可能会无法生存。你也会看到,在不同的时间和方式下短期资金的融资成本和可获得性差别很大。

▼ 知识准备

流动负债主要有三种主要来源:短期借款、短期融资券和商业信用。不同的来源具有不同的获取速度、灵活性、成本和风险。

企业的借款通常按其流动性或偿还时间的长短,划分为短期借款和长期借款。短期借款是指企业向银行或其他金融机构借入的期限在 1 年以内(含 1 年)的各种借款。

目前,我国短期借款按照目的和用途分为生产周转借款、临时借款、结算借款、票据贴现借款等。按照国际惯例,短期借款往往按偿还方式不同分为一次性偿还借款和分期偿还借款;按利息支付方式不同分为收款法借款、贴现法借款和加息法借款;按有无担保分为抵押借款和信用借款。

短期借款可以随企业的需要安排,便于灵活使用,但其突出的缺点是短期内要归还,且可能会附带很多附加条件。

短期融资券是由企业依法发行的无担保短期本票。

商业信用是指企业在商品或劳务交易中,以延期付款或预收货款方式进行购销活动而形成的借贷关系,是企业之间的直接信用行为,也是企业短期资金的重要来源。商业信用产生于企业生产经营的商品、劳务交易之中,是一种自动性筹资。

 **任务处理**

一、短期借款管理

(一) 信用条件

银行等金融机构对企业贷款时,通常会附带一定的信用条件。短期借款所附带的一些信用条件主要有以下几种。

1. 信贷额度

信贷额度也称贷款限额,是借款企业与银行在协议中规定的借款最高限额,信贷额度的有效期限通常为 1 年。一般情况下,在信贷额度内,企业可以随时按需要支用借款。

PPT:短期借款

2. 周转信贷协定

周转信贷协定是银行承诺提供不超过某一最高限额的贷款协定。在协定的有效期内,只要企业借款总额未超过最高限额,银行必须满足企业任何时候提出借款的要求。企业要享用周转信贷协定,通常要对贷款限额的未使用部分付给银行一笔承诺费用。

微课:周转信贷协定

[例 8-12]　某企业与银行商定的周转信贷额度为 5 000 万元,年度内实际使用了 2 800 万元,承诺率为 0.5%,则企业应向银行支付的承诺费为多少?

$$信贷承诺费 = (5\,000 - 2\,800) \times 0.5\% = 11(万元)$$

周转信贷协定的有效期通常超过 1 年,但实际上贷款每几个月发放一次,所以这种信贷具有短期借款和长期借款的双重特点。

3. 补偿性余额

补偿性余额是银行要求借款企业在银行中保持按贷款限额或实际借用额一定比例(通常为 10%~20%)计算的最低存款余额。对于银行来说,补偿性余额有助于降低贷款风险,补偿其可能要遭受的风险;对借款企业来说,补偿性余额则提高了借款的实际利率,加重了企业负担。

[例 8-13]　某企业向银行借款 800 万元,利率为 6%;银行要求保留 10% 的补偿性余额,则企业实际可动用的贷款为 720 万元,该借款的实际利率为多少?

$$借款实际利率 = 800 \times 6\% \div 720 = 6\% \div (1 - 10\%) = 6.67\%$$

4. 借款抵押

为了降低风险,银行发放贷款时往往需要有抵押品担保。短期借款的抵押品主要有应收账款、存货、应收票据、债券等。银行将根据抵押品面值的 30%~90% 发放贷款,具体比例取决于抵押品的变现能力和银行对风险的态度。

5. 偿还条件

贷款的偿还有到期一次偿还和在贷款期内定期(每月、季)等额偿还两种方式。一般来讲,企业不希望采用后一种偿还方式,因为这会提高借款的实际年利率;而银行不希望采用前一种偿还方式,是因为这会加重企业的财务负担,增加企业的拒付风险,同时会降低实际贷款利率。

6. 其他承诺

银行有时还会要求企业为取得贷款而作出其他承诺,如及时提供财务报表、保持适当的财务水平(如特定的流动比率)等。例如,企业违背所作出的承诺,银行可要求企业立即偿还全部贷款。

(二)短期借款的成本

PPT:短期借款利息支付方法

短期借款的成本主要包括利息、手续费等。短期借款成本的高低主要取决于贷款利率的高低和利息的支付方式。短期贷款利息的支付方式有收款法、贴现法和加息法三种,付息方式不同,短期借款成本计算也有所不同。

1. 收款法

收款法是在借款到期时向银行支付利息的方法。银行向企业贷款一般都是采用这种方法收取利息。采用收款法时,短期贷款的实际利率就是名义利率。

2. 贴现法

微课:贴现法还款

贴现法又称折价法,是指银行向企业发放贷款时,先从本金中扣除利息部分,到期时借款企业偿还全部贷款本金的一种利息支付方法。在这种利息支付方式下,企业可以利用的贷款只是本金减去利息部分后的差额,因此,贷款的实际利率要高于名义利率。

[例 8-14] 某企业从银行取得借款 200 万元,期限 1 年,利率 6%,利息 12 万元。按贴现法付息,企业实际可动用的贷款为 188 万元,则该借款的实际利率为多少?

$$借款实际利率 = 200 \times 6\% \div (200 - 12) \times 100\% = 12 \div 188 \times 100\% = 6.38\%$$

3. 加息法

延伸阅读:银行为何热衷于推销信用卡分期业务

加息法是银行发放分期等额偿还贷款时采用的利息收取方法。在分期等额偿还贷款情况下,银行将根据名义利率计算的利息加到贷款本金上,计算出贷款的本息和,要求企业在贷款期内分期偿还本息之和。由于贷款本金分期均衡偿还,借款企业实际上只平均使用了贷款本金的一半,却支付了全额利息。这样企业所负担的实际利率便要高于名义利率大约1倍。

[例 8-15] 某企业借入(名义)年利率为 12% 的贷款 20 000 元,分 12 个月等额偿还本息。该项借款的实际年利率为:

$$实际年利率 = 20\ 000 \times 12\% \div (20\ 000 \div 2) = 24\%$$

二、短期融资券管理

在我国,短期融资券是指企业依照《银行间债券市场非金融企业债务融资工具管理办法》的条件和程序,在银行间债券市场发行和交易并约定在一定期限内还本付息的有价证券,是企业筹措短期(1 年以内)资金的直接融资方式。

(一)短期融资券的种类

(1)按发行人分类,短期融资券分为金融企业的融资券和非金融企业的融资券。在我国,目前发行和交易的是非金融企业的融资券。

(2)按发行方式分类,短期融资券分为经纪人承销的融资券和直接销售的融资券。非

图片:广西林业集团有限公司 2023 年度第五期超短期融资券基本情况

金融企业发行融资券一般采用间接承销方式进行,金融企业发行融资券一般采用直接发行方式进行。

(二)短期融资券的筹资特点

(1)短期融资券的筹资成本较低。相对于发行企业债券筹资而言,发行短期融资券的筹资成本较低。

(2)短期融资券筹资数额比较大。相对于银行借款筹资而言,短期融资券一次性的筹资数额比较大。

(3)发行短期融资券的条件比较严格。只有具备一定的信用等级的实力较强的企业,才能发行短期融资券筹资。

三、商业信用管理

PPT:商业
信用筹资

商业信用是指企业在商品或劳务交易中,以延期付款或预收货款方式进行购销活动而形成的借贷关系,是企业之间的直接信用行为,也是企业短期资金的重要来源。商业信用产生于企业生产经营的商品、劳务交易之中,是一种自动性筹资。

(一)商业信用的形式

1. 应付账款

应付账款是供应商给企业提供的一种商业信用。由于购买者往往在到货一段时间后才付款,商业信用就成为企业短期资金的来源。例如,企业规定对所有账单均见票后若干日付款,商业信用就成为随生产周转而变化的一项内在的资金来源。

商业信用条件通常包括以下两种:第一,有信用期,但无现金折扣。第二,有信用期和现金折扣。供应商在信用条件中规定现金折扣的目的主要在于加速资金回收。企业在决定是否享受现金折扣时,应仔细考虑。通常,放弃现金折扣的成本是很高的。计算公式如下:

$$放弃折扣的信用成本率 = \frac{折扣\%}{1-折扣\%} \times \frac{360天}{付款期-折扣期}$$

(1)放弃现金折扣的信用成本。倘若买方企业购买货物后在卖方规定的折扣期内付款,可以获得免费信用,这种情况下企业没有因为取得延期付款信用而付出代价。

[例8-16]　某企业按"2/10,N/30"的付款条件购入货物60万元。如果企业在10天以后付款,便放弃了现金折扣1.2万元(60×2%),信用额为58.8万元(60-1.2)。计算:放弃现金折扣的信用成本率。

微课:现金
折扣的信用
成本

$$\frac{2\%}{1-2\%} \times \frac{360}{30-10} = 36.73\%$$

公式表明,放弃现金折扣的信用成本率与折扣百分比大小、折扣期长短和付款期长短有关,与货款额和折扣额没有关系。

(2)放弃现金折扣的信用决策。企业放弃应付账款现金折扣的原因,可能是企业资金暂时的缺乏,也可能是基于将应付的账款用于临时性短期投资,以获得更高的投资收益。如果企业将应付账款额用于短期投资,所获得的投资报酬率高于放弃折扣的信用成本率,则应当放弃现金折扣。

[例 8-17]   企业采购一批材料,供应商报价为 10 000 元,付款条件为:3/10、2.5/30、1.8/50、N/90。目前,企业用于支付账款的资金需要在 90 天时才能周转回来,在 90 天内付款,只能通过银行借款解决。如果银行利率为 12%,确定企业材料采购款的付款时间和价格。

根据放弃折扣的信用成本率计算公式,10 天付款方案,放弃折扣的信用成本率为 13.92%;30 天付款方案,放弃折扣的信用成本率为 15.38%;50 天付款方案,放弃折扣的信用成本率为 16.50%。由于各种方案放弃折扣的信用成本率均高于借款利息率,因此初步结论是要取得现金折扣,借入银行借款以偿还货款。

10 天付款方案,得折扣 300 元,用资 9 700 元,借款 80 天,利息 258.67 元,净收益 41.33 元;30 天付款方案,得折扣 250 元,用资 9 750 元,借款 60 天,利息 195 元,净收益 55 元;50 天付款方案,得折扣 180 元,用资 9 820 元,借款 40 天,利息 130.93 元,净收益 49.07 元。结论:第 30 天付款是最佳方案,其净收益最大。

2. 应付票据

应付票据是指企业在商品购销活动和对工程价款进行结算中,因采用商业汇票结算方式而产生的商业信用。商业汇票是指由付款人或存款人(或承兑申请人)签发,由承兑人承兑,并于到期日向收款人或被背书人支付款项的一种票据,它包括商业承兑汇票和银行承兑汇票。

3. 预收货款

预收货款是指销货单位按照合同和协议规定,在发出货物之前向购货单位预先收取部分或全部货款的信用行为。购买单位对于紧俏商品往往乐于采用这种方式购货;销货方对于生产周期长,造价较高的商品,往往采用预收货款方式销货,以缓和本企业因资金占用过多产生的矛盾。

4. 应计未付款

应计未付款是企业在生产经营和利润分配过程中已经计提但尚未以货币支付的款项,主要包括应付职工薪酬、应交税费、应付利润或应付股利等。以应付职工薪酬为例,企业通常以半月或月为单位支付职工薪酬,在应付职工薪酬已计但未付的这段时间,就会形成应计未付款。它相当于职工给企业的一个信用。

(二)商业信用筹资的优缺点

1. 商业信用筹资的优点

(1)商业信用容易获得。商业信用的载体是商品购销行为,企业总有一批既有供需关系又有相互信用基础的客户,所以对大多数企业而言,应付账款和预收账款是自然的、持续的信贷形式。

(2)企业有较大的机动权。企业能够根据需要,选择决定筹资的金额大小和期限长短,同样要比银行借款等其他方式灵活得多,甚至如果在期限内不能付款或交货时,一般还可以通过与客户的协商,请求延长时限。

(3)企业一般不用提供担保。通常,商业信用筹资不需要第三方担保,也不会要求筹资企业用资产进行抵押。这样,在出现逾期付款或交货的情况时,可以避免像银行借款那样面临抵押资产被处置的风险,企业的生产经营能力在相当长的一段时间内不会受到限制。

2. 商业信用筹资的缺点

(1) 商业信用筹资成本高。在附有现金折扣条件的应付账款融资方式下,其筹资成本与银行信用相比较高。

(2) 容易恶化企业的信用水平。商业信用的期限短,还款压力大,对企业现金流量管理的要求很高。如果长期和经常性地拖欠账款,会造成企业的信誉恶化。

(3) 受外部环境影响较大。商业信用筹资受外部环境影响较大,稳定性较差,即使不考虑机会成本,也是不能无限利用的。

四、流动负债的利弊

(一) 流动负债的经营优势

流动负债容易获得,具有灵活性,能够有效地满足企业季节性信贷需求。这创造了需要融资和获得融资之间的同步性。另外,短期借款一般比长期借款具有更少的约束性条款。如果仅在一个短期内需要资金,以短期为基础进行借款可以使企业维持未来借款决策的灵活性。如果一家企业签订了长期借款协议,该协议具有约束性条款、大量的预付成本和(或)信贷合约的初始费用,那么就不具备灵活性。

流动负债的一个主要作用是为季节性行业的流动资产进行融资。为了满足增长的需要,一个季节性企业必须增加存货和(或)应收账款。流动负债是为流动资产中的临时性的、季节性的增长进行融资的主要工具。

(二) 流动负债的经营劣势

流动负债的一个经营劣势是需要持续地重新谈判或滚动安排负债。贷款人由于企业财务状况的变化,或整体经济环境的变化,可能在到期日不愿滚动贷款,或重新设定信贷额度。而且,提供信贷额度的贷款人一般要求,用于为短期营运资金缺口而筹集的贷款,必须每年支付至少1~3个月的全额款项,这1~3个月称为结清期。贷款人之所以这么做,是为了确认企业是否在适合采用长期负债融资时仍然使用流动负债。许多企业的实践证明,使用短期贷款来为永久性流动资产融资是一件危险的事情。

▼ 任务解析

通过上述学习,可以解析"任务引入"中的问题:

(1) 放弃现金折扣的机会成本 $= \dfrac{2\%}{(1-2\%)} \times \dfrac{360}{40-10} = 24.49\%$。

(2) 借款总额 $= \dfrac{495\,000}{1-20\%} = 618\,750$(元)。

借款的实际年利率 $= \dfrac{8\%}{1-20\%} = 10\%$

(3) 借款总额 $= \dfrac{495\,000}{1-1\%} = 500\,000$(元)。

思政小课堂

技能训练

$$借款的实际年利率=\frac{12\%}{1-12\%}=13.64\%$$

(4) 方案 2 的实际年利率最低,所以智维公司应选择的是方案 2。

项目小结

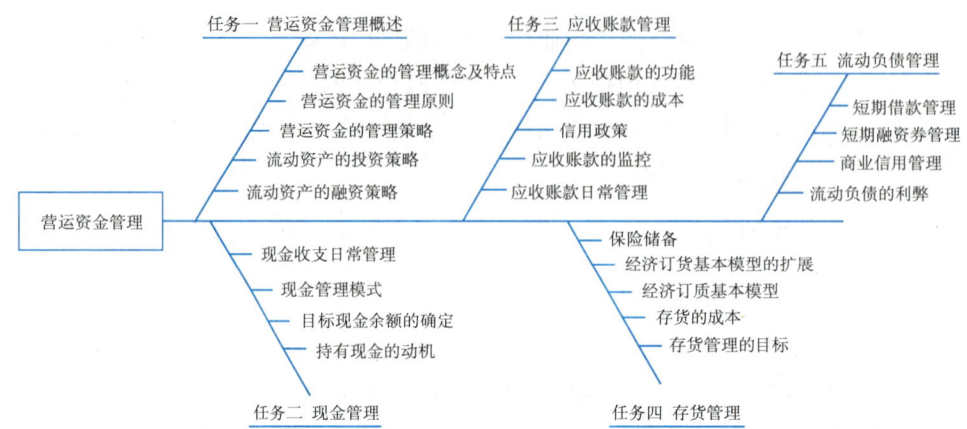

营运资金管理

任务一 营运资金管理概述
— 营运资金的管理概念及特点
— 营运资金的管理原则
— 营运资金的管理策略
— 流动资产的投资策略
— 流动资产的融资策略

任务三 应收账款管理
— 应收账款的功能
— 应收账款的成本
— 信用政策
— 应收账款的监控
— 应收账款日常管理

任务五 流动负债管理
— 短期借款管理
— 短期融资券管理
— 商业信用管理
— 流动负债的利弊

任务二 现金管理
— 现金收支日常管理
— 现金管理模式
— 目标现金余额的确定
— 持有现金的动机

任务四 存货管理
— 保险储备
— 经济订货基本模型的扩展
— 经济订质基本模型
— 存货的成本
— 存货管理的目标

实战模拟

国家电网:数字司库赋能企业集团资金营运能力提升

党的二十大报告中,习近平总书记强调要"加快建设网络强国、数字中国"。在数字化技术迅猛发展的背景下,数字司库成为企业资金管理的一种创新模式。央企加速推进司库体系建设,不仅提升了资金集中度和使用效率,还显著提高了企业运营和管理的数字化水平。

2022 年,国资委发布了《关于推动中央企业加快司库体系建设进一步加强资金管理的意见》(国资发财评规〔2022〕1 号,以下简称 1 号文)。1 号文明确指出,司库管理是财务管理的核心,要求中央企业加快数字司库建设,赋能资金管理创新,提升价值创造能力。同年 2 月,国资委又发布了《关于中央企业加快建设世界一流财务管理体系的指导意见》(国资发财评规〔2022〕23 号,以下简称 23 号文),再次强调司库建设在财务管理中的关键作用。这一文件进一步明确了司库体系建设在提升企业整体管理水平中的战略地位,为企业实现高质量发展提供了重要指导。

2023 年,国资委召开司库体系建设推进会,会议强调,中央企业应以构建完善的司库体系为重要支撑,加速推进财务管理向数字化、智能化转型,为实现世界一流企业的战略目标提供有力保障。

国家电网的资金管理体系建设经历了从分散化到集约化、从传统化到数字化的演进过程。早期,由于集团下属法人实体逾千家,资金分散、账户体系庞杂,资金归集效率低下,计划外支出占比一度高达 18%。国家电网司库建设历程如表 8-9 所示。

表 8-9　国家电网司库建设历程

建设阶段	年份	建设历程
资金集中管理	2000 年	成立中国电力财务有限公司,构建资金池
	2010 年之后	搭建资金管理信息系统
	2018 年	启动司库体系顶层设计
司库体系建设	2020 年	打造"三池联动"资金管理新模式
	2022 年	国家电网数字司库系统全面上线

通过数字司库的建设,国家电网的资金管理效率、盈利能力和偿债能力均实现了显著提升。近年来,其资产管理指标的具体数据如表 8-10 所示。

表 8-10　资产管理的指标数据

二级指标	2020 年	2021 年	2022 年	2023 年
应收账款周转(天)	11.82	13.72	19.36	25.16
现金周转期(天)	−49.96	−49.85	−36.61	−28.31
总资金周转率	35.20%	37.50%	45.01%	43.40%
净资产收益率	2.21%	2.44%	2.69%	2.77%
现金流量比率	18.06%	23.29%	21.15%	25.27%
资本负债率	33.2817%	33.84%	35.14%	30.53%

案例思考题:

1. 结合当前营运资金管理的理论与实践重点,探讨在数字信息技术、移动支付以及企业转型升级等时代背景下,国家电网积极推动数字司库建设的动机及其理论基础。

2. 查阅相关资料,深入分析数字司库建设的基础,并探讨其对提升企业资金管理效率的具体影响路径有哪些?

本项目专业术语　　实战模拟参考答案　　思政案例

项目九

股利理论与政策

 情景设计

智维公司从个人独资企业开始,最终获得资本市场的许可,成为一家上市公司,业务活动也从单一的内容策划与设计发展到软件开发、数字媒体、科普类漫画展品等多个科技新业务。近年来,数字媒体、数字产品等产业快速发展,智维公司在融资、投资、资金运营等方面持续推进改革创新,表现出强劲的增长势头,营业收入和利润均大幅提高。2024年智维公司净利润增长了36%。公司目前股数为10 000万股,总股本为10 000万元,目前股价为每股16元。2025年年初公司召开董事会会议,讨论制定股利分配政策,期望既能调动公司股东积极性,又有利于公司未来发展。董事会认为,公司上市以来迅速发展,应当给投资者合理的回报,以保持公司良好形象。但智维公司目前处于成长期,预计在未来5年内均需要增加大量资金投入。因此,必须制定合理的股利政策。

※情景分析

股利政策作为公司最重要的财务政策之一,对上市公司的价值具有重要影响。上市公司不能忽视股利政策对企业价值的影响。智维公司处于高速增长期,成长性较好。从长远利益出发,公司应当根据发展规划和资金运作方案,对近几年内的股利分配政策进行整体规划,以此规划来指导每年度的利润分配计划,并可根据各年度实现利润的情况进行调整,以有效地吸引投资者,提高公司价值。

 素养提升目标

※思政素养

(1) 通过学习利润分配程序和股利的发放程序,引导学生了解我国的分配制度与分配政策,培养大局观,领会共同富裕的深刻内涵。

(2) 通过学习股利政策的影响因素,学会兼顾各方面的利益,做到公开、公平、公正,树立尊重和保护投资者权益的意识。

(3) 通过学习股票股利与股票回购,增强学生的社会责任感。

※**理论素养**

(1) 了解利润分配的程序及股利的种类、发放程序。

(2) 理解股利政策的影响因素。

(3) 掌握各种股利政策的特点、评价及适用条件。

(4) 理解股票股利的优缺点及股票股利和股票分割的不同点、相同点。

(5) 理解股票回购的概念及意义。

※**能力素养**

(1) 能够利用网络资源查阅、搜集公司股利分配相关的法律法规。

(2) 能够分析股利政策如何影响企业价值。

(3) 能够将不同学科知识融会贯通,制定符合公司实际情况的股利分配方案。

(4) 能够对不同股利政策的优缺点进行客观评价。

(5) 能够分析股票股利和股票分割的相同点与不同点,敏锐判断股票回购适用的条件。

※**职业素养**

(1) 通过学习股利政策的影响因素,树立法治观念,严格按法律法规开展财务工作。

(2) 通过学习股利分配政策,培养学生信息收集与处理能力、表达与沟通能力、分析与解决问题的能力。

(3) 通过学习股票股利,培养学生的辩证思维。

任务一 利润分配概述

▼ 任务引入

教学设计

2025 年 3 月 20 日,智维公司召开董事会会议,审议并表决公司 2024 年度利润分配方案,并报经股东大会批准。该方案如下:

(1) 公司提取 10%法定盈余公积后,再按本年剩余利润的 15%提取任意盈余公积。

(2) 每 10 股派发现金红利 0.8 元(含税),每 10 股派发股票股利 4 股。(截至 2024 年 12 月 31 日,发行在外普通股股数为 10 000 万股)。公司于 2025 年 4 月 19 日发布了 2024 年度权益分派实施公告,公告称,公司 2024 年度利润分配方案已经 2025 年 4 月 6 日召开的股东大会审议通过。

实施日期:股权登记日为 2025 年 4 月 25 日,除息日为 2025 年 4 月 26 日,现金红利发放日为 2025 年 4 月 30 日。

智维公司利润分配的程序有哪些? 分派股利的形式有哪些? 股利的发放程序有哪些?

▼ 任务分析

利润分配是企业的一项重要工作,它关系到企业、投资者等有关各方的利益,涉及企业的生存与发展。因此,利润分配必须结合企业的发展规划,兼顾各方利益,使利润分配真正成为促进企业发展的有效手段。

**任务处理**

股利分配是财务管理重要的财务活动内容,是对投资的回报,也是连接资金运动起点和终点的重要纽带,科学、合理制订股利分配政策对资金运动和财务关系的运行具有重要的影响。

一、企业分配概述

按照现代企业理论,企业是不同的利益主体(如股东、员工、债权人)之间达成的一组契约关系,不同的利益主体将自己拥有的资源投入企业,目的就是从企业的生产经营中获得收益。因此,企业分配就是界定企业在生产经营过程中的经营成果如何在相关利益主体之间进行分配的一种行为。

企业分配的对象是指企业在生产经营中的经营成果,即企业收益。在实践中,企业的分配对象有广义和狭义之分。狭义的分配对象是指企业的税后利润,在这种口径下,企业分配主要探讨企业税后利润如何在股东和企业之间分配,即股利政策的制定。广义的分配对象是指企业在一定时期内实现的总收入在扣除必要的生产资料成本后的余额,即企业在生产经营活动中新创造的价值。本书采用狭义的分配概念,即主要针对企业税后利润的分配。

二、利润分配的程序

法律法规:
《中华人民
共和国证券
法》

利润分配就是对企业所实现的经营成果进行分割与派发的活动。利润分配关系着国家、企业及所有者等各方的利益,必须严格按照国家的法令和制度执行。根据我国《公司法》及相关法律制度的规定,公司净利润的分配应按照下列顺序进行,并构成了分配管理的主要内容。

(一)弥补以前年度亏损

企业在提取法定公积金之前,应先用当年利润弥补以前年度亏损。企业年度亏损,可以用下一年度的税前利润弥补,下一年度不足弥补的,可以在 5 年之内用税前利润连续弥补,连续 5 年未弥补的亏损则用税后利润弥补。其中,税后利润弥补亏损,可以用当年实现的净利润,也可以用盈余公积转入。

(二)提取法定公积金

根据《公司法》的规定,法定公积金的提取比例为当年税后利润(弥补亏损后)的 10%。当年法定公积金的累积额已达注册资本的 50% 时,可以不再提取。法定公积金提取后,根据企业的需要,可用于弥补亏损或转增资本,但企业用法定公积金转增资本后,法定公积金的余额不得低于转增前公司注册资本的 25%。提取法定公积金的主要目的是增加企业内部积累,以利于企业扩大再生产。

(三)提取任意公积金

根据《公司法》的规定,公司从税后利润中提取法定公积金后,经股东会决议,还可从税后利润中提取任意公积金。这是为了满足企业经营管理的需要,控制向投资者分配利润的水平,以及调整各年度利润分配的波动。

（四）向股东（投资者）分配股利（利润）

根据《公司法》的规定,公司弥补亏损和提取公积金后所余税后利润,可以向股东（投资者）分配。其中,有限责任公司股东按照实缴的出资比例分取红利,全体股东约定不按照出资比例分取红利的除外;股份有限公司按照股东持有的股份比例分配,但股份有限公司章程规定不按照持股比例分配的除外。

图片:利润分配顺序

此外,近年来,以期权形式或类似期权形式进行的股权激励在一些大公司逐渐流行起来,从本质上来说,股权激励是企业对管理层或者员工进行的一种经济利益分配。

延伸阅读:股权激励机制

三、股利的种类

股份有限公司分派股利的形式一般有现金股利、股票股利、财产股利和负债股利。

（一）现金股利

现金股利是以现金支付的股利,它是股利支付的主要方式。公司支付现金股利除了要有累计盈余（特殊情况下可用弥补亏损后的盈余公积金支付）外,还要有足够的现金,因此,公司在支付现金股利前需筹备充足的现金。

（二）股票股利

股票股利是公司以增发的股票作为股利的支付方式。发放股票股利,有利于节约现金支出,有助于股本扩张,把股票市价维持在希望的范围内;但是也可能传递公司面临财务困境的坏消息,使投资者失去信心,导致股价下跌。

（三）财产股利

财产股利是以现金以外的资产支付的股利,主要是以公司所拥有的其他企业的有价证券,如债券、股票,作为股利支付给股东。

（四）负债股利

负债股利是公司以负债支付的股利,通常以公司的应付票据支付给股东,在不得已的情况下也有发行公司债券抵付股利的。

图片:股票股利、现金股利以及转增的处理

财产股利和负债股利方式目前在我国公司实务中很少使用。在我国上市公司的股利分配实践中,股利支付方式主要是现金股利、股票股利或者是两种方式兼有的组合分配方式。部分上市公司在实施现金股利和股票股利的利润分配方案时,有时也会同时实施从资本公积转增股本的方案。

四、股利的发放程序

股份有限公司分配股利必须遵循法定的程序,一般是先由董事会提出股利分配预案,然后提交股东会决议通过才能进行分配。股东大会决议通过股利分配预案之后,要向股东宣布发放股利的方案,并确定股权登记日、除息日、股利支付日,这几个日期对分配股利是非常重要的。

微课:股利的发放程序

（一）股利宣告日

股利宣告日是指公司董事会将股东会通过本年度利润分配方案的情况,以及股利支付情况予以公告的日期。公告中将宣布每股派发股利、股权登记日、除息日、股利支付日以及派发对象等事项。

PPT:股利的发放程序

（二）股权登记日

股权登记日是指有权领取本期股利的股东资格登记截止日期。只有在股权登记日这一天登记在册的股东(即在此日及之前持有或买入股票的股东)才有资格领取本期股利,而在这一天之后登记在册的股东,即使是在股利支付日之前买入的股票,也无权领取本期分配的股利。此外,我国部分上市公司在进行利润分配时除了分派现金股利,还会送股或转增股,在股权登记日这一天仍持有或买进该公司的股票的投资者是可以享有此次分红、送股或转增股的股东,这部分股东名册由证券登记公司统计在案,届时将应支付的现金红利、应送的红股或转增股划到这部分股东的账上。

（三）除息日

除息日也称除权日,是指股利所有权与股票本身分离的日期,将股票中含有的股利分配权利予以解除,即在除息日当日及以后买入的股票不再享有本次股利分配的权利。我国上市公司的除息日通常是在登记日的下一个交易日。由于在除息日之前的股票价格中包含了本次派发的股利,而自除息日起的股票价格中则不包含本次派发的股利。通过除权调整上市公司每股股票对应的价值,以便投资者对股价进行对比分析。

（四）股利支付日

股利支付日是公司确定的向股东正式发放股利的日期。公司通过资金清算系统或其他方式将股利支付给股东。

[例 9-1] 万科 A 2022 年现金股利支付程序如图 9-1 所示。

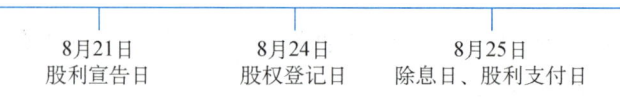

8月21日	8月24日	8月25日
股利宣告日	股权登记日	除息日、股利支付日

图 9-1 万科 A 2022 年现金股利支付程序

新时期·新实践

格力电器 2022 年度权益分派方案为:以公司现有总股本剔除已回购股份 17 564 128 股后的 5 613 841 613 股为基数,向全体股东每 10 股派 10 元人民币现金(含税)。截至本公告披露日,公司回购专用证券账户持有公司股份 17 564 128 股,不享有参与本次利润分配的权利,本次实际享有利润分配权的股份总额为 5 613 841 613 股。

本次权益分派股权登记日为 2023 年 8 月 8 日,除权除息日为 2023 年 8 月 9 日。

格力电器委托中国结算深圳分公司代派的 A 股股东现金红利将于 2023 年 8 月 9 日通过股东托管证券公司(或其他托管机构)直接划入其资金账户。

思政小课堂

技能训练

▼ 任务解析

通过以上学习,可以解析"任务引入"中的问题:

公司利润分配的程序为:弥补以前年度亏损、提取法定盈余公积、提取任意盈余公积、向股东分配股利。智维公司不需要弥补以前年度亏损,应先提取 10% 法定盈余公积,再按本年剩余利润的 15% 提取任意盈余公积,最后才能向股东分配股利。公司分派股利的形式包括现金股利和股票股利。股份有限公司分配股利必须遵循法定的程序,智维公司先由董事会提出股利分配预案,然后提交股东大会决议通过才能进行分配。股东大会决议通过股利分配预案之后,要向股东宣布发放股利的方案,并确定股权登记日、除息日、股利支付日。智维公司股权登记日为 2025 年 4 月 25 日,除息日为 2025 年 4 月 26 日,股利支付日为 2025 年 4 月 30 日。

任务二　股利分配政策

▼ 任务引入

智维公司目前的总股本为 10 000 万股,目前股价为每股 16 元。智维公司近 3 年的营业收入和净利润大幅度增长,但公司目前处于成长期,预计在未来 5 年内仍需要大量资金投入。2025 年 4 月 19 日,董事会宣告 2024 年度权益分派方案为每 10 股派发现金红利 0.8 元(含税),每 10 股派发股票股利 4 股。智维公司现金股利较去年增长了 24%,发放股票股利后公司的总股数将增加至 14 000 万股,在一定程度上激活了二级市场的交易活跃度,吸引更多资金关注。智维公司分配方案公告的当天,股价涨停。结合智维公司目前所处的发展阶段,分析公司采用何种股利分配政策比较合适? 这种股利政策有什么特点?

教学设计

▼ 任务分析

股利政策受法律、契约、公司、股东、行业等多种因素影响,并且各种类型的股利政策各有利弊。公司应综合考虑各方面的影响,制定符合本公司具体情况的股利政策。

▼ 任务处理

一、股利政策的影响因素

一般来说,影响股利政策的主要因素有法律因素、债务契约因素、公司自身因素、股东因素、其他因素等。

PPT:股利政策的影响因素

(一)法律因素

为了保护投资者的利益,各国法律(如《公司法》《证券法》等)都会对公司的股利分配进行一定的限制。影响股利政策的法律因素主要有以下四项。

法律法规:《上市公司证券发行管理办法》

1. 资本保全的约束

资本保全是指股份公司只能用当期利润或留用利润来分配股利,不能用公司募集的资本发放股利,公司支付股利不能侵蚀公司的资本。这样的限制规定是为了保全公司的股本资本,以维护债权人的利益。

2. 企业积累的约束

我国有关法律法规明确规定,股份公司在分配股利之前应按税后利润的 10% 提取法定公积金,并且鼓励企业在分配普通股股利之前提取任意盈余公积金。有关企业积累的规定有利于提高企业的生产经营能力,增强企业抵御风险的能力,维护债权人的利益。

3. 企业利润的约束

利润是发放股利的基础。公司可以用当年利润或以前年度的利润发放股利。但是,在公司以前年度的亏损没有全部弥补时,不能发放股利。按照我国法律法规的规定,只有在以前年度亏损弥补完之后还有剩余利润的情况下,才能用于分配股利。

4. 偿债能力的约束

这是规定公司在分配股利时,必须保持充分的偿债能力。公司分配股利不能只看利润表上的净利润的数额,还必须考虑到公司的现金是否充足。如果因分配现金股利而影响了公司的偿债能力或正常的经营活动,股利分配就要受到限制。

近年来,我国一直鼓励上市公司在符合利润分配的条件下进行现金分红,稳定股价,促进资本市场健康发展。2024 年 3 月 15 日,证监会发布《关于加强上市公司监管的意见(试行)》,三举措增强投资回报,建立分红"强约束"。首先,对分红采取强约束措施;其次,多措并举提高股息率;最后,推动一年多次分红。这些法律规定也会影响公司的股利政策。

新时期·新实践

证监会于 2023 年 10 月 20 日宣布,为进一步健全上市公司常态化分红机制,提高投资者回报水平,就《上市公司监管指引第 3 号——上市公司现金分红(2023 年修订)》(以下简称《分红指引》)等现金分红规范性文件公开征求意见。

近 5 年来,A 股上市公司累计分红 8.2 万亿元,年度分红金额已开始超过当年股权融资额。2022 年共有 3291 家沪深上市公司进行了现金分红,分红金额 2.1 万亿元。其中,面向境内投资者分红 1.6 万亿元,同比增长 22.7%,分红家数占比 67.1%,股利支付率(32.5%)和股息率(1.97%)与全球主要资本市场相比处于中上游水平。分红公司家数占比由 10 年前的 50% 左右提升至 70% 左右,连续 5 年分红的公司占比由 20% 提升至 48%。

证监会表示,本次现金分红规则修订的主要思路是在坚持公司自治的基础上,鼓励公司在章程中制定明确的分红政策,稳定投资者分红预期,对不分红、财务投资规模较大但分红比例不高的公司,通过强化披露要求督促分红;便利公司中期分红实施程序,鼓励公司增加现金分红频次;加强对异常高比例分红企业的约束,引导合理分红。

(二)债务契约因素

债权人为了防止公司过多发放现金股利,影响其偿债能力、增加债务风险,会在债务契约中规定限制公司发放现金股利的条款。这些限制性条款通常包括:①公司的盈利必须达到某一水平才能发放股利。②营运资金低于某一特定金额时不得发放股利。③将利润的一部分以偿债基金的形式留存下来。④利息保障倍数低于一定水平时不得支付股利等。

(三)公司自身因素

公司自身因素的影响是指公司内部的各种因素及其面临的各种环境、机会对其股利政策产生的影响,主要包括现金流量、筹资能力、投资机会、资本成本、盈利状况、公司所处的生命周期等。

图片:投资、筹资、股利分配决策之间的关系

1. 现金流量

公司在经营活动中必须有充足的现金流量,否则就会发生支付困难。公司在分配现金股利时,必须考虑到现金流量以及资产的流动性。如果公司的现金流量充足,特别是在满足投资所需资本后,仍然有剩余的自由现金量时,就应当适当提高股利支付水平;反之,如果现金流量不足,即使公司当期利润较多,也应当限制现金股利的支付。过多地分配现金股利会减少公司的现金持有量,影响未来的支付能力,甚至可能导致公司出现财务困难。

2. 筹资能力

筹资能力是影响股利政策的一个重要因素。不同的企业在资本市场上的筹资能力会有一定的差异,公司在分配现金股利时,应当根据自身的筹资能力来确定股利支付水平。如果公司筹资能力较强,能够较容易地在资本市场上筹集到资本,则可以采取比较宽松的股利政策,适当提高股利支付水平;如果筹资能力较弱,则应当采取比较紧缩的股利政策,少发放现金股利,增加留存收益。

3. 投资机会

公司在制定股利政策时会考虑未来投资对资本的需求。在公司有良好的投资机会时,就应当考虑少发放现金股利,增加留存收益,将资本用于再投资,这样可以加速企业的发展,增加未来的收益,这种股利政策往往也易于为股东所接受。在公司没有良好的投资机会时,往往倾向于多发放现金股利。理论研究表明,成长快的公司经常采用低股利支付率政策,就是因为这样的公司有较多的投资机会,增加留存收益可以保证有更多的资本用于再投资。

4. 资本成本

资本成本是企业选择筹资方式的基本依据。留存收益是企业内部筹资的一种重要方式,同发行新股相比,其具有资本成本低的优点。如果公司一方面大量发放现金股利,另一方面又要通过资本市场发行新股筹集资本,由于存在交易费用和所得税,就会增加公司的综合资本成本,减少股东财富。因此,在制定股利政策时,应当充分考虑到公司对资本的需求以及资本成本等问题。

5. 盈利状况

公司的股利政策在很大程度上会受其盈利能力的影响。如果公司未来的盈利能力较强,并且盈利稳定性较好,则倾向于采用高股利支付率政策;反之,如果公司盈利能力较弱,盈利的稳定性较差,则出于应对未来经营和财务风险的需要,常常采用低股利支付率政策。

6. 公司所处的生命周期

公司的生命周期主要包括初创阶段、成长阶段、成熟阶段和衰退阶段四个时期。在不同的发展阶段,由于公司的经营状况和经营风险不同,对资本的需求情况会有很大差异,这必然会影响到公司股利政策的选择。公司所采取的股利政策应符合其所处的发展阶段。一般来说,初创阶段通常不发放股利;成长阶段不发放股利或者采用低股利支付率政策;成熟阶段可以增加股利分配,采用稳定的股利支付率政策;衰退阶段可以考虑采用回购股票这种特殊的方式来回馈股东。

（四）股东因素

公司股利政策最终由代表股东利益的董事会决定，因此，股东的要求不可忽视。而股东自身的经济利益，对公司的股利分配往往会产生影响。

1. 追求稳定的收入，有规避风险的需要

有的股东依赖于公司发放的现金股利维持生活，如一些退休者，他们往往要求公司能够定期支付稳定的现金股利，反对公司留用过多的利润。还有一些股东是"一鸟在手"理论的支持者，他们认为留用过多的利润进行再投资，尽管可能使股票价格上升，但是所带来的收益具有较大的不确定性，还是取得现实的现金股利比较稳妥，这样可以规避较大的风险，因此这些股东也倾向于多分配现金股利。

2. 担心控制权被稀释

所有者权益由资本金、资本公积和留存收益等组成。如果分利较多，留存收益将相应减少，企业将来依靠增加投资、发行股票等方式筹资的可能性加大，而追加投资或发行新股，意味着企业控制权有落入他人或其他公司的可能。因此，如果原投资者拿不出更多的资金投入企业或购买公司新股时，他们宁愿不分配利润。

3. 规避所得税

多数国家的股息红利所得税税率都高于资本利得税率。一些高股利收入的股东出于避税的考虑往往反对公司发放较多的现金股利。例如，我国税法规定，我国个人从公开发行和转让市场取得的上市公司股票的股息红利所得，适用20%的税率计征个人所得税，而资本利得暂免征收个人所得税。因此，对股东来说，股票价格上涨获得的收益比分得现金股利更有利于避税。

（五）其他因素

其他因素主要包括通货膨胀、行业等。在通货膨胀时期，由于物价上涨，公司需要更多的资金，公司股利政策往往偏紧。不同行业的股利支付率往往也会存在系统性差异。调查研究显示，成熟行业的股利支付率通常比新兴行业的高；公用事业的公司大多实行高股利支付率政策，而高科技行业的公司股利支付率通常较低。这说明股利政策具有明显的行业特征。

二、股利政策的类型

股利政策由企业在不违反国家有关法律、法规的前提下，根据本企业具体情况制定。股利政策既要保持相对稳定又要符合公司财务目标和发展目标。在实际工作中，通常有以下几种股利政策可供选择。

（一）剩余股利政策

剩余股利政策是指公司在有良好的投资机会时，根据目标资本结构，测算出投资所需的权益资本额，先从盈余中留用，然后将剩余的盈余作为股利来分配，即净利润要先满足公司的权益资金需求，如果还有剩余，就派发股利；如果没有，则不派发股利。剩余股利政策的理论依据是股利无关理论。根据股利无关理论，在完全理想的资本市场中，公司的股利政策与普通股每股市价无关，故而股利政策只需随着公司投资、融资方案的制定而自然确定。因此，采用剩余股利政策时，公司要遵循如下四个步骤：

延伸阅读：
《关于修改
〈上市公司
章程指引〉
的决定》

微课：剩余
股利政策

PPT：剩余
股利政策

（1）设定目标资本结构，在此资本结构下，公司的加权平均资本成本将达最低水平。

（2）确定公司的最佳资本预算，并根据公司的目标资本结构预计资金需求中所需增加的权益资本数额。

（3）最大限度地使用留存收益来满足资金需求中所需增加的权益资本数额。

（4）留存收益在满足公司权益资本增加需求后，若还有剩余再用来发放股利。

［例 9-2］　启新公司 2023 年税后净利润为 2 500 万元，2024 年的投资计划需要资金 3 000 万元，目标资本结构为权益资本占 60%，债务资本占 40%。

按照目标资本结构的要求，投资方案所需的权益资本数额为：

$$3\,000 \times 60\% = 1\,800（万元）$$

当年税后净利润为 2 500 万元，除了满足上述投资方案所需的权益资本数额外，还有剩余可用于发放股利。2023 年，可以发放的股利额为：

$$2\,500 - 1\,800 = 700（万元）$$

假设该公司当年流通在外的普通股为 1 000 万股，那么，每股股利为：

$$700 \div 1\,000 = 0.7（元/股）$$

剩余股利政策的优点是：留存收益优先满足再投资的需要，有助于降低再投资的资金成本，保持最佳的资本结构，实现企业价值的长期最大化。

剩余股利政策的缺点是：若完全遵照执行剩余股利政策，股利发放额就会每年随着投资机会和盈利水平的波动而波动。在盈利水平不变的前提下，股利发放额与投资机会的多寡呈反方向变动；而在投资机会维持不变的情况下，股利发放额将与公司盈利呈同方向波动。剩余股利政策不利于投资者安排股利收入与支出，也不利于公司树立良好的形象，一般适用于公司初创阶段。

（二）固定或稳定增长股利政策

固定或稳定增长的股利政策是指公司将每年派发的股利额固定在某一特定水平或是在此基础上维持某一固定比率逐年稳定增长，如图 9-2 中虚线所示。公司只有在确信未来盈余不会发生逆转时才会宣布实施固定或稳定增长的股利政策。在这一政策下，应确定股利分配额，而且该分配额一般不随资金需求的波动而波动。

PPT：固定或稳定增长的股利政策

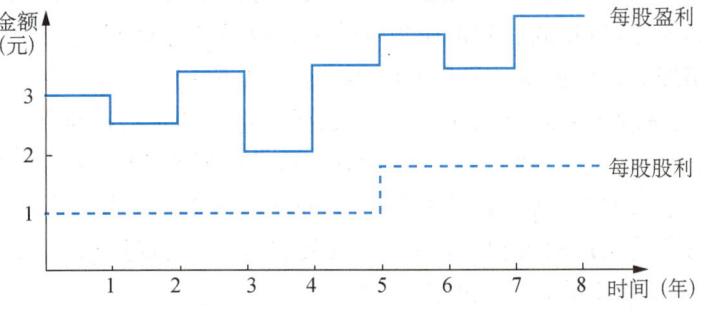

图 9-2　固定或稳定增长的股利政策

固定或稳定增长的股利政策的优点有:①稳定的股利向市场传递着公司正常发展的信号,有利于树立公司的良好形象,增强投资者对公司的信心,稳定股票的价格。②稳定的股利有助于投资者安排股利收入和支出,有利于吸引那些打算进行长期投资并对股利有很高依赖性的股东。

固定或稳定增长的股利政策的缺点有:股利的支付与企业的盈利相脱节,即不论公司盈利多少,均要支付固定的或按固定比率增长的股利,这可能会导致企业资金紧缺,财务状况恶化。此外,在企业无利可分的情况下,若依然实施固定或稳定增长的股利政策,也属于违反《公司法》的行为。

因此,采用固定或稳定增长的股利政策,要求公司对未来的盈利和支付能力能做出准确的判断。一般来说,公司确定的固定股利额不宜太高,以免陷入无力支付的被动局面。固定或稳定增长股利政策一般适用于经营比较稳定的企业,但很难被长期采用。公共事业行业的公司经营活动比较稳定,受经济周期影响较小,比较适合这种股利政策,而一些竞争非常激烈的行业一般不适合采用。

(三)固定股利支付率政策

PPT:固定股利支付率政策

固定股利支付率政策,是公司确定一个股利占盈余的比率,长期按此比率支付股利的政策。在这一股利政策下,各年股利额随公司经营的好坏而上下波动,获得较多盈余的年份股利额较高,获得盈余少的年份股利额较低。具体如图 9-3 中的虚线所示。

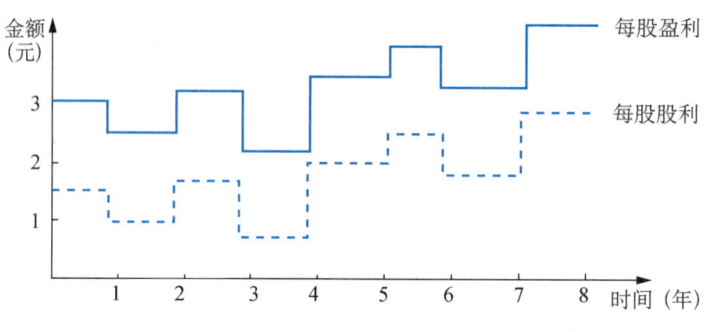

图 9-3   固定股利支付率政策

固定股利支付率政策的优点包括:①采用固定股利支付率政策,股利与公司盈余紧密地配合,体现了"多盈多分、少盈少分、无盈不分"的股利分配原则。②公司的获利能力在年度间是经常变动的,因此,每年的股利也应当随着公司收益的变动而变动。采用固定股利支付率政策,公司每年按固定的比例从税后利润中支付现金股利。

固定股利支付率政策的缺点包括:①大多数公司每年的收益很难保持稳定不变,导致年度间的股利波动较大,由于股利的信号传递作用,波动的股利很容易给投资者带来经营状况不稳定、投资风险较大的不良影响,成为影响股价的不利因素。②容易使公司面临较大的财务压力,这是因为公司实现的盈利多,并不代表公司有足够的现金流用来支付较多的股利。③合适的固定股利支付率的确定难度比较大。

由于公司每年面临的投资机会、筹资渠道都不同,而这些都可以影响公司的股利分派,一成不变地奉行固定股利支付率政策的公司在实际中并不多见,固定股利支付率政策只是较适用于那些处于稳定发展且财务状况也较稳定的公司。

（四）低正常股利加额外股利政策

低正常股利加额外股利政策是指公司事先设定一个较低的正常股利额,每年除了按正常股利额向股东发放股利,还在公司盈余较多、资金较为充裕的年份向股东发放额外股利。但是,额外股利并不固定化,不意味着公司永久地提高了股利支付额。

该股利政策具有较大的灵活性,既可以使公司保持固定股利的稳定记录,又可以使股东分享公司繁荣的好处,使灵活性与稳定性较好地结合起来。该股利政策适用于那些随着经济周期波动较大的公司或者盈利与现金流量不太稳定的公司。

微课：低正常股利加额外股利政策

PPT：低正常股利加额外股利政策

[例9-3]　某公司本年实现的净利润为 200 万元,年初未分配利润为 600 万元,现公司讨论决定股利分配的数额。上年实现净利润 180 万元,分配的股利为 108 万元。要求:计算回答下列互不关联的问题:

(1) 预计明年需要投资 300 万元。该公司的目标资本结构为权益资本占 55%,债务资本占 45%。该公司采用剩余股利政策,则本年应发放多少股利?

(2) 该公司采用固定股利政策,则本年应发放多少股利?

(3) 该公司采用固定股利支付率政策,则本年应发放多少股利?

(4) 该公司采用正常股利加额外股利政策,规定每股正常股利为 0.1 元,按当年净利润超过最低股利部分的 30% 发放额外股利,该公司普通股股数为 500 万股,则本年应发放多少股利?

解析:

(1) 预计明年投资所需的权益资金 $=300\times55\%=165$(万元);

本年发放的股利 $=200-165=35$(万元)。

(2) 本年发放的股利 $=$ 上年发放的股利 $=108$(万元)。

(3) 固定股利支付率 $=108\div180\times100\%=60\%$;

本年发放的股利 $=200\times60\%=120$(万元)。

(4) 最低股利额 $=500\times0.1=50$(万元);

额外股利 $=(200-50)\times30\%=45$(万元)。

本年应发放的股利 $=50+45=95$(万元)

企业实务中应统筹兼顾,根据企业实际情况制定适当的股利政策,回馈股东。另外,可以应用大数据分析历年股利政策恰当与否,并制定新的股利政策。

▼ 任务解析

思政小课堂

技能训练

通过以上学习,可以解析"任务引入"中的问题:

股利分配政策受多种因素影响,智维公司应综合考虑各项具体因素,制定适合自身发展的股利分配政策。智维公司近 3 年的营业收入和净利润大幅度增长,但公司目前处于成长期,预计在未来 5 年内仍需要大量资金投入。一方面,扩大市场与产品研发等需要大量资金投入;另一方面,公司需要增强投资者信心,给投资者一定的投资回报。因此,智维公司现阶段适宜采用低正常股利加额外股利政策。这种股利政策将稳定性和灵活性较好地结合起来。一般情况下维持较低但正常的股利,既能使公司保留较多的留存收益,又不会使股东感到股利减少。在盈余有较大幅度增加时,适度增发股利,把部分利益分配给投资者,增强投资者对公司的信心,可以稳定股票的价格。

任务三　股票股利、股票分割与股票回购

教学设计

▼ 任务引入

智维公司 2024 年度权益分派方案涉及派发股票股利,即每 10 股派发股票股利 4 股。派发股票股利后公司的总股数将由 10 000 万股增加至 14 000 万股。智维公司此次派发股票股利有可能带来哪些好处? 在实践中,我国公司如何进行股本扩张?

假设 5 年后,智维公司斥资 3 亿元进行股票回购,会对公司产生哪些影响? 为什么说股票回购可以看作现金股利的替代方式? 两者产生的效果一样吗?

▼ 任务分析

股票股利虽然并没有发生真正的现金流出,也不会增加股东的财富和企业价值,但是对股东而言有着特殊的意义。不同情况下发放股票股利传递的信号不同,从而产生不同的效果。股票分割和股票股利有很多相似点,两者都能扩张股本,但是两者之间也存在一些区别。股票回购能产生和现金股利类似的效果,常被看作对股东的一种特殊回报方式,但与发放现金股利还是存在差异的。现金股利是常见的股利支付方式,但股票回购不能经常采用。

▼ 任务处理

PPT:股票
股利

一、股票股利

(一)股票股利的概念

股票股利是公司以增发股票的方式所支付的股利,我国实务中也称为"红股"。股票股利对公司来说,并没有现金流出企业,也不会导致公司的财产减少,而只是将公司的留存收益转化为股本和资本公积。但股票权利会增加流通在外的股票数量,同时降低股票的每股价值。发放股票股利,公司股东权益总额不变,股东的持股比例也不变,但股东权益的内部结构发生了变化。西方很多国家股票股利以市价计算价格,但在我国,股票股利价格则是按照股票面值来计算的。

(二)股票股利的优缺点

发放股票股利虽不直接增加股东的财富,也不增加公司的价值,但对股东和公司都有特殊意义。

对股东来讲,股票股利的优点主要有:

第一,派发股票股利后,理论上每股市价会成比例下降,但实务中这并非必然结果。因为市场和投资者普遍认为,发放股票股利往往预示着公司会有较大的发展和成长,这样的信

息传递会稳定股价或使股价下降比例减少甚至不降反升,股东便可以获得股票价值相对上升的好处。

第二,由于股利收入和资本利得税率的差异,如果股东把股票股利出售,还会给他带来资本利得纳税上的好处。

对公司来讲,股票股利的优点主要有:

第一,发放股票股利不需要向股东支付现金,在再投资机会较多的情况下,公司就可以为再投资提供成本较低的资金,从而有助于公司的发展。

第二,发放股票股利可以降低公司股票的市场价格,既有利于促进股票的交易和流通,又有利于吸引更多的投资者成为公司股东,进而使股权更为分散,有效防止公司被恶意控制。

第三,股票股利的发放可以传递公司未来发展前景良好的信息,从而增强投资者的信心,在一定程度上稳定股票价格。

但是,如果长期发放股票股利,不发放现金股利,也可能传递公司面临财务困境的坏消息,使投资者失去信心,导致股价下跌。

二、股票分割

(一)股票分割的概念

股票分割又称拆股,即将一股股票拆分成多股股票的行为。股票分割一般只会增加发行在外的股票总数,但不会对公司的资本结构产生任何影响。股票分割与股票股利非常相似,都是在不增加股东权益的情况下增加了股份的数量,所不同的是,股票股利虽不会引起股东权益总额的改变,但股东权益的内部结构会发生变化,而股票分割之后,股东权益总额及其内部结构都不会发生任何变化,变化的只是股票面值。

(二)股票分割的作用

(1)降低股票价格。股票分割会使每股市价降低,买卖该股票所需资金量减少,从而可以促进股票的流通和交易。流通性的提高和股东数量的增加,会在一定程度上加大对公司股票恶意收购的难度。此外,降低股票价格还可以为公司发行新股做准备,因为股价太高会使许多潜在投资者力不从心而不敢轻易对公司股票进行投资。

延伸阅读:
苹果公司的
拆股计划及
其影响

(2)向市场和投资者传递"公司发展前景良好"的信号,有助于增强投资者对公司股票的信心。

[例 9-4] A 公司是一家小型的信息技术公司,目前公司普通股股数为 5 000 万股,每股面值为 10 元。由于公司正处于快速成长时期,每年盈利的增长都高于行业平均水平,股票上市 3 年来股价不断上涨,已由 3 年前上市时的 12 元/股上涨到目前的 58 元/股。

由于股价较高且股票数量较少,已经影响到股票在市场上的流动性,公司董事会决定进行股票分割,按照 1:2 的比例将 1 股分割为 2 股,每股面值降至 5 元,普通股股数增加到 10 000 万股,这样就可吸引更多的投资者购买公司股票。通过这样的股票分割,股价会相应地降低到 29 元/股,而股东所持有的股票数量会增加 1 倍。

PPT:股票
分割和股票
股利的比较

(三)股票分割和股票股利的比较

股票股利和股票分割有很多相似点,例如都可以达到扩大股本的目的,但是两者之间也存在一些区别,两者的比较如表 9-1 所示。

表 9-1　股票股利和股票分割的比较

内容	股票股利	股票分割
不同点	(1) 面值不变。 (2) 股东权益结构改变。 (3) 属于股利支付方式	(1) 面值变小。 (2) 股东权益结构不变。 (3) 不属于股利支付方式
相同点	(1) 普通股股数增加(股票分割增加更多)。 (2) 理论上每股收益和每股市价下降(股票分割下降更多)。 (3) 股东持股比例不变。 (4) 资产总额、负债总额、股东权益总额不变	

我国股份公司发行的普通股一般面值为 1 元,所以通常不进行股票分割。在实践中,我国公司常采用资本公积转增股本和发放股票股利的方式来进行股本扩张,基本能够与股票分割达到同样的目的。

[例 9-5]　A 公司是一家商业连锁企业,近年来公司营业收入和利润都快速增长,2023 年度的股东权益如表 9-2 所示。由于该公司目前的股价达到了 60 元/股,影响股票的流动性,公司决定增加股本总额,以使股价降低。

表 9-2　A 公司 2023 年度股东权益　　　　　　　　单位:万元

股本(每股面值为 10 元,2 000 万股)	20 000
资本公积	50 000
盈余公积	30 000
未分配利润	40 000
股东权益总额	140 000

现有两个备选方案可以选择:方案一,按照 1∶2 的比例实施股票分割;方案二,实施每 10 股用资本公积转增 6 股,并派发 4 股股票股利的股利分配方案。

方案一实施后 A 公司的股东权益如表 9-3 所示。

表 9-3　方案一实施后 A 公司的股东权益　　　　　　单位:万元

股本(每股面值为 5 元,4 000 万股)	20 000
资本公积	50 000
盈余公积	30 000
未分配利润	40 000
股东权益总额	140 000

方案二实施后 A 公司的股东权益如表 9-4 所示。

表 9-4 方案二实施后 A 公司的股东权益   单位：万元

股本(每股面值 10 元,4 000 万股)	40 000
资本公积	38 000
盈余公积	30 000
未分配利润	32 000
股东权益总额	140 000

由此看出,两个方案达到的效果基本相同,只是两个方案实施后股东权益的各项金额不同。

三、股票回购

(一)股票回购的概念

股票回购是股份公司出资购回本公司发行在外的股票,将其作为库存股或进行注销的行为。公司以多余现金购回股东所持有的股份,使流通在外的股份减少,每股股利增加,从而会使股价上升,股东能因此获得资本利得,这相当于公司支付给股东现金股利。所以,可以将股票回购看作是一种现金股利的替代方式。

(二)股票回购的意义

股票回购常被看作是对股东的一种特殊回报方式。然而,股票回购却有着与发放现金股利不同的意义。

对股东而言,股票回购后股东得到的资本利得需缴纳资本利得税,发放现金股利后股东则需缴纳股息税。在前者低于后者的情况下,股东将得到纳税上的好处。但同时,很多因素是很可能因股票回购而发生变化的,其结果是否对股东有利难以预料。也就是说,股票回购对股东利益具有不确定的影响。

对公司而言,股票回购有利于增加公司的价值:

第一,公司进行股票回购的目的之一是向市场传递股价被低估的信号。股票回购有着与股票发行相反的作用。股票发行被认为是公司股票被高估的信号,如果公司管理层认为公司目前的股价被低估,通过股票回购,可以向市场传递积极信息。股票回购的市场反应通常是提升了股价,有利于稳定公司股票价格。如果公司以低价回购股票,且回购以后股票仍被低估,则未出售股份的股东可因每股收益提升而间接受益。

第二,当公司可支配的现金流明显超过投资项目所需的现金流时,可以用自由现金流进行股票回购,有助于增加每股盈利水平。股票回购减少了公司自由现金流,起到了降低管理层代理成本的作用。管理层通过股票回购试图使投资者相信公司的股票是具有投资吸引力的,公司没有把股东的钱浪费在收益不好的投资中。

第三,避免股利波动带来的负面影响。当公司剩余现金流是暂时的或者是不稳定的,没有把握能够长期维持高股利政策时,可以在维持一个相对稳定的股利支付率的基础上,通过股票回购发放股利。

第四,发挥财务杠杆的作用。如果公司认为资本结构中权益资本的比例较高,可以通过

法律法规:
《中华人民共和国公司法》

延伸阅读:
异议股东的收购请求权

法律法规:
《欺诈发行上市股票责令回购实施办法(试行)》

股票回购提高负债比率,改变公司的资本结构,并有助于降低加权平均资本成本。虽然发放现金股利也可以减少股东权益,增加财务杠杆,但两者在收益相同情形下的每股收益不同。特别是如果是通过发行债券融资回购本公司的股票,可以快速提高负债比率。

第五,通过股票回购,可以减少外部流通股的数量,提高股票价格,在一定程度上降低了公司被收购的风险。

第六,调节所有权结构。公司拥有回购的股票(库存股),可以用来交换被收购或被兼并公司的股票,也可以在执行管理层与员工股票期权时使用,避免发行新股而稀释收益。

视频:上市
公司的分红
与回购

新时期·新实践

　　2024 年以来,A 股"回购潮"继续上演,春节后多家上市公司又相继发布回购计划。以最新公告时间统计,2024 年以来,A 股市场共有 1294 家上市公司发布了回购类公告,从回购目的看,除实施股权激励或员工持股计划外,用于市值管理、股权激励注销的回购不在少数。其中,回购进度为已完成或实施中的有 862 家上市公司,已回购金额合计达到 758.81 亿元。不少上市公司发布股份回购方案后不久,便开始了回购。例如,嘉欣丝绸于 2 月 7 日发布回购报告书后,2 月 8 日就开始实施回购,首次通过股票回购专用证券账户以集合竞价交易方式回购公司股份数量约为 166 万股。该公司此前公告拟回购总额 5 000 万元至 1 亿元,回购价格不超过(含)7 元/股。回购进度为已完成或实施中的公司中,医药生物行业数量居首,2024 年以来有 112 家公司实施或完成回购计划;另外,电子、机械设备、计算机、基础化工、电力设备行业公司数量居前,均超过 80 家。从已回购金额来看,电力设备、电子、医药生物行业的公司已回购金额居前,均超 70 亿元。电力设备行业已回购金额居首,达 98.82 亿元。梳理电力设备行业的情况发现,宁德时代贡献了 17% 的回购金额,已回购金额超 17 亿元,目前回购计划仍处于实施中。9 家公司已回购金额超 10 亿元,其中,格力电器、荣盛石化、上汽集团的回购金额居前,均超 25 亿元。从回购数量来看,宝钢股份、和邦生物、荣盛石化、上汽集团、中核钛白、城建发展的已回购数量均超 1 亿股。多家大手笔回购公司股价现"黄金坑"。数据统计,尚有回购计划处于预案、股东大会通过或提议阶段的公司有 473 家,按照预计回购金额上限来看,这些公司合计回购金额超 329 亿元。其中,凯莱英预计回购金额最高,达到 12.13 亿元。另外,有 127 家公司预计回购金额超 1 亿元,泰格医药、三一重工、聚和材料、欣旺达等公司预计回购金额均超 5 亿元。

思政小课堂

▼ 任务解析

通过以上学习,可以解析"任务引入"中的问题:

智维公司此次派发股票股利,对股东来讲,优点主要如下:

第一,市场和投资者普遍认为,发放股票股利往往预示着公司会有较大的发展和成长,这样的信息传递会稳定股价或使股价下降比例减少甚至不降反升,股东便可以获得股票价值相对上升的好处。

第二,由于股利收入和资本利得税率的差异,如果股东把股票股利出售,还会给他带来资本利得纳税上的好处。

对公司而言,股票股利的优点主要如下:

第一,发放股票股利不需要向股东支付现金,公司预计在未来 5 年内仍需要大量资金投入,发放股票股利可以为再投资提供成本较低的资金,从而有助于公司的发展。

第二,发放股票股利可以降低公司股票的市场价格,有利于促进股票的交易和流通。智维公司发放股票股利后公司的总股数将由 10 000 万股增加至 14 000 万股,在一定程度上激活二级市场的交易活跃度,吸引更多资金关注。

第三,股票股利的发放可以传递公司未来发展前景良好的信息,从而增强投资者的信心,在一定程度上稳定股票价格。

我国股份公司发行的普通股一般面值为 1 元,所以通常不进行股票分割。在实践中,我国公司常采用资本公积转增股本和发放股票股利的方式来进行股本扩张,基本能够与股票分割达到同样的目的。

技能训练

智维公司通过股票回购减少了流通在外的普通股股数,从而使每股利润增加,股票价格也随之上涨,可为股东带来资本利得收益。因此,股票回购常被看作对股东的一种特殊回报方式。如果不存在个人所得税和交易成本,股票回购和发放现金股利对股东财富的影响并无差异。但是,通常情况下,资本利得所得税税率要低于股利所得税税率,这样公司回购股票可以为股东规避部分税负,为股东带来税收利益。但是,现金股利毕竟是公司对股东一种长期稳定的回报方式,而股票回购不能经常采用,只在公司拥有大量闲置现金的情况下才能偶尔为之。

▼ 项目小结

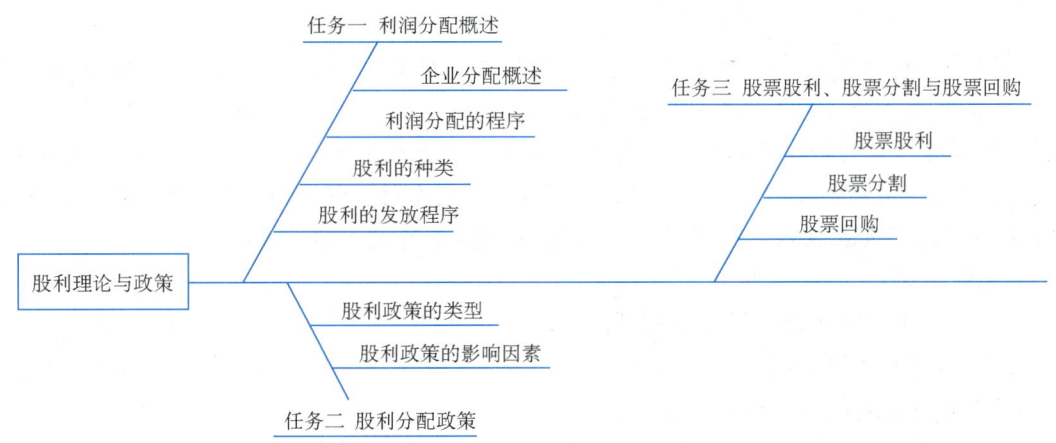

▼ 实战模拟

美的集团股利政策分析

美的集团于 1968 年成立于佛山顺德,是一家覆盖智能家居、楼宇科技、工业技术、机器人与自动化和创新型业务五大业务板块为一体的全球化科技集团。过去 5 年研发资金超500 亿元,形成美的、小天鹅、华凌、COLMO、库卡、威灵、合康、科陆、高创、万东和菱王等多个品牌组合,每年为全球超过 4 亿名用户,包括各领域的重要客户与战略合作伙伴提供满意的产品和服务。迄今,美的集团在全球拥有约 200 家子公司、31 个研发中心和 40 个主要生产基地,业务覆盖 200 多个国家和地区。美的集团 2022 年营业总收入 3457 亿元,全球员工数量超过 16 万人,2023 年《财富》世界 500 强排名第 278 位。

2013 年 9 月 18 日,美的集团在深交所正式上市。自上市以来,美的集团每年都发放现金股利,回报投资者,历年股利发放情况如表 9-5 所示。

表 9-5　美的集团 2013—2022 年的股利发放情况

年度	每 10 股转增股数(股)	每 10 股现金股利(税前)(元)	现金分红总额(含税)(百万元)	股利支付率
2013	15	20	3 372.65	63.43%
2014	—	10	4 215.81	40.14%
2015	5	12	5 120.87	40.30%
2016		10	6 465.68	44.03%
2017	—	12	7 900.83	45.71%
2018		13	8 561.59	42.32%
2019		16	11 131.49	45.98%
2020		16	11 066.39	40.65%
2021	—	17	11 677.51	41.00%
2022		25	17 187.65	58.16%

数据来源:根据美的集团历年分红公告整理。

2014 年美的集团发布首次分红政策,即每股分派现金股利 20 元(税前)。自 2013 年度起,美的集团历年分红政策始终保持在每股 10 元(税前)以上的水平,2016—2022 年度每股股利呈现显著增长的趋势;同时,股利支付率展现出较为稳定的水平。除了首次分红年度股利支付率高达 63.43% 之外,2014 年—2021 年,其股利支付率始终在 40% 的水平上下浮动。2022 年美的集团营业收入及净利润均创新高,股利支付率提升至 58.16%。

案例思考题:

1. 美的集团采用的是哪种股利支付方式?

2. 美的集团如何扩张股本?

3. 美的集团股利政策最大的特点是什么?

4. 2014—2021 年美的集团采用哪种股利政策?这种股利政策有什么优缺点?

5. 影响美的集团高派现的主要因素有哪些?各因素之间有什么关联?

本项目专业术语

实战模拟答案

思政案例